역사의 실천을 위한 지평

-역사교육 에세이-

김 창 성

2012

공주대학교 출판부

A Horizon for the Historical Practice

–Essays of History Teaching–

KIM, Chang Sung

2012

KONGJU NATIONAL UNIVERSITY PRESS

머리말

필자가 공주대학교에 발령받은 날은 1993년 8월 23일이다. 강사시절까지 치면 근무한지 20년이다. 이제까지 역사를 연구하고 논문으로 정리해 내었지만 이런 작업들은 학생들에게 교수하는 과정과 별개가 아니라고 생각한다. 이 생각은 그간 학생들을 교수하는 한편 논문을 작성하는 일관된 원칙이기도 했다. 그러기에 필자가 얻은 역사상은, 논문작성을 통해서 전달될 수 있겠지만, 역사교육이라는 실천을 통해서도 가능하다고 본다. 본서를 발간하는 목적은 필자의 의도에 따라와 주었던 학생들에 대한 고마움을 표시하고 필자에게 이런 장을 마련해 준 공주대학교에 대한 감사를 표현하는 것이다.

본서의 내용은 역사교육의 이론에 관한 현장 비판이다. 특히 서구의 이론이 전파되어 우리의 역사교육 소재가 풍요해진 것은 사실이지만, 그런 이론이 토착화되어 일정한 성과를 거두었다고 보기는 어렵다. 그래서 이런 비판을 염두에 두고 필자는 서구학계의 주요이론들을 역사수업의 수단과 방법으로 활용하면서 현장에서 실천하였던 내용을 제시하고자 한다. 그러기에 본서는 현장수업에 가능한 이론의 적용과 그 실천 사례에 관한 보고이자 역사교육자로서의 개인이 겪은 체험의 기록이다.

이 책은 원칙이나 원리가 현장수업에서 어떻게 변용되는가를 보여줌으로써 역사교육 전문연구자에게 중요한 자료가 되면서, 아울러 예비교사인 학생들에게는 현장에서 실천할 역사교육의 원리를 경험하는 장을 제공할 것이다. 아울러 다른 과목의 연구자들에게도 비교연구의 과제를 제시함으로써 다양한 연구를 자극할 것으로 전망한다. 우리의 역사교육이 이론에 치우치며 현장과 유리되고 있다는 비판을 받아왔는데 필자의 경험이 나누어진다면 그런 문제를 해결하고 역사교육이 만인의 공감을 얻는 데 작은 기여를 할 것이다.

이 자리를 빌어 간단하게 15편의 글을 쓰게 된 동기를 제시하고자 한다.

I부는 역사학의 이론과 모델을 역사수업과 연관시키려고 하는 의도에서 편성되었다.

「역사학과 역사교육-W. H. Burston의 관점으로 다시보기-」(『역사와 역사교육』 19, 2009, pp. 1-24)는 그간 한국의 역사교육학계에서 소개되어 역사교육의 이론으로 자리잡은 주요 모델을 영국의 역사교육학자인 버스톤(Burston)의 관점으로 비판하여 보았다. 연구자들은 역사과목의 특성을 드러내기 위해서 역사학의 본질이라고 하는 측면을 연구하고 이를 수업의 모델로 제시하여 역사교육 연구에 큰 진전을 가져왔으나 그것이 진정 수업현장에서 잘 활용되지 못하는 이유를 버스톤의 비판서를 통해서 분석한 것이다. 버스톤의 결론은 어떤 방법도 전통적인 역사교육보다 나을 것이 없다는 것인데, 현재의 우리의 현장을 말해주고 있는 느낌을 받았다. 이렇게 된 이유는 결국 역사수업의 모델이 역사가가 아닌 분석철학자들에 의존하고 있는 탓이다. 당연히 역사가들과 그들의 생각을 중심으로, 수업모형을 다시 모색해야 한다. 이어지는 글들은 이런 반성의 대안이다.

두번째 논문「헤겔과 세계사 교수학습」(『역사와 역사교육』 8, 2003, pp. 115-146)은 헤겔의 역사인식 특히 세계사 인식을 어떻게 현장수업에 활용하는가를 정리해 보았다. 관념론적인 역사이해라고 하여 간과되었던 헤겔은 나름대로 역사를 조망하고 이를 어떻게 가르치는가를 고민하였던 것으로 필자는 보았다. 요즈음 역사를 보는 시각을 협소화하여 전문화에는 성공한 듯하나 큰 흐름을 놓치는 것이 문제라고 파악되었기에 이를 보완하는 차원에서 살펴본 것이다. 부수적으로 필자가 이 연구를 통해서 이탈리아 도시문제를 보게 되었고 단행본의 결실로 나오게 되었다.

세번째「역사수업에서 일반화의 문제와 '이상형'의 활용」(『이원순교수정년기념역사학논총』 교학사, 1991, pp. 413-432)은 필자가 시기상 최초로 작성한 역사교육 논고이다. 고 양병우 교수의 저술을 통해서 막스 베버 특히 그의 이상형의 모델을 알게 되었고, 이를 역사수업 특히 탐구학습에 적용하여 보는 방법을 현장의 상황에서 제시하였다. 특히 최근 베버에 대한 한국사회의 관심이 증폭되는 시점에서 특히 도시사의 개척자로서 그의 방법론에 관한 성찰은 역사교사들에게도 중요한 역사수업의 지침이 될 것이다.

사회주의 몰락 이후 연구의 뒤안길로 사라진 하나의 역사가는 칼 마르크스이다. 필자는 그가 왜 오랫동안 사람들의 주목을 끌고 매료시켰는지 생각해 보았다. 아마도 그 매력이 역사수업의 중요한 방식일 것이라고 생각하였고, 만약 마르크스가 교사로서 교단에 선다면 어떻게 가르칠 것인지를 나름대로 상상하여 써 본 것이 「칼 마르크스와 발전선 교수법-화폐와 귀금속을 중심으로-」(『역사와 역사교육』 23, 2011, pp.1-24)이다. 이 논고는 최근 세계사 교육과정에서 귀금속의 이동이 중요한 소재로 등장한 것을 이해하는 데 도움을 줄 것이며, 마르크스에게서 순환론적인 사고의 단편도 볼 수 있을 것이다.

「서양 역사교육의 준거와 시대구분의 의미」(『시대전환과 역사인식』 솔, 2001, pp. 38-109)는 역사 연구란 역사 교육을 전제로 한다는 의미에서 작성된 것이다.

시대구분의 역사를 조망하고 특히 가다머의 사상을 역사교육의 교육적 지침으로 수용해야 한다는 맥락에서 작성하여 보았다. 객관적인 역사는 애초 불가능한 것이며, 시대를 구분하여 전체를 설명하는 방식은 나름의 세계관을 반영한 것이라는 점을 강조한다. 그러나 무엇보다 체계적인 역사 시대구분의 효시는 학생의 교육에 관심이 있었던 한 교사의 구상이라는 점을 인정하는 것이 중요하다.

「폴리비오스의 발전관과 혼합정체 국가들」(『서양고대사연구』 26, 2010, pp. 225-250)에서는 로마의 역사를 조망하는 데 반드시 필요한 폴리비오스의 역사관과 당시 세계 흐름에 관한 논의를 살펴보았다. 필자를 놀랍게 했던 점은 월러스틴의 세계체제론과 같은 시각에서 지중해 세계를 조망한 것이다. 월러스틴이 자본주의를 유기체의 성장과 같은 것으로 비교한 것과 같이 폴리비오스 역시 로마를 하나의 생물의 성장에 비교하여 설명하였고, 소위 혼합정체라고 범주화된 스파르타, 카르타고, 로마를 같은 선상에 놓고 그 패권의 이동이 시의에 따른 것임을 보여준다. 이런 논의는 현재의 세계 판도를 보는 데에도 일정한 시사점을 주고 있다고 생각하였다.

최근 문화사가 각광을 받는다. 그러나 문화사가 무엇인지 합의된 바는 없는 것으로 보인다. 이런 혼란 속에서 문화사에 관한 올바른 지침이 되는 해밀턴의 저서 2권의 번역이 나왔다. 필자는 2권을 비교하여 「[서평]Edith Hamilton, *The Greek Way; The Roman Way*」(『서양사론』 103, 2009, pp. 405-426)를 기고하였다. 여기에서 그리스와 로마의 문화가 어떻게 다른지 사상과 개념과 행동 면에서 조망한 해밀턴의 시각을 독자들에게 소개하고 싶었다. 독자들은 필자의 서평을 읽고 번역서를 읽어보면 필자와 같은 감동을 느낄 수 있을 것이다.

I부의 마지막 글은 「미슐레의 역사인식과 교육」(『역사와 역사교육』 10, 2005, pp. 97-118)이다. 프랑스 혁명사의 위대한 역사가로 알려진 그에게서 역사교육자의 열정을 볼 수 있었다. 특히 근대사 연구에만 국한된 것이 아니라 고대사와 중세사에도 나름의 열과 성을 다하였던 그를 알면서 내 시대만 고집하였던 자신을 반성할 수 있었다. 모름지기 한국의 현실로 보아 역사 교수가 하나의 시대만을 고집하여 강의할 수 없기에 또 전체를 조망하는 시각이 필요하기에 미슐레가 보여준 사범(師範)의 태도를 배울 만하다고 생각되었다.

II부는 역사수업의 구체적인 방법과 실천을 중심으로 편집하였다.

「서양사 내용 구성과 서술의 방향」(『역사교육』 104, 2007, pp. 191-207)은 세계사 교육에서 구체적으로 어떤 내용을 선정하고 기술하는 것이 바람직한 것인지를 고대사·중세사를 중심으로 간략하게 제시한 것이다. 특히 오리엔탈리즘을 둘러싼 논의를 염두에 둔 것인데, 서양중심주의의 한계와 대안을 생각하면서 현장에서 특히 교과서 서술에서 어떤 방향으로 가야 할 것인지 모색한 글이다.

「사료학습과 역사 사고력 신장-서양고대사의 자료와 수업유형-」(『역사와 역사교육』 7, 2002, pp. 58-110)은 필자가 『세계사산책-서양고대편-』(솔)을 간행하면서 구상하였던 활용방안을 제시한 것이다. 기존에 알려진 사료학습은 구체적인 절차는 제시되어 있으나 모델과 연관되지 않은 점을 비판하여, 본서 첫 논문에 제시된 수업유형을 가지고 한 주제를 수업하는 여러 방식을 개발해 본 것이다. 사료학습도 방법과 결부되어야 하며 그런 경우에야 방법과 내용의 조화가 이루어질 것이다.

「대학에서 역사교육 평가의 실제와 문제점」(『역사와 역사교육』 12, 2006, pp.

79-96)은 한국에서 최초라는 평을 듣는다. 대학에서 특히 교양과정에서 무수한 수업이 있었지만, 어떻게 교수하고 평가하였는지에 관한 기록이 전혀 없었던 데서 나온 말이다. 사실 중고등학교의 수업은 매우 제한될 수밖에 없다. 내용은 물론이고 방향과 지침의 제약성이 크다. 그런 점에서 대학 교양과정에서 이루어지는 수업이야말로 역사에 대한 인식을 성인의 입장에서 접할 수 있는 유일한 기회가 아닐 수 없다. 역사에 대한 성찰이 인문학의 중심이므로 대학교양 과정과 전공 수업에 관해서도 평가하는 움직임이 있을 것으로 기대한다.

「셰익스피어와 극화수업-『율리우스 카이사르』를 중심으로-」(『역사와 역사교육』 21, 2010, pp. 117-148)는 여름방학에 열리는 중등교사 1정 자격연수를 위해서 마련된 것이다. 교사들이 기숙사에서 생활하는 관계로 같이 모일 수 있고, 연속으로 4시간의 수업이 가능하므로 극화수업을 시도해보았다. 셰익스피어의 이 연극은 본래 2시간이지만 1시간 분량만 즉 카이사르의 살해모의에서 브루투스의 연설까지만 상연하도록 하였다. 이 수업을 통해서 역사의 추체험을 경험한 교사들의 적극적인 반응과 연극적 재능을 가진 많은 교사를 만났다는 점을 강조하고 싶다. 사실 이 극을 선정한 것은 1979년 10월의 사건이 필자의 뇌리에 깊이 남아 있어서다.

「미국 브루클린 어린이 박물관의 운영」(『역사와 역사교육』 14, 2007, pp. 47-62)은 필자가 공주대학교 박물관장으로 재임하면서 작성한 글이다. 박물관 현장은 방문하지 못하고 인터넷 상으로 홈페이지를 접속하여 그곳에 나온 자료를 중심으로 글을 엮어 보았다. 일년에 70만이 방문하는 어린이 박물관의 운영을 보고 크게 감동된 것은 유물을 학생들이 직접 만지도록 한 학예사의 결단이다. 뿐만 아니라 최초의 교육사조인 생활중심 교육관을 한번도 바꾸지 않고 실천하고 있다는 점을 알고 나서 필자는 우리의 교육이 교육학자들의 실험대상으로 존립해 왔다는 점을 직관하게 되었다. 우리의 교육현장이 인간의 사랑에 기초를 두지 않으면 그것은 헛된 것이라는 반성을 하게 되었고, 그 많은 박물관이 외면되는 현실은 공감어린 교육철학의 부재에서 비롯한다고 생각되었다.

「사범대학 역사교육과 논술지도-담당교수의 강의 노하우-」(『다시 듣고 싶은 강의 에세이』 공주대교수학습지원센터, 2009, pp. 66-70)는 학교에서 공모한 수필덕분에 작성되었다. 담당직원이 필자의 수업을 듣고 학생들이 올린 글이 18편으로 응모자로 보면 최대라고 귀뜸하면서 글을 써달라는 부탁하였던 것이다. 이즈음 임용고사가 종래의 단답진술형에서 논술로 바뀐다고 하여 사범대학이 크게 동요하고 있었다. 필자는 이를 해결하기 위해서 수업시간에 논술을 하되 교과서를 만들어 보는 식으로 수업하였던 것이다. 그 수업을 들었던 학생들이 나름대로 글쓰기에 자신감과 재미를 가지게 된 것이 보람이었다. 그 서술 기준안이 바로 부록의 내용이다.

「에필로그 : 서양사학습 길라잡이」는 순전히 대학 신입생들을 위해서 나의 작은 경험을 그대로 옮긴 것이다. 특히 대작을 읽어보지 않고서 단편에 의존한 지식은 늘 한계를 가지기 마련이라, 대학생들이 특히 전공학생들이 그런 작품을 읽고 감동을 받아서 나름대로의 역사가로 자리 잡기를 바란다.

책의 이름에 사용된 지평이라는 단어는 가다머의 지평융합에 필자가 크게 감명되어 선정한 것이다. 현재처럼 사회의 모든 분야에서 이익의 다기화로 진리의 존재 자체가 의심되는 상황에서 참의 지평은 여러 지평들이 만나면서 생길 것이라는 가다머의 바람은 꼭 필요하다. 역사 교육의 다른 지평에 문 닫지 말고 서로의 지평을 알아가게 되면 바람직할 것이다.

마지막으로 이 자리를 빌려 나에게 서양사학사와 서양 근대사와 독일사를 가르쳐 주셔서 역사이론의 흐름에 눈뜨게 해주신 고(故) 이민호 교수님(1930.8.14-2009.4.6)을 추모한다. 교수님은 격의 없는 친구로서 어린 나를 대해 주었고 칭찬과 격려로써 이끌어 주셨다. 위대한 역사가가 되기에 충분한 재능과 인품을 가지셨으나 빛을 발하지 못하였던 이 시대의 한 거인의 흔적을 나는 무의식적으로 이 책의 여기저기에 심어 놓았음을 책의 발간에 앞서서 알게 되었다.

2012년 1월

금강변에서

차 례

제 1 부
이론과 모델

1. 역사학과 역사교육
   -W. H. Burston의 관점으로 다시보기-
2. 헤겔과 세계사 교수학습
3. 역사수업에서 일반화의 문제와 '이상형'의 활용
4. 칼 마르크스와 발전선 교수법
   -화폐와 귀금속을 중심으로-
5. 서양 역사교육의 준거와 시대구분의 의미
6. 폴리비오스의 발전관과 혼합정체 국가들
7. 문화사의 이해를 위한 서평 : Edith Hamilton, *The Greek Way*, *The Roman Way*
8. 미슐레의 역사인식과 교육

1

역사학과 역사교육

-W. H. Burston의 관점으로 다시보기-

Ⅰ. 서 언

필자의 경험을 보면, '역사교육'은 역사학의 성과를 교육적으로 응용하는 분야로 인식되었다. 그러나 이런 인식은 버스톤의 저술이 나옴으로써 달라졌다. 그의 『역사수업의 원리』(*Principles of History Teaching*, 2nd ed. 1972)[1]에서는 '수업내용이 수업의 방법을 결정한다'는 원리를 확립함으로써, 사실상 역사 교육이 별도의 방법과 체계를 가지는 분야로 인식되었다. 특히 역사수업은 역사학의 원리와 방법에 따라야 한다는 명제가 각인되어서, 전자의 원리를 찾고 이를 수업에 적용하려는 노력이 이루어진 것이 현재까지 역사교육계의 중요한 동향의 하나이다[2]. 만약 버스톤이 현재 한국의 역사교육자들의 연구와 활동을 와서 본다면 어떤 평가를 내릴 것인가? 필자는 그의 저서를 바탕으로 그런 시도의 단초를 마련해

---

1) 버스톤(W. H. Burston)은 런던 교육학 대학 강사를 지냈으며, 몇 가지 저술로 알려져 있다. 중요한 것을 들자면 다음과 같다. 1993, *Chrestomatia: The Collected works of Jeremy Bentham*, (Martin John Smith, W. H. Burston edit.) Oxford; 1973, *James Mill on Philosophy and Education*, London, Athlone Press. ; 1967, *Studies in the Nature and Teaching of history*, (edit by W. H. Burston) Routledge & K. Paul, Humanities P.; 1962, *Handbook for History Teachers* (General editors, W. H. Burston and C. W. Green), Methuen. ; 1954, *Social Studies and the History Teacher*, Historical Association.

2) 이에 관한 간단한 요약은 정선영 외, 『역사교육의 이해』 삼지원, 2001, pp. 51-54를 보시오. 특히 한국의 역사교육의 이론과 관련한 제문제는 정선영, 「역사교육 이론의 변천: 성과와 과제」 『한국의 역사교육 50년을 성찰한다』 (역사교육연구회 50주년 기념 학술대회, 2005. 10. 14) pp. 17-34를 보시오.

보고자 한다. 필자는 버스톤의 시각이 어떻게 변하였고 또는 어떻게 극복되거나 조정되었는지 알지 못한다. 그러기에 37년 전에 제시된 그의 시각을 통해서 현재의 한국의 역사교육을 점검해 볼 단서를 가진다면, 그런 대로 의미가 있을 것이다. 전공자들의 질정을 바란다.

Ⅱ. 역사학의 틀

버스톤은 어떻게 역사를 보았는가? 다시 말해 지식의 한 형태로서 보았는가는 중요한 질문이다. 포퍼는 과학적 인식이 구비되지 않은 지식은 참된 지식이 아니므로, 역사도 과학적 논리를 가져야 할 것을 제시하였다[3]. 이에 관해서 버스톤은 다음과 같은 말로 응수한다.

> 어떤 철학자도 실제로 기존의 지식 형태의 전제들을 검토하는 것 이상은 할 수 없으며, 지식의 그런 형태들이 진정하다는(genuine) 점을 자신의 작업가설로서 채택해야만 한다. 만약 그가 이 과제로부터 벗어나서 역사와 같은 한 지식의 형태가 무엇이어야만 한다고 규정(prescribe)하는 곳으로 움직여 간다면, 그는 바로 추정의 혐의(charge of presumption)에 노출되며, 실제 역사가들의 신뢰를 얻고자 기대할 수 없을 것이다[4].

이어서 필드(G. C. Field)의 견해를 소개한다. 그의 견해는 다음과 같다.

> 모든 신중한 철학적 사고는 기타 확립되어 있는 형태의 사고에서 실제로 이루어지는 가정에 대한 검토에 기초해야 한다고 나는 주장한다. 그 가운데에…역사는 중요한 위치를 차지하며 흔히 그래왔던 것보다 더 신중하게 고려되어야 한다. …그러나 역사는 확립된 사실이므로…역사는 일관된 지식체를 형성하며, 이 속에서 많은 수의 사람들 사이에서 상호 이해와 협조가 가능하다[5].

---

3) K. R. Popper, *The Open Society and its Enemies*, Routledge and Kegan Paul, 4th ed. vol. ii, ch. 25, pp. 259-280. 이명현 역, 『열린 사회와 그 적들』 2, 민음사, pp. 355-381 참조. 포퍼는 과학은 순환논리가 아니며, 사실로 확증되며, 이론을 시험해 볼 수 있는 데 장점이 있다(p. 359)고 본다. 반면 역사주의는 우리를 비추는 탐조등과 같이 주위의 것을 보지 못하게 하고, 행동을 마비키는 특성이 있다(p. 368)고 진단하며, 나아가 황제들과 장군들과 독재자들의 감독 아래에서 역사가 씌여진 것(p. 371)이라고 비난한다.

4) Burston, pp. 157-8.

5) G. C. Field, "Some Problems in the Philosophy of History," *Proceedings of the British Academy, annual philosophical lecture*, 1938, O. U. P, p. 30, Burston, p. 158에서 재인용.

이런 역사에 대한 확고한 생각은 이후 전개될 논의의 핵심이기도 하다. 특히 역사학의 성격에 관해서 논의하는 경우 그 유일하고 직접적인 근거는 역사가의 서술이라고 본다.

> 역사의 성격에 관하여 어떤 주장이든 그 최종적이고 궁극적인 시험은 그것이 실제로 역사가들이 실천적으로 하고 있는가의 여부이다. 이를테면 이것이 역사가 되어야 하는 것이라고 하는 점을 주장할 수 있는 어떤 외적이거나 초월적인 기준이 없다. … 그것에 관하여 얻은 어떤 결론에 관한 최종적인 시험은 역사가들이 실제 하는 것을 참조하는 것이다[6].

그럼 실제적으로 역사가들은 역사를 어떻게 쓰는가? 버스톤은 역사가의 작업을 탐정의 그것과 같은 것으로 콜링우드를 인용한다. 양자는 증거—수고(手稿)와 발자국, 진술—를 가지고서 현재는 볼 수 없는 것을 재구성하는 데에 관심을 가진다. 전자는 과거의 인간이 벌인 사건을, 후자는 과거의 범행을 재구성한다[7]. 이런 비교를 통해서 버스톤이 알려주고자 하는 것은 역사가의 관심이 되는 사실은 근본적으로 보이지 않는 것이라는 점이다.

> 이 인간의 과거를 만든 남녀는 우리의 시야에서 확실히 지나갔고 '과거'로서 매우 바르게 기술된다. 남아있고 현재하여 우리가 관찰할 수 있는 것은 그들의 활동이 남겨놓은 만질 수 있는 유산이다. 역사의 사실은 우리와 더불어서 여전히 남아있는 노르만인의 예배당이 아니라 그것을 짓고 사용한 노르만인들이다. 여기에서 우리는 우리와 더불어 있고 관찰가능한 과거의 잔재와 과거 그 자체 사이를 구별해야만 한다는 점을 발견한다. 두 가지를 혼동하는 것은 실수이다. 유사한 것은 일반적으로 역사적 증거와 그 증거에 기초하여 확립된 역사적 사실 간의 구분이다[8].

그러기에 역사적 사실은 역사적 '사건'과 동일한 것이고, 역사는 과거 인간의 활동을 모두 포함하는 것이다. 그는 역사의 사실은 사람들에 의해서 이루어진 행위로 구성되고 때로는 개인으로 구성되는 것이야말로 논의의 출발점이라고 파악한다. 이런 행위(activity, action)는 무엇인가? 예를 들어서 설명한다.

---

6) Burston, p. 15.

7) Collingwood, *The Idea of History*, O. U. P., 1946, pp. 266-82. 이 부분은 '누가 존 도우를 죽였는가'라는 소재로 역사연구를 탐정의 추리과정에 비교한 것이다. 김봉호 역, 『서양사학사』 탐구신서, 115, pp. 402-425.

8) Burston, p. 20-21.

만약 우리가 길을 걷고 있고 다른 사람들이 우리가 그렇게 하는 것을 본다면, 사람들은 우리의 움직임 등을 묘사할 수 있다. 그러나 그런 경우 사람들은 얼마나 자주 자신들이 실제로 보는 것에 스스로를 국한하는가? 종종 우리는 '그가 거리를 걷고 있다'고 말하지 않고, 그가 음료를 얻고자, 담배를 사고자 또는 편지를 부치고자 역으로 걸어가고 있다고 말한다. 이 후자의 언급 각각은 엄밀히 관찰될 수 있는 것을 넘어서 가며, 행동을 수행하는 사람의 동기와 목적에 관해서 진술하는 것을 포함한다[9].

이런 설명에서 역사지식이란 외적이고 관찰 가능한 면을 넘어서서, 행동에 의해서 표현된 동기와 의사와 목적에 관하여 언급하는 것이다. 이것은 어떻게 가능한가?

비록 우리가 빈번히 주장을 하더라도, 우리는 인간의 동기를 관찰할 수 없다. 우리는 그것을 추리해야만 한다. 아니면 직관의 과정을 통해서 그에 관해 결론에 도달해야 한다. 어떤 경우든 동기나 의사는 인식의 대상이 아니다. -그것은 말 그대로 '상상된 것' (imagined) 이어야만 한다. 나는 '상상된'이라고 하는 용어를 사용하는데 이는 직접 관찰에 대비되는 것이다. 그리고 물론 일어나지 않았다고 하는 의미에서 허구적이거나 '상상적인'(imaginary) 어떤 것을 시사하는 것이 아니다[10].

이런 점에서 그는 화학이나 지리와는 근본적으로 다른 것이 역사의 사실이라고 본다. 그러므로 역사적 사실을 학생이 직접 관찰하고 검토하도록 제시할 수 없다. 이런 생각은 다음의 주의점으로 이어진다.

우리의 가르치기의 방향은 학생들로 하여금 현재를 잊고 정신적으로 과거에 살게 하는 것이다. 만약 역사 사건에 성격에 관한 우리의 분석이 올바르다면, 만약 우리의 가르침이 이 방향으로 인도되지 않을 경우, 우리는 결코 학생들이 역사 사건과 접촉하게 할 수 없을 것이다[11].

이점에서 버스톤은 우리가 특히 역사를 '실용적(practical)'[12]으로 이용하는 것을 경계한다. 특히 현재 체계의 발달 단계로서 과거사건을 다루는 위험과 특히 그런 취급이 시대착오로 이어지는 것을 막아야 한다고 본다. 실천적으로 역사를

9) Burston, p. 22.
10) Burston, p. 24.
11) Burston, p. 35.
12) 이것은 Oakshott, *Irish Historical Studies*, Bowes & Bowes, 1958, p. 5의 견해를 반영한 것이다. 그에 따르면 3단계가 있는데, 일반인이 과거의 사건을 자신에 대한 실용적 효과라는 관점에서 본 것이 첫 단계이고, 이어 과거의 사람들이 현대인과 마찬가지로 자신의 관점으로 보는 것이며, 마지막으로 현재에 대한 결과라는 관점에서 과거를 보는 것이다. 오우크쇼트는 3번째는 비판적 거리와 객관성이 부족하여 역사로 볼 수 없다고 판단한다. Burston, pp. 24-16을 참조하시오.

교육하는 경우 두 가지의 경향이 나타나는데, 하나는 사건의 한 측면만을 강조하려는 욕구로 인해서 사건들이 부분적으로 올바른 맥락에서 단절되는 경향이 있다는 것[13]과 학생들로 하여금 어떤 것을 상상하도록 요구하지 않는다는 것이다. 후자의 경우는 현재와 그 문제에서 생각이 떠나도록 허락하지 않기 때문이라고 밝힌다[14]. 사실 이런 오류에서 벗어나기 위해서는 올바른 맥락을 지도하고 상상할 수 있는 힘을 기르도록 하는 점이 중요하므로, 필자는 두 가지가 같은 목표를 가지고 연합할 필요가 있다고 본다. 그러나 한국에서 현재 두 주제의 연구자들은 전혀 교류가 없는 실정이다[15].

버스톤은 오우크쇼트가 지적한 대로 일정한 거리를 두거나 객관적 태도가 필요하다고 보면서, 그러나 다음과 같은 점에서 역사가는 사회과학자와 다르다고 주장한다.

> 우리가 현재의 선입견으로부터 일정한 정도의 거리두기(detachment)를 이룩하지 않으면, 우리는 역사를 읽으면서 동감을 가지고 과거 시대의 생각과 문제에 들어갈 것 같지 않다. 그러나 이렇게 한다고 해서 역사의 연구가 현재 우리에게 아무런 실천적 소용이 없다고 하는 것은 아니다. 넓은 의미로, 교육에서 가치로운 것은 어떤 것이든지 현재적인 가치를 가진다. - 현대인 개개인의 생각을 개선하거나 확장한다. 그러나 만약 역사의 연구가 이것으로 하여금 현재와 그 문제에 일반적인 혹은 좀더 특수한 기여를 하려면, 그것은 실제 있었던 대로(as it really was)의 과거이어야 하지, 그 실천적인 가치를 위해서 선정되고 사용된 과거이어서는 안 된다[16].
>
> 맞건 틀리건, 역사가들은…이구동성으로 주장하기를, 역사가의 특수한 관심은 사건의 분류가 아니라 각 개별 사건의 고유성(uniqueness)이다. 그들의 관심은 어떤 사건이 다른 사건과 닮아있는 곳이 아니라 전후로 하여서 그것이 딴 것과 어떤 점에서 다른 곳에 확립된다[17].

이런 관점에서 특히 현대사를 중시하고 강화하려는 시도에 관해서도 다음과 같이 비판을 가한다.

---

13) Burston, p. 33.

14) Burston, p. 33.

15) 양호환 외, 『역사교육의 이론과 방법』, 삼지원, 1997, p. 233, p. 264를 비교하면 두 입장은 사실 같은 이론적 측면에서 출발한다. 버스톤이 두 입장 다 실천적 현재적 요구를 넘어서는 점에서 역사에서 상상은 크게 보아 맥락을 파악하는 것이라고 볼 수 있다.

16) Burston, p. 27.

17) Burston, p. 31.

> 대다수의 학교들이 오늘 19세기 영국사 그리고 때때로 유럽사를 크게 강조하며, 시험을 보기 위해 설정된 시대를 되도록이면 현대에 가깝게 확장되도록 하자는 요구가 반복된다. 이 모든 것은 역사 사건에 대하여 우리가 제시한 견해에 비추면 별 의미가 없다. 그것은 역사가 현재의 기원과 발전에 관한 연구라는 기초 위에서만 정당화될 수 있을 뿐이다[18].

이처럼 현대사에 경사되는 경향도 버스톤이 보기에는 실용적인 역사에 불과한 것이다.

이상으로 버스톤의 기본적인 역사적 사고를 살펴보았다. 이런 기초에서 역사의 이론에 관한 비판으로 이어진다. 잘 알려져 있는 대로 포괄법칙론(covering law), 개별성을 주장하는 신이상주의(British Idealism), 그리고 양자의 중용적인 입장이라 할 총괄론(colligation)이 대체로 역사교육에서 설명의 틀로 자리잡고 있다. 뿐만 아니라 각 주장의 주창자들은 양보없는 설전을 펼치기도 하고, 어느 하나를 부정해야 존립하는 것으로 보일 정도이다. 그러나 이런 대립에 관해서 버스톤은 다음과 같은 질문을 제기한다.

> 첫째 해야 할 질문은 실제로 이 세 이론이 그들 각각의 주창자들이 때로 주장하듯이 상호 배제적인가 하는 점이다. 우리는 각 이론에게는 적어도 말할 것이 있음을 보았다. 그리고 그것은 궁극의 진리가 어떤 종류의 타협(some kind of compromise)일지도 모른다. 만약 우리가 이것을 한다면, 우리는 가장 선명한 견해 차이를 검토함으로 시작해야만 한다. …우리는 한편에 대한 사례를, 자동적으로 다른 편에 대한 사례 전체를 배제하는 일이 없이 받아들일 수 있을까?[19]

그는 다리 만드는 비유를 들어서 좀 더 구체적으로 표현한다. 퍼트 철교(Forth bridge)를 건설하는 데에, 많은 과학 분과들의 이론이 적용된다. 그런 모든 이론은 일반 법칙이라는 용어를 통해서 기여하지만, 최종의 산물은 순수하게도 개별적인 것이며 이는 유일한 사건(a unique event)이다. 세상에는 같은 유형의 다리가 있을 수 있겠으나, 퍼트 철교는 유일한 것이다. 이런 비유를 들어서 버스톤은 다음과 같이 말한다.

---

18) Burston, p. 33.
19) Burston, p. 81.

만약 이 비유가 유효하다면, 어떤 사람이 자신의 목적이 일반 법칙이 아닌 어떤 것을 입증한다는 점을 부정하지 않으면서 일반 법칙을 사용할 수 있음을 받아들이는 것이 가능한 것으로 보인다. ……이점이 받아들여지면, 두 가지가 이어질 것이다. 첫째, 가설로서 일반 법칙을 사용하는 것은 비록 그 일부가 역사가를 안내하는 일반 법칙을 반영할지라도, 한 사건의 독특한 성격을 찾는 것, 전체적으로 독특한 설명을 제시하는 것이 불가능하다는 것을 의미하지 않는다. 그 두 가지는 상호 배제하는 것이 아니다.[20]

이 지적은 사실 하나의 모델을 중심으로 역사수업을 편성하고 그 속에서 모든 역사의 설명을 상정하는 것이 사실상 바람직하지 않은 것임을 보여준다. 우리의 역사교육의 현실, 특정 연구자가 특정 모델의 대변자로 생각되고 그 생각이 공고해져서, 마치 남의 영역이라도 되는 듯이 타연구자의 모델을 비판하지 않는 풍토를 예리하게 지적하는 듯하다. 현실적으로 역사이론에 충실한 것처럼 보이는 수업 모델들이 현장에서 별로 사용되는 예가 없이 기존의 방식을 답습하고 있는 현실은 각 모델이 불완전할 뿐 아니라, 서로 보완되어야 하고 상호교류 즉 타협의 과정이 있어야 하는 것을 의미하는 것이라고 필자는 생각한다. 모델 간의 교류를 제안해본다.

Ⅲ. 포괄법칙 비판

우선 포괄법칙론자들에 대한 비판을 들어보자. 이들의 주장이 맞다면 당연히 모든 역사가들이 과학자들이 하듯이 해야 할 것이라고 인정한다[21]. 그러나 어떤 예외가 있다면 그런 일반법칙은 부정되는 것이며, 만약 어떤 역사가가 자신이 추정하는 일반 법칙이 뒤집어지면, 실망할지 모르지만 다른 가설을 추종할 것이며, 이 경우도 법칙의 일반적 유효성을 확립하고자 하는 것은 아니라고 힘주어 설명한다[22]. 앞의 퍼트 철교의 예를 들어서,

20) Burston, p. 82.

21) 이런 주장을 일반적으로 실증주의(positivism)이라고 부른다. 반면에 그런 과학성이 아니라 실증적 증거에 바탕해야 한다는 역사학의 일반적인 주장은 '실증적'(positive)이라고 칭하는 것이 일반이다. 물론 전자는 후자와 관련을 가지는 것이지만, 두 용어는 구별될 필요가 있다. 이를 구별하지 않고 사용하는 역사교육서(예를 들어 정선영 외, 『역사교육의 이해』 삼지원, 2001, p. 63.)는 문제점이 크다. 이에 관해서는 김웅종, 「실증사학과 실증주의 사학-19세기말 프랑스의 역사학을 중심으로」『호서사학 』19・20합집, 1992, pp. 315-331을 보시오.

두 번째 점은 더 중요하다. … 기술자들의 성공 혹은 실패를 시험하는 것은 일반 법칙의 유효성이 있는가의 여부 혹은 그들이 건설하는 것이 일반법칙을 입증하느냐 반증하느냐가 아니라 퍼트 철교의 특수하고 개별적인 문제들에 들어맞았는가이다.[23]

라고 강조한다. 이점에서 역사가와 과학자의 차이가 있다고 본다. 다만 역사가가 포괄법칙을 통해서 자신의 설명의 일부(part)를 제시할 수 있다고 본다[24]. 만약 이 점을 인정하지 않으면, 프랑스 혁명을 설명하면서, 그것이 하나의 혁명이라는 점을 제외하고, 다시 말해서 다른 혁명과 공통점을 가지고 있다는 점 이외에는 아무것도 역사가가 설명하지 않게 될 것인데, 이런 것은 어처구니없는 것(absurd)이다.

여기에서 한 걸음 더 나아가 논리성과 과학성을 표방하는 분야사, 이를테면 경제사나 사회사의 문제점을 지적한다. 특히 이런 분야사는 포괄법칙을 주장하는 칼 포퍼에 의해서 옹호된다. 그는 분야사만이 진정한 형태의 역사(only true form of history)[25]라고 주장하는데, 과학적 논리적 토대라 할 수 있는 포괄법칙적 설명의 틀을 가지지 않는 지식은 지식의 진정한 형태가 아니라고 한다. 그런 점에서 과학적 설명을 전제로 하는 경제사나 사회사를 중시하는 것이다. 그리고 이런 이론적인 성찰 말고도 분야사가 중시되는 이유는 학습의 범위를 줄여줌으로써 학생의 이해를 도울 수 있다는 점을 들고 있다.

Ⅱ장에서 언급한 내용은 사실 포퍼의 이론적 접근에 대한 반론이라고 할 수 있다. 이를 일상의 경험으로 옮겨서 버스톤은 다음과 같이 예를 든다.

모든 정치가와 정객들은 문제를 결정할 때에 사회의 한 측면만을 가지고 하는 것이 아니라 전체 사회를 통해서 하는 데에 익숙하다. 따라서 경제정책의 문제는 경제적으로 바람직한 정책의 방향을 정치적·사회적 그리고 기타의 고려사항과 항상 조절하는 사안이다. 만약 우리가 현재 사회를 전체적으로 볼 수 있다면, 원칙적으로 과거에 관해서도 같은 것을 하는 것이 가능하다[26].

---

22) Burston, p. 85.
23) Burston, p. 82.
24) 이런 과학적 설명을 역사수업에 적용할 때 주의점은 양호환 외, 『역사교육의 이론과 방법』, 삼지원, 1997, p. 140을 보시오.
25) Burston, p. 157.
26) Burston, p. 159.

역사가는 이와 같이 종합적으로 사회의 전체국면, 여러 국면의 관계를 제시할 수 있으며 그것의 가치를 충분히 인식해야 한다는 것이 버스톤의 생각이다.

다른 한편으로 분야사는 '인접한 사회과학에 의해서 정해진 국면을 공부함으로써 탐구의 범위를 제한하는 방법'이라고 볼 수 있는데, 이렇게 하기 위해서는 범위의 제한이 정밀할 필요가 있다고 그는 본다. 사실 어린 학생들에게서 종합적인 인식을 기대하기는 어렵다는 취지에서 그런 제한은 교수방법으로 의미가 있을 것이다. 그러나 이런 분야사 중에서 사회사(social history)의 경우는 문제점이 많다. 사실 그 용어는 너무 일반적이고 다양한 해석을 전제로 한다. 그점을 지적한 버스톤은 다음과 같은 언급을 통해서 교사들에게 문제점을 제시하고 있다.

> 만약 그것이 '정치를 배제한 역사'로 정의된다면, 역사교사에게 제기되는 문제는 참으로 긍정적인 것이 아니라 부정적인 것이다. -정치사가 얼마나 가치로우며 만약 그것을 버리면 무엇을 잃을까 하는 문제이다. 만약 그것이 사회학의 용어로 정의된다면, 그 때에는 경제사와 마찬가지로 성공적인 연구가 되기 위해서는 인접한 사회과학을 이해하는 것이 필요하다[27].

이렇게 되면, 전자와 같이 정치사를 배제하고 가르쳐야 하는 문제를, 후자와 같이 인접분야를 같이 가르쳐야 하므로 사실상 범위의 제한이 이루어지기 어려워 소기의 성과를 달성하기 어렵게 된다.

이런 사회사의 일환으로 지방사나 향토사의 접근법도 선호된다. 이런 지역사는 국가사의 범위가 학생들의 경험과 유리되어 있다는 이유에서 그리고 사회과의 지평확대법에 의해서 그 이론적인 근거와 타당성이 있다고 보겠다. 이에 관해서 버스톤은 다음과 같은 예를 든다.

> "영국이 19세기초에 공업 국가가 되었다"라는 일반화의 어려움을 생각해 보라. 사실상 공업화는 대체적으로 한 지역-랭커셔-에 국한되었고, 한 공업-목면-에 한정되었다. 우리는 담치기 운동에 관한 일반화에서도 비교되는 어려움에 직면한다. 즉 어떤 지역에서 그것은 급속히 진행되었고, 다른 지역에서는 거의 그렇지 않다. 지방 사회는 때로 경제사와 사회사 둘 다를 위해서 일반화에 매우 편리한 단위이다. 국가 단위는 어려움을 제시한다. 만약 우리가 경제사나 사회사를 가르치려고 한다면, 국민국가와는 다른 단위를 채용해야 할 것이다. 아니면 우리의 아동들에게 우리가 한 일반화의 한계를 설명하는 난관에 봉착할 것임에 틀림없다. 이 후자가 역사를 더 복잡하게 할 것이다[28].

27) Burston, p. 160.

이런 문제가 있기 때문에 버스톤은 특히 지역사를 가르치는 경우, 국사라는 틀에 맞추어서 수업을 전개할 것을 강조한다[29]. 이런 점에 관해서 우리는 충분히 성찰하고 있는지, 지역사 교재가 이런 원칙에서, 다시 말해 학생의 이해라는 관점에서 만들어지고 있는지 검토할 필요가 있다.

앞장에서 우리는 버스톤이 인간의 의지나 목적이 역사를 움직이는 것으로 이해하고 있음을 파악하고 있다. 이런 점에 비추어서 행위설명이론은 일정한 주목을 받고 역사수업의 유익한 방법으로 연구되고 있다. 버스톤은 이런 행위설명 이론을 적용하여 사건을 설명하는 것은 역사설명에서 포괄법칙을 사용하는 사례로 보일 것이라고 판단한다[30]. 즉 인간행위에 관한 일반론을 가지고, 그 이론이 어디에서 나왔든 상관없이, 특수한 사건을 설명하는 경우이다. 바로 이런 식의 설명은 법정에서 피고자의 동기를 추론하는 것과 같은 면이 있다고 그는 본다[31]. 이런 경우 문제가 되는 점을 버스톤은 다음과 같이 지적한다.

> 이 모든 추론은 합리적인 사람(reasonable man)이 어떻게 행위할 것이라고 하는 개념에 기초하며, 이것은 사실상 일반인이 상이한 환경에서 어떻게 행위할 것에 관한 일련의 일반화이다. …그러나 '합리적인 사람'이라는 개념에서 약설되는, 일련의 일반화는 반드시 최종적인 것이 아니다. 왜냐하면 법정의 최종심은 각 개별 소송에 관하여 이루어지기 때문이다. 10중 9, 혹은 그 이상으로, '합리적인 사람'이라는 것이 안전한 지침을 제공할지 모르지만, 때때로 예외가 있으며, 그것이 발생하는 때에 비록 외양은 피고에게 불리할지라도, 법정은 그들 앞에 있는 사람이 아무런 범죄동기를 가지지 않는다고 느낀다는 것을 의미한다. 이 모든 것은 합리적인 사람이라고 하는 개념은 엄격히 말해서 구속력 있는 규칙이라기보다는 하나의 가설: 대부분의 경우에 작동하는 유익한 실용장치임을 시사한다[32].

이런 문제점을 지적한 후에, 역사가는 그런 규칙에 얽매이지 않을 뿐 아니라 동기를 연구하고자 하는 인물의 성격과 관련하여 더 풍부한 지식을 가지고 있는데, 이런 점은 법정에서 사용할 수 없는 것이라고 버스톤은 주장한다. 그러면서 엠스

28) Burston, p. 160-161.

29) 이점에 관해서는 Burston, p. 104-105를 보시오. 특히 그는 교사로서 일반화 수준의 일관성을 유지하는 것이 필요하다는 점을 역설하면서, 지역사를 가르치는 데 현명하게 할 것을 교사들에게 권고한다. 이상적으로는 국사의 주제와 국가발전을 예시하는 것으로서(local illustration of national themes and developments) 지역사를 가르쳐야 한다고 주장한다.

30) Burston, p. 84.

31) Burston, p. 85-6.

32) Burston, p. 86.

(Ems) 전보사건과 관련한 비스마르크의 의도를 보면, 그의 교활한 성격과 관련하여 충분히 일관성을 가지고 설명된다. 반면 황제가 1908년 『데일리 텔레그라프』와 인터뷰하였는데, 사람들은 그가 충동적인 성격을 가지고 있어 자신의 행동을 정확하게 예측한 게 아님을 알 수 있고, 그 인터뷰를 교활함이 아니라 실수로 파악한다. 이런 예를 들어서 인간성에 관한 일반적인 견해가 아니라 특수한 지도자의 성격에 관한 지식이 역사가의 해석에 기초라고 주장한다. 이런 예의 의미를 다음과 같이 정리할 수 있다.

> 일반적으로 역사에서 우리는 사람들을 우리가 발견하는 대로 이해한다. 그리고 인간성에 관한 일반적 견해들은 우리의 해석에서 중요한 역할을 하지 못한다. 혹은 만약 그러하다면, 그것들은 매우 일반적이어서 인간의 기괴함에서 나오는 매우 넓은 다양성을 모두 포함할 것이다[33].

이처럼 행위설명이론의 한계와 제한을 지적하면서 오히려 역사가들은 마라톤 전투에 참가하지 않은 스파르타인들이 만월(滿月)이라는 현상에 의해서 좌우된 것과 아메리카 원주민이 코르테스에 대해 저항하지 않았던 점을 미신적인 관념과 조화하여 설명할 수 있어야 한다고 주장한다. 한 마디로 행위설명 이론은 역사가에서 역사 설명의 원리(principles)라기보다는 쓸모 있는 보조(handmaids)이다[34].

버스톤의 비판은 사료학습에도 이어진다. 소위 '탐구 학습법'(discovery method)이 사료학습의 동기라는 점 그리고 그런 방법은 학습의 내용보다 훈련에 중점을 둔 것이라고 파악한다[35]. 이에 관해서 그의 비판은 단호하다.

> 그와 같은 것으로서 중학생(pupil)에 의한 적극적인 문제해결에 반드시 사료의 이용이 필요한 것이 아니라는 점을 아마도 주의해야만 할 것이다. 적절한 예제를 가지고서, 그런 것은 교과서를 통해서도 이루어질 수 있었으며, 특별하게 준비된 문구를 혹은 적어도 그 최대의 효과를 내도록 사료의 수정도 요구할 수 있었을 것이다[36].

---

33) Burston, p. 88.

34) 양호환 외, 『역사교육의 이론과 방법』, 삼지원, 1997, p. 230에는 상황에 관한 충분한 정보를 주어야 잘못된 가정을 피할 수 있을 것이라고 하면서 주의점을 제시한다.

35) Burston, p. 39-40에 따르면, 영국에서도 듀이(Dewey)의 영향을 받은 것을 알 수 있고, 이에 자극을 받은 책이 바로 M. W. Keatinge and N. L. Frazer, *History of England*, A. & C. Black, 1911이다. 이 책 p. iv에서 사료학습이 과학실험과 같은 동기에서 나온 것임을 밝히고 있다. 이런 수업에 관한 비판은 양호환 외, 『역사교육의 이론과 방법』, 삼지원, 1997, pp. 47-57을 보시오.

버스톤은 현장을 고려하여 이런 지적을 하고 있으나, 그는 학생들이 역사가들이 하는 작업을 알 수 있도록 한다는 점을 인정한다. 아마도 학문중심 교육이 표방하는 것이 그런 점일 것이다. 그러나 핵심적인 문제는 다음과 같은 점에 있다.

> 그러나 역사가의 작업에서 하나의 핵심적인 성격은 사료는 스스로를 위해서 말하지 않으며, 각 사료는 평가되어야 하며 더군다나 해석되어야 하는데, 이를 위해서는 시대와 주제에 관하여 매우 많은 배경지식이 필요하다는 점이다[37].

한 마디로 사료학습을 하려면, 그 만큼의 준비가 필요한 것이고, 이는 학생들도 폭넓은 때로는 깊이가 있는 지식을 갖추어야 한다는 의미이다[38].

한편 이런 방법을 통해서 다양한 견해를 비교해 볼 수 있다는 주장도 있다. 그러나 좀더 근본적인 문제가 있다. 특히 학습내용보다는 그 방법(how to know)에 치우친 것은 두 가지의 생각에서 비롯한다.

> 하나는 학교에서 지도될 수 있는 과목의 내용이 중요하지 않거나 미숙하고 과도히 단순화된 것이다. 그 방법은 그렇다면 성인으로서 심화된 연구 수단으로서 옹호되어야 한다. 두 번째 점으로 '탐구법'에 포함된 기능(skills)은 일반적인 가치를 가지면 현재의 필요, 이를테면 다양한 신문에서 같은 사건을 두고 시민이 판단해야 하는 필요 같은 것에도 적용될 수 있을 것이다[39].

버스톤은 특히 모든 지식이 사료연구를 통해서 얻는 것은 비현실적이고, 이렇게 하는 것은 역사가의 업적을 무시하는 것인 동시에 역사가 자신도 타 연구자의 결과를 인용할 수밖에 없다는 사정을 고려하지 않은 것이라고 본다. 아울러 현재의 불일치하는 신문기사를 바르게 읽기 위해서 역사 사료를 이해하는 데에 필요한 배경지식을 요구하지는 않는다고 그는 판단한다. 특히 학생이 전문적인 훈련을 받는 것은 대학교 수준이 되기 전에는 불가능한 것으로 본다. 아울러 역사가의 작품에 관해서 비판적인 자세는 좋지만, 상대성의 입장만 견지하게 하는 것은

---

36) Burston, p. 40-41.
37) Burston, p. 42.
38) 예를 들어서 "The King's Speech has always been considered by the legislature, and by the public at large, as the speech of the Minister"와 같은 문장은 18세기 정치배경에 관한 깊은 지식을 요구한다. 그러므로 오히려 학생은 이 사료에서 지식을 얻도록 하는 것은 불가능한 것이다. p. 43.
39) Burston, p. 44.

좋은 것이 아니라고 파악한다[40].

이런 비판은 필자에게는 새롭게 느껴진다. 사실 여러 다양한 교육사조가 교육학이라는 이름으로 소개되고 국가에 의해서 채택되었으나 그에 관해서 역사라는 과목의 구조를 가지고 응수하는 과정이 없이 일방적으로 학생들에게 강요되고, 교사들도 비판 없이 남의 일로 받아들여 온 것이 아닌가 하는 반성이 든다.

Ⅳ. 신이상주의[41] 비판

버스톤은 앞에서 역사의 개별성, 특수성을 강조하고 있어서 신이상주의적 접근에 동의하는 것을 알 수 있다. 신이상주의에 따르면 역사설명은 한 마디로 독특한 사건을 독특하게 설명하는 것(historical explanation is a unique explanation of a unique event)[42]으로서, 이를 대변하는 학자들은 콜링우드[43]와 오우크쇼트이다. 버스톤은 후자의 입장을 다음과 같이 요약한다.

> 오우크쇼트 교수가 썼듯이, 역사가는 단어의 일상적인 의미에서 '원인들'을 필요로 하지 않는다. 역사가는 변화의 완전한 설명(full account)을 통해서 변화를 설명한다. 모든 동시대적인 요인은, 크거나 작거나 간에, 어떤 식으로든 사건을 있는 그대로 만드는 데 도와준다. 만약 어느 것이든 생략된다면, 우리는 사건의 독특함을 적절하게 설명하지 않았다. 따라서 사건을 만들어낸 변화에 관한 충분한 이야기식 설명을 실제 대체할 것이 없다.[44]

---

40) Burston, p. 46.

41) 19세기 말에서 20세기에 걸쳐 자연과학의 급속한 발달에 힘입은 실증주의·유물론 등의 일반적 풍조에 대항하는 세력으로서 등장한 일련의 사상을 총괄적으로 가리키는 말이다. http://100.naver.com/100.nhn?docid=102163

42) Burston, p. 88. 이런 입장에서 관념론으로 번역된 용어는 재고가 필요하다. 관념론은 사상을 모든 것의 근원으로 보는 입장인데, 이처럼 독특성을 강조하는 경우 오히려 독일의 관념론을 비판하는 입장이기 때문이다. 결국은 사건의 독특성을 구하는 것이므로 신이상주의로 표현하는 것이 더 낫지 않을까 한다. 최근에 철학계 일각에서도 관념론 대신 이상주의로 번역하는 시도가 있다. 특히 이런 번역을 고수해온 이상현 교수의 저술을 필자는 참고하였다. 이상현, 『신이상주의 역사이론』 박문각, 1992, p. 25에 콜링우드의 입장을 잘 설명해 놓았다.

43) 허승일, 「보론:현대의 역사인식과 역사서술」, 허승일 외 역, 『서양사학사』(H. E. Barns, *A History of Historical Writing*), 한울 아카데미, p. 532이하를 참조하시오. 콜링우드는 실재론과 이상주의를 결합시킨 사상가로 이해되고 있다.

44) Burston, p. 74에서 재인용된 것으로서 M. Oakeshott, *Experience and its Modes*, C. U. P., 1933, pp. 142-3의 내용이다.

이런 태도에 관해서 버스톤은 일단 긍정하는 모습을 보여준다. 그렇지만 오우크쇼트가 잘못 알고 있는 점을 또한 날카롭게 지적한다.

만약 한 사건이 모든 면에서 독특하다면, 그것을 알거나 묘사하는 것은 가능하지 않을 것이다. 왜냐하면 우리는 우리의 경험을 통해서 사물들을 알 수 있을 뿐이며, 무엇보다 유사한 것들을 통해서 묘사할 수 있을 뿐이기 때문이다. …마찬가지로 프랑스 혁명은 역사가에게는 독특한 사건일지 모르지만, 그것을 기술하는 데에 공통의 이름인 '혁명'을 사용함으로써 우리는 '혁명'이라고 불리는 다른 사건들과의 유사성에 주의를 환기시키고 있다. … 확실하게도 독특함에 관해서 언급하거나 전달하는 우리의 능력은 우선 우리가 관심을 두고 있는 사건 그리고 다른 사건과의 유사성을 지시하는 공통의 명사를 사용하는 것에 달려있는 것으로 보인다[45].

한마디로 버스톤이 보기에 독특한 점을 인식하는 예비단계가 바로 다른 사건들과의 공통성을 먼저 밝히는 것이다. 다시 말해서 역사가의 임무란 사건 전체를 독특한 점과 그렇지 않은 점 둘 다에서 설명하는 것이 아닌가라는 질문을 제기하면서, 이런 것이 역사가들의 실천과 일치하는 것으로 보인다고 주장한다. 심지어 역사적 사건을 기술하는 것은 그것이 개별적인 사건일지라도, 그 자체는 일반화라고 본다. 왜냐하면 거의 모든 사건이 개인의 활동이 아니라 다소간 집단의 행위이기 때문이다[46].

자연 이런 관점은 역사사건의 묶음(grouping) 문제와 연관된다. 버스톤은 다음과 같이 말한다.

사실들은 그 과목의 특수한 학문과 일치하는 식으로 묶어져야만 한다. 우리가 이것을 한다면, 우리는 우리 학생들을 그 과목으로 이끌어들이는 것이다. 만약 우리가 그렇게 하지 않으면 우리는 사실은 전달할지 모르지만, 일반지식 말고는 더 가르치는 것이 없다. … 우리는, 두 개 이상의 사건을 설명하는 과정에서 함께 연관지을 때 역사가들이 하는 식으로 같은 원리에 따라서 사건들을 묶어야 한다[47].

그러므로 역사가들은 어떤 형태든지 사건들을 묶고 이것을 연관시키며, 그 방식이 바로 역사학이라고 하는 점을 위의 인용에서 알 수 있다.

---

45) Burston, p. 88-89.

46) Burston, p. 100. 그는 역사란 '한 공동체의 과거생활을 상상적으로 재구성하는 것'으로서 보는 점에서 일반화를 불가피한 것으로 보고 있다.(p. 136.)

47) Burston, p. 7-8. 버스톤은 제프리(M. V. C. Jeffreys)의 '발전관'(developmental perspective)과 로우스(A. L. Rowse)의 일반화론을 그런 묶음의 예로 주장한다(p. 9.).

오우크쇼트에 관한 비판은 계속된다. 특히 '원인'을 말할 때 이것을 과학에서의 의미로만 받아들이는 것에서 잘못이 있다고 파악한다. 그의 견해에 관해서 다음과 같이 비판한다.

> 과학의 오래된 전통과 위엄에도 불구하고, 나는 이 견해를 받아들이기 어렵다고 본다. …반드시 일반 법칙과 회피할 수 없는 결과를 의미하지 않은 채 우리는 우리 시대에 선거의 패배나 승리의 원인에 관해서 말한다. … 만약 우리가 진정한 원인과 근인(近因)에 관해서 사건의 불가피성을 주장한다는 혐의를 반드시 받지 않고 언급할 수 있을 것이다. …만약 역사가가 전체 사건에 관심을 두고 있다면, 다양한 원인을 적용하고 근인을 장기적 요인과 구별하고자 할 것이다. 게다가 역사가가 사건을 초래하는 데 상이한 요인들의 상대적인 중요성들을 구분하는 것이 완전히 적절하고 지각 있는 것이 아닌가? 역사가가 그렇게 하는 것이 한 사건을 설명하는 데에 매우 필요한 것으로 보인다[48].

이를테면, 농민반란의 원인이 무엇이냐고 물을 때, 개인과 집단의 동기・목적・의도 등을 통해서 제시되는데, 이런 것을 '원인들'이라고 부를 수 없을 것이라면, 모든 역사가의 서술에는 오류투성이일 것이라고 지적한다[49].

버스톤은 그의 관점을 학생에게로 옮겨서 일반화나 묶기의 필요성을 학습심리의 측면에서도 찾고 있다. 우선 교사는 사건들을 묶는 작업을 해야 하는데, 그것이 위에서 언급한 대로 역사라는 학문의 원리에 맞게 이루어져야 한다는 점을 지적한다. 만약 그것을 순수히 교육학적인 장치로서만 시도한다면, 그런 묶기는 역사라는 학문을 이해하는 데 전혀 기여하지 못할 것이라고 주장한다[50]. 그렇지만 역사학의 원리에 따라서 제대로 묶인 것은 다음과 같은 잇점을 가진다.

> 심리학자들의 경험과 연구에 따르면 학습은 아동들이 자신이 배운 세부사항들이 한 전체의 연관된 부분이라는 점을 인식할 수 있다면 훨씬 더 효과적이라고 한다. 역사에서 만약 사건들이 단절된 것이 아니라 논리적으로 연결된 것으로 보인다면 그리고 만약 사건들이 무작위적인 선택이 아니라 서로서로 인과적으로 연결된다면, 그것들은 연관된 집단의 부분인 것으로 볼 수 있으며, 훨씬 더 쉽게, 훨씬 더 지적으로 배울 수 있다[51].

---

48) Burston, pp. 112-4.

49) 이 말은 P. Gardiner, *The Nature of Historical Explanation*, O. U. P., 1952에서 제시된 것에 대한 Nowell-Smith, "Are Historical Events Unique?", *Proceedings of the Aristotelian Society*, January 14, 1957, pp. 144-5의 반론이다. 가디너는 규정성의 의미로 사용하고 있는데, 후자가 보기에는 물음에 대한 답변이라고 본다. 이에 관해서는 이상신, 「역사연구에서의 인과적 사고와 설명」『서양사론』 84, 2005. 3, p. 21과 32를 보시오. 인과관계에 관한 관심이 20세기 역사주의자들의 논구로 이어졌다.

50) Burston, p. 79.

이런 점을 고려하면 신이상주의의 독특성 추구가 사실 중요한 일면이긴 하지만, 그런 독특성이 잘 부각되기 위해서도 일반화나 전체에 관한 맥락을 파악하는 것이 중요한 점을 시사한다. 결국 역사주의의 시각[52]을 역사교육의 차원에서 다시 검토하고 연구할 필요가 있겠다.

Ⅴ. 총괄론 비판

앞 장에서 묶기의 중요성을 지적했는데, 이런 면에서 일종의 중용을 취하면서 설득력을 얻고 있는 것이 월시(Walsh)가 제시한 '총괄'(colligation)의 개념이다. 이 방법은 제한된 수자의 사건이 만약 같은 운동이나 정책의 부분으로 보일 수 있으면, 그것들이 역사가에 의해서 묶여진다는 것으로 집약된다[53]. 그리고 그런 것이 역사가의 특징적인 접근 방법의 일부이다.

이것은 주제별 수업(teaching by topics)과 관련된다. 버스톤은 이런 접근법이 '발전선(Line of Development)'[54]에 따른 것과 혼동되지만 근본적으로 다르다고 하는 점을 강조한다[55]. 전자는 우선 묶는 것의 기초가 제도나 생의 일국면이라는 점, 둘째 사건 집단이 전체적인 연대기를 통해서 고립되어서 취급된다는 점에서 다르다. 그렇지만 주제별 수업이 역사수업의 매우 일반적인 방식이라는 점을 그도 인정하고 있으며, 만약 월시의 이론이 올바르다면, 그것은 교육적으로 효과적

---

51) Burston, p. 69.

52) 이민호, 『역사주의-랑케에서 마이네케-』 민음사, 1988, p. 114-5.

53) Burston, p. 73.

54) 이 용어를 '발전계열'이라고 옮기는 시도는 현재로서는 무난한 것 같다. 김한종, 『역사교육의 원리』 책과함께, 2007, p. 69, p. 148-152에 비교적 자세한 설명이 있다. 그러나 버스톤의 생각이 기본적으로 주제접근법과 다르다고 하는 면을 참조할 필요가 있으며, 특히 계열사라는 용어가 이미 사용되고 있어서 혼동의 우려가 있다. 차라리 발전선이나 발달선으로 제시하는 것이 어떨까 제안한다. 버스톤의 설명은 다음과 같다. "발전선은 생의 상이한 국면들이 바로 시대를 통해서 분리해서 학습되도록 마련해 준다. 즉 우리는 먼저 로만 브리튼 시기부터 현재에 이르기까지 집에 관해서 공부한 다음에 이어서 운송수단에 관해서 공부한 다음, 학생들이 더 나이가 들고 성숙한 상태에서는 의회나 정부 같은 제도들을 공부한다."(p. 116) 그러므로 이 학습법은 일부 주제에 국한된 것이 아니며, 통사를 가미한 주제접근법은 더욱 아니다. 역사교육 연구자들의 논의를 바란다.

55) Burston, p. 80.

일 뿐 아니라, 역사적 사고를 훈련하는 것이라고 평가한다[56]. 월시에 따르면 일반화는 두 가지가 있는데, 개방된 부류의 일반화(open-class generalization)와 폐쇄된 부류의 일반화(closed-class generalization)이다. 역사가는 전자를 하는 것이 아니라 후자를 즉 특별한 사건집단에 국한하여 일반화 한다고 본다[57]. 이런 경우 제한된 부류 내에서 예외가 없을 경우 그런 일반화가 유효하다. 버스톤은 이런 일반화는 포괄법칙에 따른 일반화와는 다른 종류임을 주목하는 것이 중요하다고 지적한다. 이런 점에서 바로 그런 식의 일반화는 역사가들이 하고 있는 접근법으로 승인하는 듯하다. 그러나 다음과 같은 지적은 매우 날카롭다.

> 이 과정은 엄밀히 말해서 경험적인 것이라는 점을 주목해야 한다. 그 추론의 출발점은 개별 사건이며, 그 사건이 다른 사건들과 공통으로 정책이나 의도를 표현한다면 그리고 그러한 한에서, 그것들은 함께 연계된다. …핵심적인 점은 바로 역사가가 보고 또 교사가 주제로서 사용하는 사건들을 묶는 크기는 진실로 역사의 사실에 의해서 결정된다는 것이다. 주목해야 할 점이 하나 더 있다. 월시 교수는 같은 운동이나 정책의 부분으로 보일 수 있는 사건들을 총괄하는 절차를 통해서 설명하는 것이 어떤 사건에 대한 역사가의 설명의 전체(whole)라고 하는 점을 시사한 적이 없다. 만약 그러하다면(if it were), 우리는 사건들의 독특한 면모를 연구할 수 없을 것이다. 왜냐하면 가설상 그 사건들은 다른 사건과 공통으로 나누어지지 않는 측면, 따라서 집단으로 사건들이 처리될 때 볼 수 없는 측면이기 때문이다. 주장된 것은 총괄이 역사가의 설명의 전체가 아니라 그것의 부분이라는 점이다[58].

사실 이런 지적은 총괄에 의한 접근이 지니는 심각한 결점을 보여준다. 다시 말해 그런 방식을 적용한 설명이 전체를 보여주는 것이 아니라 일부만을 보여주기 때문이다. 필자는 그 방법에 관한 절대적 신뢰는 줄이는 것이 현명하다고 생각한다[59].

이런 방법과 관련된 교수법은 주제별 수업(topic method, 주제 접근법)이다. 버스톤은 이런 수업방식이 가져야 할 요건으로서, 우선 주제에 포함된 요소들에 진정한 가치매김(true weighting) 이외에 다른 것을 주지 않아야 한다는 점을 들고 있다. 주제 접근법은 주제로 선정된 움직임이 중요한 것이라는 인상을 줄 것이며, 이것은

56) Burston, p. 89.
57) Burston, p. 90.
58) Burston, p. 92.
59) 이점을 의식하여 충분한 주의를 기울일 것을 제안하고 있다. 양호환 외, 『역사교육의 이론과 방법』, 삼지원, 1997, p. 181.

일반적으로 옳은 것이라고 본다. 그러나 그렇지 않은 곳에서 교사가 적절히 교정하고 수업의 가치매김과 중점을 조정해야 한다고 버스톤은 주장한다[60]. 아울러 시기적인 제한이 있다.

> 예를 들어 19세기 의회 개혁을 가지고 100년 이상의 기간에 걸쳐 별도로 주제를 연구하는 것은 가능할 것이다. …그러나 우리가 어떤 주제이든 별도로 더 길게 연구할수록, 주제 속에 있는 한 사건을 그 개별적인 맥락에서 보는 것은 더 어렵다고 하는 점이 명백하다. 이런 이유로 우리가 주제로 나누는 연구의 시기는 제한하는 것이 더 낫다. …시간상으로 우리의 주제가 길어질수록 그 토대를 형성하는 목적이 덜 정밀해지며, 우리는 우리의 학생을 과도하게 단순한 일반화로 더 오도할 것 같다.[61]

이런 문제가 있어서 제한적으로 이런 수업방법을 도입해야 할 것이다. 특히 과일반화의 문제는 이런 총괄을 사용하였을 경우에 드러나는데, 예를 들어 1862-1871년간의 독일이 치룬 전쟁이 마치 1871년의 사건을 일으키기 위해서 전개된 것으로 다시 말해 일정한 중심기획하에 이루어진 것으로 보게 할 위험이 있다[62]. 뿐만 아니라 주제접근 방법은 역사를 수평적으로(horizontal) 볼 수 있는 데 유리할 것으로 보인다. 즉 단기간에 걸쳐 사회의 여러 국면의 연관성을 파악하여 가치매김을 해줄 수 있는 장점이 있다. 그러나 다음과 같은 주의점을 간과해서는 안된다.

> 역사는 우리에게 이 전망을 제시하는 유일한 과목이다. 그리고 그것은 우리가 이런 식으로 볼 수 있는 과거를 연구하는 독특한 이점의 하나이다 — 많은 역사가들은 우리가 그런 통찰력을 우리 시대와 관련하여 얻을 수 있는지 의심할 것이다. 그건 그렇다고 해도, 현재와 대조된 것으로서 역사를 이용하는 토대가 바로 수평적 전망(horizontal perspective)이다. 그리고 만약 우리가 한 사회의 과거 생활이 아니라 그 생활에서 추출된 주제나 화제를 연구한다면 그런 전망은 잃게 될 것이다[63].

이런 총괄에 기초한 관점에서 출발하는 교수요목이 소위 '패치 실라버스'(Patch syllabus)이다. 이는 학교의 제한된 수업시간을 고려할 경우, 우리가 접근할 수 있는

---

60) Burston, p. 115-116.

61) Burston, p. 115.

62) Burston et al., *Studies in the Nature and Teaching of History,* London, 1967, p. 105에 나오는 탐슨(D. Thompson)의 견해를 참조하시오.

63) Burston, p. 199.

효과적인 계획으로 영국교과서 등에서 널리 사용되고 있는 접근법이다. 특정 시점을 강조해서 자세히 가르침으로써 세밀한 사항을 전체적인 조망과 함께 보게 하는 장점이 있다. 이에 관해서 버스톤은 그런 장점을 인정한다. 그러나 역시 문제점도 크다.

> 역사 수업의 '패치' 교수요목은 단기간에 대한 상세한 연구가 역사연구의 주요한 잇점을 유지하며 그러나 학교 목적에 충분한 요약을 제공할 것이라는 견해에 기초한다. 그것은 수평적 관점에 기초한 요약으로 수직적 관점을 배제한다. 우리가 전개해 온 논의에 기초하여 보면, 그것은 핵심적인 것을 배제하며 물론 두 관점간의 균형의 문제를 회피한다[64].

이와 같이 총괄의 경우, 많은 역사학적인 문제점이 있고 그것에 기초한 여러 교수법의 문제점도 적지 않음을 알 수 있다. 이런 비판을 염두에 두고 학교에서 적용하는 경우 신중할 필요가 있으며, 그런 문제점을 개선하여 바람직한 교수법으로 보완되어야 한다.

Ⅵ. 결 어

이상에서 역사를 보는 관점이나 철학과 역사교육과 수업의 관계에 관해서 버스톤의 주장을 중심으로 개괄하여 보았다. 그의 의견으로는 우리가 역사학의 요체라고 생각하는 사상들이 일면의 진리만을 담고 있어서, 이것을 교육의 현장에서 실천할 경우 중요한 역사적 핵심을 간과할 가능성이 있다. 그러기에 그런 이론들을 상호보완하여 종합적으로 보아야 한다고 주장한다. 그런 의미에서 우리가 전통적으로 생각해왔던 역사교육의 내용과 방식을 옹호하고 있다. 우선 분야사보다는 일반사 요목이 적합하다는 의견, 주제별 접근보다는 통시적 접근이 더 바람직하며, 학생의 수준에 맞추기 보다는 일반사의 요약을 제시하여 입문으로서 가르치는 것이 낫다는 입장이며, 방법보다는 내용을 가르쳐야 한다는 것으로 요약될 수 있다. 또 내용범위로는 외국사나 지방사나 세계사보다는 국가사가 더

64) Burston, p. 145.

적합하고, 그러다 보니 정치사의 중요성을 다시 강조하고 있다[65]. 이렇게 해야 하는 이유를 학생을 교육하는 것과 관련해서는 다음과 같이 밝히고 있다.

> 과거 생활을 재생산하면서, 일반사로는 정치·경제·종교·사회와 같은 생의 여러 측면들의 상호작용(interaction)에 관하여 공부할 수 있고 의견을 달 수 있다. 이것은 확실히 독특한 기능이며, 근대의 교육적 필요와 큰 연관성을 지닌다. 만약, 우리가 종종 상기해왔듯이, 근대 교육의 주요한 결함이 부수되는 과중하고도 조숙한 전문화라면, 한 사회생활의 모든 국면에 대한 종합(synthesis)을 제시하는 과목이 균형추(counter-balance)로서의 중요한 역할을 지닌다[66].

이런 점에서 역사교육은 참으로 복잡한 현대를 이해하고 문제를 해결하는 가장 좋은 과목임에 틀림없을 것이다. 그러나 이런 복잡성이 학생들의 이해수준에 맞지 않을 것이 분명한데, 이 문제를 어떻게 보았는가?

> 중등학교 학생은 어떤 역사적 사건에 대한 전체적인 설명을 파악할 수 없을 것이다. 왜냐하면 여론의 분위기와 같은 문제는 학생의 파악력을 넘는 것이며, 시대의 맥락 그리고 관련된 공간의 단위 둘 다에 관하여 그가 이해하는 것은 제한될 것이기 때문이다. 그러나 학생은 사건에 관한 개별적인 설명에 관한 아이디어(idea)와 그것을 다른 사건과 짝짓기 하는 아이디어를 가질 수 있다. 만약 우리가 주장하여 왔듯이, 이런 아이디어들이 역사적 사고의 본질적 면모를 형성한다면, 학교에서 역사는 용어의 의미에 충실하게 만족스러운 입문이 될 것이다. 학생이 이해된 사건들을 설명하는 것은 불완전할지 모르지만, 그것이 성격상 역사적일 것이다[67].

버스톤은 학생들이 자신의 경험을 넘어서는 상황을 상상하는 능력과 열정을 가지고 있음을 의심하지 않는다. 그래서 역사가 어렵다는 문제는 극복하기 불가능한 장애는 아니라고 본다. 그러나 소기의 성과를 이루기 위해서는 두 가지가 필요한데, 하나는 교사들이 학생의 관심을 끌되, 내용을 왜곡하거나 지적 도전을 줄이지 않도록 하는 것이며, 역사의 기본 원리에 따라서 잘 지도하는 것이라고 본다. 이런 것이 만족되면, 학생들이 성인이 되어서도 역사가 매력적인 것으로 남을 수 있겠다고 전망한다. 한마디로 학생의 능력을 신뢰하고, 수준에 맞추기 위해서 가공하지 말 것을 주문하고 있다.

---

65) 이런 내용은 Burston, pp. 172-184를 보시오.

66) Burston, p. 161-162.

67) Burston, p. 185-6.

2

헤겔과 세계사 교수학습

Ⅰ. 서 언

역사 수업에서 포괄법칙(covering law)과 총괄(colligation)은 유용한 개념도구이다. 단 하나의 개별적인 사상을 지도하는 것에 그치는 것이 아니라 여러 사건을 짧은 시간에 전달해야 하는 역사교사의 입장에서 특히 세계사를 지도하는 입장에서 전체적인 내용을 효과적으로 전달하는 방법과 그 방법의 이론적 지지가 절실하였다. 이런 점에서 과학적 법칙과 유사한 것이 역사의 설명이라고 보는 포괄법칙이나 어떤 사건들을 일련의 추세 속에서 묶어 관련된 구조를 설명하는 총괄은 역사교수자들에게 일반화에 대한 신뢰를 어느 정도나마 가질 수 있게 하였다. 그러나 이런 유용성에도 불구하고 일반화의 제한으로 인해서 특정한 국면의 설명을 넘어서 그것을 세계사 수업의 모델로 삼기에는 부합하지 못하는 점이 많이 있다.

본고에서 헤겔(Hegel)의 세계사 인식을 주제로 삼은 동기는 제한된 일반화를 극복하고, 좀 더 적극적 의미의 일반화가 가능하지 않을까 하는 희망에서이다. 특히 헤겔이 그의 『역사철학강의』[1]에서 다루고 있는 내용은 중국, 인도, 페르시아,

---

1) 본고에서는 김종호 역, 헤겔 저, 『역사철학강의』 삼성출판사, 1983을 기본으로 하고, 원문은 G. W. F. Hegel, *Philosophie der Geschichte*, Philipp Reclam jun. Stuttgart, 1961(이하 Hegel 1961로 약함)을 참고한다. 이 책은 헤겔이 1822년부터 1831간에 강의하였던 내용을 제자들이 묶어서 편집한 것이라, 현장의 수업보고서와 같은 의미를 지닌다. 이점에서 역사교육에 큰 시사점이 있다고 보인다. 아울러 G. W. F. Hegel, *Die Vernunft in der Geschichte*, herausgeben von J. Hoffmeister, 5te Auflage, Verlag von Felix Meiner, Hamburg, 1955(이하 Hegel 1955)도 참고한다. 이 책은 1822, 1828, 1830년의 강의초안을 모아 편집한 것이다.

로마, 게르만의 세계를 망라한 세계사이고, 방대한 양의 세계사 내용을 하나의 정연한 논리로 설명하고 있는 그의 작품은 하나의 세계사 설명의 모델이라고 하겠다. 그의 역사서술이나 관점이 오늘날 충분한 합의를 얻지 못하여 현장의 역사 연구나 교육에서 교수되고 있지 않다고 하더라도, 적어도 그의 세계사 파악의 방식은 교과교육의 측면에서 재검토하여 그 장단을 취사하는 것이 바람직하다. 왜냐하면 그의 의식이 난해함에도 불구하고 많은 사람들의 공감을 얻고 있을 뿐 아니라 근대 역사의식의 중요한 기초로서 자리잡고 있기 때문이다[2].

본고는 세계사의 구상에 초점을 맞추어서, 그에 대한 비판을 제시하겠다. 이 비판은 역사교육의 관점에서 제시된다. 이어서 세계사 서술의 모형을 주목하고 그의 이론이 모형의 정립과 어떤 관련이 있는지 고찰해 보겠다. 이런 논의를 통해서 필자는 역사 또는 세계사라는 이름 하의 교과목을 통해서 국사나 지방사가 세계사의 부분으로 통합되어야 하며, 그와 더불어 국가나 우리의 입장에서 세계를 조망하는 시각이 세계사의 인식에 필수불가결한 부분임을 역설하고자 한다.

Ⅱ. 역사철학 비판

헤겔의 역사관에 대한 콜링우드와 월시의 비판을 소개해보고자 한다. 그렇게 하는 이유는 양자가 역사교육의 방법에 지대한 영향을 끼치고 있기 때문이다. 전자가 역사이해를 재연(再演, re-enact)하는 것으로 파악하고 있고, 후자는 총괄로서 역사를 설명하고 있다. 두 사람의 포괄적인 승인을 받는다면, 역사 수업에 그의 세계역사관을 적용하는 것은 역사교육적 가치를 가지게 된다.

1. 콜링우드의 비판

콜링우드는 헤겔이 자연의 비역사적 과정과 인간생활의 역사적인 과정을 구분하고 있는 점은 일단 옳다고 인정한다. 자연의 과정이란 주기적인 원운동을 하는

2) 헤겔에 관한 소개와 평가로는 임희완, 『20세기의 역사철학자들』 건국대학교 출판부, 2003, pp. 43-67을 참조하시오.

것으로 그에 비해 역사는 나선형으로 운동하여 같은 것이 되풀이되지 않는다고 헤겔이 보았지만, 진화론을 부인함으로써 그런 구분은 잘못이 아닐 수 없다고 비판한다. 콜링우드는 다윈 이래로 진화론을 받아들이지 않을 수 없으며, 자연의 과정도 진행하면서 자신의 증식물을 산출함으로써 역사의 과정과 닮은 것으로 생각하지 않을 수 없다고 주장한다. 그럼에도 헤겔이 자연과 역사를 상이한 것이라고 주장한 것은 옳다고 본다. 왜냐하면 역사의 특성은 언급된 행위자의 사상과 동기를 자신의 마음으로 재연하는 것이기 때문이다[3]. 콜링우드는 헤겔이 모든 역사는 '사고(思考)의 역사'라고 한 것이 분명 옳다고 보았다. 역사가의 과업이란 단순히 과거의 사실을 아는 것이 아니라 사람들이 생각한 것을 이해하는 것이기 때문이다[4].

헤겔이 역사를 움직이는 힘이 이성이라고 한 것은 중요하고도 난해한 주장이지만, 그가 의미하는 것은 역사에서 생기는 사건이 인간의 의지에 의해서 생긴다고 하는 것이다. 왜냐하면 역사진행은 인간의 행위로 이루어지고, 인간의 의지는 외적 행동에서 발현되는 인간의 사고에 불과하기 때문이다. 모든 역사 상황 속에 있는 인물은 단지 주어진 상황 속에서 생각하고 행동할 수 있고, 더 이상 아무것도 할 수 없는 것처럼 합리적으로 생각하고 행동한다. 이 견해야말로 헤겔이 만든 가치 있는 원리로서 중요한 영향을 미친 것이라고 평가한다.

여기에서 감정이 역사의 재료라고 하는 점을 인정하고 있지만 헤겔은 그것이 이성의 목적을 구현하는 데에 도구로 사용되므로 역사는 이성의 표명이라고 한다. 이런 '이성의 간지(奸智)'(List der Vernunft)의 개념은 헤겔의 이론에서 유명한 난제이다. 헤겔은 이성을 인간 삶의 외부에 있는 것으로서 인격화하고 있다. 이성은 맹목적이요 감정적인 인간을 통해 인간의 목표가 아닌 이성의 목표를 수행한다. 여기서 헤겔은 중세의 신학 또는 계몽주의 역사가 및 칸트의 반신학적(半神學的) 견해에 빠져드는 모습을 보인다. 그러나 콜링우드는 전체적으로 헤겔이 하고자 한 것은 이런 견해를 탈피하고자 하는 것이 명백하다고 본다. 헤겔

3) Collingwood R. G., *The Idea of History*, Oxford Univ. Press, 1956, p. 114-5.
4) 같은 책, p. 115-6.

에게 이성은 절대적인 자연적 이성이거나 초월적인 신적 이성이 아니라 한계를 지닌 인간의 이성이다. 헤겔이 주장하는 이성과 감정 사이의 관계는 인간이 가진 이성과 감정 간의 관계이다. 이 점을 염두에 두면, 헤겔의 합리주의는 매우 기이하다. 왜냐하면 그것은 비이성적 요소를 이성 자체에 대하여 필연적인 것으로 간주하기 때문이다. 이와 같이 인간의 이성과 비이성 간의 관계라는 개념은 실제 인간에 대한 새로운 개념－정태적인 개념 대신에 역동적인 개념을 예고하고 있으며, 이는 헤겔이 18세기에 유행한 인간성에 대한 개념과 결별하고 있는 것이라고 평가한다[5].

콜링우드에게 헤겔이 지닌 역사에 대한 개념은 다음과 같다. 우선 역사란 시간에서 전개된 논리적 과정이다. 헤겔의 역사 개념에서 역사에 대한 선험적 이해는 가장 적대감을 불러일으키고 항의를 받은 것이지만, 그래도 피히테(Fichte)의 선험적 이해와 순수한 경험주의를 내세우는 비평－이 두가지의 오류를 회피하고 있는 것으로 파악하였다. 오히려 헤겔에게 역사란 선험적 요소를 포함한 지식이라고 인식되었다. 사건을 보면서 그 이면의 생각을 보지 못할 때, 사건들 간의 필연적인 생각을 보지 못한다. 역사는 행위로 이루어지고, 행위는 내면과 외면을 가진다. 외면으로 보아 역사는 시간과 공간으로 관련된 단순한 사건이며, 내면으로 보아서 논리적 연결에 의해서 서로 묶인 사고이다. 역사가는 먼저 경험적으로 문서 및 기타 증거를 연구함으로써 작업해야 하며, 그것이야말로 사실이 무엇인가를 알 수 있게 해주는 방법이다. 그러나 그런 사실을 내면으로부터 보아야 하며, 이 관점으로부터 어떻게 보이는지 보고해야 한다.

이런 역사 파악에 대해서 크로체는 헤겔이 대립(opposition)과 구분(distinction)을 구별하지 못하였고 비판한다. 대립이란 개념에 관련되는 것이고, 구분이란 개별적 사물에 관련된다. 개별적인 행위나 인물 그리고 문명의 역사는 변증적인 것이 아니라고 크로체는 주장한다. 이런 비판에 대해 콜링우드는 헤겔의 입장을 비호한다. 대립과 같은 말은 역사의 외적 사건에 대해서 사용할 필요가 없는 것이 사실이지만, 사건의 밑에 있는 내면적 사고에 대해서 말할 때는 불가피한 것이다.

5) 같은 곳.

예를 들어 뉴 잉글랜드(New England)의 식민(植民)이 프로테스탄트의 생의 이념을 실현하기 위한 시도라고 본다면, 사상에 관해서 말하지 않을 수 없고, 변증적인 용어로 묘사하지 않을 수 없다는 것이다[6].

헤겔은 다음과 같은 점에서도 비난을 받는다. 그는 역사를 현재에 귀결되는 것으로 봄으로써, 현재를 영광스럽게 하며, 아울러 진보를 부정하고 완고한 비지적인 보수주의 정책에 대한 의사철학적(擬似哲學的)정당화를 제공하였다는 것이다. 그러나 콜링우드가 보기에 역사가 현재로 귀결된다고 해서 미래의 진보를 불가능하다고 생각한 것은 아니다. 왜냐하면 미래란 지식의 대상이 아니며, 희망과 공포의 대상이며, 이것들은 역사라고 볼 수 없기 때문이다. 비록 헤겔이 만년에 현실정치에서 비지적인 보수주의자였다고 해도, 그것은 인간으로서의 헤겔의 결함이지 역사철학의 결함으로 간주할 이유는 없다[7].

이제까지 본대로 콜링우드는 헤겔의 역사인식을 타당한 것으로 인정하고 그에 대해 적극적인 변호를 하고 있음을 확인할 수 있다. 역사란 인간에 의한 것이며, 이성의 역할이 중요하다. 따라서 논리적인 것으로 역사를 볼 수 있다는 생각은 콜링우드에게도 타당한 것으로 받아들여지고 있다.

이런 긍정에도 불구하고, 콜링우드에게 그의 결점은 명백하다. 역사가로서 헤겔은 『철학사강의』에서 전성기를 맞이하고 있었으며, 이는 역사적 방법의 진정한 승리요 이후의 사상사 모두에 대한 모형이었다. 이 말은 헤겔의 방법이 모든 역사는 사상사라는 원칙에 근거하고 있으므로, 대상이 철학적 사고일 때 매우 성공적이라는 의미이다. 그런데 이것이 헤겔의 역사철학의 주제가 아니었고, 오히려 칸트를 추종하여 정치사에 역사철학 연구를 국한하였던 것이다. 그러나 헤겔은 자신의 일관성을 위해서 역사가의 일은 절대적인 정신을 연구하는 것이라고 주장하지 않을 수 없었다. 콜링우드가 보기에 헤겔의 역사철학은 헤겔의 작품 전체에 대한 비논리적 배설물이다[8]. 콜링우드가 보기에 이처럼 구상과 실천의 일관성 부재가 문제였다.

---

6) 같은 책, pp. 117-119.
7) 같은 책, p. 119.
8) 같은 책, p. 120.

2. 월시의 평가

일반적으로 헤겔이 변증법을 선험적으로 만든 이후에 이를 경험적 사실의 영역에 적용했으며 이는 마치 프로크루테스(Procrutes)와 같은 식이라고 하는 비난이 있다. 월시는 이 같은 비난이 잘못이라고 본다. 오히려 월시가 보기에 헤겔은 역사를 합리적으로 이해할 것을 주장하고 역사의 진행을 변증법적인 진행으로 설명하고 이를 위해서 논리에 의존하였지만, 그가 제시한 서술의 논리적 순서는 그 자신의 철학적 전개의 역사적 순서와 일치하는 것이 아닌 점을 주목해야 한다. 헤겔의 궁리가 성숙해가는 시기 그를 사로잡은 것은 추상적인 것이 아니라 오히려 구체적인 것 특히 종교의 성격, 역사의 철학적 해석이었다. 특히 역사에서 사실에 대한 현재적 관심이 변증법적인 발전보다 앞섰다고 하는 것은 명백한 것이다[9].

헤겔이 역사철학에서 직면한 문제는 특별한 경험적 영역에서 이성의 작용을 추적하는 것이다. 철학적인 역사 연구는 단순한 역사 연구의 단편적이고 비논리적인 성격에 직면하여 더 나은 것을 찾는다. 그것은 역사의 전체 과정의 의미와 요점에 대한 예언이며, 역사의 영역에서 이성의 작용을 보여주는 것이다. 헤겔은 경험적인 내용을 필요한 진리의 지위로까지 올리려고 노력하는 한편 이념·이성의 형식적인 연결에 대한 지식이 역사에 영향을 주도록 하면서 역사를 조명하려고 노력했다고 월시는 평가한다[10].

헤겔의 견해에서 역사의 단서는 자유라는 이념에서 발견할 수 있을 것이다. 세계사는 정신면에서 자유의 의식과 그 자유의 최종적인 실현의 발전을 보인다고 말한 이 원리는 추상적인 논리적 증명과 경험적인 확증이 둘 다 가능하다고 보았다. 여기에서 자유가 어떤 의미로 이해되어야 하는가가 문제이지만, 그는 진보라는 개념에 의해서 역사를 의미 있게 하도록 제안하고 있다. 그는 변증법을 도입하여 이론에 선험적인 근거를 제시한다는 점에서 칸트나 계몽철학자와는 다르다[11].

---

9) W. H. Walsh, *Philosophy of History-An Introduction-*, Revised Edition, Harper Torchbook, 1967, pp. 134-135

10) 위의 책, p. 139.

11) 같은 책, p. 140.

칸트로부터 그는 철학적 묘사가 개별적인 인간보다는 더 큰 단위에 관심을 가져야 한다는 생각을 가지게 되었으며, 헤르더(Herder)를 따라서 이 단위를 상이한 민족과 국가에 일치시키고 있다. 모든 민족은 차례대로 세계사의 과정에 기여하도록 운명지어졌다. 각 민족은 자신의 시각(時刻)이 왔을 때 오직 한번 기여하는데, 기타 민족은 그것에 양보해야 하는 것이다. 왜냐하면 바로 그 특수한 시기에 한 민족이 세계정신에 의해 선택된 운반체이기 때문이다[12].

칸트는 섭리가 역사에서 그 목적을 이루기 위해서 인성(人性)의 나쁜 면을 이용한다고 주장하였는데, 이와 같은 맥락에서 헤겔은 이성의 대계획이 오직 인간이 지닌 열정의 협동으로만 이루어질 수 있다고 주장한다. 카이사르나 알렉산더와 같은 위인은 운명의 도구로 선택되었으며, 그들은 각각 개인적인 만족을 추구하면서 자신들의 목적을 따르지만, 그들 스스로는 아마도 예견할 수 없었을 장대한 결과를 초래한다. 역사의 계획이 작용되려면, 이런 인물들은 불가피한 것이다. 헤겔은 그들이 일상적인 도덕의 기준에 의해서 판단되어서는 안 된다는 점을 부가한다.

이런 결론의 냉소적인 성격은 역사철학이 도덕적 이성의 마음에 들 수 있을 것인가 하는 의문을 야기한다. 이것은 헤겔 자신에게 매우 민감한 요소이다. 다른 사람처럼 그도 역사의 합리성을 제시하는 것이란 사건이 경과한 것에 대한 지적인 설명만 하는 것이 아니라 그것의 도덕적인 정당화도 제시하는 것으로 여겼다. 진정한 윤리적 단위는 분리된 개인이 아니라 도덕적 유기체, 즉 개인이 양육된 국가와 사회이며, 국가의 요구가 개인의 것에 우선해야 한다. 개인이 전체의 선을 위해 사라져야 한다는 것은 헤겔에게 비윤리적인 것은 아니다. 사실 양심의 도덕성은 사회의 선에 기초한 윤리에 의해서 대체되어야 한다. 헤겔의 '자유'개념이 해석되는 것은 사회적 윤리를 조명함으로써 이루어진다. 반자유주의적인 정치적 견해를 가진 인물이 자유의 실현을 위한 진보를 역사의 목적으로 만들어야 했다는 것은 분명히 역설이다. 그러나 그가 의미한 자유는 제약이 없는 상태가 아니라 자제(自制), 자족(自足)과 일치하는 경향을 보이며 이것이야말로 사회에서 충족되는 것으로 파악하였다. 이런 관점에 입각하여 그는 자연적 권리라는 것을

12) 같은 책, p. 141.

공격했다. 그에게 역사가 지향하는 자유는 전체로서 공동체의 자유였다.

월시는 헤겔이 앞에서 말한 주장을 펼쳤다고 해서 개인과 사회의 반테제를 너무 강조하는 것은 잘못이라고 한다. 왜냐하면 구성원에게 행동의 맹목적인 통일성을 부여한 사회는 완전한 방종이 휩쓰는 사회와 다를 바 없는 것이기 때문이다. 이점에서 헤겔의 이상은 구성원에서 실현되어 구성원으로부터 분리되지 않는 것으로 간주되는 전체이다[13].

이처럼 헤겔 스스로 역사학연구에 상당한 기여를 했다는 점은 의심의 여지가 없다. 18세기 '철학자들'의 사고에서 결여된 과거의 중요성에 대한 감각을 보여주고 있다. 실제로 그의 사고가 19세기 자연과학의 발달에 아무런 영향이 없었다고 하더라도, 분명 그 당시 태동하는 사회학에 큰 영향을 주었다고 월시는 평가한다. 역사철학에서 자기 자신의 일을 평범한 역사가의 일과는 구별하려고 했으며, 예정된 유형을 사건의 경과에 부과하려했다는 비난은 잘못된 것으로 월시는 파악하였다. 오히려 헤겔의 이론에서는 선험적인 요소와 경험적인 요소 양자가 적절하게 조합되어 있으며, 어느 것도 다른 것을 대신할 수 없다고 주장한다[14].

월시는 헤겔이 세계사를 합리적인 과정으로 말할 때, 역사 구성에서 중요한 사건을 조성하는 것 –다시 말해 원칙적으로 그것이 무엇이든– 발생한 것의 원인에 관한 것만 아니라 그것의 의미에 관해서 말할 수 있다는 것으로 본다. 헤겔에게 괴로운 문제는 현행 역사가들에게서 볼 수 있는 본질적인 피상성이었다. 역사를 그 자체의 의미로 이해하려면 경험적인 위치를 초월하여 매우 다른 방식으로 그에 접근하는 것이 필요하다. 이것은 일상적인 역사가에게서 기대할 수 없으며, 오히려 철학자의 영역에 해당된다. 철학자는 사실에 대한 자신의 통찰을 깊이하기 위해서 이념에 관한 지식을 이용한다. 그렇지만 철학이 현실의 이해에 기여하는 것이 무엇인가에 관한 질문에 어느 누구도 만족스러운 답을 주지 않는다. 그러나 이런 것은 간접적으로 역사연구에 유익한 효과를 가져다주었다고 믿는 월시는 다음과 같이 헤겔의 사변적 역사인식을 요약한다.

---

13) 같은 책, p. 142-143.
14) 같은 책, p. 144.

주어진 시기 어떤 민족의 역사를 연구하는 동안 전에는 전부 분리된 현상들 사이의 연결을 민족정신의 개념에서 발견할 수 있다는 제안은 경험적인 가설의 풍부한 근원으로 입증되었으며, 역사에서 암흑의 장소에 진정한 빛을 비춘다고 말할 수 있을 것이다[15].

이상에서 필자는 헤겔에 대한 콜링우드와 월시의 평가가 호의적이고 나아가 적극적인 점을 확인할 수 있다. 다시 말해 그의 역사상은 바람직한 역사인식을 보여주고 있는 것으로 평가하고 있음을 확인하였다. 전자는 역사의 논리적 전개라는 면에서 후자는 분리된 현상을 넘어선 맥락적 연관을 추구하고 있음을 헤겔을 통해서 지적하고 있다. 한마디로 헤겔의 연구방식이 역사연구에서 유효한 모델이다[16]. 두 평자의 역사이해가 오늘날 역사수업의 방식에서 모색되는 모델의 주요 근거가 된다는 점에서 필자는 헤겔의 주장 또한 역사, 특히 세계사를 교수 내지 학습하는 적절한 모델이 될 수 있다고 본다. 사실 세계사에서 전개된 무수한 사건을 논리적으로 연관성을 가지고 설명할 수 있는 틀보다 역사 수업에 긴요한 것이 무엇일까? 이제 헤겔의 말을 토대로 세계사 이해의 틀을 제시하고 나아가 세계사 수업의 모델을 만들기 위한 사상을 찾아보도록 하자.

Ⅲ. 세계사의 구도

헤겔이 그리고 있는 역사상을 현장의 수업에 적용하기 위해서는, 그가 그리고 있는 세계사 상에 관한 인식을 제시하고 이를 단위 편성에 맞추어서 재구성해볼 필요가 있다.

『역사철학강의』에 소개된 목차를 나열해 보면 <표 1>과 같다.

15) 같은 책, p. 149.
16) 다른 사람들의 비평에 관해서는 임희완, 위의 책, pp. 59-63 참조.

〈표 1〉 헤겔 『역사철학강의』의 목차

서론	1. 일반적 서론	
	2. 세계사의 지리적 제기초	
	3. 세계사의 구분	
1부 동양의 세계	개관	
	1. 중국	
	2. 인도	
	3. 페르시아	
2부 그리스의 세계	개관	
	1. 그리스 정신의 제요소	
	2. 미적 개성의 여러 형태	
	3. 그리스 정신의 몰락	
3부 로마의 세계	개관	
	1. 1기 : 2차 포이니 전쟁까지의 로마	
	2. 2기 : 2차 포이니 전쟁에서 제정까지	
	3. 3기 : 제정시대	
4부 게르만의 세계	개관	
	1. 그리스도교적 게르만 세계의 제요소	
	2. 중세	
	3. 근세 : 게르만 세계의 제3기	

이 표를 다음에 제시한 헤로도토스의 『역사』에 나오는 구성 방식(<표2>)과 비교해 볼 수 있다. 헤로도토스의 『역사』 서술의 방식에 관해서는 다음과 같은 평가를 주목할 필요가 있다.

만약 이것이 문명사에 관한 연구라고 한다면, 보편사의 특정한 측면들이 있다고 말할 수도 있을 것이다. 그것은 공간적으로나 시간적으로나 보편적인 것이 아니다. 시간적으로 보편사가 아닌 것은 그리스 역사와 관련해서는 멀리 거슬러 올라가려는 시도를 하지 않고 있으며, 단지 옛 시기를 어쩌다가 다루고 있을 뿐이기 때문이다. 공간적으로 보편적이 아닌 이유는 서방 그리스인들을 전혀 다루지 않으며, 헤카타이오스라면 서지중해의 인민들에 관해서 제시하였을 내용을 포함하지 않기 때문이다. 그러나 이 책은 하나의 관점 아래에 집중함으로써 그리고 상대방과 관련을 맺게 된 여러 인민의 역사를 하나의 범위 내에서 유관한 이야기로 짜맞춤으로써 우리가 보편사 또는 세계사(Weltgeschichte)를 뜻하는 더 높은 질을 가진다. 결과적으로 여러 민족들이 고립에서 벗어나서 인간의 공통 역사(common history of man) 속에서 다소간에 의미를 지닌 것으로 인정되었다[17].

17) J. B. Bury, *The Ancient Greek Historians*, New York, Dover Publication, 1908, p. 45. 헤로도토스의 서술 태도와 관련해서는 조의설, 『희랍사학사』 장왕사, 1965, pp. 46-54참조.

〈표 2〉 헤로도토스 『역사』의 내용구성

권	내 용
I	-크로이소스의 역사(리디아의 초기역사 개관, 기게스와 칸다울레스의 전설포함) -크로이소스와 솔론의 관계에 관한 이야기(연대적으로 불가능) -리디아의 정복과 키로스에 의한 페르시아 제국창설 -바빌론에 관한 설명 -아나톨리아 그리스인에 대한 설명 -키로스와 마사게타이 간의 전쟁
II	-이집트에 관한 설명
III	-캄비세스에 의한 이집트 정복 -거짓 스메르디스의 이야기 -다리우스의 대두
IV	-스키티아인과 리비아인에 대한 다리우스의 원정과 이 민족들에 관한 묘사
V	-메가바주스의 활동과 트라키아인에 관한 설명 -이오니아 반란과 사르디스의 전소
VI	-이오니아인의 진압, 아르도니우스의 마케도니아 진군, 아토스산에서 페르시아 함대난파 -다티스와 아르타페르네스 휘하의 원정 -클레이스테네스, 히포클레이데스
VII	-다리우스의 사망, 크세르크세스의 준비, 그리스 침입, 테르모필라이 전투
VIII	-아르테미시움과 살라미스 전투 -크세르크세스의 철수
IX	-플라타이아 전투와 페르시아인의 철군 -미칼레 전투와 세스토스 함락

*출전: *The Oxford Companion to Classical Literature,* ed. by Paul Harvey, 1980, pp. 206-7. 이처럼 9권으로 편집한 것은 헬레니즘 시대이다.

이런 관찰은 헤겔의 것에도 적용될 수 있다. 앞에서 말하듯이 정신을 매개로-헤로도토스가 페르시아 전쟁을 매개로 했다면-관련이 없던 제민족국가의 역사를 하나의 설명틀로 제시한 것은 헤로도토스의 것과 다른 것이 아니다. 헤겔에게 이처럼 세계사를 가능하게 하는 것은 정신의 작용이다.

이어서 헤로도토스가 동방을 다루고 마지막으로 서방을 다룬 이유는 두 지역의 대조에 있었다기보다는 후자가 더 우월하다는 인식을 주고자 하는 의도에서 나온 것이다[18]. 마찬가지로 게르만 민족에 관한 서술을 맨 마지막에 제시한 이유는

18) 조의설, 『희랍사학사』 장왕사, 1965, p. 59.

다른 앞선 지역이 가진 단점을 극복하고 세계사를 주도할 수 있는 이른바 성숙의 단계에 도달하게 되었다는 것이다[19]. 이와 같은 민족주의적인 서술로 인해서, 헤로도토스가 역사의 아버지라는 명칭을 얻게 되었다면, 헤겔 역시 같은 기능을 수행하고 있다고 볼 수 있다. 다시 말해 앞에서 말한 것처럼 '타자를 통해서 자아'를 알 수 있고 이를 지양하는 것이 정신이라고 하는 기본적인 철학에 기인하는 것이다. 그렇게 본다면 헤겔의 세계사 구상은 서구 역사의 전통을 그대로 잇고 있는 것이다.

이런 구도는 다음 <표> 2에 제시된 한 독일『세계사교과서』의 교수요목과 비교된다. 이 교과서는 독일 바이에른 주에서 중등학교용으로 사용되는 것인데, 우리는 세계사의 내용 중에서 교과서의 공급지인 주의 역사가 세계사의 한 장으로 소개되어 있는 것을 볼 수 있다. 이 교과서에 제시된 학습목표(Lernziele)를 살펴보자.

3권 2장

- 다음 장은 바이에른 선제후국의 상태에 관해서 정보를 제시해 준다. 학생은 바이에른과 프랑스 사이에 정치와 사회면에서 어떤 유사성이 있는지 그리고 바이에른에서의 생활이 프랑스에서의 생활과 얼마나 다른지를 관찰할 수 있을 것이다.
- 학생은 더 나아가 바이에른 선제후국이 유럽 정치에서 자체적으로 또 국가를 위해서 어떤 목적을 추구하였으며, 그로써 무엇을 얻었는지 알게 될 것이다.
- 바이에른에서 세속 지도자들과 종교 지도자들이 머물던 대규모 거처들을 예로 들어서, 학생은 당시 사람들의 생활감정을 표현하는 것으로서 바로크 예술을 이해하게 될 것이다.

3권 9장

- 다음 장에서 19세기 바이에른 국가의 등장과 형성에 관해서 알아보라.
- 1800년 이후 개혁조치와 1818년의 헌법에서 어떤 점에 주를 위한 진보가 있으며, 그 경계는 어디에 있는가 측정해 볼 수 있을 것이다.
- 왕 루드비히 1세의 통치기에 대한 평가를 자신이 해보자.

이런 예에서 보듯이 지역의 역사가 세계사의 일환으로 소개되어 있는 모습은 다시 말해 헤로도토스에게서 비롯하고 헤겔을 지나 계승되고 있는 기본 인식을 그대로 역사 구성에서 확인할 수 있다.

---

19) 김종호 역, I, p. 200.

〈표 3〉 독일교과서의 세계사 내용구성

권	장	내용	권	장	내용
1	0	도입	2	1	서양의 토대
	1	인간이 발전하다		2	이슬람 : 세계종교이자 정치 세력
	2	고대 이집트, 높은 문화를 지닌 나라		3	카롤링제국
	3	고대 오리엔트 국가형성의 형태		4	중세의 독일 제국
	4	새 민족들과 문화의 대두		5	전성기의 교회
	5	그리스의 위대한 시대		6	십자군 원정과 그 결과
	6	로마 세계제국		7	중세 기사제도
	7	그리스 로마의 노예		8	슈타우펜 왕조 시기
	8	기독교가 수립되다		9	중세후기 국가와 주권
	9	로마 제국의 적과 후계		10	중세후기 경제와 사회
				11	근대로 이행
				12	종교의 분열과 종교전쟁
3	1	프랑스의 절대주의	4	1	식민지지배와 제국주의
	2	절대주의 시대의 바이에른*		2	제 1차 세계대전
	3	합스부르크, 프로이센, 러시아의 부상		3	1차대전 이후 유럽과 세계
	4	영국 입헌군주국과 경제강국이 되다		4	레닌과 스탈린 하의 소비에트 연방
	5	계몽주의 : 근대사상의 개화		5	바이마르 공화국
	6	미합중국의 등장		6	독일에서 국가사회주의의 지배
	7	프랑스의 혁명 1789–1799		7	중국과 일본: 동아시아에서 혁명 팽창
	8	나폴레옹과 유럽 1799–1815		8	제 2차 세계대전
	9	몬트겔라스-루드비히1세의 바이에른*		9	동서 갈등과 독일의 분단
	10	복고와 혁명의 사이에서		10	복구와 개혁 사이의 독일연방
	11	산업화와 사회 변화		11	독일인민공화국– "현실 사회주의" 마르크스 레닌의 각인
	12	민족 통일 : 이탈리아와 독일		12	유럽의 발전
	13	독일 제국에서 경제와 사회		13	초 강대국들
	14	비스마르크 시기 독일과 유럽		14	제 3세계의 등장과 문제들

*출전: *Geschichtliche Weltkunde Ausgabe für Gymnasien in Bayern*, Verlag Moritz Diesterweg, 1980.

이런 자료를 통해서 우리는 역사의식은 결국 타자를 통한 자기 인식에 다름이 아니라는 헤겔의 명제를 다시 한번 확인하게 된다. 우리의 역사 교과서 서술에서도 기본적으로 필요한 철학이 있다면 자기의 인식이란 타인의 인식에서 비롯한다는 점이라고 생각되며, 이를 진지하게 반영하려는 노력이 요청된다.

Ⅳ. 세계사 이론과 서술

1. 이 론

(1) 역사를 어떻게 지도해야 하는가?

헤겔은 역사서술의 종류를 나열하면서 반성적(reflektirenden) 역사의 두 번째 방식이 실용적이라고 하면서, 이는 특히 교육용으로 적합하다고 본다. 여기에서는 선에 대한 예를 통해서 청년들의 사기를 북돋고, 특히 어린이들을 도덕적으로 교육하는 데, 장점을 강조하고, 일반적인 진리의 표상을 드러내기 위해서 민족, 국가, 지도자들을 제시한다. 헤겔을 이에 관해서 다음과 같이 비판한다.

> 그러나 경험과 역사가 가르쳐주는 바는 이 점이다. 즉 민족들과 정부들은 역사로부터 전혀 아무것도 배우지 않아왔으며, 스스로에게서 이끌어내었을 배움에 따라서 행동하였다는 것이다[20].

그 이유는 각 시대 각 민족이 처한 사정이 매우 다르기 때문이라는 것이다. 이처럼 실용적 역사의 가치를 부정하는 그는 어떻게 해야 의미 있는 역사가 되는지 다음과 같이 설명하고 있다.

> 반성적인 역사에 진리와 홍미를 부여할 수 있는 것은 여러 상황에 대한 철저하고 자유롭고 포괄적인 관조이며, 스스로 전개되는 이념에 관련된 깊은 의미뿐이다[21].

즉 역사수업에 흥미를 불러일으키는 것은 단순한 나열이 아니라, 여러 상황을 관조하고 아울러 이를 특정한 이념에 관련시키는 경우라고 하는 점을 강조하고 있다. 과거 사건에서 유사성을 찾는 원리로서는 수많은 세계사건을 이해하는 데 도움이 되지 않는다는 것이다.

(2) 세계사란 무엇인가?

헤겔은 세계사(Weltgeschichte)에 관해서 다음과 같은 말을 남기고 있다.

---

20) Hegel 1955, p. 19. 예를 들어서 프랑스 혁명기에 그리스·로마를 모범으로 삼으려고 한 것보다 더 김빠지는 일은 없다는 것이다.

21) Hegel 1955, p. 20. 이런 서술의 예로 몽테스키외 『법의 정신』을 들고 있다.

세계사는 자유를 인식하는 것에서 진보이다. -그 진보는 우리가 그 필연성 속에서 알아야 하는 것이다[22].

이 말은 널리 회자되어 역사 인식의 목표로 알려져 있지만, 세계사의 구도 자체를 언급한 것은 아니다. 그는 세계사를 인식하게 되는 계기를 다음과 같이 말한다.

그러나 인민의 행운, 국가의 현명함, 개인의 미덕(Tugend)이 희생물로 바쳐지는 도살장으로서 역사를 우리가 주목하는 경우에도, 무엇하러 어떤 최후목적을 위해서 엄청난 제물이 바쳐졌는지에 관한 질문이 뇌리에 떠오르는 것은 필연적이다. 이로부터 통상 우리가 관찰을 시작하는 경우 제기하는 질문이 나온다. 이로부터 우리는 우리에게 칙칙한 감정과 그에 기인한 심사숙고하는 반성을 위한 그림을 제공하는 사건들을 또한 그 영역으로 정하여 왔다. 그 속에서 우리는 우리가 주장하는 바를 위한 수단만을 보고자할 것이다. 즉 그런 일은 실질적인 숙명이며, 절대적인 최후목표이거나 또는 그 자체인 것이며, 그것이 세계사의 참된 결과일지도 모른다는 것이다[23].

이처럼 헤겔은 구체적인 유적을 통해서 우리의 인식이 높아지면서 가지게 되는 관조를 세계사에 대한 인식의 계기로 보고 있다. 그러면 세계사는 어떤 구도로 전개되는가?

우리는 인간의 의지라는 요소에서 즉 인간의 자유에서 드러나는 이념을 세계사와 관련을 지었다. 그래서 의지는 자유의 추상적인 토대가 될 것이다. 그러나 그 산물은 한 민족의 윤리적 존재 전체이다. 이 형태에서 이념이라는 최초 근원은, 말했다시피, 이념 자체로, 추상적인 것이며, 다른 근원은 인간의 격정들(Leidenschaften)이다. 두 가지는 세계사라는 융단의 씨줄과 날줄을 형성한다. 이념은 그런 것으로서 실재이며, 격정은 팔인데, 이를 통해서 이념이 펼쳐지는 것이다[24].

이에 따르면, 세계사는 정신의 소산이지만, 그러나 인간의 격정—인간의 감정, 욕구, 의지의 총합—이 없어서는 이루어지는 것이 없다는 점이 분명해진다. 그러므로 세계사는 단순한 이념만으로 이루어지는 것이 아니고 두 가지가 어우러진 마당이라는 것이다.

22) Hegel 1955, p. 63.
23) Hegel 1955, p. 80.
24) Hegel 1955, p. 83.

(3) 정신이란 무엇인가?

헤겔의 역사철학과 관련하여 정신이라고 표현된 가이스트(Geist)에 관해서 정확히 이해할 필요가 있다. 앞에서도 지적하였지만, 그의 역사철학이 중세 기독교 신학을 그대로 답습하고 있는 인상을 주고 있기 때문이다. 그점에 관해서 헤겔은 자신의 입장을 다음과 같이 표현한다.

> 나는 이성이 세계를 지배하고 있으며 지배해왔다고 하는 우리의 원리가 종교적인 형태로 표명되어 섭리(Vorsehungen)가 세계를 지배하고 있다는 언급을, 신에 대한 인식의 가능성에 관한 저 질문을 언급하지 않기 위해서, 단념할 수도 있었을 것이다. 그래도 나는 단념하지 않아왔다. 때로는 그러한 제재들이 널리 관련되어 있음을 분명히 밝히려고 했다. 때로는 철학이 종교적인 진리들을 언급하기를 싫어하거나 싫어해야 하고, 자신으로부터 나와서 길을 가는데 실은 종교적 진리에 관해서 철학은 이른바 아무런 좋은 지식을 지니고 있지 않기 때문에 그런 것 같은 의혹을 물리치기 위해서 이 문제에 관련해서 침묵하지 않고자 한다. 오히려 많은 종류의 신학에 대항하여 철학이 종교적인 내용을 떠맡게 된 것은 최근 시대에 널리 이루어지고 있다[25].

이 말에 따르면, 헤겔은 종교적 입장을 포괄하는 의미로 철학을 널리 확대하고 있다. 그에게서 정신(Geist)은 그리스어로 누스(Nus)이며, 기독교의 섭리(Vorsehung)이며, 이성(Vernunft)이며, 이념(Idee)인 것이다.

그럼 정신은 무엇인가?

> 정신의 본성은 자신의 완전한 대립물에서 인식될 수 있다. 우리는 정신을 물질에 대립시킨다. 무게(Schwere)가 물질의 실체이듯이 자유(Freiheit)가 정신의 실체라고 우리는 말해야만 할 것이다. …물질은 자신의 실체를 자신의 밖에 지니고 있다. 반면 정신은 자존자(Beisichselbstsein)이며, 이것이야말로 자유이다. 왜냐하면 내가 의존적일 때에 나는 나 아닌 다른 존재에게 관련되어 있으며 그런 타자가 없이는 존재할 수 없다. 내가 내 자신에게 스스로 있을 때 나는 자유이다[26].

이는 정신의 속성, 나아가 우리들이 가지고 있는 이성의 성질을 함축한 말이라고 생각된다. 자유 그것이야말로 우리의 정신이 가지고 있는 특징임을 지적하고 있다. 그러면 이 정신은 어떻게 작용하는가?

---

25) Hegel 1955, p. 41.
26) Hegel 1955, p. 55.

한 교양의 실질적인 내용이 지니는 온갖 다양성 속에서 그 자체로 남아있는 분야도 있다. 소위 다양성은 생각하는 이성에 관련된다. 자유는 사고와 동일한 뿌리인데, 이성은 그 자유에 대한 자기인식이다. 그래서 마치 동물이 아니라 사람만이 생각하는 것처럼, 오로지 그만이 생각하는 존재이므로, 자유를 지닌다[27].

참된 것은 감각적인 표면 위에 놓여있지 않다. 모든 것 특히 과학적인 것에서 이성은 잠들지 않으며 반성이 적용됨에 틀림없다. 세계는 세계를 이성적으로 관조하는 자를 이성적으로 관조한다. 양자는 상호 결정 속에 있다[28].

이렇게 보면 정신이란 별도로 존재하는 것이 아니라, 사실상 관찰하는 우리 인식과 상호작용 하에서 작용하는 것임을 알 수 있다. 이런 인식의 예로서 아낙사고라스(Anaxagoras)를 들 수 있는데, 그는 태양계의 운동이 불변의 법칙에 따라서 이루어진다는 인식을 함으로써, 정신(Nus), 이해(Verstand), 이성(Vernunft)이 세계를 지배한다고 보았던 최초의 인물이라는 것이다[29]. 이렇게 본다면, 정신이란 그것을 인식하는 사람을 통해서 알 수 있는 것이므로, 이상하거나 신비한 현상은 아닌 것이다.

국가의 경우에도 이런 정신을 인식할 수 있다. 헤겔은 그리스인의 예를 들어 다음과 같이 설명한다.

그리스가 어떤 것이었는지 우리가 알고자 할 때, 우리는 이것을 소포클레스, 아리스토파네스, 투키디데스, 플라톤에서 발견한다. 거기에서는 그리스인의 삶이었던 것이 역사적으로 형성되어 있다. 이 개인들 속에 그리스의 정신이 그 자체로 드러나며 생각할 수 있는 것으로 파악된다[30].

이렇게 파악된 민족정신은 가장 고상한 것이라고 말하는데, 헤겔이 말하는 정신이란 현실과 분리되어 있는 어떤 것이 아니라, 그 민족의 특징을 함축한 것이다. 이를테면, 아테네라는 명칭은 도시의 명칭이기도 하지만 수호신의 이름과 관

---

27) Hegel 1955, p. 175. 이점과 관련하여 p. 176에는 중국과 인도의 경우 실체적인 이성적 결정이 윤리적인 태도로 되는데 자유를 통해서 되지 못하고, 정부당국의 힘으로 이루어졌다고 하면서, 그가 말한 의미의 자유는 없다고 본다.

28) Hegel 1955, p. 31.

29) Hegel 1955, p. 37. 같은 예로 케플러를 들 수 있는데, 그가 기하에 대한 지식을 가지지 않았다면 관찰결과는 아무런 의미가 없었을 것이다. 같은 책, p. 168.

30) Hegel 1955, p. 177.

련되는데, 이것이 민족의 정신을 잘 드러내고 있는 것이다. 위의 인용문처럼 역사에서 나타나는 하나하나의 사실을 통해서 민족의 특수성이 발견되어야 한다. 일정한 특수성이 실제로는 한 민족의 특유한 원리를 이루고 있다고 하는 점은 경험적으로 파악하고 역사적으로 증명되지 않으면 안된다. 따라서 필자는 헤겔이 말한 정신이란 신비한 것이 아니라 역사교육에서 말하는 높은 수준의 일반화 또는 일반화의 노력이라고 본다.

(4) 지리적 요인과 처음의 조건

헤겔이 역사를 설명하면서 이론과 더불어 강조하고 있는 것이 공간과 시간에 대한 인식이다.

> 자연은 인간이 일종의 자유를 스스로 획득할 수 있는 입각점이다. 그러나 이 자유화는 자연의 힘에 의해서 억눌려서는 안된다. 자연은 정신에 대해서 일종의 양적인 것이다. 그 무게가 너무 커서 전능한 것으로 설정되어서는 안된다. 매우 먼 외곽지대에서는 인간이 어떤 자유로운 운동에 도달할 수 없으며, 추움과 더움이 여기에서는 매우 큰 세력이어서 정신이 자신을 위해서 하나의 세계를 건설하는 것을 허용하지 않는다. …따라서 세계사의 진정한 무대는 온화한 지대인데 참으로 그것은 북부이다. 왜냐하면 지구는 여기에서 대륙으로 연결되어 있고 그리스인들이 말하듯이 넓은 가슴을 지니고 있기 때문이다.[31]

지리를 역사의 무대로서 먼저 중시하고 있음을 볼 수 있다. 이는 사회과에서 지리 과목과 연관한 역사 지도가 필요한 것임을 입증해 준다. 다음의 말은 지리적인 것을 포함한 내적인 조건이 얼마나 중요한지 함축하고 있다.

> 발전(Entwicklung)의 원리는 더 넓은 것을 포함한다. 즉 일종의 내적인 결정, 즉자적으로 존재하는 전제조건이 기초가 되며, 그것은 스스로 존재하는 것이다. …그러나 그 발전은 직접적이고 대립이 없고 방해받지 않는 방법으로 형성된다. 개념과 그 실현, 즉자적으로 결정된 맹아의 성실과 존재의 타당성 사이에 그 자신에 대해서 아무 것도 끼어들 수 없다[32].

(5) 대립의 구도

보편적인 정신은 그대로 남지만 민족의 정신은 자연적인 죽음에 그치는 것이

---

31) Hegel 1961, p. 138f.
32) Hegel 1955, p. 151.

아니고, 자기 자신의 손에 의한 죽음이라는 의미를 가진다. 그것은 자기의 부정자(否定者)가 자기 내부에 존재하기 때문이다[33]. 헤겔은 이런 과정을 다음과 같이 설명한다.

> 정신은 자신에 대해서 대립한다. 정신은 스스로를 자신의 목적에 대한 진정한 증오를 일으키는 방해물로써 극복해야 한다. 그 발전은 …정신에 있어서 오로지 자기 자신에 대한 치열하고도 끊임 없는 투쟁이다[34].

이처럼 정신은 스스로에 대립되는 것을 만들어 나가는 과정이라고 보고 있다. 또한 그 대립은 지양되는데 그 원리는 다음과 같다.

> 그러나 정신이란 무엇인가? 그것은 하나인 것이며, 그 자체로 동일한 무한자요, 순수한 동일성인데, 이것은 이어서 자신의 타자로서, 보편적인 것에 대해서 대자적이고 즉자적인 존재로서 자신을 스스로 분리한다. 그러나 이 분리가 지양되는 것은 자신 즉 그 자체로 보편적인 것에 대한 단순한 관계로서의 원자적인 주관성이 자신과 일치하는 것이라는 것을 통해서이다. 그래서 우리가 정신이 자신의 절대적인 분리를 통해서 자기 자신에 대한 절대적인 반성이고, 감정으로는 사랑이고, 정신으로는 지식이라고 말한다면, 정신은 삼위일체적으로(dreieinige) 파악된다[35].

이런 시각에 따르면, 역사에서의 죽음은 새로운 탄생을 위한 준비이고, 그런 과정을 통해서 역사가 진전되는 것으로 파악하고 있음을 알 수 있다. 어떻게 보면 윤회관을 인식하고 있었는지도 모르는데 이 사상을 다음과 같은 말에서 찾을 수 있다.

> 변화라는 이 범주에는 마찬가지로 다른 측면 즉, 죽음으로부터 새 생명이 솟아오른다는 (생각이) 결부되어 있다. 이것은 동양인들이 파악해 왔던 하나의 사상이며, 아마도 그들의 위대한 사상일 것이며 그들이 지닌 최고도의 형이상학일지도 모른다. 윤회라는 표상 속에 그 사상은 개체에 관련되어 있다. 일반적으로 잘 알려져 있는 것이 불사조의 형상이다. 이는 자연의 삶인데, 영구히 타는 장작불 위에 자신을 놓아 그 위에서 해체되며 자신의 재에서 새롭고도 젊어지고 신선해진 삶이 등장한다. 그러나 이것은 동방의 상일 뿐이다. 그것은 단지 생에 관련되며 정신에 관련되는 것은 아니다. 서양적인 것은 정신이 단지 젊어져서 대두하는 것이 아니라 고양되고 명백하게 되는 것이다. 정신은 자유로이 자신에 대해서 출현하고, 자신의 형상의 형식을 찢고 새로운 형성물로 고양된다[36].

---

33) 같은 책, p. 148.
34) Hegel 1955, p. 152.
35) Hegel 1961, p. 61.

동양과 다른 서양의 정신을 부각시킴으로써 일종의 발전 사관을 보여주고 있다. 그렇지만 동양의 세계에 대해 윤회관으로 점철된 정체상태를 규정해 놓고 있음도 볼 수 있다.

(6) 단계적 이행과 시대의 구분

정신은 한 시대에 고유한 특징을 지니고 있고, 스스로에 대한 대립물을 만들어 내어 진전하므로, 각 시대는 단계별로 나아가게 된다. 이점을 다음과 같이 설명한다.

> 세계사는 이미 정해진 대로 자신의 자유에 대한 정신의 의식의 발전이고, 그 의식에 의해서 등장한 현실을 묘사한다. 그 발전은 다음과 같은 사실을 포함한다. 즉 발전이란 하나의 단계적 이행, 자유의 더 광범한 목적이라는 계열이라는 점이다. …여기에서는 단지 이 점만을 주장할 것이다. 즉 각 단계는 다른 단계와는 다른 것으로서 자신의 정해진 고유의 원리를 가진다. 그 원칙은 역사에서 한 민족 정신의 결정상태이다[37].

> 정신은 과거 모든 단계를 자신에 지니고 있으며, 역사 속에서 정신의 삶은 다양한 단계로 이루어진 일련의 순환(Kreislauf)이다. 단계들은 일부는 현재에 일부는 과거의 행태 속에서 드러난다. 우리는 정신의 이념과 관련을 맺고 있으며 세계사에서는 모든 것을 단지 그 외형으로서만 관찰하고 있으므로, 우리가 과거를, 그것이 아무리 크더라도, 섭렵할 때, 우리는 오로지 현재적인 것에만 몰두한다[38].

이와 같이 역사의 단계적 이행은 필연적이고, 각 단계는 나름대로의 고유한 원리에 입각한다는 생각을 하고 있는 점이 두드러진다. 세계사는 이런 단계들의 순차적인 이행과정으로 인식되는 것이다.

(7) 역사적 개인의 역할

역사적인 인물은 역사 속에서 어떻게 행동하는가? 다음의 말이 역사 속에서 인간의 위치를 보여준다.

> 그러나 역사에 대한 다음의 관찰은 우리에게 인간의 행위들을 지시한다. 이 행위들은 인간의 필요, 격정, 관심과 표상 그리고 이에 따라서 형성되는 목적들, 그들의 성격과 재능에서

36) Hegel 1955, p. 35.
37) Hegel 1955, p. 167.
38) Hegel 1955, p. 183.

비롯한다. 사실 결과적으로 이 활동극에서 단지 필요, 격정, 이익 등만이 용수철처럼 드러날 뿐이다. 개인들은 부분적으로 보편적인 목적, 하나의 선을 의지할 것이다. 그러나 이 선 자체는 제한된 종류이다. 예를 들어 고상한 조국애는 기껏해야 한 나라에 대한 것이고, 세계와 세계의 보편적 목적에 대해서는 사소한 관계에 놓일 뿐이다.

이처럼 개인의 의지란 보편적인 것에 비하면 보잘 것 없는 것으로 나타난다. 아울러 개인의 의도대로 일이 전개되는 것도 아니라고 하는 점이 다음의 설명으로 분명해진다.

그 관련은 이 점을 함의한다. 즉 세계사에서 사람들의 행동들을 통해서 사람들이 목적하고 도달하려는 것, 직접 알고 의지하는 것과는 다른 것이 초래된다[39].

헤겔은 예를 든다. 복수심에 불타는 사람이 방화를 하였는데, 그 결과는 자신이 의도한 것과 다른 피해를 가져온 것으로 나타난다. 이처럼 행위자의 의지와 인식에서 놓인 것보다 더 폭넓은 어떤 것이 직접적인 행위 속에 놓일 수 있다는 것이다[40].

그러면 세계사적인 인물은 누구인가? 헤겔은 카이사르의 예를 들어서 설명하면서, 다음과 같이 언급한다.

자신의 특별한 목적이 세계정신의 의지인 실체를 담고 있는 사람이 역사에서 위인이다[41].

본인이 의도하지는 않았지만, 그의 행위목적이 세계사를 실현해 나가는 것이다. 이런 세계사적인 인물은 사적인 행복을 누리기보다 세계정신의 대리자로서 비참한 삶을 마친다고 본다[42]. 이처럼 격정이 자신을 위해서 작동하도록 이성이 허락하고, 여기에서 자신이 존재하게 한 수단을 상실하고 그 애석함을 참는데, 이것이 '이성의 간지'라고 명명할 수 있다는 것이다.

헤겔은 이들의 행위를 심리학적으로 설명하려는 시도를 거부하고, 이들의 행위를 개인의 심리로 설명될 수 없다고 보면서 다음과 같은 명구를 남긴다.

---

39) Hegel. 1955, p. 88.
40) Hegel 1955, p. 89.
41) Hegel 1955, p. 90.
42) Hegel 1955, p. 100.

시종에게는 영웅이 없다고 한다. 이는 잘 알려진 경구이다. 괴테가 그 말을 2년 후에 되풀이하였다- 나는 첨언하겠는데, 그것은 후자가 영웅이 아니어서가 아니라 전자가 시종이기 때문이다[43].

이상으로 본다면, 헤겔의 역사 이론은 세계사를 보는 방법과 그에 대한 태도, 시각을 일별하면서, 전체적인 관조를 중시하는 것을 볼 수 있다. 의지와 무의식, 개인과 추세, 이념과 행위의 문제, 필연성과 발전, 대립 등을 종합적으로 보려는 체계라고 할 수 있을 것이다.

2. 서 술

앞에서 소개한 이론이 구체적인 서술에서 어떻게 반영되었는가를 로마사를 중심으로 살펴보기로 한다. 우선 시대구분의 개념을 고려하면서 로마사의 구분에 관해서 다음과 같은 말을 전한다.

로마사의 정해진 구분에 관련되어서, 일반적인 시대분할은 왕정, 공화정, 제정의 구분인데, 마치 이 형태들 속에서 상이한 원리들이 드러나는 것처럼 구분한다. 그러나 로마의 정신이라는 같은 원리가 이들 형태들에는 기초하고 있다. 오히려 우리는 서문에서 세계사의 경과를 주목해야만 할 것이다. 이미 일찍이 각 세계사적인 민족의 역사는 3시대로 분할되었으며 이 지시는 로마사에서도 사실로 입증됨에 틀림없다[44].

여기에서 볼 수 있는 헤겔의 민족정신의 발전에 관한 원리는 장시간의 로마사를 간단히 묶어서 전달하고 그런 과정이 내적인 필연성에 의해서 전개되는 것으로 제시하고 있다.

그러나 세계 역사의 과정을 어떤 필연성을 가진 것으로 간주한다는 것은 하나의 무모한 시도로 평가받을 수 있다. 역사가의 입장에서 이런 도식을 정하고 역사의 진행을 이에 일치시켜야 한다는 것은 대체로 무가치한 것으로 파악된다. 그럼에도 불구하고 이와 같은 원리는 구체적 역사파악에 적용시킬 때 타당성 있는 교육적 효과를 거둘 수 있고, 교육의 수단으로 활용될 수 있을 것이다. 이를테면 그런 원리가 구체적인 사례에서 설명될 수 없는 것을 반증하는 과정을 밟게 한다면,

43) Hegel 1955, p. 103.
44) Hegel 1961, p. 393.

문제점과 과일반화에 따르는 위험성은 제거될 수 있을 것이다. 먼저 로마사의 대요는 <표 4>와 같이 제시된다.

〈표 4〉 헤겔이 구성한 로마사의 발전과정

<table>
<tr><td>개관</td><td colspan="2">1. 서설-로마의 일반적 성격
2. 정체
3. 고대로마사
4. 지세
5. 주관적 내면성의 전개
6. 구분</td></tr>
<tr><td rowspan="6">1. 1기: 2차 포이니 전쟁까지의 로마</td><td rowspan="3">1. 로마정신의 제요소</td><td>1. 로마의 성립과 국가상황</td></tr>
<tr><td>2. 인륜성</td></tr>
<tr><td>3. 로마의 종교</td></tr>
<tr><td rowspan="3">2. 2차 포이니전쟁까지의 로마사</td><td>1. 서설</td></tr>
<tr><td>2. 왕정시대의 역사</td></tr>
<tr><td>3. 공화정 전기</td></tr>
<tr><td rowspan="6">2. 2기: 2차 포이니 전쟁에서 제정까지</td><td colspan="2">1. 1차-3차 포이니전쟁과 로마의 패권확립</td></tr>
<tr><td colspan="2">2. 전후 로마의 국내정세경과</td></tr>
<tr><td colspan="2">3. 폼페이우스와 카이사르-1차 삼두정치의 시기</td></tr>
<tr><td colspan="2">4. 카이사르의 통일과 로마의 성격</td></tr>
<tr><td colspan="2">5. 카이사르의 의의와 검토</td></tr>
<tr><td colspan="2">6. 2차 삼두정치와 옥타비아누스의 통일</td></tr>
<tr><td rowspan="13">3. 3기: 제정시대</td><td rowspan="3">1. 제정시대의 로마</td><td>1. 서설</td></tr>
<tr><td>2. 황제의 성격</td></tr>
<tr><td>3. 개인의 인격에의 전화-권리의 세계</td></tr>
<tr><td rowspan="4">2. 그리스도 교</td><td>1. 정신적 기반</td></tr>
<tr><td>2. 그리스도 교</td></tr>
<tr><td>3. 역사적 권력으로서의 교회</td></tr>
<tr><td>4. 결론-그리스도교의 원리</td></tr>
<tr><td rowspan="6">3. 동로마 제국</td><td>1. 콘스탄티노플의 건설과 이교의 몰락</td></tr>
<tr><td>2. 동서로마의 분열과 외구-서로마의 멸망</td></tr>
<tr><td>3. 신구양민족과 그리스도교의 두 가지 성격</td></tr>
<tr><td>4. 비잔틴문화의 쇠퇴와 그리스도교의 원리</td></tr>
<tr><td>5. 동서양교회와 그들의 성상투쟁</td></tr>
<tr><td>6. 동로마제국의 말기</td></tr>
</table>

이러한 구분에서 특징은 왕정기를 별도로 구분하지 않고, 공화정전기와 같은 단원에서 취급하고 있는 점이다. 이렇게 하는 이유는 각 세계사적 민족의 역사는

3 시대로 구분된다는 원리에 따른 것이다. 이후에는 이런 원리에 따라서 서술하는데, 몇 가지의 특징을 발견할 수 있다.

우선 초기의 모습이나 여건을 중요시한다. 이런 예를 몇 가지 찾아보자.

> 로마는 국가 밖에서 즉 한 구석에서 일어났다. 여기에는 3개의 상이한 지역 라티움인, 사비니인, 에트루리아인의 지역이 만나고 있었다. 로마는 하나의 고대 부족, 자연적으로 가부장적으로 모였으며 옛 시기에 그 기원이 거슬러 올라가는 부족에서 형성된 것이 아니다. 대신 로마는 원래부터 만들어진 것이며, 폭력적인 것이며, 자연적인 것은 아무것도 없다. …모든 역사가들은 다음과 같은 점에 일치하고 있다. 즉 일찍이 로마의 언덕들에는 수장들 휘하에 목자들이 싸우고 있었으며, 로마의 최초 결사체는 도둑의 나라로 형성되었으며, 노력을 통해서 주변의 산재한 주민들이 하나의 공동체적인 삶으로 통일되었다는 점이다[45].

이처럼 지리 경계 내에서 이루지고 있는 제민족과의 관계를 중시하였다. 그는 니부르의 『로마사』에 대한 비판에서, 이탈리아 민족들에 관한 우수한 논문을 제시하면서도 이들이 로마사와 가지는 관련에 관해서 밝히고 있지 않은 점을 지적한다. 그는 역사로서의 통일성이라는 점을 고려하지 않았다는 것이다[46]. 이와 같은 초기의 모습이 로마의 역사에서 일관된 원리로서 작용하고 있음을 보여준다.

> 이 국가 건립은 로마의 고유성을 위한 근본적인 토대로서 보아야 하는 것이다. 왜냐하면 국가 건립은 직접적으로 준엄한 규율을 자신에게 수반하였는데, 이를테면 동맹의 목적을 위한 희생 같은 것이다. 하나의 국가가 애초 스스로 형성하였고 폭력에 기초한 경우 폭력으로 결합되어야만 한다. 그 국가는 윤리적이고 자유로운 집합체가 아니라 강요된 종속상태이며, 이는 그런 근원에서 비롯하는 것이다[47].
>
> 국가가 약탈자로 시작하였으므로, 각 시민은 필연적으로 병사였다. 왜냐하면 국가는 전쟁에 의존하였기 때문이다. 이 부담은 괴로운 것이었다. 각 시민은 스스로 전쟁비용을 자담해야 했던 것이다. 이 상태는 엄청난 채무를 초래하였는데, 이점에서 평민은 귀족에 대해 힘을 잃었다. … (그리스에 비해) 전설에 따르면 로마의 건립자인 로물루스와 레무스는 자신이 약탈자이며, 애초 가족에서 축출되어 가족사랑 속에서 성장하지 못하였다. 마찬가지로 최초 로마인들은 자신의 여자를 자유로운 애정표현과 예절이 아니라 강제로 획득하였다. 로마인의 생활의 이런 출발은 야만적인 거친 상태에서 자연적인 윤리성의 감정을 제외해버리고서, 하나의 동일한 요소를 초래한다. 즉 가족관계에 대한 가혹함, 하나의 이기적인 가혹함인데, 이것은 장차 로마인의 관습과 법을 형성할 것이다. …로마인이 국가에서 겪는 가혹함에 대해서 동일한 가혹함으로 보상받았다. 그것은 그가 자기편에서 자신의 가족에게서 누리는 가

45) Hegel 1961, p. 394f.
46) Hegel 1961, p. 392.
47) Hegel 1961, p. 396.

혹함이다–한편에는 노예, 다른 편에는 폭군. 이것이 로마의 위대함을 만들어내었고, 그 고유성은 개인들이 국가와 국법과 국가명령과 통일을 이룸에서 아주 강고한 것이었다[48].

초기의 여건이 이후의 신분투쟁 과정과 사회의 여러 국면에서 그대로 영향을 미치고 있다. 이는 필연적으로 이후 대외정책이나 정복시에도 그대로 발휘되고 있다.

다른 국민과의 관계는 순수한 폭력 관계이다. 오늘날 그렇듯이 민족의 국민적 개별성은 로마인들에게는 존중을 요구하지 못했다. 민족들은 합법적인 것으로 간주되지도 않았고, 국가들은 상호간에 본질적으로 존재하는 것으로서 인식되지 못했다. 존재의 동등한 권리는 근대 유럽처럼 일종의 국가동맹나 그리스와 같은 상태를 유도한다. 후자에서는 국가들이 델포이의 신 아래에서 동등한 권리를 지니고 있었다. 그러한 관계는 로마인들이 다른 민족들에게 적용하지 않는다. 왜냐하면 그들의 신은 오로지 카피톨리움 언덕의 유피테르일 뿐이며, 로마인들은 다른 민족의 성사(聖事)는 존중하지 않고, 정복자로서 말 그대로 국민들의 수호신을 약탈하기 때문이다[49].

로마의 원리는 완전히 지배와 군사력 위에 있었다. 로마는 스스로 목적을 위해서, 정신의 활동과 향유를 위해서 아무런 정신적 매개물을 가지지 않았다[50].

다음은 제정기에 들어서서도 그런 사정은 나아지지 않고 계속되었던 것을 시사하고, 이런 면에서 초기의 여건은 한 민족국가의 구조적 측면을 보여준다.

칭찬을 받을 만한 황제 베스파시아누스와 티투스에 이어서 가장 거칠고 미움을 받았던 참주 도미티아누스가 뒤따른다. 그래도 후자의 치하에서 로마의 세계는 안정되었다고 로마의 역사기술가들 사이에 이야기된다. 저 개별적인 관점들 또한 아무것도 변화시킨 것이 없다. 전체 제국은 약탈과 같은 조세의 억압에 떨어졌고, 이탈리아는 인구가 빠져나갔으며, 기름진 땅은 경작하지 않고 버려두었다. 이 상태는 마치 하나의 운명처럼 로마세계에 걸쳐 있었다[51].

두 번째는 대립구도를 설정하고 이를 적용해서 설명한다. 이는 앞에서 설명하였듯이 정신의 고유한 작용으로 보인다. 우선 로마사 제 1기에 특징적인 귀족과

48) Hegel 1961, pp. 398-400.
49) Hegel 1961, p. 426f. 이런 관찰은 오늘날 받아들이지 않는다. 왜냐하면, 이탈리아 반도에서 이런 국가신앙의 보급이 이루어진 것은 기원전 1세기이며, 그것도 동맹이나 자치시의 자발성에 기인하였다. 근간의 연구를 보면, 로마는 타국의 질서와 신앙을 존중하는 상태에서 세력을 확대하였다는 점에 일치한다.
50) Hegel 1961, p. 431.
51) Hegel 1961, p. 437. 이러한 주장은 오늘날 고고학 발굴의 성과에 의해서 부정된다.

평민의 대립을 다음과 같이 묘사한다.

> 그러나 로마인들이 이제 하나의 폐쇄적인 동맹을 결성하였을 때, 이들은 라케다이몬인처럼 하나의 정복되고 억압받은 민족과 내적인 대립에 있지 않았다. 그러나 그들 사이에 귀족과 평민의 구분과 투쟁이 등장하였다. 이 대립은 이미 적대적인 형제 로물루스와 레무스 사이에서 신화적으로 의미가 부여되어 있다. 레무스는 아벤티눔 언덕에 매장되었다. 이 언덕은 악령에게 헌정되었고, 거기에서 평민의 분리운동들이 전개되었다. …약자들과 가난한 자들과 후에 도래한 사람들은 필연적으로 애초 국가를 세웠으며 용맹을 통해 그리고 또 재부를 통해서 특출나게 된 자들에 대항해서 보호가 부족하고 예속된 상태에 있었다. 사람들은 최근 남아있는 가설 즉 귀족이 고유한 부족이었을 것이라는 주장에 피난처를 얻고자 할 필요가 없다. …평민의 귀족에 대한 예속은 흔히 완전히 법적인 것으로 묘사되고, 하나의 신성한 것으로 묘사된다. 왜냐하면, 귀족은 성사를 자신의 손에 장악하였고, 평민은 마찬가지로 신이 없는 자였기 때문이다[52].

여기에서 우리는 수적인 열세에 있던 귀족이 로마에서 정치권력을 강고히 할 수 있었던 원인을 찾을 수 있다. 종교라는 방패를 통해서 귀족 신분제를 유지할 수 있었다는 것이다. 이런 사정은 로마사의 제 2기에도 적용된다. 여기에서는 그라쿠스 형제의 개혁이 토지소유 문제를 기반으로 전개되고 있다. 전 단계가 귀족과 평민의 대결인 것과 마찬가지로, 토지소유자와 비소유자의 갈등 구조로서 이 시기를 보고 있다.

> 로마 국가는 약탈에 자신의 수단을 둔 채로 이로부터 전리품의 할당을 둘러싸고 둘로 분열되었다. 왜냐하면 최초로 내부에서 분쟁을 일어나게 한 것은 바로 페르가뭄의 왕인 아탈로스의 유산이었기 때문이다. 그는 자신의 재보를 로마 국가에 유증하였다. 티베리우스 그라쿠스는 그 재보를 로마 시민들에게 나누어주자는 안을 가지고 등장한다. …그의 주관점은 자유 시민이 일종의 소유권을 가지도록 도와주고, 이탈리아를 노예 대신 시민들로 채우려는 것이었다. 이 고귀한 로마인은 그 점과 관련해서 욕심 많은 귀족에 굴복하였다. 왜냐하면 로마의 국가제도는 제도를 통해서 더 이상 해방될 수 없었기 때문이다[53].

이런 대립의 구도는 제 3기인 제정기에도 예외는 아니다. 비록 시민간의 불평등은 해소되었으나, 전제 권력과 내면의 사적인 인격간의 대립으로 추상화된다. 이런 추상적인 개념을 통해서 우리는 여러 폭력적인 현상의 경향을 파악할 수 있다.

---

52) Hegel 1961, p. 397.
53) Hegel 1961, p. 427f.

개인들은 완전히 동등하며 (노예는 약간의 차이만 있을 뿐이다), 어떤 정치권력도 없는 상태이다. 이미 동맹국 전쟁 이후에 전체 이탈리아에 거주하는 주민들은 로마 시민과 동등하게 되었으며, 카라칼라 황제 하에서 완전 시민권을 가진 신민들 간에 모든 차이는 폐지되었다. 개인 권력은 이 동등함을 발전시키고 완성시켰다. 소유권은 그렇지 않으면 여러 가지의 차이점으로 묶여졌던 것이나, 이것은 이제 해체되어 왔다. 우리는 로마인들이 추상적인 내면성의 원리에서 나온 것을 본다. 그것은 이제 인격으로서 사법(私法)에서 실현된다. 사법이란 이것이다. 즉, 개인이 현실에서 개인으로서 가치를 지니는 것이다. 이것은 존재하는데 소유에서 그러하다. 살아있는 국가체와 영혼으로서 그 안에 살고 있는 로마의 정신은 이제 전체 사법의 개별화 위로 되돌아 왔다. 마치 육체적인 신체가 소멸할 때, 매 순간 신체는 자신의 생명을 자신을 위해서 획득하지만 그것은 단지 벌레의 가련한 삶인 것처럼, 여기에서 국가유기체는 개인인격이라는 원자로 해체된다. 이 상태가 로마의 생명이다. 한편에 운명과 지배라는 추상적인 보편성, 다른 한편에는 개별적인 추상, 즉 인격이 있다.[54]

이처럼 사법이 발전하여 개인의 권리나 법 앞에서의 평등이 실현되는 것이 로마 제국에서 가능해졌지만, 이것을 가능하게 한 것은 절대적인 권력이었다는 점을 알 수 있게 해 준다. 이런 경향은 정치의 소멸을 가져왔고, 철학도 현실 세계에 무관심한 태도를 낳았다.

이 같은 상이한 대립의 구도는 시기 구분에 적절한 계기를 찾아서 연결해 준다. 요컨대 각 국면의 내적인 특징에 기반한 시기 구분을 설정한다. 공화정 초기를 왕정기와 같이 묶은 이유는 다음과 같이 설명한다.

국가제도는 이제 이름으로는 공화정이 되었다. 우리가 그 일을 더 상세히 관찰한다면, 다음과 같은 사실이 드러난다. 즉 기본적으로 어떤 다른 변화도 드러나지 않았다. 단지 전에는 영속인 것으로 왕에게 머물러있던 권력이 2명의 일년직 통령으로 넘어갔을 뿐이다[55].

이어서 제 1기에 전개된 평민의 투쟁에 관해서 그 원인과 귀결을 다음과 같이 설명한다.

평민들의 채권자인 귀족의 가혹함으로, 그들의 부채를 노예노동으로 지불해야 하였으므로, 평민이 봉기하지 않을 수 없었다. 그들은 먼저 왕들의 통치하에서 이미 가지고 있던 것, 말하자면 토지점유(Grundbesitz)와 유력자들에 대한 보호만을 요구하였고 획득하였다. 그들은 토지할당을 획득하였고 호민관 즉, 관직을 보유하였다. 이 관직은 모든 원로원 결의를 방해하는 권력을 가졌다. …평민이 더 높은 국가공직에 취임할 수 있는 권리에 도달

54) Hegel 1961, p. 437f.
55) Hegel 1961, p. 415f.

한 것과 평민이 농지와 대지에서 얻은 분배로써 시민의 생존이 보장된 것은 로마 역사의 제 1기에 드러난 주요 계기이다[56].

로마사의 제 2기에는 평민의 승리와 원로원의 무기력으로 기술하고 있다.

대제국의 구성에 관한 관념이 완전히 결여된 상태에서 원로원은 통치의 권위를 주장할 수 없었다. 지배권은 인민에 의존하는 것이 되었는데, 이 인민은 당시에 천민이었을 뿐이며 로마 속주에서 오는 곡물로써 양육될 수밖에 없었다[57].

이처럼 평민 세력의 등장으로 대립은 지양되는 것 같으나, 이것은 다시 반복되어 일어난다. 그래서 헤겔은 다음과 같은 일반화를 제시한다.

제 1기는 로마의 초기를 포함한다. 이 때에는 근본적으로 대립하는 결정조건들이 여전히 평안한 통일 안에서 잠잔다. 이 대립은 자체 안에서 심해지고 이로써 국가의 통일은 강력한 것이 된다. 그래서 그 통일은 자신 안에 대립을 낳으며 현존하는 것으로 지니고 있다. 이 힘으로 국가는 외부로 향하는데, 이는 제 2기이다. 그리고 세계사의 무대에 등장한다. 여기에는 로마의 가장 아름다운 시대가 놓인다. …로마 제국은 차후 세계를 정복하는 확산과정에 도달하는데, 그것은 자신의 붕괴를 준비하는 것이었다. 대립이 스스로 자기 모순과 완전한 대립으로 발전함으로써, 내적인 혼란이 시작된다. 이 혼란은 제 3기를 특징짓는 전제주의와 더불어 끝난다. …제 3기에 평온은 북방민족과 게르만 민족으로 마침내 붕괴되는데, 이들은 이제 세계사적인 존재가 됨에 틀림없다[58].

로마의 역사에서도 3단계의 발전이 이루어지고, 각 단계는 그 나름대로의 모순과 대립이 있음을 입증하고 있다.

헤겔의 설명에는 적절한 비교가 제시되어 차이점을 분명히 하고 있는데, 이는 독자로 하여금 수시로 비교적인 관점을 지니도록 한다. 특히 로마를 설명하는 데

---

56) Hegel 1961, p. 418, p. 421. 헤겔은 로마의 토지 제도에 관하여 선구적인 연구자로 알려져 있는 니부르(Niebuhr) 의 연구에 대해서 폄하하는 입장을 보여준다. 니부르의 연구에 따르면, 사람들이 생각하지 못한 점이 있는데, 신성한 소유권을 국가가 침해한 것이 아니고, 귀족들이 귀족이 찬탈한 공유지의 일부를 평민이 경작하도록 할당하였다는 점을 생각하지 못했다는 것이다. 그러나 이 사실은 이미 헤게비쉬(Hegewisch)가 발견한 것이며, 귀족이 점유하고 있거나 식민자들이 정착한 토지는 원래 공유지(Staatsland)라는 발견은 별 의미가 없는 것이라고 본다. 아무리 그 토지가 공유지라고 주장하더라도, 토지가 점유자들에게 속하여 있는 것은 확실하며, 더 이상 나아가는 것은 없다는 것이다. 요컨대 헤겔은 니부르가 중요하지 않은 차이점만을 강조하고 있음을 비평한다. p. 420.

57) Hegel 1961, p. 430. 공화정 말기부터 시민에 대한 곡물 배급이 여러 차례 시도되고, 제정기에 정례화 되는 것을 볼 수 있다.

58) Hegel 1961, p. 393f.

에는 그리스와 대비하여 특징을 잘 각인시킨다. 우선 법 관념의 차이를 다음과 같이 제시한다.

> 이를테면 우리가 이미 살펴보았듯이 오리엔트에서 관습적이고 윤리적인 관계가 그 자체로 법규정으로 되었다. 그리스인들에게도 관습은 법률적인 권한이었다. 이런 까닭에 국가제도는 관습과 심성에 완전히 의존하였으며 유동하는 내심과 특수한 주관성에 대항해서 자체 안에 확고함을 아직 가지지 못했다. 이제 로마인들은 큰 단절을 완수하였으며 하나의 법원리를 발견하였다. 그것은 외적인 다시 말해 심성과 무관하고 감정도 없는 것이다. 이로써 그들이 우리에게 형식상으로 큰 선물을 하였을 때…[59]

이와 같은 로마의 특성은 종교의 면에서도 큰 차이를 가지게 된다. 일반적으로 우리는 그리스와 로마의 종교를 같은 것으로 보는 경향이 있다. 그리스 신의 명칭이 로마에 도입되는 한에 그러할지 모르지만, 헤겔은 다음과 같이 보고 있다.

> 그러나 헤로도토스와 그리스인들이 스스로 이집트의 신들을 라토나, 팔라스 등으로 인식하고 있었다고 하는 이유로 이집트의 종교가 그리스의 종교가 아닌 것처럼, 로마의 종교는 그리스의 종교가 아니다. 이야기되기는, 그리스 종교에서 자연을 보는 자는 일종의 정신성에 그리고 자유로운 관조, 정신적 황홀경에 빠지게 되며, 그리스 정신은 내부의 공포에 머물지 않고 자연의 관계가 자유와 희락의 관계로 만들어진다고 한다. 그에 비해서 로마인들은 침묵하고 무딘 내면성에 머물고 있으며, 이로써 외적인 것은 하나의 대상이요 하나의 타자이며 비밀이었다. 내면성에 그렇게 머물고 있는 로마의 정신은 속박과 의존의 관계에 들어왔다. 이점을 이미 종교(religio)라는 단어의 기원(ligare)이 지시한다. 로마인은 언제나 일종의 비밀을 중시하였고, 모든 것을 믿었으며, 감추어진 것을 추구하였다. …신들을 도입한 것 그리고 대부분의 로마 신전이 하나의 필요, 하나의 맹세에서 그리고 필수적이며, 이해관계와 무관하다고 할 수 없는 사의(謝意)에서 이루어진 것이다. 그에 비해 그리스인들은 그들의 아름다운 신전과 조각과 신에 대한 봉사는 미(美)와 신성(神性)에 대한 사랑에서 설정되고 이루어졌던 것이다[60].

이런 태도의 차이는 로마에 제대로 된 비극이나 연극이 없는 원인이기도 하다. 이런 차이는 다시금 역사 기록에서도 드러난다.

> 사람들은 다음과 같은 사실을 로마 역사서술가들의 큰 태만으로 보아왔다. 즉 원로원의 소집와 보충에 관하여 보고가 거의 안 남아 있다는 점이다. 그러나 이 점은 비록 우리들에게 무한한 중요성을 가지는 것으로 보이지만 대체로 로마인들에게는 중요하지 않

59) Hegel 1961, p. 402.
60) Hegel 1961, p. 403f, p. 407

았다. 그들은 주로 형식적인 결정에 그렇게 큰 의미를 부여한 것이 아니라 어떻게 통치가 이루어지느냐가 가장 중요하였다[61].

이와 같은 태도의 차이로 인해서, 실제 로마의 역사가들은 주로 외교문서나 공문서를 주로 제시하여 통치의 합리적인 근거를 대는 데 국한하고 있고, 낮은 수준을 보여주고 있다고 폄하한다.

마지막으로 주목할 것은 위대한 개인의 역할인데, 대표적인 예로 카이사르를 들고 있다.

카이사르는 로마적인 합목적성의 모범으로 제시될 수 있으며 가장 정확한 이해력을 지니고서 자신의 결정을 내리고, 그 결정을 가장 활동적이고 실천적으로 더 이상 감정에 휘말리지 않고 실천했다. 카이사르는 세계사적으로 올바른 것을 행하였다. 그는 조정과 필요한 단결의 수단 및 방법을 제시하였던 것이다. 카이사르는 2가지를 하였다. 내부의 대립을 감소시켰고 동시에 밖을 향하여 새로운 것을 열어놓았다. …폼페이우스와 원로원 편에 있었던 자들 모두는 자신의 위엄, 권위, 특수한 지배권을 공화국의 권력으로서 떠받들었다. 그리고 중간층은 보호가 필요하였으므로 이 직함 아래로 도피하였다. 카이사르는 이 직함의 공허한 형식주의를 끝냈다. …그럼에도 우리는 가장 고귀한 로마의 위인들이 카이사르의 지배는 우연적인 것이고 그 전체 상태는 그 개인에 매인 것이라고 간주하였음을 본다. …그들은 이 하나의 개인이 제거되는 경우 공화국이 자체로부터 다시 있게 되리라고 믿었다[62].

물론 카이사르는 자신의 위험을 감지하고 이 위험에서 벗어나기 위해 경쟁을 벌인 후에 권력을 차지한 것이지만, 부지불식간에 위에 인용한 것과 같은 업적을 이루었다는 것이다.

필자는 이상의 검토를 통해서 헤겔의 세계사는 이론과 실제 서술에서 일치성을 확인할 수 있었다. 단순한 사실의 제시가 아니라 의미를 큰 틀에서 제시하고 있는 점에서 바람직한 역사 강의의 형태로 볼 수 있다. 물론 헤겔의 구상대로 역사가 진행될 것인가에 관해서는 당대부터 논란이 있었던 문제이지만[63], 역사교육의 관점에서는 그의 역사 이야기를 수용할 필요가 커진다. 특히 피교육자에게

61) Hegel 1961, p. 417f.
62) Hegel 1961, 432f.
63) 대표적으로 Michelet를 들 수 있을 것이다. 특히 하층민의 속박이 불가피한 운명인 것으로 보았다고 헤겔을 비판하였다. Oscar A. Haac, *Les Principes Inspirateurs de Michelet: Sensibilité et Philosophie de l'Histoire*, Yale University Press, 1951, p. 98f 참조.

단순한 암기가 아니라 원리를 찾게 하고 그 이치를 적용하여 역사를 관조하는 눈을 가지게 하면서 사실이 의미하는 바를 세계사의 관점에서 파악하게 한다는 것이야말로 역사교육의 궁극적인 목표이기 때문이다.

V. 결　어

이상 헤겔이 구상하였던 세계 인식을 역사과의 교과교육이라는 측면에서 검토해 보았다. 헤겔의 인식-세계사 구상은 우리들 역사 교수자들에게 몇 가지의 시사점을 던지고 있다.

우선 이론과 실제가 조화되는 서술이 필요하다고 하겠다. 세계사 교과서의 경우 각 단원의 인과적·계기적 설명이 부족하다. 이는 세계사를 보는 관점이나 이론의 빈곤한 데에서 비롯한다. 한국인의 입장에서 또는 아시아인의 관점에서 세계를 조망할 수 있는 이론이나 방법이 절실하다. 특히 변화상을 제시하면서도 변화하지 않는 요소에 관한 관심을 환기시킬 필요가 있다.

두번째로 지리 및 일반 사회의 배경지식이 중요하다는 점이다. 지리적 특성이 인간의 환경에 미치는 요인을 보고 그것이 어떤 구조를 이루는가를 면밀히 살필 필요가 있고, 그것은 비교서술적인 방식으로 이루어져야 할 것이다. 아울러 어느 국가를 설명할 때 인접한 국가 간의 비교도 중요하다. 본문에서 강조되고 있듯이 사전지식은 역사를 보게 하는 유인이 될 수 있으므로, 학생들이 일반사회과를 통해서 습득한 지식도 역사수업에 적극 활용하는 방안도 모색하는 것이 바람직하다.

마지막으로 세계사의 인식에는 헤겔의 기본 이론에서 보이듯이 정신의 원리 즉 타자의 인식에 기인한 자신의 인식이라는 방법이나 원리가 교수되어 자기 문제의 인식도 세계사라는 구도 속에서 이루지는 것이 중요하다. 이것은 한편으로는 문화사라는 명분하에 잡다한 지식을 세계사라고 생각하는 연구자나 교수자들에게 적어도 그런 사상들을 묶어서 일관성 있는 틀 속에서 전달하는 것이 필요한 것임을 보여준다. 다른 한편으로 이는 적어도 세계사와 국사 또는 지방사의 통합서술이 궁극적인 역사의식의 형성에 중요하다는 시사점을 던지고 있다.

3

역사수업에서 일반화의 문제와 '이상형'의 활용

Ⅰ. 서 언

역사교육에서 개념화·일반화로 이어지는 학습과정이 중요시되고 있다. 이것은 학습자에게 단순한 사건이나 연대를 전달하는 것만이 아니라 그러한 지식·정보에 도달하는 연구의 과정도 제공하는 것을 의미한다. 이러한 방향으로 역사교육을 개선하자는 요구는 시대의 변화를 의식하고 이에 대처하기 위한 자연스러운 것이다[1]. 근자에 역사수업에서 개념학습의 문제를 다룬 논문이 나오고 있는 것은[2] 이런 의식의 발로라고 하겠다. 그러나 이에 부응하는 수준에 도달하기 위해서는 더욱 활발한 논의가 이루어져야 한다. 그리고 이를 위해서는 그 전제로서 몇가지 숙고해야 할 사항이 있다. 다름 아니라 역사 수업에서 개념·일반화의 선정과 이용에 관한 것이다. 첫째 역사 수업에서 만들어질 개념이나 일반화가 옳은가의 여부는 전문적인 역사학자의 연구성과와 유기적인 관련을 맺고 있어야 한다. 근자의 교육사조가 학문중심의 교육과정을 강조하고 있느니 만큼 이 점은 충분히 고려되어야 한다. 특히 이런 문제와 관련해서 역사학의 일부로서의 역사교육이라는 관점이 강조되지 않을 수 없다.[3] 둘째 현대 역사학에서 사회과학 또

---

1) 이원순·이정인, 『역사교육』, 정음문화사, 1985, p. 20.
2) 정선영, 「역사교육에서의 일반화 문제 연구」 『역사교육』 35, 1984; 김한종, 「역사적 개념의 학습방법과 정의의 활용」 『역사교육』41, 1987.

는 인접학문과의 제휴가 강조되고 그러한 노력이 구체적인 열매를 맺고 있다는 점이다. 따라서 역사교육의 현장에서 인접학문의 개념을 수용하고 이를 적극적으로 활용하는 방안이 바람직하다.

이점에서 일찍이 역사학과 사회과학의 문제를 연결하여 생각해 온 막스 베버의 연구성과 중에서 역사 연구와 관련이 있는 것을 검토해 보는 것이 우리 문제를 해결하는 데에 도움이 된다고 여겨진다. 실제 베버의 방법론으로 알려진 '이상형'은 정의・개념을 다룬 것이기 때문이다. 그것은 이미 한 세기 전에 제시된 것이긴 하나, 최근에도 베버의 이 연구 방법이 역사의 연구에 긴요하다는 주장이[4] 제기되고 있다. 본고에서는 역사학에서 일반화의 문제를 살피고, 여기에서 이상형이 갖는 의미와 역사서술에서 그 구체적인 이용의 사례를 고찰하고, 나아가 개념학습의 문제점과 이의 개선으로서 이상형의 활용 방안을 제시해 보고자 한다.

Ⅱ. 역사학에서 일반화

기존의 역사 수업에 대한 비판은 개념・일반화에 미진하였다는 점에 모아지고 있다[5]. 사실 이런 비판은 역사학에 대한 비판과 관련된 것이다. 실제로 역사학을 개성기술적이라고 생각하였으므로 관심의 초점은 일반화보다는 사실의 규명에 대해 두어져왔기 때문이다. 이에 따라서 개념화라든지 일반화에 대한 제안은 역사가에게 관심 밖에 놓이는 문제로 보였다. 이와 마찬가지로 수업의 현장에서도 그것은 모험적인 시도로서 간주되었으므로, 일반화의 문제가 적극적으로 검토되었다고 보기는 어렵다. 이처럼 역사 수업의 문제는 역사학의 문제와 연관되는 것이므로 역사 수업에서 개념・일반화의 문제를 논의하기 위해서는 역사학에서 일

3) K. Bergmann (hrsg), *Geschichtsdidaktik: Theorie für die Praxis*, Düsseldorf, 1978, pp. 9-11. 여기에서는 역사교육을 교육학의 일부로 보는 입장을 비판하고 역사학과의 불가분성을 주장하고 있다. 특히 방법과 인식의 면에서 역사교육은 역사학에 따라야 하며 아울러 역사교육이 전제되지 않고는 역사학도 실천적 의미를 상실한다고 본다.

4) M. I. Finley, *Ancient History: Evidence and Models*, London, 1985, p. 89, p. 104 ff.

5) 김한종, 전게논문, p. 1.

반화에 관한 고찰이 우선되어야 할 것이다.

역사학이 개성기술적이라는 고전적인 규정과 관련하여 약간의 오해가 있는 듯하다[6]. 그런 규정으로 해서 마치 역사학이 일반화된 표현과는 모순되는 것으로 생각하는 것이다. 이런 방향에서 역사의 서술이 일반화를 필요로 하며 또 실제로 일반화된 서술이 다양하게 사용됨을 들어 역사학의 성격을 재고하고자 하는 지적들이 있다. 우선 역사가의 관심이 '유니크' 한 것에 관심이 있다고 해서 단일사건이나 개인에만 국한되는 것이 아니라고 하는 점이 지적된다. 집단과 사회도 역사가의 관심분야이므로 이러한 집단에 관한 기술을 하기 위해서는 일반화가 없을 수 없다. 그래서 사회·경제사 및 문화사의 영역에서 일반화가 풍부하게 나타난다는 것이다. 게다가 일국면의 특수성에 대한 설명이 이루어지기 위해서는 해당 시기에 관한 일반적인 역사지식을 필요로 한다. 아울러 언어사용의 분석을 통해서 보면 비록 수준의 차이는 있을지라도 역사의 설명·서술은 일반화된 문장을 사용함으로써 이루어진다고 주장되고 있다[7].

이처럼 역사서술에서 일반화가 늘 사용되고 있다는 주장은 그 자체로서는 옳은 것이다. 이처럼 학문의 성격을 결정짓는 요소를 그 같은 표현의 측면에서만 찾았을 때 역사학이 자연과학과 전혀 다르지 않다고 하는 주장마저 제기되는 것은 당연하다[8]. 그러나 역사학이 다른 학문과 달라질 수 있는 것은 궁극적인 탐구의 대상과 방법이라는 체계적 측면에서이므로, 피상적인 언어분석자들의 주장은 참고 사항에 지나지 않는다. 역사에서 개별성·일반화의 문제는 단순한 문장의 표현만이 아니라 세계관 내지는 사회의 세력들에 관한 인식을 포괄하는 것이었기 때문이다.

일찍이 독일에서는 한 세기 전에 역사의 방법 논쟁이 불붙었다[9]. 이 논쟁은 역사의 방법을 둘러싼 세계관의 문제를 드러냄으로써 우리에게 많은 시사점을 던

---

6) McCullagh, "Historical Generalization," *Justifying Historical Descriptions*, 1984, Cambridge Univ. Press, p. 143

7) W. H. Burston et al. (ed), *Studies in the Nature and Teaching of History*, 1966, pp. 5-7, pp. 49-64.

8) 같은 책, p. 8. 이 주장은 과학의 법칙만큼 역사의 사례가 일반화 될 수 없다는 점에서 설득적이지 못함이 지적된다.

9) 이민호, 『역사주의-랑케에서 마이네케-』, 민음사, 1988, pp. 125-9.

지고 있다. 이 논쟁을 불붙인 람프레히트[10]는 집단현상에 주목하여 이에 인과적인 법칙을 적용함으로써 새로운 체계를 세우려고 하였다. 이에 대하여 마이네케는 그러한 대중·집단에 대한 통계적인 관찰방법으로는 역사에 작용하는 창조적인 자유의 세계를 평가할 수 없다고 비판하고 있다. 이러한 논쟁을 지켜보면서 이 문제를 조화시키려고 한 오토 힌체의 글을 통해서 역사에서 일반화가 가지는 의미를 생각해 보도록 한다.

먼저 생각해 볼 것은 일반적인 세계관과 역사의 방법과의 관련성이다. 람프레히트가 방법론이 세계관에서 벗어나야 한다고 주장한 데에 대해서 힌체도 사실의 확인을 위한 기초적인 방법이 문제되는 한에서는 그 주장에 동의한다. 그러나 문제는 다른 곳에 있다.

> 그러나 그 역시도 방법론 하에서 연구 목적을, 더욱이 최후·최고의 연구 목적이 확정되는 것임을 이해하고 있었다. 그리고 이런 목적이 대개 가설적인 추론의 도움으로 귀결되며… 그것은 경험적인 연구를 통하여 일정 정도의 진실에까지 높아질 수 있음을 인정할 것이다[11].

여기에서 가설적인 추론(Hypothetischer Schlüsse)의 도움으로 연구목적이 이루어질 수 있다는 점에 주목한다면, 전체에 관한 일반적인 상은 연구의 목적을 이루기 위한 도구로서 인식되는 것을 보게 된다. 힌체는 역사발전에 있어서 유형적 규칙성(typischen Regelmäßigkeit)의 문제가 불가피하게 제기되는 이유를 이러한 지적인 필요성에서 찾는다(모든 연구자가 이를 반드시 지각하는 것은 아니지만). 그러므로 가설이나 유형은 궁극적인 입증이 필요하지만 우선 그것이 발견수단으로서의 의미도 가지고 있다.

이어서 생각된 문제는 개인과 집단의 관계이다. 힌체는 개인심리와 집단심리의 대조·구분에 입각한 람프레히트의 결론이 잘못된 것으로 비판한다. 실제로 두 관찰법은 자체로서는 일방적이고 불충분하여 양자의 조합만이 진실한 상태를 보여줄 수 있다고 주장한다. 요컨대 개인과 사회의 상호작용에 관한 이해를 중시

---

10) 문기상, 「'람프레히트 방법논쟁'과 '문화사'」 『역사학보』 1991, (上) 129, pp. 127-158, (下) 130, pp. 155-190.
11) Otto Hinze, "Über individualistische und kollektivistische Geschichtsauffassung"(1897), *Gesammelte Abhandlungen, Band II, Soziologie und Geschichte*, 1964, Göttingen, p. 315.

한다.

> 궁극적으로 역사적 삶은 언제나 -표출되는 정도의 차이는 있으나-개인의 생활에 기인한다. 그리고 개인의 생활은 대체로 공동체의 생활에 묶여있고 정도의 차이는 있으나… … 집단 세력에 종속되어 있다고 보인다… … 개인의 동기는 셀 수 없고 눈에 띄지 않는 행위의 총계에서 명백해진다. 이런 총계는 그 자체로서는 관습의 범위를 크게 벗어나는 것은 아니지만 전체의 작용에서 중요한 효과를 표시한다. 그것은 특출한 행위에서 드러난다. 그러나 이 행위가 역사적으로 중요해지기 위해서는… … 심리적 집단 운동을 통해서 강화될 필요가 있다[12].

그러므로 개인적인 정신과 집단적인 것 어느 쪽이 강조되는 것이 아니라 양자의 조화에 기초하여 모든 전진이 이루어지는 것으로 파악된다. 이런 집단운동에서 소위 '역사적 이념'(historische Ideen)이 만들어지는데 이것은 초월적인 것이 아니라 내재적인 것이다. 이런 점에서 힌체는 랑케가 이러한 이념의 파악에서 신비한 것을 품고 있었다고 볼 수는 없다고 말한다. 이런 면에서 볼 때 역사의 방법은 개인과 집단에 대한 통일적인 관조를 이룸에서 그 특징을 가지는 것이다. 집단에 대한 기술이 개인에 관한 서술에 비해서 일반화된 형태를 가질 수 밖에 없게 되고 그러한 일반적 행위의 맥락 속에서 개인의 행위의 의미가 도출된다고 했을 때, 역사의 인식은 그러한 특수성과 일반성의 조화에서 가능하다.

마지막으로 개별성의 범위에 대해서 살펴보면, 그것이 개인에 국한하는 것이 아니고 국가·민족 나아가 세계도 포괄하는 것임을 알게 된다. 개인과 사회의 관계는 국가와 세계의 관계로 확대되고 있다. 즉 국가·민족의 대립과 연결 속에서 세계사가 진보하고 국가·민족은 세계사 속에서 더 큰 하나의 집단개성(Gesamt-individualitäten) 으로서 나타난다. 예컨대 로마·게르만 민족계보와 같은 하나의 평행한 발전이 현존하는 곳에서 세계사는 공동의 문화적 토대 위에 놓여진다. 이 같은 파악 방법이야말로 일찍이 랑케가 터득한 것이다. 한걸음 더 나아가 국가가 하나의 개성일 뿐 아니라[13] 세계사도 역시 하나의 큰 단일한 과정으로 파악된다.

> 거대한 세계사적인 발전은 민족 발전의 부수물이 아니라 하나의 자주적인 의미를 지닌다. 세계사적인 발전은 민족에 의해서 생성될 뿐만 아니라 그 자체로 다시 제민족을 생성해

---

12) 같은 책, p. 319.
13) 이민호, 전게서, p. 54 이하 참조.

낸다. … 이런 민족적 발전, 보편적 발전의 교차와 결부로 보아서 세계사를 제민족의 비교사로서 구성하는 것은 불가능하게 된다. 세계사는 하나의 큰 단일한 과정(ein großer singulärer Prozeß)이고 이것으로 남는다[14].

이상의 논의에서 힌체가 파악하고 있는 개별성은 어떤 개인에만 국한된 것이 아니고 국가 또는 문화권 나아가 세계를 아울러 표현하는 것임을 알 수 있다. 집단에 관한 서술을 일반화라고 생각하는 것 만큼이나 나름의 특징 또는 유형으로 개괄되는 집단 전체도 개별적인 것으로 인식되는 것이다. 아울러 힌체는 역사인식의 폭이 넓어졌음을 '산이나 지표면만이 아니라 대륙의 덩어리를 파악하는 것으로' 비유하면서도 이것이 학문적 노력을 보강하는 것이지 역사학을 정복하는 것이 아니라고 주장한다[15]. 이렇게 볼 때 우리가 흔히 일반화된 문장, 또는 사회과학의 개념을 사용한다고 해서 역사서술의 기본적인 성격을 상실하는 것이 아니다. 힌체의 말처럼 역사연구는 회귀하는 일반적인 과정을 인식하는 것이 아니라 단일한 발전을 이해하는 데에 이바지하는 것이다. 세계사에서 개별 국가는 정규적인 민족발전의 반복되는 유형으로서 더 큰 전체의 정해진 발전단계를 대변한다고 보는 그의 주장에서 곧 일반・보편적인 것과 개별적인 것과의 관계를 보게된다.

이와같은 생각에서 보편적・필연적인 것과 개체적・자유적인 것의 대립이 아닌 상호 관련성 속에서 역사파악의 방법론이 결정된다. 이러한 파악의 폭이 개인을 넘어 집단이나 사회로 넓어질 때는 위에서처럼 하나의 유형적인 파악을 필요로 하고 그것이 개별성을 파악하게 하는 수단으로 드러난다. 이것은 마찬가지로 시대에도 적용될 수 있겠다. 주지하다시피 랑케는 역사에서 일방적인 진보를 부정했고 각 시대는 나름대로 가치를 가진다고 주장했다. 여기서 말하는 각 시대는 한 개의 주요한 경향성에 있어서 특성을 이루는 것으로 보았다[16]. 이러한 지배적인 경향성을 통해서 시대를 파악하고 그것을 통해서 시대를 비교한다는 것에서 개별성의 파악이 단일 사건의 범위에 국한하지 않음을 알게된다. 이처럼 역사의

---

14) Otto Hinze, 1964, p. 322
15) 같은책, p. 321.
16) 이능식, 『근대사관연구』, 동지사, 1948, p. 186.

서술에서 개별성을 언급한다고 해서 그것이 일반적, 유형적 파악, 개념의 사용을 거부하는 것이 아니다. 오히려 그것이 전제되어야 개별성에 대한 파악이 가능한 것이다[17].

Ⅲ. '이상형'을 이용한 역사서술

역사 수업에서 개념 학습이 어려운 이유를 역사 개념이 다른 개념에 비해서 제시할 사례가 적다는 점에서 들고 있다[18]. 이와 같은 이유에서 역사와 사회과학에서는 수학이나 자연과학에서와 달리 일반화하기가 쉽지 않다. 왜냐하면 '존재하는 것은 개별·개성적인 것이고 동일한 것이 되풀이 되지 않으며 단지 유사한 현상만'[19]이 되풀이되기 때문이다. 이런 특성을 가지는 사회현상을 파악하기 위해서 베버가 사용한 방법이 '이상형'이었다. 그가 말하는 이상형이란 집단으로 나타나는 형상의 가장 전형적인 사례들을 추려서 그린 형태이다.

이를 간략히 제시해보자.

사례 $T1 = a^{+}+b^{0}+c^{-}$,

$T2 = a^{0}+b^{-}+c^{+}$,

$T3 = a^{-}+b^{+}+c^{0}$ 라 할 경우

(*T=유형 ; a,b,c는 공통된 특질 ; $^{+}$, ^{0}, $^{-}$는 정도의 차이),

여기에서 구해지는 이상형은 $Ti=a^{+}+b^{+}+c^{+}$ 으로 나타내질 수 있다[20].

이렇게 형성된 이상형은 현실적인 것의 서술이 아니다. 그렇다고 해서 현실과 완전히 동떨어진 것이 아니라 현실적인 것의 '한계' 내에서 이상화한 것이다. 다시 말해 현실에는 완전히 나타나 있지 않은 특징들을 개념에 의해서 단적으로 규정함으로써 완성된 것으로 이를 '사유적 제고'(gedankliche Steigerung)라고 부른다.

---

17) 이러한 개념은 근자에 제기되고 있는 소위 '역사적 사회과학'(historische Socialwissenschaft)에서도 그대로 살아있음을 보게된다. 여기서도 인간과 객관적인 조건의 상관성이 주요한 과제로 남는다. K. Bergmann et al. (hrsg), p. 36. 참조.

18) 김한종, 전게논문, p. 13.

19) 양병우, 『역사논초』, 1987, p. 48.

20) 양병우, 「베버의 이상형 역사인식」 『현대역사이론의 조명』, 1984, 한국정신문화연구원.

이와 같이 본질적인 점을 요약한 것이 바로 '정의'이며 이것이 베버가 말하는 이상형적 개념이다. 따라서 이상형을 이용한 연구방법은 다름 아닌 '정의'의 활용방법을 일컫는다고 하겠다. 주목할 것은 이 방법은 베버가 의식적으로 만들어 낸 것이 아니고 역사적 현상이나 의미를 개념적으로 사용할 때 저절로 쓰이는 방법이라는 점이다[21].

이런 정의의 활용방법을 고대사의 경우를 사례로 들어 몇가지 살펴보자[22].

베버는 고대문화 몰락의 사회적 원인들을 논의하면서 고대 문화의 특질을 다음과 같이 정의한다.

> 고대문화는 본질적으로 우선 도시 문화이다. 도시는 예술과 문화의 토대인 것처럼 정치생활의 토대이다. …또한 경제적으로 고대도시는 본질상 도시공산품을 도시의 시장에서 협소한 주변 농촌지역의 농산물과 교환함에 기초를 두고 있다. …고대 유럽의 문화는 …해안문화이다. …오로지 해상이나 강상으로만 국제적인 거래가 실제 지속적이고 항구적으로 이루어진다. …국제적인 거래에 흥미를 가지고 있는 자들은 대중이 아니라 엷은 층의 유산계급이다. …재산의 차이가 점점 더 커지는 것이 고대에는 상업이 융성하는 전제조건이라는 점이다. …이로써 3번째의 결정적인 점에 도달하는데… 고대문화는 노예문화이다[23].

고대문화를 이처럼 간단한 개념을 사용하여 그것도 현재시제로 표현하여 정의내림에서 독자는 고대문화의 성격에 관한 좀더 명료한 상(像)을 우선 얻게 된다. 물론 모든 고대 도시국가들이 그같은 조건을 다 만족시키고 있는 것은 아니다. 여러 고대 도시들의 가장 두드러진 모습을 합침으로써 하나의 이상형을 보여주고 있다.

이같은 설명의 방식은 고대 노예를 설명하는 대목에서 매우 두드러진다.

> 고대의 농서 저술가들이 우리에게 전달하는 이상형을 보도록 하자. 말하는 도구를 위한 주택, 즉 노예 우리가 가축 우리 옆에 있음을 발견한다. 노예 우리에는 공동침상이 있고, 의무실, 구류소, 가내작업장이 있음을 발견한다. …하나의 친숙한 상이 떠오른다. 그것은 바로 병영이다. 실제로 노예의 생활은 통상 병영 생활이다. …나머지 노예 대다수는 재산이 없는 것처럼 단혼적인 성관계를 결여하고 있다. …노예 병영은 스스로 보충할 수

---

21) 같은 책, p. 190.

22) 중세도시, 근대 유통경제 등에 관해서는 양병우, 『역사논초』, p. 59를 참조.

23) Max Weber, "Die sozialen Gründe des Untergangs der antiken Kultur"(1896), *Gesammelte Aufsätz für Sozial- und Wirtschaftsgeschichte* (1928), pp. 291-293.

없다. 보충을 위해서는 노예를 계속 구매해야 한다[24].

여기서 베버는 의식적으로 이상형의 설명을 이용하고 있으며 병역을 마친 남자들이면 금방 떠올릴 수 있는 친숙한 병영에 연상시키고 있다. 이처럼 베버는 독자로 하여금 어떤 개념을 습득함에 있어서 단순 명료한 상을 가지게 하도록 배려하고 있음을 보여준다.

앞에서 이상형을 이용해서 어떤 대상에 관한 정의가 명료하게 내려질 수 있음을 보았다. 그렇다면 이렇게 정의를 내리는 것으로써 연구나 학습의 임무를 다했다고 할 수 있겠는가? 만약 여기서 멈추면 베버는 이상형이 현실적인 것의 서술이 아니라고 했으니 비현실적인 것만을 정의한 셈이다. 그는 이상형이 역사인식의 '목표가 아니라 수단'이라는 점을 강조하고 있다[25]. 그려진 이상형은 기준선, 틀, 분석도구를 마련해주는 것이다. 이것이 마련되면 연구대상인 개별적인 것이 여기에서 얼마나 떨어져 있는가를 측정함으로써 특징을 나타낼 수 있다. 어떤 지역이나 나라의 공통된 특징이 드러나 있는 정도나 양상을 살핌으로써 대상지역의 독특한 점을 뚜렷이 드러내는 것이 가능하다[26]. 요컨대 얻어진 개념과 정의는 역사를 인식하는 하나의 도구로서 사용되어야 한다는 점이 중요하다.

이를테면 봉건제나 자본주의 개념은 특정한 시대에만 국한하여 사용하고 있으나 베버는 이렇게 국한시키는 것을 필요하지도 않고 옳지도 않다고 보고 있다[27]. 물론 중세 초에 나타나는 주종제와 은대지제의 결합, 로마·게르만적 영주권의 형성은 고대에는 아무런 유사성이 없다. 그러나 기능상으로 본다면 동아시아에서 고대 아메리카에 이르기까지 완전한 봉건적 성격을 지닌 것으로 인정할 수 있는 제도가 있다고 본다. 여기에서는 '군복무나 왕에 대한 의무를 지니고 사는 귀족층의 분화 특권화된 토지소유, 지대 또는 부역을 통해서 그들을 부양하는 제도'가

---

24) 같은 책, p. 297.

25) 양병우, 「베버의 이상형과 역사인식」, p. 191.

26) 『역사논초』, p. 64. 유형적인 현상은 유형적인 원인과 결과를 갖는다는 점에서 역사의 이론은 이상형적 구성이라고 볼 수 있다.

27) Max Weber, "Agrarverhältnisse im Altertum", *Handwörterbuch der Staatswissenschaften*, Erster Bd. Dritte Auflage, 1909, p. 53.

파악되는지의 여부가 중요하다. 이렇게 볼 때 전사계층이 편성되고 경제적으로 이들이 부양되는 방식에는 다양한 차이가 존재하지만 이들 제도는 봉건제의 유형으로 파악된다[28]. 그렇다면 고대의 봉건제와 중세의 것과는 어떠한 차이가 있는가? 중세의 봉건제는 장원영주가 귀족 신분으로 전화된 것으로 보아 봉건제의 개인주의적 형태인 반면 고대의 것은 도시봉건제(Stadtfeudalismus)라고 본다. 이런 차이를 가져온 원인은 경제발전의 차이에서 구해지고 있다. 고대에는 남부 유럽의 해상로를 통하여 군사기술의 수입이 이루어지고 봉건 지배층이 교역에서 이익을 얻게 되었기 때문이다. 이점이 육로를 통해서 그리고 토지를 토대로 하여 이루어진 중세의 발전과 차이를 지니는 것이라고 한다. 이런 설명에서 중요한 것은 봉건제의 개념이 아니라 고대 사회의 성격을 밝히는 것이다.

이런 태도를 견지하여 그는 자본주의의 개념도 고대에 적용하고 있다[29]. 그는 자본주의 경제의 개념을 자유로운 노동자와의 계약을 통하여 타인의 노동력을 이용하는 것에 국한하지 않고, '개인에 의해서 교환경제적 영리활동에 상품이 이용된다'는 점에서 보면 고대 전체는 자본주의적이라는 인상을 주고 있다고 본다. 그러나 고대에는 자본의 구성과 이용의 방법에서 차이를 지니고 있다. 고정자본이 결여되어 있고 대신 부채노예・구매노예가 존재함으로써 동일양의 노동에 대한 자본의 필요가 더욱 커지게 된다. 아울러 그는 귀금속의 이용, 노예노동 이용의 한계를 들며, 마지막으로 정치적 제약성을 제시하고 있다. 결국 고대의 자본주의는 노예노동의 원활한 공급과 대외팽창이라는 특수한 조건에서 이루어진 것이다. 이로써 고대의 경제적 발전은 중세와는 반대의 길을 향하게 되었다.

> 우선 중세에는…도시라는 지방적 경제범위의 내부에서 자유로운 노동분업이 발달한다. 그리고 나서 …외부를 향한 교역이 증가함으로써 자유노동에 근거한 해외시장을 지향한 영업형태들이 생기게 한다. …그에 반해서 고대에는 대노예가계에 비자유노동이 집결하는 것은 국가간 교역의 발달과 궤를 같이한다[30].

28) 이런 차이는 봉건제의 유형론으로 정리된다. 나종일 편, 『봉건제』, 까치, 1988, p. 99 참조.
29) "Agrarverhältnisse im Altertum", p. 59.
30) "Die sozialen Gründe des Untergangs der antiken Kultur", p. 294.

이처럼 베버는 개념을 시대의 파악, 개별성의 파악에 사용되는 도구로서 자유로이 이용하고 있다. 이같이 각 시대의 특징을 비교할 수 있는 것은 이상형의 파악에 의하여 가능하게 된 것이라고 하겠다. 이러한 이상형을 이용하여 베버는 고대문화 몰락의 원인을 설명하고 있다.

이로써 로마제국의 팽창적 경향에 종말을 맞이하게 되었다. 노예 시장에 대한 인적자원의 공급은 …위축한다. …2세기에 마지막으로 노예사냥의 성격을 가졌던 공격 전쟁이 종식된 이후에 대노예농장은 …노예들과 더불어 위축되었음에 틀림이 없다.… 경제적 중심을 해안과 도시간의 교역에 두고 있는 도시 집단으로부터 실물경제적으로 내륙을 정치적으로 융합조직하려는 국가 체제로 되어갈수록 제국에서는 실물경제적인 재정의 발전이 점점 더 진전되었다. 그 점에서 너무 빈약한 껍질 같은 교역으로는 엄청나게 증가하는 국가 수요를 화폐경제적으로 충족할 수 없었다. 최후까지 도시는 국가 유기체의 공식적인 최하 단위세포로 남았다. 그러나 다수의 로마 도시는 경제적 기반이 점점 위축되었다. …로마 제국의 멸망은 교역의 점진적 감소와 자연경제 증가의 필연적·정치적 귀결이었다. 그것은 본래 통치기구의 몰락을 의미하였으나 자연경제적 하부구조에 부합하지 않은 화폐경제적·정치적 상부구조의 몰락을 의미하였다[31].

이 설명에서 베버는 고대 사회가 몰락하는 원인을 이상형을 통해서 고대 사회의 특징으로 개념화한 것에서 구하고 있다.

이와 같이 이상형을 통해서 무엇이 변화되었는가를 발견하는 것이 용이하게 이루어지므로 시대의 변화상을 추적함에 있어서 이 방법이 유용함이 입증되는 것으로 여겨진다. 이런 이상형적인 파악의 방법으로 베버는 서양에서 근동에 이르는 지역에서 도시를 발전시켰던 민족은 대체로 단계적인 발달을 하였다고 보고 다음의 표와 같이 유형화 하고 있다[32].

이러한 단계를 설정하지만 베버는 <표 1>에서 나타나고 있는 각 유형이 순수하게 별도로 병존·선후의 관계를 이루는 것은 드물다고 본다. 이런 개념은 단지 분류를 함에, 즉 개개의 국가가 어떤 유형에 가까운가를 측정하는 데에 효용이 있다는 것이다.

이런 이상형적인 개념은 여기에서 단지 지향하는 데에 따라서 각 개별 국가를 분류함에 이바지할 뿐이다. 즉 어떤 국가가 전부 또는 개별적인 관계에서 어떤 주어진 시점에 저 개념적인 유형들의 하나나 다른 하나에 더 많이 또는 더 적게 가까운가의 여부를 알게 한다[33].

---

31) 같은 논문, p. 299-308.

32) “Agrarverhältnisse im Altertum”, p. 68-72.

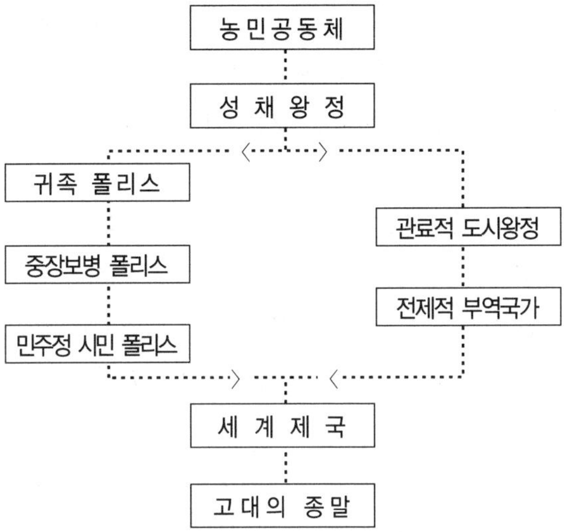

〈표 1〉 베버가 구상한 시대의 흐름. 이를 과정 유형이라고 볼 수 있겠는데, 베버는 이것이 하나의 지침이지 필연적인 흐름으로 보아서는 안 된다는 점을 강조한다.

따라서 유형간의 필연적인 계기성을 인정하지 않고 단지 개념을 인식의 필요에 국한하고자 하는 베버의 태도를 엿볼 수 있다.

이러한 태도는 역사의 발전을 진화로 파악하는 데 대한 회의로 이어진다[34].

> 여하튼 전술한 분류는 술어적인 효용 이외에도 우리로 하여금 당장 발전 단계가 얼마나 근본적으로 상이한가를 받아들이도록 한다. 이런 단계들에 있어서 사료의 시작이라는 우연성이 우리로 하여금 개별 고대 민족들을 만나도록 한다. 우리에게 도달할 수 있는 사료들이 흘러나오기 시작할 때 메소포타미아와 이집트의 국가제도는 이미 확실히 도시의 또는 도시류적인 발전을 배후에 지니고 있었다[35].

이처럼 사료의 우연성에 기인하는 우리의 고대사에 대한 인식으로 인해서 알려져 있는 공동체의 구성 모습은 2차적인 것이라고 본다. 아울러 고대사회가 몰락하고 중세로 이행하면서 농촌의 영주제가 새로운 현상으로 나타나나 이것은

---

33) "Agrarverhältnisse im Altertum", p. 72.

34) M. I. Finley, *Ancient History: Evidence and Model*, 1985, p. 90. 여기에서 핀리는 진화적 파악에 대한 회의의 선구자로 베버를 들고 이러한 인식이 후학에 의해서 계승되지 못하였음을 지적하고 있다.

35) "Agrarverhältnisse im Altertum", p. 72.

새로운 사태가 아니라 도시국가의 보편적인 의미가 저하되어 나타난 현상으로 파악한다[36]. 고대에는 도시의 발달로 영주제적인 지배 현상은 범위가 다소 줄어들었을 뿐이고 도시가 없는 내륙에서는 영주제적 발전이 이루어지고 있었다고 본다.

이상의 검토를 통해 베버의 '이상형'의 의미와 구체적인 사용의 예를 살폈다. 종합적으로 보면 앞장에서 서술한 역사학의 기본적인 태도가 베버의 파악방법에도 그대로 이어지고 있음을 보게 된다. 결국 관심의 초점은 일반화가 아니라 일반화된, 그것도 가장 전형적인 면모로만 제고시킨 이상형을 통해서 개별적인 시대나 지역의 특수성을 파악하는 데 두어져 있던 것이다. 이를 위해서 한 시대나 집단의 사건을 유형화한 것은 랑케가 시대와 민족을 특징짓고자 한 시도와 다른 것이 아니다. 그렇기 때문에 어느 개념에 얽매이기보다 이 개념을 자유로이 사용하되 대상이 된 시대・집단 등의 특징을 드러내는 데, 다시 말하면 비교의 수단으로 사용하고 있는 것이다. 이와 같은 태도는 개념을 탐구의 도구로만 국한하고 역사 발전에 관한 선험적인 인식을 인정하지 않으려고 한다는 점에서 랑케의 그것과 다르지 않다.

Ⅳ. 개념학습의 문제와 '이상형'의 활용

학습자에게 역사학의 성과인 역사의 지식을 전달하는 것만으로는 역사교육이 아니다. 역사 자체를 이해하고 인식하는 문제해결 과정의 제시가 역사교육의 참다운 모습이다. 이런 점에서 역사교육은 역사를 가르치는 것이다. 이 역사의 인식이라는 문제의 해결을 위해서는 역사적 사고의 과정이 중요시되며 개념화・일반화가 역사 수업의 사고에 이르는 중요목표로서 인식되어 왔고 대개의 연구는 그 개념을 학생들로 하여금 구체적인 사실을 통하여 획득하도록 해주는 과정으로 보았다[37]. 이 개념학습의 과정은 체계적인 학습의 방법을 통하여 개별의 사실

36) "Agrarverhältnisse im Altertum", p. 71.

에서 개념을 획득하게 한다는 점에서 학습자의 흥미를 불러 일으키고 나아가 역사적 능력을 가지도록 해준다는 점에서 유익하다고 하겠다. 그런데 이런 개념학습의 과정에 대해서는 몇가지 문제점이 지적될 수 있다.

우선 학습의 현장에서 이러한 과정을 통해서 이루어진 개념의 학습은 학습자로 하여금 결국은 모든 학문의 성격이 동일하다는 판단을 가지게 할 우려가 있다[38]. 이러한 과일반화(過一般化)의 위험은 비단 학습자에게만 국한되지 않는다. 교육학에서 언급하는 개념의 구성이 역사교육에서의 그것과 다르지 않은 모형으로 인식하고 있음에서[39] 역사학 나름의 학문적인 특성 내지는 구조가 제대로 부각되지 않고 있다. 결국 학습자가 모든 학문을 동일시할 수 있는 위험성과 더불어 교사 또한 역사에서의 개념화와 타학문의 그것과는 다르지 않다는 판단을 초래하기 쉽다. 물론 개념을 특수한 경우로부터의 일반화라고 국한하는 경우에는 이론이 별로 없다고 하겠다. 그러나 같은 용어라도 학문의 특성에 따라서 의미를 달리한다는 지적이 나온다[40]. 이는 용어의 개념이 해당학문의 체계와 불가분의 관계를 맺고 있는 까닭이다. 이처럼 개념은 해당 학문의 이해방식과 결부되어 생명을 가지므로 역사의 수업에서 이런 점을 충분히 인식하지 않으면 타학문의 교과수업과 전혀 다른 점이 없다고 하는 태도를 가지게 된다. 따라서 역사의 개념학습에는 내용에 관련된 개념만이 아니라 역사학의 방법에 대한 개념이 중요시되는 것이다.

이런 측면을 염두에 둘 때, 이제까지의 개념학습에서는 연구의 결과인 역사지식(개념)의 획득에서 멈추었지 정작 역사이해의 방법과 과정에 대한 개념에는 소홀히 하였음을 지적하지 않을 수 없다. 이하에서는 이런 문제를 고려하여 개념학습의 방법으로서 '이상형'의 활용에 관하여 생각해 보도록 한다.

우선 수업에 있어서 전체적으로 고려해야 할 점이 있다. 첫째로 역사학의 특성을 살리도록 개별성의 문제를 언제나 염두에 두어야 한다. 다시 말해서 그러한

37) 이원순 · 이정인, 전게서, p. 128-131; p. 213.
38) 김한종, 전게논문 p. 23.
39) 이원순 · 이정인, 전게서, p. 130-1.
40) 김한종, 전게논문 p. 10-1.

고유성을 살리는 것이 역사가의 주된 관심이므로 이점을 충분히 살리도록 역사의 수업이 조직화되어야 한다. 그렇지만 개별성의 파악은 비교될 수 있는 대상이나 보편성을 전제로 해야 하는 것이며, 개별성은 공간적으로는 국가나 민족에서부터 지역 내지는 문화권까지를, 시간적으로는 세대・세기・시대에 적용되는 개념이다. 이러한 파악을 위해서는 각 개체의 주된 특성을 살리는 방향에서 유형화한다. 나아가 이에 입각한 비교사적인 연구를 통해서 전체를 구성할 수 있다고 본다. 그러나 이런 비교사적인 접근에서의 일반화가 곧 역사의 법칙성이라고 믿는 것은 바람직하지 않다[41]. 두 번째는 학습자로 하여금 역사의 특수성과 일반성을 스스로 찾음으로써 역사적 사고를 신장할 수 있는 기회를 제공해야 한다[42]. 이를 위하여 일정한 수준에서 일반화된 개념과 특수성의 사례가 교사에 의해서 마련될 필요가 있다. 특히 유의할 것은 과일반화의 위험을 고려하여 비전형적인 사례도 적절히 안배해야 한다는 점이다.

앞장에서 소개한 이상형의 활용은 바로 이러한 기준에 충족되는 개념학습의 방안으로 제시될 수 있다고 생각된다. 이상형에서는 가장 두드러진 사례를 통하여 개념을 구성하므로 학습자에게 분명한 상을 전달해 줄 수 있는 장점을 지닌다. 이러한 집단적인 사례를 통해서 얻어진 이상형은 비교・판단의 기준이 되는 정의로 활용될 수 있으며 하위범주의 차이를 찾아내어 이를 유형화 할 수 있도록 해준다[43]. 여기에서 중요한 점은 이렇게 획득된 이상형이 하나의 기준선이요 발견의 도구에 불과하여 개별적인 것의 특성을 파악하는 데 이바지하는 것이라는 점을 명심하는 것이다. 이러한 도구를 학습에 적용함으로써 학습자 자신이 특수성을 찾고 그것의 원인을 찾는 탐구활동이 가능해지리라고 생각한다[44]. 나아가 학

41) 윤세철, 「세계사와 아시아사」『역사교육』 32, 1982, p. 24.

42) 같은 논문, p. 21.

43) 이런 원리를 고대에 적용하여 고대도시는 소비자도시(consumer-cities)라고 하는 이상형을 만들고 나서 이것의 변형을 검토하는 것, 고대고시의 유형을 확립하는 것이 탐구의 다음 단계이겠다. M. I. Finley, *Economy and Society in Ancient Greece*, p. 22.

44) 이점은 학습자 중심의 교육사조와 막스 베버의 교육관과의 철학적 관련성에서 주목이 된다. 베버는 교육이 특정한 이념을 심는 대신에 학습자에게 비판적 탐구력의 습관을 심는 데 주력해야 하며, 교사는 학습자가 취한 가치의 궁극적 의미를 설명해 주는 선 이상을 넘지 말아야 한다는 점을 강조한다. James T. Kloppenberg, *Uncertain Victory : Social Democracy and progre-*

습자는 역사에서 지역간의 차이, 시대간의 차이를 인식하게 된다. 이러한 측면들을 고려할 때 이상형을 개념학습에 적용함은 개념을 구성하는 문제에 국한하는 것이 아니라 그러한 개념을 활용하여 역사현상의 특수한 측면을 포착하고 이를 해명해 보려는 시도인 것이다.

역사수업의 현장에 이상형을 적용할 경우, 수업은 다음과 같은 과정으로 이루어질 수 있을 것이다.

① 자료의 제시
② 공통점 선정
③ 유형의 구성
④ 이상형의 구성
⑤ 개별 사례의 선정
⑥ 이상형과의 비교
⑦ 차이점을 가져온 원인의 탐구
⑧ 결론

위의 순서도중 ① ② ③ ④까지는 기존의 개념학습 방법[45]과 큰 차이가 없다고 보여진다. 이상형을 이용할 경우 ⑤~⑧의 과정에 중점을 두게 된다. 기존의 개념학습에서 학습의 성과는 학습자의 선수학습의 정도나 의식의 수준에 크게 좌우된다. 그리고 제한된 수업 시간과 자료의 부족으로 인해서 수업현장에 그대로 적용하기에 난점이 많다. 또한 이 과정을 통해서 얻어질 수 있는 개념이 역사학의 성과와 상충하는 것도 문제가 될 수 있을 뿐 아니라 이렇게 훈련이 되었을 때 학습자는 귀납적으로만 사고하게 되고 이에 따른 문제가 발생하게 된다. 이상형을 이용하였을 때 이런 개념 획득의 과정에 따르는 문제를 줄일 수 있다. 학문의 성과로서 얻어진 이론을 학습자의 수준에 맞게 정의로 제시한다든가 몇 개의 제한된 사례로써 특정한 이상형을 만들 수 있으며, 이렇게 제시된 정의나 개념은 역

ssivism in European and Americam Thought, 1870-1920, Oxford U. P. 1986, p. 379 참조.
45) 이원순 · 이정인, 전게서, pp. 227-8; 김한종, 전게논문, p. 16 참조.

상 현상의 특수성을 설명하는 도구로 사용되는 데 국한된다. 결국 이상형을 이용한 역사수업은 도구로서의 개념을 획득하고 이를 잣대로 이용하여 역사의 특수한 현상을 설명하는 데 초점을 맞추는, 개념학습의 한 유형이라고 하겠다.

이 점을 살렸을 때 이루어질 수 있는 수업의 예를 제시해 본다.

〈예 1〉 문명의 발생[46)]

순 서	내 용	활 동
자료제시	교과서의 내용, 슬라이드, 사진, 지도	교 사
공 통 점	농업의 발달(a), 도시화(b), 문자의 발명(c),[47)] 기술(d)	교 사
유 형	황하문명 $=a^0 + b^0 + c^+ + d^0$ 인더스문명 $=a^0 + b+ + c^- + d^0$ 메소포타미아 문명 $=a^+ + b^+ + c^+ + d^+$ 이집트 문명 $=a^+ + b^0 + c^0 + d^+$ ※ 정도의 차이는 조직화, 지속성, 영향의 범위 고려	교 사 학 생
이 상 형	큰강 유역의 관개농업지역, 도시 발달, 문자, 청동기	교 과 서
사례선정	이집트 문명(*분명히 비교되어 있는 사례)	교 사
비 교	메소포타미아 문명과의 차이점[48)] 1. 왕조의 안정 2. 현세적인 경향보다 내세적인 경향이 강함(미라)	학 생
원 인	지정학적인 폐쇄성	학 생
결 론	보편성 속에서 이집트 문명의 특수성 파악	학 생

위의 예시에서는 세부적인 역사적 사실이 생략되기는 했으나, 수업시간의 장단을 고려하여 적절히 안배되어야 할 것이다. 이상형을 얻기 위한 과정은 되도록 간략하고 인상적인 측면을 부각시키도록 편성될 필요가 있겠다. 예컨대 4대 문명지역이 표시된 세계지도의 제시, 갑골문자・상형문자・설형문자의 사진 등이 제시되는 것이 효과적이다. 이상형과 비교하는 경우는 교실의 사정이 허락하면 학생을 편성하여 집단별로 조사・발견하여 발표시키는 것이 좋다. 이때에는 교과서가 참고자료로 충분히 활용되어야 한다.

46) 민석홍 외, 『고등학교 세계사』, 교학사, 1988, pp. 9-22.
47) 윤세철, 전게논문, p. 24 참조.
48) 이점에 관해서는 민석홍, 외, 『세계문화사』, 1990, p. 16-20을 참조.

〈예 2〉 그리스문화의 성립과 발전[49)]

이 단원에서는 고대 그리스 국가에 대한 소개가 주로 아테네를 중심으로 한 것이므로 이를 통해서 이상형을 구성하고 스파르타의 특수성을 찾도록 한다.

<table>
<tr><th>순 서</th><th colspan="2">내 용</th><th>활 동</th></tr>
<tr><td>자료제시</td><td colspan="2">교과서의 내용, 사진(폴리스), 지도(지중해)</td><td>교 사</td></tr>
<tr><td>공 통 점</td><td colspan="2">해상문화(a), 폴리스 형성(b), 노예제도(c) 민주화(d)</td><td>교 사</td></tr>
<tr><td>유 형</td><td colspan="2">아테네 =$a^{+} + b^{+} + c^{+} + d^{+}$
스파르타=$a^{-} + b^{+} + c^{0} + d^{-}$</td><td>교 사
학 생</td></tr>
<tr><td>이 상 형</td><td colspan="2">노예노동에 의한 자유로운 폴리스 건설, 해상문화</td><td>교 과 서</td></tr>
<tr><td>사례선정</td><td colspan="2">스파르타</td><td>교 사</td></tr>
<tr><td>비 교</td><td colspan="2">아테네와의 차이점
1. 엄격한 군사 훈련-군국주의
2. 문화적인 불모성</td><td>학 생</td></tr>
<tr><td>원 인</td><td>노예의 차이</td><td>외국에서 팔려온 노예가 일반적
스파르타 : 다수의 피정복민[50)]</td><td>학 생</td></tr>
<tr><td>결 론</td><td colspan="2">전체 그리스 문화에서 스파르타의 특수성</td><td>학 생</td></tr>
</table>

이상에서 제시한 몇 가지 사례를 통해서 보면 이상형의 방법은 개념을 적정한 수준에서 이용하여 특수성을 설명하는 데에 유효하다고 보인다. 이러한 방법을 활용하여 시대간 또는 문화권간의 비교가 가능할 것이다.

V. 결 어

지금까지 역사 수업에 있어서 개념학습의 문제점들과 그 개선 방안으로서 '이상형'을 이용하는 방안을 생각해 보았다. 우선 역사교육은 역사학과 불가분의 관계에 있으며 이를 바탕으로 하여 역사 교육을 생각할 때에야 학문의 특성에 맞는

49) 『고등학교 세계사』, pp. 53-62.

50) 스파르타나 아테네는 다 같이 노예노동에 입각한 시민의 자유를 확장하는 데 성공했다는 점에서는 동일하다. 전자는 미완의 노예제라 할 헤일로타이에 집착함으로써 그 이상의 발전에 지장이 되었다. 유재건·한정숙 역, 『고대에서 봉건제로의 이행』, 1990, p. 34 이하 참조.

체계를 가진 역사의 수업이 이루어진다. 흔히 역사에서의 일반화·개념화가 타학문에서와 같이 사용되나 그것은 자체로서 개별성의 기술이며 나아가 개별성을 파악하는 수단으로서 인식되고 있음을 지적하였다. 이와 같은 맥락에서, 역사의 개념학습은 학습자로 하여금 개별성·특수성에 관한 이해를 드높이게 하는 교육의 방법이라야 하겠다. 그러므로 역사 수업에 있어서 개념학습은 비록 같은 용어가 사용되었지만 타교과의 개념학습과 본질적으로 다른 점이 발견된다.

이상형은 본래 사회과학의 인식론에서 출발한 것이지만 이것을 통해 얻어진 개념이 현실의 세계를 인식하고 파악하는 도구로서 특수성과 개별성에 도달할 가능성을 열어준다는 점에서 역사학의 한 방법으로 인정된다. 이것을 역사학에 활용할 때 되도록 많은 인접 학문의 일반화된 개념이 적극적으로 수용되어도 좋다는 포용성이 생기게 된다. 이러한 포용성은 이상형의 장점이기도 하다. 역사연구에 있어선 다양한 도구가 많이 갖추어질수록 바람직한 것이기 때문이다. 그러나 역사연구의 목적은 도구를 많이 갖춤에 있는 것이 아니고 도구를 이용함에 있는 것이다. 이런 점을 충분히 살리면서 역사학의 성과와 역사의 수업이 잘 연결되도록 여러모로 구상하는 것이 필요하다. 역사학의 성과는 역사교육의 방법에 큰 영향을 미칠 수 있기 때문이다.

역사학이 스스로를 인식하는 아이디어를 갈고 다듬으면서 발전하는 것과 같이 역사의 교육도 이를 그때그때 수용하면서 나아갈 때에야 진전이 기대된다고 하겠다. 역사학에서 그 기본적 학문체계가 변함이 없다고 하더라도 새로운 방법론, 발견에 의해서 정설이 부정되는 사례가 많으므로 교과서의 집필이나 교사의 지도가 이에 병행하지 못할 때 학문은 발전하되 교육은 정체하는 현상이 초래될 위험도 없지 않은 것이다. 이러한 정체가 심화되면 학문의 발전은 궁극적으로 한계에 직면하게 될 것이므로 이를 막기 위해서는 전문학자의 적극적인 관심이 요청된다고 하겠다. 분야와 연구목적의 차이에 따라서 역사를 연구하는 방법론의 차이가 적지 않으므로 직접 사실을 규명하는 작업을 함에 있어서 유효성이 입증된 방법을 후학들에게 전하는 것이 역사교육이 발전할 수 있는 길이다.

4

칼 마르크스와 발전선 교수법

-화폐와 귀금속을 중심으로-

Ⅰ. 서 언

필자는 이런 상상을 해 보았다. 칼 마르크스가 역사교사가 되어 오늘 우리의 학생들에게 수업을 진행한다면 어떻게 하였을까? 저술을 통하여 그가 미친 영향은 그 자체가 역사이다. 그렇게 큰 영향력을 가질 수 있다면 좋겠지만 그런 기대는 범인인 필자의 입장에서 너무 높다. 그러나 그가 남긴 생각의 단편을 모아서 재구성하여, 그의 교사로서의 면모를 되짚어보면, 학생을 가르치는 데에 큰 지침이 될 것이다. 적어도 그의 방법은 우리가 다시금 깊이 연구할 필요가 있는데, 그렇게 많은 사람들에게 영향을 끼칠 수 있는 보편적인 원리를 발견할 수 있을 것이기 때문이다.

특히 현장에서 별다른 방법 없이 교수되는 현실은 학생들에게는 괴롭고, 교사에게는 무의미하며 견디기 어려운 시간으로 남는다. 이보다 더 나쁜 것은 잘못된 방법이나 역사가 아닌 방법을 가지고 현장에 나가는 것이다. 이런 문제를 회피하기 위해서는 역사에서 효과가 있다고 판단되는 역사가의 방법을 직접 연구하고 이를 현장에서 적용해야만 한다. 본고에서는 이런 면모의 하나를 칼 마르크스의 저술 『그룬트리세』(*Grundrisse*)[1]를 통해서 찾아보고자 한다. 그의 저술은 그의

1) 필자는 다음의 번역본을 사용한다. 이하 면수는 이 번역본에 따른다. Karl Marx, *Grundrisee*-

작업방법을 드러내고 있는 작품으로 평가되기 때문이다. 특히 이곳에서 필자는 근자에 영국 역사교과서에 도입되고 있는 단원구성의 방식인 '발전선'(a line of development)[2)]이 구현되어 있는 것을 발견하였다. 알려져 있듯이 이것은 학년에 따라서 특정한 주제를 선정하여 처음부터 끝(현재)까지의 발달과정을 조명하는 방식이다. 그의 저술에서 화폐와 특히 귀금속의 화폐화를 다루는 데에서 그런 설명방식을 찾을 수 있었다. 이런 점에서 그런 지적 연관은 별고의 주제로 다루어야 할 성질의 것이지만, 본고에서는 학생들의 역사의식을 체계화 하는 데에 기여할 수 있는 방안의 하나인 발전선의 사용예로서 그의 '화폐론'[3)]을 중심으로 논의해 보고자 한다.

Ⅱ. 역사파악은 현재부터

필자가 참조한 영역본의 역자서문에 따르면, 『그룬트리세』는 마르크스의 연구방법(method of working)을 직접 드러낸 것으로 평가된다. 반면에 유명한 『자본』은 방법을 드러낸 것이 아니라 제시(presentation)의 구체적인 예라는 것이다[4)]. 이에 따르면 이 책은 마르크스의 자의식이나 연구를 위한 기본자세를 엿볼 수 있게 해 준다고 하겠다. 필자는 이런 지침에 따라서 몇 가지 흥미로운 점을 발견할 수 있었고, 이것은 역사의 교육과 연구에 좋은 지침이라고 생각한다.

특이한 점은 현재에 대한 이해가 역사를 계기적·전체적으로 파악하는 데 중요하다는 인식이다. 흔히 역사 교과서의 편성은 원시인류에서 시작하여 현대에

Foundations of the Critique of the Political Economy, translated with a Foreword by Martin Nicolaus, Vintage Books, New York, 1973. 이하 『그룬트리세』로 약한다. 한국어 번역본은 김호균 역, 『정치경제학비판요강』 3권, 그린비, 2007로 나와 있다.

2) 이를 발전계열학습법이라고 옮기는 번역이 있으나(김한종, 『역사교육의 원리』 2007, p. 69, p. 148-152), 기존에 통계학을 중심으로 역사를 설명하는 'Serial History'를 계열사로 번역하여 통용되어 온 관계로 필자는 발전선이라는 용어를 고수하고자 한다. 김창성, 「역사학과 역사교육-W. H. Burston의 관점으로 다시보기-」 『역사와 역사교육』 19, 2009, p. 19, n. 54. 이 책 p. 18 참조.

3) 본 영역본의 pp. 115-238에 나오는 The Chapter on Money를 지시한다.

4) 『그룬트리세』의 영역자 서문 p. 25, p. 38, p. 39를 보시오.

이르기까지의 과정을 제시하는 식으로 이루어지고 있다. 또 이런 서술의 영향을 받아 의문을 제기하지 않는다. 그렇지만 마르크스는 그런 방식이 잘못이라고 파악하였다. 오히려 올바른 시점은 연구 대상인 특수한 사회구성 내에서 주도적인 위치를 차지하고 있는 범주가 있으며, 이런 범주를 주목해서 보는 것이라고 주장한다[5]. 다음의 인용문을 보자.

> 경제범주의 연속선에 관련하여 잊지 말 것은 그들의 주제가 ―여기서는 근대 부르주아 사회― 언제나 현실에서만 아니라, 머리 속에서도 주어진 것이고, 따라서 이 범주들은 존재의 형태를, 존재의 성격을 그리고 흔히 이 특수한 사회의 개별적 측면만을 표시한다. 따라서 이 사회는 사람들이 그렇게 말할 수 있는 곳에서 결코 시작하지 않는다. 이것은 과학에도 마찬가지로 유효하다. 이것을 염두에 두어야 한다. 왜냐하면 이것이 범주의 질서와 순서에 바로 결정적일 수 있기 때문이다.(p. 106)

이런 지적은 사실 우리가 역사를 볼 때 가지는 편견에 관한 것이다. 현재의 시각으로 보아서 과거를 판단하는 오류를 지적한 것이라고 필자는 보고 싶다. 사실 현재의 시각은 관찰을 가능하게 하는 것이기도 하지만, 사회를 그 자체로서 이해하지 않고서 현재로 재단하는 문제가 있다. 가장 대표적인 것이 오이코스 논쟁이기도 하다. 현대의 범주로서 오이코스는 저급한 형태로 인식되지만, 오이코스 경제라는 범주로 고대 그리스 경제를 재조명할 수 있다. 그 논쟁에 따르면 후자의 형태가 타당하고도 옳은 결론이다[6]. 이런 예는 마르크스의 관찰법 내지는 방법의 타당성을 지시한다.

마르크스는 우리가 지대와 토지소유권의 문제를 가지고 역사를 논의하는 문제를 지적하고 있다. 토지가 모든 생산의 근원이고 모든 정착 사회에서 최초의 생산양식과 관련되므로, 이와 같은 범주를 가지고 시작한다. 그러나 이보다 잘못된 것은 없다는 것이다.

> 모든 사회구성에는 나머지를 압도하는 특수한 생산 종류가 하나 있다. 그 관계가 다른 것에 대해서 계급을 부여하여 영향을 끼친다. 그것은 일반적인 조명이다.(p. 107).

---

5) 같은 곳, p. 37.

6) 이 논쟁의 경과에 관해서는 A. D. Momigliano, *Studies on Modern Scholarship*, ed. by Bowsock and Cornell, University of California Press, 1994, p. 219를 보시오. 김진경 외, 『서양고대사강의』(개정판) 한울, 2011, pp. 326-332에 상세히 소개되어 있으니 검토해 보시오.

모든 사회구성에는 하나의 특별한 종류의 시작이 있고, 이것이 나머지 범주를 지배하며 위계를 부여한다. 그러므로 각 사회구성의 주도적인 범주를 통해서 역사의 흐름을 파악할 것을 제시한다. 그러면서 여러 예를 들고 있다.

우선 유목민의 예를 든다. 우선 단순한 사냥이나 고기잡이하는 민족은 진짜 발전이 시작되는 지점에는 논외가 된다. 유목민의 경우에도 특정 형태의 경작이 등장한다. 이는 간헐적이며, 이들의 토지재산의 성격은 이런 사정에 의해서 정해진다. 즉 토지는 공동으로 보유되고, 전통에 집착하게 된다. 그 결과 슬라브인의 공유토지제가 나타난다. 이어서 정착농경민을 예를 든다. 정착은 이미 큰 도약이다. 이 단계에 이르면, 토지소유권이 지배적인 영향을 행사하게 되는데, 고대와 중세 그리고 근대에도 영향을 주고 있다. 이런 단계에서는 자본의 경우도 중세에는 토지소유권의 성격을 지닌다. 구체적으로 자본은 순수한 현금자본에서 벗어나서 전통적인 장인의 도구 등의 형태로 있으면서, 토지소유권적 성격(landed proprietary character)을 지니게 된다. 그러나 부르주아 사회에서는 반대가 된다. 농업은 점점 더 산업의 한 분야가 되며, 완전히 자본에 의해 지배된다. 지대도 그러하다.

마르크스는 이처럼 이론적인 역설을 말하면서 사례를 들어서 납득시킨다. 그러나 여기에서 그치는 것이 아니라 대조를 통해서 차이를 분명히 드러낸다. 이를테면 앞에서 언급한 관계를 요약하며 말하기를, 토지소유권이 지배적인 형태 모두에서는 자연에 따른 관계(natural relationship)가 여전히 지배적이고, 자본이 지배하는 곳에서는 '사회적인, 역사적으로 만들어진 요소'(the social, historically created element)가 그러하다고 한다. 이런 대조를 마친 후에, 마치 강조점을 두어 뚜렷하게 각인시킨 후에는 다음과 같은 결론을 내린다.

> 따라서 범주들이 역사적으로 결정적이었던 순서대로와 같은 순서로 경제 범주가 따르도록 하는 것은 실행할 수 없으며 오류이다. 오히려 그들의 순서는 근대 부르주아 사회에서 다른 것에 대한 그 범주들의 관계에 의해서 정해진다. 그것은 정확히 말해서, 자연적 순서로 보이는 것 혹은 역사발전에 상응하는 것에 반대이다. 그점은 다른 형태의 사회의 연속성 속에 있고 경제 관계의 역사적 위치가 아니다. 그것은 심지어 '이데아'에 있는 그것들의 순서도 아니고, 오히려 근대 부르주아 사회 내에서 범주의 순서이다[7].

7) 『그룬트리세』, p. 107.

필자는 여기에서 후설의 현상학[8]으로 들어가는 것 같은 느낌을 받았다. 확실한 인식의 기초는 인식자 외부의 어떤 사물이 아니고 우리의 내부에 나타난 현상이라고 보는 것이다. 다만 개인의 차원이 아니라 사회 내의 인식이 그러한 범주의 파악으로 나타난 것이라는 점이 다를 뿐이다. 그러기에 우리가 역사의 실체나 발전단계라고 보는 것이 실상은 현재 살고 있는 사회에서 범주를 보는 시각인 것이다.

다소 이해하기 어렵지만 마르크스는 또한 친절하게도 그런 예를 든다. 무역을 업으로 하는 민족-페니키아와 카르타고 사람들은 순수한 교역인으로서 등장한다. 마르크스가 보기에서 이런 인식은 농업민족의 우월함에 의해서 결정된다는 것이다[9]. 자본이 아직 사회의 주도적인 요소가 아닌 곳에서는 추상 속에서(in this abstraction) 등장한다. 중세기 롬바르드 인과 유대인의 경우도 같다고 할 수 있다. 그러나 부르주아 사회의 최신 형태인 주식회사가 등장하자 개념이 바뀐다. 원래 국부(national wealth)라는 개념은 부가 국가를 부유하게 하려고 창출되며, 국가의 권력이 이에 비례한다고 요약될 수 있었다. 그러나 자본이 주도적이 되면서, 국가는 부의 생산수단으로 전락하고 만다. 이처럼 사회가 인식마저도 다르게 변화시킨다. 필자는 이런 인식을 역사인식의 현재구속성이라고 명명하고 싶다. 사실 우리가 새로운 발견이라고 보는 것이 다 그런 구조의 산물이 아닌가 하는 의구심이 든다.

그럼 이런 사실의 현재구속성은 무익하고 해로운 것인가? 어느 일면에서는 그러하지만 또 그것이 역사의 객관적 파악에 장애가 되는 것이 사실이지만, 마르크스는 그렇게만 인식하는 것 같지는 않다. 몇 가지 단상을 들어보자.

> 인체의 해부는 원숭이 해부의 열쇠를 지니고 있다. …
> 부르주아 경제는, 따라서, 고대 경제 등에 대한 열쇠를 제공한다. …
> 만약 지세(地稅)에 익숙하다면, 재산세, 십일세 등을 이해할 수 있다[10].

---

8) 이에 관해서는 이영호 역, 『현상학의 이념』 삼성판 세계 사상전집, 21, pp. 329-413을 참조하고, 이 원리를 역사교육에 응용한 논문으로는 김봉석, 「생활세계론에 기반한 초등역사교육의 이론과 실제」(공주대학교 대학원 박사학위 논문, 2011)가 있다. 앞으로 많은 발전이 기대되는 분야이다.

9) 『그룬트리세』, p. 108.

10) 『그룬트리세』, p. 105.

제시된 사례를 보니 공감이 간다. 알게 된다고 하는 것은 이미 알고 있는 것에 기초하는 것이기 때문이다. 이런 구속성은 우리가 학생들을 지도할 때 역사 내용만이 아니고 과학 일반을 포함하는 광범위한 인식의 필요성을 부각시킨다. 역사의 현상을 이해하기 위해서는 현재까지 도달한 인식에 최대로 의존하는 것이 필수불가결한 것이다. 과학을 모르는 역사학도, 일반사회와 지리를 모르는 역사학자의 인식은 매우 좁을 수밖에 없다. 해부학에 관해 인식이 없는 사람이 선사의 인골을 보았을 때 어떤 판단도 가질 수 없을 것이다. 로르샤흐(Rorschach)의 잉크 얼룩이나 다름없다. 이런 점을 의식해서일까? 마르크스는 구리에 관해서 다음과 같이 설명한다.

> 구리: 비중 8. 9. 아름다운 붉은 여명의 색깔. 상당히 단단함. 녹이기 위해서는 매우 높은 온도가 필요함. 드물지 않게 순수한 구리를 만나며, 산소나 황과 자주 결합. 원시적인 고토에서 광상이 발견됨. 그러나 더 빈번하게는 지표면 가까이에서, 깊은 심부가 아닌 곳에서 발견되며, 동괴로 뭉쳐있다고 하며, 상당한 무게가 나간다[11].

이 설명을 보니 우리의 과학시간 수업의 내용이다. 어쩌면 더 구체적이다. 역사와 과학을 같은 선에서 본다면 과학적으로 밝혀진 현상을 최대한 알고 있어야 할 것이며, 위의 서술은 이같은 의식의 반영이다.

그렇지만 어떤 시대의 사람이 선행하는 시대를 어떻게 판단할 수 있을까? 이런 과제는 역사발전모델(so-called historical presentation of develpoment)이라고 할 만하다[12]. 이를 위해서 마르크스는 두 가지의 기초적인 사항을 강조한다. 첫째, 통상 최신의 형태는 선행하는 것을 그 자신을 향하는 계단(steps)으로서 인정한다고 하는 점이다. 둘째, 이런 역사발전은 자신을 비판할 수 있는 매우 특수한 조건하에서만 가능하다는 것이다.

첫째 조건과 관련하여, 풍부하게 예를 든다.

> 몽골인들은, 이를테면 러시아를 황폐화 시킨 후에, 그들 자신의 생산, 가축사육에 일치하여 행동하고 있었다. 이를 위해서는 거대하면서 사람이 살지 않는 공간이 주요한 전제조건이다. 게르만인 야만인들은 토지에서 고립하여 살았으며, 이들에게서 예속인들을 거느리고

11) 『그룬트리세』, p. 182.
12) 『그룬트리세』, p. 106.

영위하는 농업이 전통적인 생산이었다. 그들은 로마 속주에 이 조건들을 더 쉽게 부과할 수 있었다. 왜냐하면, 그곳에서 발생한 토지소유권의 집중이 이전의 농업관계를 이미 전체적으로 뒤엎었기 때문이다[13].

이런 예에서 보듯이 어떤 사회구성은 선행하는 사회가 마련한 조건에 의해서 성공적으로 이루어진다. 약탈의 경우도 약탈될 생산이 있어야 하고, 노예를 훔치는 것은 생산도구를 훔치는 것인데, 노예노동이 가능하도록 사회가 구성되어 있거나 그렇게 만들어져야 한다. 이처럼 사회는 선행하는 사회구성에 의해서 연결되어 있음을 납득시킨다.

두 번째의 경우는 기독교를 예로 드는데, 기독교가 자신보다 더 이른 시기의 신화학을 객관적으로 이해하는 데 이르는 경우는 바로 자신에 대한 비판이 어느 정도 이루어졌을 때에만 가능하다고 본다. 사실 이런 추론은 의미심장하다. 최근 신화에 대한 논구와 일반간행물 및 대중적 인기를 모으는 영화의 범람은 이런 시각에서 조명된다. 같은 예로 부르주아 경제에 대한 비판이 어느 정도 시작되었을 때에만, 고대 · 중세 및 동양에 관한 객관적인 이해에 도달하는 것이 가능하다고 마르크스는 이야기한다. 그러면서 후자의 비판은 일찍이 이교에 대한 기독교의 비판이나 가톨릭에 대한 프로테스탄트의 비판과 유사한데, 부르주아 경제가 과거와 신화학적으로 동일시 하지 않은 한에서 그러하다고 본다[14]. 이러한 관찰은 어떻게 보면 자본주의가 1650년경에 생존가능한 체제로 자리 잡기 시작해서 지금에 이른다는 월러스틴의 비판[15]이 나오는 것과 맥을 같이 한다. 최근에 서양 고대사의 경우 새로운 발굴과 새로운 해석이 범람하고 역사를 보려는 패러다임의 변화가 일어나는 것은 우연이 아니다.

그런데 역사이해가 늘 순조로운 것은 아니다. 때로는 난관도 있는데, 그런 것의 하나가 예술과 사회구성의 관계이다. 마르크스는 예술적인 발전에 대비해서 물질적 생산이 일치하지 않는 경우를 제시한다[16]. 이를 어떻게 처리하였을까?

---

13) 『그룬트리세』, p. 98.
14) 『그룬트리세』, p. 106.
15) Immanuel Wallerstein, *Historical Capitalism*, Verso, 1983, p. 42.
16) 마르크스가 설명하기 매우 어려운 점은 법적인 관계와 생산관계 발전의 불균형인데, 이를테면 로마의 사법이 근대 생산에 대해서 가지는 관계이다. 『그룬트리세』, p. 109.

우선 그는 그리스 신화에 주목한다. 이 신화야말로 그리스 예술의 수집소이며 토대라는 점을 인정한다. 그러나 이런 신화에 토대를 두고 있는 자연과 사회관계에 관한 시각이 자동역직기, 철도, 자동차 등의 진보와 더불어 가능할까라는 질문을 던진다. 그러면서 예의 결론에 도달하는데, 모든 신화학은 상상에서 그리고 상상에 의해서 자연의 여러 힘을 극복하고 지배하고 형성한다고 본다. 그러기에 그 힘에 대한 실제의 지배자가 도래하면서 그 신화는 사라진다는 것이다. 이를테면 명성과 소문의 여신 파마(Fama)는 인쇄공방광장(Prin- ting Housesquare)에서 무엇이 되겠는가? 아마 여신은 없을 텐데. 이런 추론의 결과 마르크스는 나름의 예술론에 도달한다. 즉 그리스 예술은 그리스 신화학을 전제로 한다. 다시 말해서 자연과 민족의 상상에 의해서 무의식적으로 예술적인 방식으로 이미 재작업된 사회형태가 있는데 이것이 그 예술의 재료가 된다는 것이다. 그러므로 마르크스가 보기에 신화라고 해서 다 예술로 승화되는 것이 아니다. 이집트의 신화학은 그리스 예술의 시초나 모태가 될 수 없었을 것이라고 그는 판단한다. 따라서

> 모든 신화적인 것, 모든 신화화 시키는, 자연에 대한 관계를 배제하는, 따라서 예술가에게서 신화학에 의존하지 않는 상상을 요구하는 사회 발전은 없다[17].

참으로 이상한 진술이다. 필자의 인식은 혼란에 이른다. 사회발전의 토대가 이 같은 신화에 기초한 상상력이라고 하는 말인가? 마르크스 자신의 말이니, 우리는 너무 유물론자로서 마르크스만 생각한 것이 아닌가? 고전 인문학자로서의 마르크스는 이 세상이 관념의 소산임을 넌지시 비치고 있지 않은가?

다른 면으로 질문을 바꾼다. 아킬레우스는 화약과 납이 있다고 해서 가능한가? 일리아스가 인쇄기로 가능한가? 노래·자가(Saga)·무사이(Musai)는 인쇄공의 막대로 늘어나는가? 이런 예술이 사회발전과 묶여있지 않다고 하는 점도 난점이지만, 마르크스에게 더 큰 난점은 그런 예술이 현재의 우리에게도 여전히 예술적 감흥을 주고 있다고는 것이다[18]. 사실 이런 그리스 예술이 하나의 전범으로서 또 현재에도 도달할 수 없는 모델이 되고 있는 것은 설명하기 어려운 문제로 남았다.

---

17) 『그룬트리세』, p. 110.
18) 『그룬트리세』, p. 111.

성인은 다시 어린이로 되지 않는다. … 그리스인들은 정상적인 어린이들이다. 그들의 예술이 우리에게 주는 매력은 그것이 자라난 사회의 미발전 단계에 대한 모순에 있는 게 아니다. 오히려 그것은 그 결과이다. 그리고 오히려 익지 않은 사회조건은- 이 아래에서 그것이 일어났고, 그럴 수 있는- 다시 돌아올 수 없다는 사실과 묶여있다[19].

이 문제에 대한 직접적인 답변은 피하고 있는 것으로 보인다. 적어도 이런 예측에 따르면, 우리가 그리스의 고전 예술을 창출할 수 있는 가능성은 별로 없어 보인다.

마르크스의 역사방법을 개관하면서, 현재적 구속성은 모든 역사논의의 출발이라는 점을 확인한다. 그러기에 우리가 시대구분이라는 방법으로 시대의 특징을 개관하지만 그것은 사실 현재의 인식이다. 그러므로 모든 연구는 이런 현상학적 단초를 이해하고 그 바탕에서 출발할 필요가 있다고 보는 것이 마르크스의 지적이다. 이런 바탕에서 역사의 변화는 선행하는 사회구성에서 후행하는 사회가 이루어지게 되며, 이전 사회구성에 대한 비판은 현재 사회에 대한 비판이 가능한 시점에서 이루어진다고 보았다. 그러면서 시대는 그리스 예술의 경우와 같이 또 로마법과 같이 당시의 사회발전 단계를 넘어서 우리에게까지 감흥을 주고 영향을 끼치는 경우도 충분히 인식하였던 것이 마르크스가 역사를 보는 시각의 하나였다. 진화론적 사회과학자가 아니라 인문학자로서의 마르크스의 면모를 볼 수 있었던 것이 본 장을 마무리하면서 필자가 느꼈던 새로운 점이었다.

Ⅲ. 화폐의 개념사

화폐에 관한 논의는 바로 1855년 10월에 프랑스 은행(Banque de France)이 조치를 취하기 전 6개월 간의 화폐관련 통계자료를 제시하고 이를 검토함으로써 시작된다[20]. 이런 접근은 앞에서 말한 대로 현재구속성에 따른 자연스런 접근이다. 매우 복잡한 은행의 화폐발행의 문제를 다룬 이후에 화폐의 역사에 대한 설명이 이루어진다.

---

19) 『그룬트리세』, p. 111.
20) 『그룬트리세』, pp. 115-124에 걸쳐 다리몽(A. Darimon)의 논설을 소개한다.

우선 금속이 화폐로 사용되기 전에 화폐로서 구실을 할 수 있었던 품목—소금, 가죽, 가축, 노예—을 제시한다. 이런 최초의 돈이라 할 품목은 교환의 저급한 단계 즉 물물교환(barter)에 해당한다. 이런 경우 이것들이 돈으로 인식될 수 있는 이유는 그 상품으로서의 특별한 유용성인데, 이를테면 가죽은 특별한 소비대상으로서, 노예는 직접 생산도구로서 그러하다. 호메로스의 시에는 황소가 교환의 단위로서 역할한다[21]. 여기에서 더 발전하면 반대의 상황이 일어난다. 즉 소비의 직접적인 대상이거나 생산도구로서 거의 효용이 없는 상품(the least utility)이 교환의 필요에 잘 기여할 것이다. 이처럼 전자의 경우 특별한 사용가치로 인해서 돈으로서 기능하는 경우가 있는가 하면 후자처럼 돈으로서 사용될 가능성에서부터 특별한 사용가치를 얻게 되는데, 전자에서 후자로 발전하는 과정을 주목한다. 이런 과정에서 자연스럽게 떠오르는 상품이 귀금속이다. 귀금속은

> 영구하며, 불변하며, 분할되며, 다시 합쳐질 수 있고, 작은 공간 안에 거대한 교환가치가 압축되는 탓에 비교적 쉽게 운용될 수 있다[22].

이런 특수성이 귀금속이 돈으로서 널리 사용되는 적절한 이유이다.

한편 화폐의 도입과 사회의 발전에 관한 마르크스의 언급은 우리가 주목할 만하다. 페루의 경우 최고의 경제적 형태인 협업(cooperation)이나 발전된 형태의 노동분업이 존재하지만, 화폐는 존재하지 않았다[23]. 슬라브인의 경우 화폐와 그것에 기초한 교환거래는 사회의 중심부에서는 별다른 역할을 하지 못하였고, 단지 그 변경(boundaries)에서 외지인과의 교섭에서만 역할을 했다는 점을 지적한다. 즉 한 사회 내 구성원 사이가 아니라, 상이한 공동체 간의 관련에서 등장하는 것이 화폐라는 것이며, 나아가 화폐가 선도적인 역할을 하는 것은 거래를 주업으로 삼는 민족에서라고 정리한다. 로마 사회는 어땠을까? 다음의 말이 수복된다.

> 로마 제국에서 그 최고발전 시점에, 그 기초는 현물로 이루어지는 조세와 지불로 남았다. 화폐체제는 오로지 군대에서만 실제로 완전하게 발전하였다. 그리고 그것은 결코 노동 전체를 이어받은 게 아니었다.(p. 103)

---

21) 『그룬트리세』, p. 173.
22) 『그룬트리세』, p. 166.
23) 『그룬트리세』, p. 102.

마르크스는 이런 관찰을 통해서 화폐는 일찍부터 사용되어 그 역할을 하고 있었지만, 가장 진보하였던 고대세계인 그리스와 로마에서 화폐의 완전한 발전은 오직 그 지역들의 해체기에만 등장한다. 그러면서 그런 화폐가 모든 경제적 관계를 관통하는 것은 결코 아니라고 한다.

이런 지적에 따르면, 화폐경제가 사회구성의 발전된 형태라고 보는 일반적인 견해는 별로 설득력을 가지지 못한다. 우리나라에서 화폐의 기능이 일본만 못하였다고 하더라도 그것이 후진성의 표상이라고 볼 수 없다는 생각이 든다. 하나의 역설적인 사실이다.

이처럼 화폐사의 발전을 가늠한 후에 돈이 척도(measure)로서 가지는 성격을 논한다. 그에 따르면, 돈은 실질적인 교환도구라기보다는 척도로서 나타나는데, 척도는 단지 상상적인(purely imaginary) 것으로 드러난다. 예를 들면 아프리카인들은 교환수단으로 사용한 막대에는 철이 있기도 했으나 주로 조개껍질이 이런 척도로서 사용되었는데, 금과 은이 전성기를 형성할 단계에 그랬다는 것이다[24]. 그런 점이 있기에 상품 일반이 교환가치를 가지는 것으로 발전할 수 있지만, 돈이 되는 것은 모든 상품의 교환가치를 나타내고 상징할 수 있는 특권을 가진 상품에 국한된다고 주장한다. 지폐의 예를 들어서 말하기를, 돈의 교환가치는 그 재료와 분리되어 존재할 수 있다는 것이다. 왜냐하면 교환가치의 존재라는 분리된 형태는 필연적으로 특수한 상품으로부터 액면금액(denomination)을 계속해서 취해야 하기 때문이다.

이어서 화폐의 역사에서 중요한 논쟁인 노동의 문제로 넘어간다. 이는 아담 스미스의 주장[25]에 대한 비판이다. 아담 스미스가 노동(노동시간)을 '원래의 화폐'(original money)라고 한 것에 대해서 마르크스는 생산행위와 관련해서 볼 때 그것은 진실이라고 본다. 즉 생산에서 모든 상품은 노동시간에 대해서 교환되는

24) 『그룬트리세』, p. 167.
25) 이에 관한 내용은 Adam Smith, *An Inquiry into the Nature and Causes of the Wealth of Nations*, new ed., London, 1843, vol. 1, pp. 100-101에 실려있는 것으로 소개된다. 필자는 1965년 Random House판, p. 30에서 같은 내용을 찾을 수 있었다. "Labor is the real measure of the exchangeable value of all commodities."

것이다. 그런데 이런 노동 말고도 돈이 필요한 이유는 무엇인가? 마르크스의 설명에 따르면, 노동시간의 양이 그 직접적인 특수한 생산품으로 표현되는 것이 아니라, 간접적이고 일반적인 생산품으로 표현되어야 하기 때문이다. 아담 스미스의 이론을 수용하면서 이처럼 돈이 필요한 이유를 설명한다. 좀 더 구체적으로 말하면, 작업자(worker)는 자신의 특수한 상품과 더불어서 일반적인 것을 생산해야 한다. 이렇게 하기 위해서는 자신의 생산물 일부에 돈의 형태를 부여한다. 즉 그것의 교환가치를 돈으로 환산해야 하는데, 이는 다른 매개의 형태가 필요함을 의미한다[26].

이런 문제에서 나오는 것은 태환성(convertibility)의 문제이다[27]. 이것은 모든 돈이 갖추어야 할 요건이다. 이 돈의 명칭이 가치－상징을 이룬다. 다시 말해서 제 3의 상품과 양으로서 등치를 이룬다. 아담 스미스의 노동가치설을 이용하여, 1파운드의 금화를 설명한다.

> 예들 들어 서버린(*1파운드 금화의 이름)이 단순히 서버린이라고만 불리지 않는 것을 상상해 보자. 그것은 1온스의 금(계산하는 명칭)이라는 x 분의 소량에 대해서 단순한 명예 호칭이기도 한데, 이는 미터가 어떤 특정한 길이에 대한 이름인 것과 마찬가지다. 그러나 이를테면 서버린이 x 시간의 노동이라고 불린다고 해보자. 그러면 1/x 온스의 금은 사실상 물화된 객관화된 노동시간 중 1/x에 불과하다. 그러나 금은 과거에 축적된 노동시간이며, 노동시간은 정의되고 있다. 그것의 타이틀은 그처럼 주어진 노동량을 그 기준이 되게 하고 있다[28].

이 설명에 따르면 금의 무게는 x 시간의 노동으로 태환될 수 있음에 틀림없을 것이다. 그러나 문제는 곧 발생한다. 생산성이 계속해서 높아지는 것이 경제법칙이라고 본 마르크스는 이런 노동으로 산정된 금화(golden labor money)는 유지될 수 없이 계속 떨어지게 마련이라는 것이다[29]. 종래 20시간의 노동으로 단위 무게의 금을 생산하였는데, 이제 10시간으로 그렇게 되면, 단위 무게의 금은 10시간의 노동밖에 태환할 수밖에 없어 가치가 떨어진다. 그러므로 이런 해악을 막기

---

26) 『그룬트리세』, p. 171.
27) 『그룬트리세』, p. 135.
28) 『그룬트리세』, p. 134.
29) 『그룬트리세』, p. 135.

위해서는 노동시간이라는 타이틀은 금이 아니라 지폐로 가야했는데, 그것은 단지 가치의 상징(a mere symbol of value)에 불과한 것이다. 이렇게 되자 노동시간당 생산성이 높아지면, 자연히 지폐의 구매력은 늘어난다. 이런 상황을 다음과 같이 묘사한다.

> 노동으로 산정된 금화를 계속적인 가치하락으로 굴종시킨 바로 그 법칙에 따르면, 노동지폐는 계속된 가치상승을 누릴 것이다. 그리고 이것은 우리가 원하는 바이니, 노동자는 자신의 노동의 생산성이 오르는 데서 나오는 기쁨을 거둘 것이다. 현재처럼 비례적으로 더욱 소외된 재부를 늘리고 자신을 가치없게 하는 대신에, 그것이 사회주의이다[30].

여기서 우리는 생산성의 향상이 노동자의 처지를 낫게 할 것이라고 하는 기대를 발견하며, 화폐의 이같은 기능에 대해서 일말의 기대를 걸기도 했다.

이런 축에서 화폐의 논의를 마친 후에 그는 금과 은으로서의 돈은, 오로지 교환과 유통수단으로서 그 역할에만 관심을 가진다면서, 단위를 표시하는 다른 상징에 의해서 대체될 수 있다고 보았다. 이런 식으로 상징 화폐가 진짜 화폐를 대체할 수 있다. 단지 교환수단인 경우 화폐란 그 자체가 상징적이기(itself symbolic) 때문[31]이라는 점에서 이 결론에 도달하였다. 역사적으로 악화의 경우는 가치가 떨어지지만, 지폐는 그렇지 않은 사실이 이를 입증한다.

칼 마르크스의 화폐론을 정리하면서 필자는 돈의 시작은 특정한 구체적인 상품에서 출발하여 금속을 통해서 매개되지만, 현금에 이르러 지폐 나아가 신용으로 이어지는 변화를 새삼 보게되었다. 상징으로서의 돈의 의미를 그러나 그것은 구매력이라는 힘을 가진 추상적 존재라는 점을 새삼 파악하게 되며, 그것은 옳은 판단이었다고 본다. 전체적으로 이처럼 하나의 사항에 관해서 천착하여 시간에 따른 관념의 변화를 파노라마처럼 보여주는 것이 그의 독특한 설명이다.

---

30) 『그룬트리세』, pp. 134-135.
31) 『그룬트리세』, p. 212.

Ⅳ. 귀금속의 역사

인류의 역사에서 금속은 이전의 석기와 마찬가지로 생산도구로서 최초이면서 교환에 필수불가결의 상품이 된다. 대표적으로 구리의 경우 이 두 가지를 다 가지고 있어서, 생산도구로서 사용가치를 가지고 있으며 아울러 교환가치로서의 기능에 상응하는 속성을 가지고 있다. 그래서 고대에는 구리가 돈으로서 매우 큰 역할을 수행하였다고 말하면서 귀금속이 다른 것과 분리되는 점을 요약한다[32]. 이런 일반론 때문에 귀금속이 선호되고 화폐로서 기능하기에 이르렀지만, 이런 귀금속이 활용이 이루어지는 배경을 마르크스는 구체적으로 지적하고 있다. 이를 위해서 크세노폰의 다음 말을 인용한다.

> οὐ μόνον δὲ κρατεῖ τοῖς ἐπ' ἐνιαυτὸν θάλλουσὶ τε καὶ γηράσκουσιν, ἀλλὰ καὶ αἴδια ἀγαθὰ ἔχει ἡ χώρα. πέφυκε μὲν γὰρ λίθος ἐν αὐτη ἄφθονος, … ἔστι δὲ καὶ γῆ, ἣ σπειρουμὲνη μέν οὐ φέρει καρπόν, ὀρυττομένη δὲ πολλαπλασίους τρέφει ἢ εἰ σῖτον ἔφερε. (아테네는) 매년 새 가지와 낡은 가지에서 나오는 소출에서 강할 뿐 아니라, 농촌은 훌륭한 재원을 가지고 있습니다. 이를테면 풍부한 돌이 그곳에서 나오며… 한편 씨가 뿌려져도 곡물을 내지 않아도 채굴할 경우 곡식을 내는 경우보다 여러 배를 가져오는 땅이 있습니다. (크세논폰, 『세입론』 1)

마르크스는 이 인용문을 소개하면서 다른 부족이나 민족과 교환이 이루어질 때 그것은 개인적으로 이루어지는 것이 아니라는 점을 지적한다. 특히 문명화되지 않은 부족이 과생산물(excess product)을 팔 때 이런 교환이 시작된다고 보면서, 그 매매의 대상은 노동의 산물이 아니라 토지나 점령지역의 산물이라는 점[33]을 반드시 주지하도록 환기한다.

---

32) 『그룬트리세』, p. 166. 첫째, 산화되지 않는다는 점. 둘째, 희소성 때문에 교환가치를 잘 대변한다는 점. 셋째, 처음부터 과잉여(superfluity)를 대변한다는 점. 그래서 부의 축적에 유리함. 넷째, 다른 상품보다 금속은 금속에 대해 교환되기를 선호함. p. 174에는 물리적 성질이 단일하여, 동일한 양의 개체는 동일한 것으로 간주되고, 어떤 다른 개체를 선호할 근거를 주지 않는다는 것이다. 그런 점은 같은 양의 곡물에는 없는 것이다.

33) 『그룬트리세』, p. 170. 금속의 획득과 전문화에 관해서는 Rondo Cameron, *A Concise Economic History of the World*, 2nd. ed., Oxford University Press, 1993, p. 25를 보시오. 구리등 금속이 메소포타미아에서 나오지 않았는데, 이는 교역으로 조달된다. 농민에게 별로 소용이 없었기 때문이라고 설명하고 있다. 같은 곳, p. 28.

이렇게 등장한 귀금속이 교환가치를 가지게 되는데, 서양사회에서 일반적으로 널리 사용된 것이 구리라는 점에 주목하고[34] 이의 사용에 관해서 설명한다. 우선 고대 문헌의 증거를 제시한다[35].

χαλκῷ δ'εἰργάζοντο: μέλας δ'οὐκ ἔσκε σίδηρος. 구리로 작업하였지 검은 쇠가 없었으니 (헤시오도스, 『일과 날』 151행)

Et prior aeris erat quam ferri cognitus usus. 쇠보다는 구리의 사용이 먼저 알려졌다. (루크레티우스, 『사물의 본성에 관하여』 5. 1. 287)

이처럼 원문을 제시할 뿐 아니라 고고학발굴과 비문과 문헌의 보고를 제시하면서 구리가 철보다 우선적으로 널리 사용되었음을 제시한다. 특히 이탈리아의 경우 천연 구리가 대단히 풍부하였던 탓에 구리가 청동도구로도 사용되었고, 중부 이탈리아에서는 기원전 247년까지 화폐단위로서 사용된다. 에트루리아인의 경우도 동화가 금화보다 먼저 사용되었으며, 남 이탈리아의 그리스 식민시들에서는 그리스 혹은 아시아에서 카르타고나 티로스를 통해 금이 들어와 화폐로 사용된다. 로마인이 은화를 가지게 되는 것은 왕들의 축출직전으로 파악한다. 이렇게 은화의 도입이 늦은 이유는 유통의 편리함이 가져올 결과를 두려워하였던 탓이다[36]. 금은 로마에서 매우 비쌌다. 한편 은은 카르타고와 스페인에서 나왔다. 기원전 547년까지 금은 주화가 아니라 괴(ingot)로 사용되었다. 은화의 경우는 기원전 485년경에 제작된다. 로마의 화폐에서 중요한 변화는 한 파운드의 동화를 뜻하는 아스(AS)가 1/6로 줄어들면서, 소액화로 된 것이다. 이는 2차 포이니 전쟁 이후에 발생하였다. 그러자 은화인 세스테르티우스(sesterces)가 모든 대규모 지불에서 사용되었는데 비해서, 동화는 일상생활에서 널리 사용되었다. 금화인 솔리두스가 표준화폐로 등장하는 것은 동서로마 분립 후이다[37]. 이처럼 고대

34) 서양 최초의 화폐는 소아시아 프리기아의 왕 크로이소스가 만든 것으로 알려져 있는데, 그 재료는 아나톨리아에서 발견된 자연상태의 금은 합금인 호박금(electrum)이다. Rondo Cameron, 1993, p. 36.

35) 『그룬트리세』, p. 182.

36) 『그룬트리세』, p. 183.

37) 금화의 사용과 관련하여 상세한 내용은, 정기문, 『디오클레티아누스 대제의 경제정책』(1999, 서울대박사논문), pp. 58-89를 보시오.

에서 귀금속 사용의 상태를 개관한 후에 이런 귀금속의 관계추이를 시기를 구분하여 비교하면서 설명하고 있다. 각 시기는 다음과 같이 설명된다[38].

1. 금과 비교해서 은가치의 상대적인 상승시기 – 기원전 15세기~기원전 6세기에 금대 은의 가치비 6:1 혹은 8:1[39], 크세노폰 시기 10:1
2. 알렉산드로스 대왕 사망 이후, 금의 상대적 상승시기 – 카이사르 시기 17:1에서 이후 14:1로 변화, 기원후 422년 18:1로 됨
3. 중세시대 –10:1 혹은 12:1로 크세노폰 시대로 복귀
4. 아메리카 발견 이후 –14~15:1로 상승
5. 은생산 기술의 진보로 인해서 18:1로 상승. 로마제국 시대의 비율로 복귀

마르크스는 이와 같은 추이를 가져오는 데에는 우선 귀금속 생산의 기술적 진보가 중요하다고 보았다. 특히 마누 법전에는 그 비가 2.5:1에 그치는데, 상대적으로 금이 채굴하고 가공하기 쉽기 때문이다. 은이 상대적으로 더 높은 수준의 기술을 요하므로 기술진보에 따라서 낮아지는 경향이 있다는 점을 지적한다. 두 번째로 외부에서의 공급문제를 제시한다. 금이 상대적으로 오르는 경우는 원료가 되는 사금이 고갈된 것과 관련이 있으며, 아메리카 은의 도입과 마찬가지로 카르타고인이 스페인의 은광을 개발하여 공급을 늘인 것에도 영향을 받았다. 아울러 철이 주요생산도구나 전쟁도구로 등장하면서 은의 상대적 가치가 줄어든다. 특히 근대에 들어서 캘리포니아와 오스트레일리아의 발견은 금에 대한 프리미엄을 붙여놓았으며, 이런 변화로 인해서 금과 은의 가치비는 변화되어 왔다. 이런 변화를 마르크스는 다음과 같이 요약한다.

> 단기적으로 큰 요동(fluctuations)이다. 그러나 사람들이 주요한 변이(differences)를 보면, 이것들은 두드러진 방식으로 되풀이된다.(p. 185)

갑지기 순환론으로 돌아온 느낌이다. 관찰을 정직하게 보고하는 태도이며, 현상을 대하는 유연한 자세를 보여준다. 이것이 마르크스의 인문학자로서의 진면목이 아닐까?

---

38) 『그룬트리세』, p. 184-5.
39) 마르크스는 이 비율이 중국과 일본에서 19세기까지 유지되었다고 본다. 같은 곳, p. 185.

V. 결　어

필자는 마르크스가 역사교사가 되었다면 학생들에게 인기 있고 지적 자극을 주는 데에 앞장 섰을 것이라고 하는 점을 인정하고 싶다. 영국의 역사 교과서에서 본격적인 도입을 보이고 있는 발전선의 교수요목을 가지고 수업했으리라는 점에 의심이 없으니 말이다.

그의 접근은 구체적이고 현재적인 지반에서 출발한다. 현재수준의 앎이 중요하다는 인식에서, 역사를 알기 위해서는 현실의 학문을 망라하는 것이 필요함을 보여준다. 통합 사회과를 넘어서 모든 학문에 대한 지식이 역사를 공부하기 위한 기초임을 그는 유감없이 보여주고 있으며, 그런 지식들이 어떻게 인간의 삶에 적용되는지 역사의 문제를 풀어나가면서 지도하는 그의 모습에 열광하지 않을 수 있을까? 우리의 경우는 반성이 필요하다. 문과이기 때문에 자연과학에 문외한인 것을 자랑하듯이 말하고, 역사이기 때문에 국어나 영어는 몰라도 된다고 생각하는 일이 현장의 실태이다. 진정한 역사학도가 되기 위해서는 현실을 충분히 아는 데에서 모자람이 없어야 한다.

다른 한편으로 그는 근대의 문제를 파악하기 위해서 근원에서 시작하여 현재까지 이르는 과정을 하나의 사상을 매개로 하여 우리에게 전해준다. 이런 접근은 통사라는 미명하에 섞어놓고 정리하기 어렵게 만드는 현행의 교과서나 통사에 대한 반성의 여지를 준다. 적어도 인류 생활의 근간이 되는 기본인 의식주의 변화가 어떻게 되었는지 전시대적으로 파악해야 현재를 이해하는 종합적인 능력도 길러지며 과거의 한계나 구조도 파악할 수 있다.

마지막으로 필자는 학문적 정직성을 마르크스의 이글에서 배울 수 있었다. 노동생산성의 문제를 중요하게 보는 점은 물론이고, 신용사회에 이르는 이해를 가져다 준 점 더군다나 금과 은의 가치비가 결국에는 순환한다는 보고는 정직한 눈을 그가 가졌음을 보여준다. 이런 지적 정직성이 그를 다시금 기억하게 하는 중요한 계기인 것 같다. 우리나라에서 젊은 학자들이 발전선 교수요목에 관심을 가지고 있다. 교과서를 바꾸고 내용을 재조직하면서 이런 구상이 잘 수용됨으로써 한 역사가의 정직한 방법이 제대로 평가받기를 바란다.

5

서양 역사교육의 준거와 시대구분의 의미

Ⅰ. 서 언

역사교육에 관하여 많은 연구와 보고가 있었음에도 그것이 수업 방법론의 모색에 그쳤다는 지적[1]은 그 자체가 현재 역사교육 연구의 수준을 보여주는 것이면서 또 크게 보면 역사교육의 분야에서도 논의의 수준을 한 단계 높일 시기가 왔음을 제시한 것이기도 하다. 그 동안 역사학의 분야에서 역사인식과 관련하여 논의가 가열되고 있지만[2], 역사교육 분야의 같은 문제와 관련해서는 다소 뒤늦은 감을 준다. 이제 이런 논의는 이제 교사나 아동이 역사인식의 주체로, 다시 말해 하나의 역사가로서 인식되면서 불가피한 것이 될 수밖에 없다. 그렇지만 교육활동으로 표방된 행위가 인식론적 정당화의 근거를 가지지 않는 한, 교육행위는 무의미한 것이고 그 존립의 근거를 가지지 못하는 것이다. 이점에 근거하여 본고는 역사교육의 준거를 설정해보고, 그 하나의 축으로서 시대구분의 문제[3]를 다루어

---

1) 양호환,「역사학습의 인식론적 모색」『역사교육』 75, 2000. 9., p. 13.
2) 독일 노동운동사를 대표하는 코카는 1970년대 후반에 나온 글에서 역사학의 경향을 지적하여 '나름대로의 인식론·이론·방법론에 관련한 전제에 대한 반성(Reflektion auf die eigenen erkenntnis-theoretische- methodologische Voraussetzungen)'이 두드러지고 있음을 언급한 바 있다. Jürgen Kocka, "Sozialgeschichte- Strukturgeschichte- Historische Sozialwissenschaft/Vorüberlegungen zu ihrer Didaktik", Klaus Bergmann/Jörn Rüsen (Hrsg.), *Geschichtsdidaktik: Theorie für die Praxis*, Pädagogischer Verlag Schwann Düsseldorf, 1978, p. 24.
3) 이에 관해서는 제39회 역사학대회 역사교육부 발표문을 참조하시오. 이 자리에서 정선영,「역사교육에서 시대구분의 의미와 과제」; 김한종,「역사교과서의 시대구분과 역사학습」; 김유리,「고등학교 세계사 교과서의 시대구분문제」; 최상훈,「중·고등학생의 시대구분 이해 실태」가 발표되었다. (『역사교육』 59, 1996, pp. 195-203에 수록되었으니 참조.) 아울러 문준걸,「역사학습에 있어 시대구분의 서국중심의 시각의 문제와 관점의 재고」『역사교육』 105, 2008, pp. 69-98도 참조하시오.

보고자 하는 시도이다. 시대의 흐름을 취급하는 것이 역사연구나 역사교육의 중요한 준거임을 제시하고, 시대 구분의 역사를 통해서 그 가치를 재정립해보며, 그것의 역사인식론의 의미를 조망해 보고자 한다. 이런 논의는 그간 소원하였던 연구와 교육 간의 관계를 다시금 동질적인 관계로 의식할 수 있도록 해 줄 것이며, 또한 역사교육의 활동이 전제된 것이 역사연구라는 역설을 인식해 보는 계기가 될 것이다.

Ⅱ. 역사교육의 준거

현재 우리나라에서는 각 교과교육에 관한 모색이 활발하게 이루어져 왔으며, 역사교육의 분야에서도 예외는 아니다. 특히 영국의 역사교육의 경향이 활발히 소개되었다. 비슷한 교육적 조건을 지니고 있는 우리의 사정과 관련하여, 영국의 역사교육에 대한 관심이 높아진 가운데, 이를 우리의 현장교육에도 반영하려는 경향이 있어온 것이 사실이다. 특히 교과교육의 강화와 관련하여 버스톤[4]으로 대변되는 입장이 널리 수용되었다. 그의 주장은 여러 역사교육 연구자들의 공감을 얻었고, 최근의 활발한 역사교육의 연구도 그에 힘입은 바 크다고 할 수 있다. 본 장에서는 그의 관점은 무엇이며, 그러한 관점을 참조하여 역사교육의 바람직한 준거를 설정해 보기로 하자.

우선 그는 교수활동을 학생과 사실 그리고 이를 전하는 교사의 3각 관계로 보고 있다(p. 2). 이런 관련에서 교사는 아동을 가르치는 것이 아니라 교과목이나 기능(subject or skill)을 아동에게 가르치는 것이라는 점을 명백히 한다. 이점은 그 동안 교사를 배제하고, 교육을 피교육자의 일방적인 변화라는 식으로 규정해 온 것이 오류임을 지적한 것이라고 필자는 본다.

---

4) W. H. Burston, *Principles of History Teaching*, Methuen Educational Ltd, 1972. 영국 역사교육계에서 그의 위치는 당시에 독보적이었다. 그는 일반적으로 탐구수업(inquiry method)에 대부분 기울어져 있었던 것을 비판하고, 역사의 본성에서 출발해야 한다는 주장을 했던 것이고, 지금까지 영향을 주고 있다. John Cahffer et al, *History and the History Teacher*, London, 1975, p. 17. 참조.

이런 바탕에서 그의 주장은 한 마디로 전달하고자 하는 사실의 성격이 교수방법을 결정짓는다는 것이다.

> 이 두 예는 사람들이 전달하고자 원하는 사실의 성격이야말로 어떤 방법이 사용될 수 있거나 없는지에 대해서 핵심적이고도 결정적인 영향을 미친다는 나의 요점을 보여주기에 충분하리라고 기대한다.[5]

이를테면, 자전거타기나 화학이나 지리를 가르칠 경우 가르치고자 하는 사실이 지도방법에 영향을 미치는데, 이는 역사의 경우도 마찬가지라고 한다. 그러나 사실(facts)을 단순히 가르치는 것으로는 학과목을 가르친다고는 볼 수 없다. 학과목 나름의 특별한 원리에 일치하는 식으로 사실을 조직해야 학과목을 가르친다고 할 수 있다. 학과목을 가르친다는 것은 어떤 의미가 있는가?

> 만약 우리가 이것을 한다면, 우리는 학생들을 과목, 그 학문, 그 특징적 사고방식으로(to the subject, to its discipline, to its distinctive manner of thinking) 인도하는 것이다[6].

이런 지적에서 우리는 역사교육은 결국 역사적 사고로 학생들을 인도하는 것이라는 귀결점에 이르며, 이는 역사교육 종사자들이 공통적으로 인정하고 있는 점이라고 하겠다[7].

그러나 이런 기본적인 요점과 관련하여 제시되는 문제점은 사실 작은 것이 아니며, 또 쉽사리 합의될 성질도 아니다. 우선 역사 사실(historical facts)의 문제가 제기된다. 버스톤에 따르면 과거 사실(past facts)이 전부 역사 사실로 볼 수 없다는 것이다. 이를테면 지질학·천문학과 관련된 사실은 그것이 과거사실이라도 역사 사실이라고 볼 수 없다. 따라서 역사라는 용어는 인간의 과거(human past)에 국한해야 한다고 주장한다. 또 역사사실의 일부는 적어도 일상의 대화에서 여전히 현존하고 있으며 가시적이라는 것이다[8]. 이런 기본적인 사항을 고려하여 역사 사건이 지니는 특징을 다음과 같이 제시하고 있다.

---

5) Burston, 1972. p. 5.
6) Burston, 1972, p. 7.
7) 이에 관해서는 최상훈, 「역사적 사고력의 학습 및 평가방안」(2000, 서울대 대학원 교육학 박사학위 논문) p. 15f. 참조.
8) Burston, 1972, p. 20.

무엇보다도 역사 사건은 관찰되거나 들여다 볼 수 없다(cannot be observed or inspected). 따라서 역사가나 학생들에 의해서 형상화되거나 상상될 수 있다. 이렇게 된 이유는 과거가 지나갔을 뿐 아니라 인간의 행동이 역사 사건이기 때문이다. 특히 인간의 행위 중에서 별로 중요하지 않은 부분만이 통상적인 인식과 외적 관찰로 접근할 수 있을 뿐이며, 가장 중요한 요소인 동기·의지·목적 등은 추론되거나 상상되어야 한다는 것이다[9].

그러면 이런 특징을 가진 역사 사건을 전달하는 데 어떤 문제점이 있었으며, 이것을 극복할 수 있는 방안은 무엇인가? 버스톤은 우선 사람들이 하나의 양상을 강조하고자 하는 욕구로 인해서, 다시 말해 실용적인 입장에서 현재의 발전에 이르는 한 단계로 봄으로써 사건이 위치했던 맥락에서 벗어나 설명되는 경향이 있음을 지적한다[10]. 그는 오우크쇼트의 말을 빌어서 이런 실용적 태도에 의해서는 과거를 실제 있었던 대로 재구성하지 못하는 오류를 범할 수밖에 없다고 지적한다[11]. 과거를 그 자체로 이해하는 것의 중요성을 다음과 같이 설명한다.

> 결과로서 역사에 대한 어떤 진정한 이해가 나오려면, 현재를 떠나서 과거로 침잠하는 것도(immerce oneself in the past) 마찬가지로 필요하다[12].

> 우리는 과거와 현재 사이의 다른 관계들을 생각할 수 있다. 이를테면, 17세기를 현재에 대한 대조(a contrast)로 볼 수 있다. 이렇게 하는 이유는 우리의 생활과 그들의 가치척도 사이에 비교를 자극하기 위해서이다. 그런 견해는 실제적인 가치를 지니고 있으며, 근대의 의회의 기원을 알기 위해서 17세기를 연구하는 것보다 훨씬 더 실제적인 가치를 지닐 것이다[13].

이어서 제기되는 문제는 학생들로 하여금 어떤 것을 상상(imaging)하도록 요구하는 경우가 드물다는 것이다. 그렇게 하는 이유는 학생들의 생각이 현재와 관련된 문제점을 벗어나게 되는 것을 허용하지 않기 때문이다. 물론 현재적인 것과 가시적인 것이 교육활동에서 매우 중요한 부분이라는 점을 그도 인정한다. 그렇지만 올바른 역사수업에서는 현재를 떠나 과거를 사는 것이 중요함을 역설한다.

---

9) Burston, 1972, p. 32.
10) 같은 곳. 이 책, p. 6 주12)를 참조.
11) "it is unlikely that we shall ever reconstruct the past as it really was." Burston, 1972, p. 26.
12) Burston, 1972, p. 33.
13) Burston, 1972, p. 27f.

그리고 우리의 교수방향은 학생들로 하여금 현재를 잊고 마음으로 과거에 살도록 고무하는 것이다. 만약 역사 사건의 성격에 대한 우리의 분석이 맞다면, 우리의 교수활동이 이 방향으로 인도되지 않을 경우, 우리는 학생들로 하여금 역사 사건에 접촉하도록 할 수 없다[14].

이런 지적은 바로 역사 수업에서 역사 상상(historical imagination)의 문제로 이어진다. 버스톤은 역사 상상력의 제고야말로 역사수업에서 '매우 기초적이고도 근본적인 것'(quite basic and fundamental)으로 보고 있음을 확인할 수 있다[15]. 그렇지만 역사수업과 관련해서 그가 제시하고 있는 상상력은 어디까지나 적절한 맥락(proper context)을 파악하려는 수단이며, 시대착오(anachronistic thinking)를 피해야 한다는 주장[16]에서 나온 것이다.

이런 과거 사실을 전달하는 경우, 심각하게 제기되는 문제는 언어의 문제이다. 언어이론에 관해서는 수많은 연구가 있어왔지만, 교수학습에 영향을 주는 언어의 성격에 관해서는 관심이 적었음을 지적하고 있다. 그는 언어의 중요성을 다음과 같이 말하고 있다.

언어는 통신의 체제이므로, 사회적 관행(social usage)에서 진화되어 왔고, 사실상 단어들(words)은 듣는 사람이 이제까지 들어왔던 맥락에 의거해서 전달하는 것이다. 따라서 말하는 사람과 듣는 사람 공히 단어를 같은 맥락에서(in the same contexts) 사용할 때에만 완전하고도 정밀한 의사소통(communication)이 있게 된다[17].

그런데 역사 사실을 전달하는 용어는 일상적인 언어이고, 전문적인 것은 별로 없다. 일상용어는 그 성격상 광범한 맥락에서 사용되고 있으므로, 교사와 아동 간에 의사소통이 되지 않을 위험성이 타교과목에 비해서 매우 크다는 점을 지적한다. 그래서 일반적으로 교사는 아동의 경험내용, 아동이 쓰는 단어의 맥락, 전달될 실제 의미를 고려해야 한다[18]. 그에 비해서 역사교사는 과거 사실을 전하기 위해서 현대의 용어를 사용하고 있다는 또 다른 문제가 있다. 이런 문제와 관련해서 버스톤은 다음과 같은 의견을 제시한다.

---

14) Burston, 1972, p. 35.

15) 이 문제에 관해서는 실태와 개선안을 제시한 연구로는 김한종, 「역사학습에서 상상적 이해의 방안」 『역사교육의 이론과 방법』, 삼지원, 1997, pp. 260-309이 있다.

16) Burston, 1972, p. 33f.

17) Burston, 1972, p. 55.

18) Burston, 1972, p. 56.

> 역사가의 첫째 임무 중 하나는 그가 다루는 사료들이 지시하는 시기에서 단어들의 함의(connotations)를 발견하는 것이다. ……역사 증거의 진실한 의미를 평가하는 데에서 이 변화를 추적하는 것이 중요하다. 만약 학급에서 원사료를 쓰기로 작정했다면, 이 특별한 문제는 오로지 역사교사에게만 영향을 줄 것이다[19].

이러한 배려가 없을 경우, 시대착오에 입각한 사고가 이루어질 것은 필연적이다. 나아가 버스톤은 이런 위험은 현재와 가까운 시기일수록 더 커진다고 지적한다. 그 이유는 시대가 현재로부터 멀수록 교수학습 과정에서 과거와 현재의 차이를 인식하고 역사 상상을 동원할 필요를 느끼는 데 비해서 가까운 시기에는 그럴 필요성을 덜 느끼기 때문이라는 것이다[20].

이렇게 볼 때 버스톤은 역사수업에서 해서는 안 되는 것이야말로 시대착오나 탈맥락에서 빚어지는 사고이며, 이를 방지하는 것이 역사교사의 중요한 임무라고 지적하고 있다. 그러나 여기에서 그치는 것이 아니라 그는 이런 맥락 이해가 역사 교수의 전략과 관련이 있음을 강조하고 있다.

> 경험 그리고 심리학자들의 조사에서는 아동들이 학습한 것의 세부사항이 '한 전체의 관련된 부분'(related parts of a whole)이라는 것을 인식할 수 있다면, 학습이 훨씬 더 효과적이라는 점이 제시되어 왔다[21].

이런 지적은 역사수업에서 전달하고자 하는 사건들이 무작위의 선택이 아니라 서로 인과적으로 연결된다면 훨씬 더 쉽고 지적으로 학습될 수 있다는 의미를 시사한다.

그렇지만 이 견해를 역사교육에 수용하기 위해서는 문제가 있다. 역사는 사건의 독특한 성격에 관심을 지닌다고 생각되어져 왔기 때문이다. 특히 사건의 개별성(uniqueness)을 본다는 점에서 역사학자는 사회과학자들과 구별된다고 생각해 왔다[22]. 이 문제는 궁극적으로 역사에서 설명이란 무엇인가라는 문제와 관련되어, 지리하게 논쟁되고 있다[23]. 지금까지 나온 주장은 대체로 3가지로 정리할 수

---

19) Burston, 1972 p. 60.

20) 이를테면 공장(factory)에 관해서 현재의 아동이 생각하는 것과 산업혁명기의 것은 큰 차이가 있는데, 이를 면밀하게 설명하지 않기 쉽다는 것이다. Burston, 1972, p. 64.

21) Burston, 1972, p. 69.

22) Burton, 1972, p. 32.

있는데, 개별성을 밝히는 것이 역사가의 임무라는 이상주의(idealism)의 입장, 의도하지 않더라도 일반적 법칙 이른바 포괄법칙(covering law)에 의존하는 실증주의(positivism)의 입장이 선명히 구별된다. 이 두 입장의 중간에서 단기간이나 특수한 정책의 부분으로 사건들을 묶을 수 있다는 총괄(colligation)의 입장이 있다[24]. 버스톤은 이 입장들이 3가지 가능한 역사설명이라고 보면서, 이 입장들이 서로 배타적인 것인가에 관해서 질문하고 있다. 그는 예를 들어 다리를 건설하는 건축기사나 의사의 입장에서 보았을 때, 이들은 많은 일반화된 과학지식을 필요로 하지만, 궁극적인 관심은 일반법칙의 유효성을 입증하려는 것이 아니라 건축이나 치료와 같이 독특하고 개별적인 문제를 해결하고자 하는 데에 있다고 지적한다[25]. 이런 비유를 받아들인다면, 다음과 같은 점을 인정할 수 있다는 것이다.

> 첫째, 일반법칙들을 가설로서 사용한다고 해서 즉 비록 설명의 일부가 역사가를 인도하는 일반법칙을 반영한다고 할지라도 사건의 개별적인 성격을 찾는 것, 전체적으로는 개별적인 설명을 제시하는 것이 불가능하다는 것을 의미하는 것이 아니다. 그 두 사항은 상호 배타적인 것이 아니다[26].

그렇다면 일반화의 문제에 관해서는 어떤 입장을 가져야 바람직할까? 다음과 같은 말을 음미할 필요가 있다.

> 두 번째 이론 즉 역사가의 전형적인 관심은 사건들의 개별성이라는 점에 관해서 할 말이 훨씬 많이 있음을 우리는 발견하였다. 이에 대한 우리의 주요한 반대는 이 말이 전체 진리(the whole truth)로 보기 힘들다는 것이다. 왜냐하면, 역사가가 밝히고자 하는 것은 전체 사건(the whole event)이며 따라서 그는 단지 개별적인 양상들에만 관심을 가진 것이 아니었기 때문이다[27].

---

23) 소위 과학적인 역사와 독자적인 역사의 논쟁과 그 추이에 관해서는 Ernst Breisach, *Historiography: Ancient, Medieval & Modern*, 1983, pp. 319-323에 자세하다. 이에 따르면, 그런 학파간의 구분이나 각 학파의 확신은 이제는 전처럼 강하게 제시되지 않고 두 입장 사이 절충점도 있는 것으로 보인다.

24) 세 입장에 관한 상세한 비판은 Burston, 1972, pp. 74-97을 참조하시오. 각 입장에 입각하여, 역사수업에 구체적으로 적용한 예는, 『역사교육의 이론과 방법』 삼지원, 1997의 '제 2부 역사학습에서 설명과 이해'에서 대비되어 있다. 정선영, 최상훈, 김환길, 송상헌의 논문은 비교연구의 좋은 자료가 되고 있다.

25) Burston, 1972, p. 81-3.

26) Burston, 1972, p. 82. 이와 같은 입장은 김창성, 「역사수업에서 일반화 문제와 '이상형'의 활용」 『이원순교수정년기념역사학논총』 1985, pp. 414-418를 보시오. 이 책의 pp. 55-59 참조.

오로지 가장 상세하고 세밀한 연구만이 '역사'라는 이름을 받을 자격이 참으로 있다고 주장하는 사람이 있기는 하나, 이들은 소수이며…역사는 일반화의 어떤 규모나 수준(scale or level of generality)으로도 서술될 수 있다는 것을 받아들이는 것이 합리적인 것으로 보인다[28].

이처럼 역사가들은 개별성의 기술과 아울러 전체적인 국면에 관심을 가지고 있고[29], 이런 점에 역사 사고의 특징이 있는 것이라고 볼 수 있다. 일찍이 톨슨(Tholfsen)은 역사 사고의 특징을 요약하여 서로 상반되는 사고를 미묘한 균형 속에서(in a delicate balance) 유지하고 있다고 말하였다[30]. 역사가의 시각은 이처럼 종합적이어야 할 것이고, 학생들에게 교수되어야 할 역사 사고가 있다면 바로 그런 것이어야 한다[31].

그렇다면 왜 그동안 개별적인 것이 강조되어 왔는가? 이에 관해서는 코카(Kocka)의 지적이 중요하다. 그는 국가사가 역사의 중심으로 떠 오른 이유를 19세기에서 20세기초 기간에 절대적인 군사 및 관료국가가 수행한 근대화의 주도 노력에 역사학자들이 깊은 인상을 받았기 때문이라고 설명한다[32]. 그런 영향으로 인해 국가사나 정치사가 역사의 중심적인 영역이 되었던 것은 합당한 것이며, 그런 경향에서 개별성의 강조가 중요하였다고 볼 수 있다. 그러나 19세기 산업화의 진행으로 '사회' (Gesellschaft)의 영역이 강력해져 오늘날에는 사회사가 단순히 사회학의 전문분야에 국한되는 것이 아니라 전체사의 면모를 지니게 되었다고 한다. 요컨대 역사연구 자체도 이런 시대의 흐름과 관련지어 보아야 한다. 그는 역사학의 방향이 다음과 같아야 한다고 주장한다.

의미이해와 그 현재의 해명에 기여하기 위해서, 역사학은 대부분의 체계적인 사회과학과 달리 원인과 겉으로 드러난 사실의 형태 그리고 결과에 따르는 다양한 현상들의 광범위하고도 스스로 변화하는 관련성을 추적하고, 전체를 완전히 도외시한 상태에서 부분문제와 같은

27) Burston, 1972, p. 99.
28) Burston, 1972, p. 103.
29) 버스톤은 역사교사는 주어진 시간에 따라서 어떤 규모의 일반화를 선택할 자유가 있다고 말하면서, 단 교사는 수준의 일관성을 유지하는 것이 바람직하다고 말하고 있다. Burston, 1972, p. 104.
30) Trygve R. Tholfsen, *Historical Thinking*, New York, Harper and Row, 1967, p. 12.
31) 이점과 관련하여 최상훈, 2000, p. 38참조.
32) Kocka, 1978, p. 15.

부분영역을 다루지 않도록 해야만 한다. 만약 역사학이 단지 세부적인 문제의 연구에 국한된다면, 그것은 분석에 해로울 뿐만 아니라 학문적으로 통제되지 않은 이데올로기와 신화에 대하여 역사적이고 현재관련적인 전체해석(Gesamtinterpretation)에 대한 현존하는 합당한 필요의 충족을 제쳐놓게 될 것이다[33].

이처럼 전체에 대한 이해는 어쩌면 시대의 필요성과 같은 것으로서 우리에게 제기된 문제이고, 당연히 그런 시대적 요구를 우리의 교육에 반영해야 할 것이다. 이점을 버스톤은 다음과 같이 역사의 효용성으로 설명하고 있다.

역사학습의 분명한 이익은 과거에 대한 더욱 심대하고 통찰하는 이해에 있다. 그것은 역사가 우리에게 제시할 수 있고, 현재에 적용되는 경우 다른 학과목이 할 수 없는 방식으로 현 세계에 대한 우리의 이해에 도움을 줄 것이다[34].

이상 버스톤의 주장을 중심으로 역사교육의 바람직한 조건이 무엇인가 정해보고자 하였다. 요약하면, 역사학의 성격에 따른 역사교육이 되어야 한다는 것에서 시작하여, 역사 사실이 가지는 성격을 논의하고, 이에 입각한 교수활동이 이루어져야 한다는 것이 그의 주장이다. 역사 사실이 가지는 복합성으로 인해서, 역사는 전체와 부분의 상보적인 관계에서 교수되어야 한다는 점을, 다시 말해 최근에는 일반화나 전체를 보는 시각과 관점이 강조되고[35] 그런 바탕에서 개별사건을 보아야 한다는 것을 필자는 재확인하였다.

버스톤은 이에서 한 걸음 더 나아가 역사를 제대로 교수하기 위해서 학기 초에 두세 시간을, 가능하다면 학기 중에 한두 시간을 사건들이 일어난 배경의 학습에 배당하는 것이 바람직하다고 말한다[36]. 이는 다른 말로 표현하면, 역사의 거시적인 흐름, 사건의 배경이 되는 시대의 특징을 가르쳐야 한다는 말로 해석할 수 있다. 그러면 시대와 역사이해는 어떤 관련이 있는 것인가?

---

33) Kocka, 1978, p. 17.

34) Burston, 1972, p. 211.

35) 이런 동향과 관련하여, 엘튼 경의 말이 중요하다. "전문적인 역사가의 목적과 야심은 주어진 문제를 그 내부로부터(from the inside) 이해하는 것이다." 이렇게 할 때 아무리 지리한 작업이 될지라도 역사가는 "학습·이해·지식에 더할 것이 없지 않으며, 진리에 기여한다"고 말한 바 있다. Elton, *The Practice of History*, Fontana, 1967, p. 31(John Chaffer et al. 1975, p. 24 에서 재인용.)

36) Burston, 1972, p. 109.

시간 관념은 역사이해에 있어 가장 기본적인 것이다. 역사가는 ……역사상의 흐름에 일정한 구획을 만들어 무슨 시기 혹은 시대라고 부르고 여기에다 특정한 의미를 부여한다. 이렇게 될 때 지금까지 무의미하게 보이던 사건들에는 일정한 체계가 주어질 뿐 아니라 새로운 의미까지 지니게 되었다. 요컨대 역사의 의미 있는 이해를 위해서 시기와 시대의 관점은 꼭 필요한 것이라 할 수 있다[37].

위의 클라크의 관점을 받아들인다면, 역사를 의미 있게 이해하기 위한 틀이 시대구분임을 알 수 있다. 따라서 이처럼 시대구분은 역사교육의 가치로 보아 매우 중요한 것이므로 역사교육에서 이를 과감하게 도입하는 것이 바람직한 자세라고 할 것이다[38]. 이는 역사의 종합 이해를 가능케 하기 위해서 필요한 것이기 때문이다. 이제 시대구분한다는 것이 그런 의미였는지, 실제 그런 시대구분이 역사서술에서 어떤 기능을 지니고 있었는지 사학사를 보자.

Ⅲ. 시대구분의 추이와 기본성격

시대구분은 사학 활동이 이루어지면서부터 존재하였다[39]. 서양사학사에 근거하여 그런 시대구분을 접근해봄으로써 시대구분이 어떤 동기에서 이루어졌는지, 다시 말해 전체를 어떤 의미로 파악하여 왔는지 살펴보고자 한다.

서양사학사상 최초의 시대구분은 헤시오도스(Hesiodos)의 『신의 계보』(Theogony)[40]에서 나타난다. 이 저술은 기원전 700년경에 작성된 것이다. 여기에서는 인간의 과거를 5개의 시대로 구분하고 있다. 사람이 신처럼 생활하였던 황금 시대, 신적인 것에 반항하고 전쟁을 애호하던 은 시대, 힘을 가진 종족이 지배하여, 끊임없는 전쟁으로 자신을 파멸시키는 청동시대, 고귀한 인간과 반신(半神)으로

37) K. Clark, *The Critical Historian*, 1967, p. 135. 정선영, 「역사교육에서 시대구분의 의미와 과제」『제39회전국역사학대회발표요지』 1996, p. 245에서 재인용.

38) 정선영, 1996, p. 250. 역사교육적인 측면에서 시대구분이 가지는 의미에 관해서는 p. 246f에 자세하다.

39) 이점과 관련한 개략적인 이해는 임희완, 『역사학의 이해(증보판)』 건국대출판부, 2000, pp. 113-8을 참조하시오.

40) 종래 이 책은 『신통기』로 알려져 있다. 같은 책을 번역한 적이 있는 천병희는 최근에 『신들의 계보』(도서출판 숲, 2009)로 번역서를 개명하였다.

채워지고 전쟁으로 자멸하는 영웅시대, 헤시오도스를 비롯한 일반인의 시대로 비참·불의·죽음만을 가져다주는 철시대로 나누었다. 이러한 시대구분은 인간의 역사가 황금시대로부터 계속 타락해 가는 과정이라는 생각을 집약하고 있는데, 과거는 이처럼 하나의 계속성만이 아니라 방향(direction)을 보여주는 것으로 이해된다[41]. 여기에서 주목되는 것은 바로 이 최초의 시대구분은 인간의 세계만이 아닌 신들을 포함한 체제라는 점이다. 이것은 경험적이거나 논리적인 귀결로서 보기는 어렵고, 오히려 선험적이거나 당시의 관념 세계를 반영한 것이라고 보아야 할 것이다.

기독교의 역사관은 인류의 발전이 창조부터 최후심판까지 시간계열에 따라서 진행한다는 것을 주장한다. 미래에 대한 신의 의도를 이해하기 위해서 성서에 있는 예언에 연결되는 것이 필연적이라고 보고, 일련의 무대가 역사 시대구분으로 구체화되었다. 특히 바빌론 유수기에 작성된 『다니엘』 2:31-45은 유럽의 역사에서 17세기까지 큰 영향을 주게된다. 그에 따른 시대구분은 다음과 같다. 첫 번째 시대는 신의 의지로 네부카드네자르가 왕이 된 시대로 금의 시대에 해당한다. 이어지는 시대는 그보다 열등한 다른 왕국이 흥기하고, 3번째 동으로 이루어진 시대는 왕국이 온 세상을 지배한다. 3번째 왕국은 철처럼 강할 것이다. 마지막으로 둥근 돌이 거대한 산이 되는 것처럼 고귀하고 영원한 왕국이 등장한다. 이 시대구분 이후에 오리게네스(Origenes)는 『마태복음』 20:1-16에 나오는 포도원의 비유를 세계사의 5 시대를 예표하는 것으로 해석하였다. 또 신이 6일간 창조하고 7일째 휴식하였다는 데에서 6내지 7개로 시대를 구분하는 경향이 많이 나타났다[42]. 중세에서 시대구분의 모델을 제시한 아우구스티누스는 법 이전(ante lege)－법의 지배하(sub lege)－은총하(sub gloria)로 나누고, 두 번째 시기를 역사 세계로 보아 이를 아담－노아－아브라함－다윗－바빌론 유수－예수의 탄생－예수의 재림으로 6개 간격으로 시대를 구분한 다음, 인생에 비교하여 유아기·유년기·소년기·청년기·장년기·노년기에 각각 일치시킨다[43]. 이렇게 하면서 다

41) Breisach, 1983, p. 8.
42) Breisach, 1983, p. 83f.
43) Breisach, 1983, p. 86. figure 7-1참조.

니엘의 환상을 이용하지 않았을 뿐 아니라, 세상의 종말을 계산하는 것을 거부하였으며, 각 시대가 일천년이라는 도식을 받아들이지 않았다.

중세기 동안 기독교에서는 시대구분을 해왔으나 사실상 발전의 개념(notion of development)이 없었다[44]. 왜냐하면 시기를 정하고 그것을 끝내는 것은 신이라고 보았기 때문이다. 초기의 이같이 엄격한 심판자로서의 신의 표상은 점차 변화하기 시작한다. 특히 예수가 인간세계에 들어온 것은 사죄를 통해서 인간의 본성이 신의 형상을 더 닮게 하려는 도전이라는 의식이 다시 출현하게 되었다. 이와 더불어서 역사는 인류의 교육(education of mankind)이라는 개념이 다시 출현하게 된다. 특히 12세기경 주변에 많은 변화가 일어나자, 이런 변화에 당황하는 자들에게 기독교 신앙이 불연속의 요소를 지니고 있다는 것을 재확신토록 하는 것이 중요하였다. 이를테면 창조, 성육신, 최후의 심판등이 그런 요소였다. 이런 맥락에서 12세기 신학자들은 발전을 지시하는 세계사 해석을 채용하기 시작한다[45].

다음은 루페르트 폰 두에쯔(Rupert von Duetz)의 시대구분이다.

시 기	성 부 → 성 자 → 성 령 →	
시기의 성격	법 이전 → (모세의)법 아래 → 은총 아래 →	최후심판
성서적 예표	7일간창조 → 세계의 6시대 → 미 지 →	

이 시대구분의 특징은 기독교 신학의 기본이라 할 삼위일체를 논리적인 기준으로 사용하는 것이 아니라, 동적인 의미에서 해석하고 있다는 점이다[46]. 이런 식으로 시대의 역동적인 의미를 부여하는 경향이 늘게 되었는데, 1100년대초에 활약한 성 빅토르 수도원의 휴(Hugh of the Abbey of St. Victor)는 인간생활의 성스러운 측면도 시간의 흐름과 더불어 바뀐다는 것을 교수함으로써 역사가 인류를 위한 신의 학교로서 기능한다는 것을 주장하기도 하였다.

중세 기독교의 시대구분을 검토하면서, 잠정적으로 우리가 얻을 수 있는 결론은 시대구분의 기본적인 골격은 신앙이라는 체제이고, 이것도 역시 논리적으로

44) Breisach, 1983, 139.
45) Breisach, 1983, p. 140.
46) Breisach, 1983, p. 140. figure 10-1.

설명하거나 입증되는 것은 아니라고 하는 점에 도달할 수 있다. 이를테면 3위일체의 논리나 성서의 역사의 보편성 등은 신앙의 문제이지 현실적으로 입증될 수 있는 성격이 아니며, 특히 최후의 심판을 향한 역사의 흐름은 다가오지 않은 미래의 상을 투영한 것이다. 따라서 시대구분이 기독교에 의해서 활발히 이루어진 것이 사실이라고 하더라도 그것을 하나의 자연법칙으로 삼았다고 보기는 어렵고, 신앙이나 교육의 발현으로서 설명될 수 있을 것이다.

르네상스기의 인문주의자들은 자신들의 과거를 암흑기라는 개념을 통해서 재구성한다. 그들은 서유럽 역사의 3분법 시대구분에 도달하였다. 고대－암흑－르네상스라는 시대구분을 통해서 고대를 자신의 시대와 연결하려 하였다. 이들도 기독교인들이었으며, 기독교 역사서술의 틀을 수용하고 있었던 관계로, 역사에서 개인의 행위와 동기의 중요성은 강조할 수 있었으나 기독교의 보편사를 대체할 만한 모델을 제시하지는 못하였다. 이들이 3시대 구분법을 내세운 동기는 이탈리아의 정치정세 또는 민족적인 것에서 찾아야 할 것이다. 특히 이탈리아의 인문주의자들은 중세를 암흑기로 보면서 제국의 계승(translatio imperii)의 개념을 거부하였는데, 이 개념이 신성로마제국으로 대변되는 중세제국의 연속성을 인정하는 것이었기 때문이다. 그들이 그 개념이야말로 게르만인의 발명이라고 비난하였다[47]. 이런 맥락에서 볼 때 중세를 암흑기로 파악하는 견해는 당시 이탈리아인의 염원을 담은 것이지 그것이 실증에 의해 도달한 결론으로 보기는 어려운 것이라고 할 수 있다.

르네상스를 지나면서 역사학은 세속사에 관한 관심으로 기울기 시작하였다. 이런 움직임과 더불어 『다니엘』에 나오는 4제국의 구도는 더 이상 받아들여지지 않았다. 이렇게 된 이유는 항해술의 발전으로 새 지역과 새로운 인종을 접하면서, 성서에 의한 엄격한 도식으로는 변화하는 세계에 적응하기 어려웠기 때문이다. 물론 신성로마제국을 제 4의 제국으로 받아들였던 독일역사가들은 그것의 폐기를 거부하고 1700년대까지도 논쟁이 이어졌다[48]. 이런 저항에도 불구하고, 기독

47) Breisach, 1983, p. 159f.
48) Breisach, 1983, p, 181.

교적인 보편사는 종말을 고하고, 세속사를 기준으로 과거를 어떻게 시대구분할 것인가에 골몰하는 학자들이 많이 나왔다. 일반적으로 1500년대~1600년대에 3구분법이 유행하였다. 페트라르카는 3시대로 나누어서 로마→암흑→혁신으로 나누었으며, 일부 인문주의자들은 학문의 빛→암흑→빛의 회복으로 나누기도 하였다. 시간이 지나면서 이 암흑이라는 표현은 중세라고 번역될 수 있는 말로 변화한다. 피에르 피투(Pierre Pithou)에 의해서는 "moyen age", 윌리엄 캠든(William Camden)에 의해서는 "middle time"이라는 말이 생겼으며, 라틴어인 "media tempestas, medium aevium"이 가장 널리 사용되었다. 우리에게 잘 알려져 있는 3시대구분법을 최초로 사용한 사람은 라이덴의 게오르그 호른(1666)[49]이며, 독일인인 크리스토포루스 켈라리우스(Christophorus Cellarius, 1638-1707)는 1696년에 저술한 그의 교과서에서 처음으로 3시대 구분법을 제목으로 제시하였다. 그 제목은 『고대, 중세 및 신시대로 나누어진 보편사 (*Universal History Divided into an Ancient, Medieval and New Period*)』이다. 그렇지만 이런 명칭이 나타났다고 해서 각 시대의 역동성을 충분하게 파악하고 있었던 것은 아니었다. 이런 시대구분이 서서히 영향을 끼치기 시작하여 지금에는 주도적인 시대구분이 되었지만, 그렇게 된 것은 19세기초 헤겔의 영향에 의해서이다. 그렇다면, 3시대구분이 실제적으로 큰 영향을 가진 것은 19세기 이후의 맥락 속에서 보아야 할 것이다. 우리는 이런 시대구분이 교과서의 저술가에 의해서 제시된 점을 주목할 필요가 있다. 곧 교육이라는 목적에서 애초 시대구분은 시도된 것이었다.

18세기에 들어서서 볼테르는 합리주의를 표방하면서 모든 민족이 늘 합리적으로 행동한다는 신념을 가지고 있었다. 그가 나눈 시대구분은 다음과 같다. 문명화된 고대→야만적인 중세→르네상스에 문명의 회복→종교개혁에서 신속한 재야만화→또 한번의 회복: 루이 14세시기의 프랑스문명[50]. 그는 이렇게 인류의

49) Georg Horn of Leiden, 『노아의 방주: 또는 창세부터 우리시대까지 제국와 왕국들의 역사(*Arca Noae: Sive Historia Imperiorum et Regnorum a Condito Orbe ad Nostra Tempora*)』 1666, http://www.britannica.com/bcom/eb/article/9 /0,5716, 115379+2+108652,00. html?query=cellarius 참조.

50) Breisach, 1983, p. 209.

문명이 상승과 하강으로 이루어진 과정을 지니고 있음을 보여주었다. 그에게 과거는 그 자체로 연구할만한 가치가 있는 것이 아니었으며, 진보의 도구로서 활용되어야 한다고 여겨졌다. 역사는 인류의 진보를 가르쳐야 하는 것이며, 인간의 과거 잘못을 인식하고 이를 깨우치는 수단으로 사용되어야 한다고 보았던 것이다. 그렇다면 그의 시대구분은 아직 입증되지 않은 사실에 의해서 형성된 것이고, 앞으로 지향해야 할 관심, 특히 계몽과 교육의 관점에서 제시된 것이라고 보아야 할 것이다.

이어서 비코의 나선형 사관을 검토해 볼 필요가 있다[51]. 그는 단순한 진보관을 지양하고 발전관을 수립하여 근대역사학의 이론적 기초를 다진다. 그는 인간의 역사가 불변하는 하나의 패턴을 따르는 것(storia eterna ideale)으로 보았다. 그 단계는 신들의 시대→영웅들의 시대→인간들의 시대로 이루어지는데, 이 기본 패턴은 신의 섭리에 의해서 마련되었다고 보았다. 이를 구약성서에서 확인한다. 1단계는 홍수가 난 후 200년을 지나면서 인간은 야만의 상태에 빠졌다가, 2단계에 들어와서는 문명을 창조해내기 시작한다. 그는 문명을 이루는 3축을 장례・혼인・제사로 보았다. 3단계는 인류문명의 1단계로 신들의 시대라고 할만하다. 신에 의해 직접 명령된 규율과 의식이 강조되었다. 이어서 영웅과 인간의 시대가 도래한다고 보았다. 이러한 과정은 되풀이(ricorso)되게 마련이고, 각 단계는 동일한 가치를 지닌다. 그가 이런 시대구분을 제시한 것은 경건하고 전통적인 기독교도로서의 관심을 반영한 것이라고 볼 수 있다. 인간의 세계는 자율적인 기제를 가지지 못하며, 신의 섭리에 따르기 때문이다. 그런 섭리는 성서 시대에 직접 관찰될 수 있었으나, 현재는 부지불식간에 이루어지므로 표상을 통해서 간접적으로 연구해야 한다. 비코의 시대구분은 역사에 투영된 그의 신앙이었다.

여기에서 한 걸음 더 나아가, 헤르더는 민족(Volk)를 역사의 중심단위로 삼고서 언어와 문화를 중심으로 역사를 파악하면서, 몇가지 중요한 진전을 이룬다. 우선 민족이나 문화발전의 고유성을 인정하고, 모든 발전의 시기가 동일한 가치를 지닌다는 말로 프랑스의 진보관에 대항하였다. 이런 인식하에 그가 제시한 시

51) Breisach, 1983, p. 211.

대관은 '인류의 유년기(성서시기)→청년기(이집트)→최고활력기(그리스)→성숙기(로마)→노년기(중세)'로 전개된다. 그가 이러한 시대구분을 제시한 동기는 무엇인가? 그는 신의 섭리가 인간사를 더 큰 인간성(Humanität)에로 인도할 것이며 진보는 안락과 행복이 아니라 도덕적 발전이라고 보았는데, 이같은 목적관점(teleological view)이 그가 제시한 시대구분을 이해하는 데 고려되어야 할 것이다[52]. 이 같은 목적관점은 증명되거나 실증될 수 있는 성질은 아니다.

실증주의를 주창하여 모든 학문이 자연과학적으로 환원되어야 한다고 했던 콩트(A. Comte)는 인류사를 언급하면서, 인간성의 진화가 역사의 중심주제이어야 한다는 전제하에 3단계로 이루어졌다고 보았다. 즉 '신학 시대→형이상학 시대→실증 시대'로 구분한 후 자신이 속한 시대가 마지막 3단계에 들어섰다는 믿음을 지니고 있었다[53]. 이 실증 시대는 자연과학이 현상을 지배하는 법칙에 따라서 인간의 생활을 조직할 것이라고 전망하고, 이에 따라서 완전히 다른 사회・정치・문화가 형성될 것이라는 믿음을 가졌다. 역사에 관해서 말하기를, 역사는 가장 선진된 민족의 발전을 분석하는 데에 국한되어야 하며, 집단적인 인간정신의 발전, 인류의 진보를 위한 주동세력의 발전에 집중해야 한다고 말한다[54]. 이렇게 본다면 콩트는 자신의 시대를 포함한 미래에 달라질 모습을 전제로 그런 시대 구분을 한 것이라고 볼 수 있을 것이다.

경제사의 부문에서는 독일의 경제사학이 경제발전의 단계를 제시하였다. 로셔(Roscher)나 힐더브란트(Hildebrand)등이 대표적인데[55], 이들이 내세우는 경제발전의 단계는 고전경제학에 대한 반발로 등장하였다. 우선 경제활동의 목표가 개인의 욕구를 만족시키는 것이 아니라, 전체 민족의 복지라고 파악하면서, 자신들이 제시한 단계는 모든 민족에게 유효하다는 주장을 전개한다. 사실 이런 단계론의 배후에는 독일 지역의 낙후된 경제에 대한 문제의식이 있었고, 이를 해결하기 위한

52) Breisach, 1983, p. 222.
53) Breisach, 1983, p. 272.
54) Breisach, 1983, p. 274.
55) 로셔는 수렵·어획 경제 →가축사육→농업→농업과 수공업의 혼합→농업·수공업·상업의 혼합으로 단계화 하였고, 힐데브란트는 물물교환경제→화폐경제→신용경제로 설정하였다.

교육적인 배려가 있었음을 프리드리히 리스트(Friedridch List)가 지적한 바 있다[56]. 이런 단계설은 로스토우(Rostow)에 의해서 다시 도입되어 6단계로 제시되었다. 이런 단계설이 등장한 것은 세계의 모든 경제가 서유럽이나 일본의 경제적 성숙에 도달할 수 있는가 하는 의문점이 제기된 상태에서이다. 그런 발전이 모든 민족(nation)에 의해서 되풀이될 수 있다는 생각이 그런 모델의 저변에 깔려 있었던 것이다[57].

이상의 검토를 통해서 근대 이후 지금에 이르는 발전단계설의 근저에는 세계관이나 신념・신앙 또는 교육목적 등 실증과는 거리가 먼 인식이 깔려있음을 파악할 수 있다. 이점에서 필자는 우리에게 전해진 역사의 시대구분의 궁극적인 동인은 결국 관념의 소산이고, 그런 관념은 실증되거나 실험될 수 있는 성질을 지닌 것이 아니고 다만 이해될 수밖에 없는 것이라는 추론에 도달한다. 이 추론이 맞다면 역사에 대한 전체적인 파악은 결국 파악하는 사람의 관념의 문제일 것이다.

이 점을 마르크스의 시대구분과 관련하여 적용해 보도록 한다. 마르크스는 『정치경제학 비판을 위하여』 서문에서 시대구분의 단계를 다음과 같이 언급하고 있다.

> 대체로 말해 경제적 사회구성이 진보하여 가는 단계로서 아시아적 생산양식, 고대적 생산양식, 봉건적 생산양식, 근대 부르조아적 생산양식을 들 수 있다[58].

이렇게 소개된 마르크스의 시대구분은 어떤 의미를 가지는가? 다음의 말에서 그 의미를 추정할 수 있다.

> 나에게 분명해지고, 일단 획득되자 내 연구의 길잡이로 쓰였던 일반적 결론은 다음과 같이 간략하게 표현될 수 있다. 즉 인간은 그들 생활의 사회적 생산에서 그들의 물적 생산제력의 일정한 발전수준에 조응하는 일정한, 필연적인, 그들의 의사와는 무관한 제관계, 생산관계를 맺는다[59].

이 두 언급을 결합하여 볼 때, 마르크스는 시대구분을 하나의 길잡이로서(Leitfaden, guiding thread; guiding principle) 파악하였던 것이다. 그는 자신의

---

56) Breisach, 1983, p. 292.
57) Breisach, 1983, p. 360.
58) 칼 마르크스 저, 김호균 역, 『정치경제학 비판을 위하여』 중원문화, 1988, p. 10.
59) 같은책, p. 7.

시대구분이 역사에 대한 만능열쇠(universal key)로 이해되는 것은 잘못인 것으로 보았으며, 그 길잡이의 장점은 오히려 초역사적인 것(suprahistorical)이 되는 데에 있다[60]. 이렇게 본다면, 그가 제시한 시대구분을 그 자신도 하나의 길잡이로 인식한 것이지, 그것을 자연과학적인 법칙으로 인식하지 않았음[61]을 확인해 볼 수 있다.

이점에 관해서 만델봄은 다음과 같이 정리하고 있다.

> 내 의견으로는 존재한 시초의 조건들에 관한 지식을 가지고 구체적인 사건을 설명할 수 있도록 한다는 의미에서 마르크스의 가설을 법칙으로서 취급해서는 안 된다. 그럼에도 만약 사람들이 그것을 사회변화에 포함된 일부 요소에 관한 새로운 증거를 찾는 데 이용하고, 그 적용가능성에 관해 설득력있는 증거가 발견되지 않는 다른 사례에 대해서는 그것이 진리임을 주장하지 않은 채, 그것을 단순히 발견 가설(heuristic hypothesis)로서만 다룬다면, 광범한 사례에서 그것은 매우 유용할 것이다[62].

이 주장에 따른다면, 마르크스의 시대구분은 발견을 위한 가설, 다시 말해 진리를 추구하는 하나의 방법이라고 보아야 할 것이다.

막스 베버의 경우는 시대구분을 적극적으로 하지 않은 것으로 알려져 있으나, 시대구분의 의의에 관해서 다음과 같은 말을 남기고 있다.

> 전술한 '농민공동체'·'귀족폴리스'·'관료제적 도시왕정'·'중장보병 폴리스'·'시민 폴리스'·'레이투르기아 군주정'의 각 유형이 간혹 순수하게 나뉘어져서 동시 또는 선후관계로 존재한다고는 결코 진술될 수 없다. 이런 '이상형적' 개념은 다만 이를 기준으로 하여 방향을 설정하여 개별국가를 분류하는 데 이바지할 것이다. 즉, 그 국가가 전체적인 혹은 특정한 개별적인 관련에서, 한 시점에 저 개념적인 유형의 하나나 다른 하나에 다소간 근접한가의 여부만을 알게 하는 것이다. 왜냐하면 실제의 국가체제는 본질상 자체의 특징을 보여주는 가장 중요한 요소에서도 그렇게 단순한 분류체계를 비웃기 때문이다[63].

---

60) 이런 내용은 마르크스의 서신에 나오는 내용인데, 러시아 학자들이 자신의 이론을 모든 민족에 하나의 숙명으로서 예비된 일반적 발전의 경로에 대한 역사·철학적 이론으로 바꾸어 놓으려는 시도에 대한 반발에서 비롯한 것이다. Schmidt, *History and Structure: an Essay on Hegelian-Marxist and Structuralist Theory of History*, (tr. by Jeffrey Herf) 1981, MIT Press, p. 19.

61) 일찍이 그람시(Gramsci)도 마르크스가 말하고 있는 "규정성(regularity)"과 "필연성(necessity)"이라는 역사범주를 자연과학에 빌어온 것이 아니라 리카도의 경제학으로부터 차용한 것으로 보았다. Schmidt, 1981, p. 78.

62) M. Mandelbaum, *The Anatomy of Historical Knowledge*, Johns Hopkins University Press, 1977, p. 126.

63) Max Weber, "Agrarverhältnisse im Altertum", *Handwörterbuch der Staatswissenschaften*, 1. Bd. 3. Auf. 1909, p. 72. 졸고, 1985, pp. 419-426 참조.

비록 고대사의 영역에 국한된 것이기는 하나 시대구분 자체를 하나의 이상형으로 파악하고 기준이나 방향설정의 잣대로서 활용하고 있음을 볼 수 있다. 그것이 현실을 그대로 나타낸다는 의식은 찾아볼 수 없다.

이제까지 우리는 시대구분의 추이와 예를 분석함으로써 시대구분의 성격을 알고자 하였다. 여러 사례를 검토한 결과 시대구분은 세계관이나 신앙의 문제로부터 연구의 길잡이나 잣대로서의 기능에 이르기까지 다양한 역할을 하고 있음을 알 수 있다. 이런 것들은 현실적으로 실증될 수 있는 성질이 아니며, 하나의 보편적인 원리나 자연과학적인 법칙은 더더욱 아니다. 오히려 하나의 관념이며 이데올로기라고 해야할 것이다. 이런 성격을 지니고 있으므로 서유럽에서 출발한 시대구분이 동아시아의 역사를 이해하는 데 도움이 된 것이 아니라 혼란을 가져올 수밖에 없었던 것[64]은 어쩌면 당연한 귀결이다. 그것은 또한 서구화나 근대화로 표방되는 서구문화의 우월성과 결부된 서양사의 시대구분과 그에 입각한 세계사는 권력과 정복에 대한 의지의 소산으로 파악되기도 한다[65].

이런 분석이 설득력을 지닌다면, 역사는 그 자체가 고도의 실증성을 추구하는 학문적 성격을 내포하면서도, 세계관이나 신념과 같이 실증될 수 없는 관념을 지반에 깔고 있는 구조를 안고 있다고 해야 할 것이다. 이런 역사의 구조가 과연 진리에 이르는 방법으로서 가치 있고, 그 자체로 존립할 만한 것인지 다음 장에서 검토해 보기로 하자.

Ⅳ. 시대구분의 해석학

17세기에 비코(G. Vico)가 출현하기까지 역사학은 오랜 동안 학문의 지위를 가지지 못하면서도 존립해 왔다는 것은 오히려 역설이다. 역사학은 그간에 수사학의 한 분야로서, 여러 형태의 이야기의 하나로서 존재하였다. 특히 아리스토텔레스의

64) 김유리, 「고등학교 세계사교과서의 시대구분 문제-아시아사의 경우를 중심으로」 『제 39회 전국역사학대회발표요지』 1996, p. 271, p. 274.

65) Breisach, 1983, p. 400. 조셉 폰타나, 『거울에 비친 유럽(*Europa ante el espejo*)』 김원중 역, 새물결, 1999, p. 179, p. 85, p. 216 참조.

역사에 대한 규정으로 인해서[66] 역사는 그런 상태로 오랫동안 남게 되었다. 오히려 역사는 정치 이야기나 지방의 이야기로 존재하면서 인간의 감정을 환기하고, 교훈을 제시하고, 오락 거리로서 존재해왔던 것이 사실이다[67]. 민주정치가 기능을 상실하면서, 역사를 포함한 수사학이 공적이고 정치적인 기능을 상실하였다. 이렇게 되자 수사학적인 기획이 교육의 중심을 형성하였다. 그래서 위대한 역사서들은 문법과 문체를 올바로 지도하는 수단으로, 예화를 통해서 도덕을 지도하는 데 이용되어왔다. 중세에 역사가의 임무는 시간을 통해서 어떻게 신이 자신의 의지를 작용시켰는가를 보여주는 것이며, 이런 과정에서 역사는 슬픈 자를 위로하고 죄인에게 경고하며 특히 신에게 영광을 돌리는 것이었다[68]. 특히 역사 저술가들의 대다수가 탁발사제였는데, 이들은 순회하면서 교사이자 설교자로서 역사의 효용성을 잘 인식하고 있었던 결과이다[69]. 이런 사정은 인문주의 역사학자들이 출현한 이후에도 마찬가지였다. 인간에 대한 관심이 중요한 화제로 자리 잡았으나 역사가 전통적으로 수사학에 연결되어 있는 상태를 변화시키지는 못하였고, 역사를 단지 사실적인 과거 사건 위에 기초해서 만들어질 일종의 이야기에 불과하다고 보았다. 이런 현상은 16세기 이탈리아에서 '아르스 히스토리카'(ars historica)의 탄생에 이르기까지도 별로 변화되지 않아서, 역사의 목적은 가르치고 흥미를 주는 것(docere et delectare)이라고 이해되었다[70]. 따라서 이런 경향을 보더라도 역사를 진지한 학문이나 진리 탐구의 방법으로서 오랫동안 생각해오지 못하였던 것이 사실이다[71]. 이런 역사학을 더욱 궁지에 몰아간 것은 데카르트의 사상과 자연과학 및 그 방법에 대한 선호였다. 데카르트는 이성만이 진리를

66) "이점에서도 시(詩)는 역사보다 더 철학적인 신중을 요하는 과업이다. 왜냐하면 시는 보편적인 것에 관해서 더 많이 말하는 반면, 역사는 개별적인 것에 관해서 언급하기 때문이다." (『시학』, 11:1451b) 역사학이 시간에 구애받지 않고, 일반전제 속에서 진리를 추구하였던 철학자들에 의해서 배척받은 결정적인 이유가 된다. Breisach, 1983, p. 32. 참조.

67) Breisach, 1983, pp. 32-4.

68) Breisach, 1983, p. 127.

69) Breisach, 1983, p. 148.

70) Breisach, 1983, p. 189f.

71) 역사학의 위상과 현실에 관해서는 김현석, 「포스트모더니즘은 역사학의 종말인가」 『역사비평』 46, 역사문제연구소, 1999, 봄, pp. 117-131 참조.

산출해낼 수 있으며, 이성이 발현된 철학·수학·물리학을 이용하는 것이 불가피하며, 이에 접근할 수 없는 현상은 의미가 없다고 보았던 것이다.

이런 상황에서 비코의 등장은 역사가들에게 어엿한(full-fledged) 역사이론을 가져다주는 계기가 되었다[72]. 그는 우선 자연세계에만 연구를 집중하고, 국가나 인간의 세계에 관한 연구를 경시하는 것은 잘못이라고 비판한다. 그 근거는 자연은 신이 만들었으므로 신만이 알고, 반면 인간의 세계는 인간이 만들었으므로 인간이 알 수 있다는 것에서 찾아진다. 그러면서 인간의 행위(factum)가 진실한 것(verum)인데, 신이 창조한 자연은 인간이 단순히 만나는 것에 불과하지만, 행위는 자신이 한 것이므로 더 깊이 이해할 수 있다고 보았다. 이런 점에서 인간의 역사는 내면으로부터 이해할 만하다. 왜냐하면 인간은 희망, 공포, 노력, 행위, 소원 등을 경험하는데, 자연에 대해서는 이런 것들은 국외자로 남았던 것이기 때문이다. 이런 이해를 통해서 역사가는 인간성의 형성을 파악할 수 있다는 것이다.

이같은 비코의 주장은 이제까지 수사학의 범주에서 명맥을 이어왔던 역사에 어떤 시사점을 주는가? 이 문제에 관해서 가다머는 비코가 인문주의 수사학을 근대과학사상에 맞서 방어한 것이며, 이는 로마의 '상식'(sensus communis)이라는 아이디어에 되돌아 간 것이라고 평가하고 있다[73]. 이렇게 본다면, 비코의 역사사상은 고대에까지 소급되는 폭넓은 맥락에서 나온 것이며, 크게는 인문과학[74] 연구의 진리핵심(Wahrheitmoment)에 관한 문제에도 관련되는 것이다. 비코는 데카르트나 얀세니즘에 반발하고 예수회의 교육체제로부터 자신의 인문주의에 관한 변호를 이끌어 내었다. 우선 말을 잘한다는 것(eloquentia, eulegein)에 관해서 언급하면서, '무언가를 잘 말한다'(etwas gut zu sagen)는 화술만 아니라, '바른 것 즉

72) Breisach, 1983, p. 203.

73) 가다머는 이점에서 키케로가 역사를 '기억의 생'(vita memoriae)(*De oratore*, 2. 9. 36)이라고 부른 것과 같은 의미라고 파악한다. Hans-Georg Gadamer, *Hermeneutik I: Wahrheit und Methode, Grundzüge einer philosophischen Hermeneutik*, 5. Auflage, 1986, p. 29.

74) 인문과학으로 번역한 'Geisteswissenschaft'는 밀(John Stuart Mill)의 『논리학(*Logic*)』을 번역한 사람에 의해서 유행하게 된다. 밀은 귀납적인 논리를 인문과학에 적용하는 가능성을 개관하고 있는데, 번역자는 인문과학(human sciences)을 Geisteswissenschaft라고 번역하였다. 밀은 이런 맥락에서 인문과학이 자기논리를 가지고 있다고 인정하기보다는 귀납적 방법이 여기에서도 유효함을 보여주고자 했다고 가다머는 파악한다. Gadamer, 1986, p. 9.

진리를 말한다'(Sagen des Richtigen, das heißt Wahren)는 의미가 있다고 보았다[75]. 그러면 올바른 것이란 무엇인가? 비코가 보기에 논증에 기초한 지식이 아니라 사람들로 하여금 분명한 것을(Einleuchtende, verisimile) 발견하게 하는 것이다. 이를 위해서는 상식 내에서의 훈련이 필요하며 이것이야말로 교육에서 가장 중요한 것이라고 파악하였다. 이런 상식은 진리로부터가 아니라(nicht aus dem Wahren), 진리처럼 보이는 것으로부터(sondern aus dem Wahrscheinlichen) 길러진다. 이런 상식은 단순히 모든 사람들에게 있는 일반적 능력만을 의미하는 것이 아니고 공동성(Allgemeinheit)을 발견하는 감각을 의미한다. 그런 공동성은 추상적인 것이 아니라 집단, 민족, 국가 등 인류의 공동성을 구체적으로 표현하는 것이며, 이런 감각을 계발하는 것이 삶을 위해서 일차적으로 중요한 요소이다.

그에 비해서 근대과학은 이를 이루지 못하였으며, 또 근대과학이 그것을 대신할 수 없다는 것이다. 교육은 그런 비판적 연구의 길과 다르다고 본다. 이런 선언은 수사학의 교육적 의미를 제고하여 독자적인 권리를 부여하고 있는 것이다. 요컨대 비코는 실천지(phronesis)를 중요하게 보고, 이것은 비판적 지식(sophia)과는 다른 종류의 지식임을 역설하면서, 상식은 '옳은 것과 공공복리를 위한 감각' (Sinn für die das Rechte und das gemeine Wohl)이며, 이것은 모든 사람들 속에 살아 있으며 삶의 공동체를 통해서 획득되고 그 질서와 목적을 통해서 결정되는 감각이라고 보았다[76]. 이런 개념은 고대 그리스에서 비롯한 것이라기보다 로마인에게서 비롯한 것으로 평가된다. 이런 비코의 생각은 결국 인간의 비판력 육성이라는 교육의 목표 속에서 역사의 의미를 부여해야 한다는 것과 같은 것이라고 필자는 추정해 본다. 그렇다면, 역사를 포함한 인문과학이 결국 교육의 차원에서 별도의 진리를 추구하는 방법임을 입증하고자 비코는 노력하였다.

이 같은 생각이 결실을 맺고 꽃피게 되는 것은 독일의 역사학파에 의해서이다. 특히 헤겔의 선험적인 세계사 구성에 대한 혐오가 그들의 상징처럼 되었던 역사학파는 사변적인 철학이 아니라 역사적인 탐구만이 보편사적 관조에 이를 수

75) Gadamer, 1986, p. 25.
76) Gadamer, 1986, p. 28.

있다는 주장을 하였다. 이런 주장의 근거에는 계몽주의에 대한 헤르더의 비판이 결정적이었다[77]. 헤르더는 모든 과거가 모범이 될 만하다, 반복되지 않는다, 역사적으로 사고하는 것은 각 시대 나름의 존재이유를 인정한다는 것이다 등의 착상을 하게 되었다. 이것이 역사학파에게 지대한 영향을 주었다. 그러나 이같이 선험적인 것을 거부하게 된 역사학자들은 문헌학으로 몰려가게 되었다. 이들은 세계사의 관련성을 목적론으로 생각하지 않고, 계몽주의식으로 생각하지 않는다는 것을 자신들의 자부심으로 삼게 되었다[78]. 이들은 보편사에 관한 이해는 역사적 전승으로부터 스스로 획득될 것이라고 기대하였던 것이다. 여기에서 어떻게 이들에게 세계사의 통일성과 인식이 정당하다고 할 수 있겠는가에 관한 문제가 생기게 되었다.

그 문제는 문헌학적 해석학의 문제와 연관된다. 역사학파가 보편사의 방법으로 생각하였던 것이 결국은 텍스트를 어떻게 보는가에 관련이 있었기 때문이다[79]. 그래서 가다머는 이해라는 큰 목적을 추구하는 역사 세계관은 낭만적인 개체론 위에 그리고 이에 상응하는 해석학에 놓여 있다고 본다. 근대의 해석학은 루터와 그 후계자들이 고전수사학으로부터 알려져 있었던 원리를 이해의 과정에 적용한 것이다. 그 원리는 다음과 같다.

> 한 텍스트의 모든 세부사항은 맥락(contextus)으로부터 그리고 전체가 지향하는 통일적 의미(Sinn), 목적(scopus)으로부터 이해되어야 한다[80].

이같은 원리가 종교개혁자들에 의해서 개발되었으나, 교리에 얽매어서 성서에 대한 건전한 -텍스트의 상대적인 내용과 목적 및 구성을 고려하는- 해석이 이루어지지 못하였다. 이후 딜타이는 이런 문제를 극복하고, 특히 '도그마로부터 해석의 자유'를 얻게 하면서, 성서기록의 수집을 역사사료의 수집으로 보이게 하였다[81]. 이는 성서의 기록을 문법적 해석에만 종속시키는 것이 아니라 역사적 해적에

77) Gadamer, 1986, p. 204.
78) Gadamer, 1986, p. 202f.
79) Gadamer, 1986, p. 202.
80) Gadamer, 1986, p. 179.
81) Gadamer, 1986, p. 180.

종속시키는 것을 의미한다. 이렇게 되면서 전체의 관련으로부터 이해가 중요하게 되자, 이제는 텍스트가 속한 현실생활을 역사적으로 회복시키는 것이 필요하게 되었다. 결국 해석학은 사료의 올바른 해석으로서 역사학의 과업(Geschäft)을 간섭하기에 이르렀다. 역사연구에서는 이 같이 파악된 전체로부터 모든 개별적인 것이 이해되며, 거꾸로 전체는 이 개별단위로부터 이해될 수 있게 되었다. 그래서 세계사(Weltgeschichte)는 마치 '거대한 어두운 책'(das große dunkle Buch)으로서, 과거의 언어로 편집된 인간정신의 총서로 인식되었고, 그 책의 텍스트는 이해되어야만 한다[82]. 따라서 역사학파의 역사이해에서 "역사방법의 근본은 또한 해석학"(Die Grundlage der Historik ist also die Hermeneutik)인 것이다[83].

이런 원리에 따를 때 요구되는 세계사적인 인식은 어떤 것일까? 이 문제에 관해서 랑케는 어설픈 결론을 내리는 것을 막았고, 더군다나 헤겔 식의 세계사인식은 부정한 바 있다. 그렇지만 드로이젠(Droysen)은 이 문제에 관해서 나름대로의 견해를 제시한 바 있다. 그에 따르면 연속성(Kontinuität)이 역사의 본질이다. 왜냐하면, 역사는 자연과 달리 시간의 계기(das Momente der Zeit)를 포괄하기 때문이다. 드로이젠은 이 연속성의 의식 속에 랑케가 말한 항구성(Stetigkeit)의 토대가 있다고 보았다. 이에 관해서 가다머는 여기에서 보이는 선험성(Apriori) 그 자체가 역사적 실체라고 파악한다. 야콥 부르크하르트가 서양문화전승이라는 계속성 속에 서양문화의 존재조건이 있다고 인식하고, 이런 전승의 파괴가 역사의 종말이라고 본 것은 그런 예의 하나라는 것이다[84]. 그러나 실제로 이런 선험성을 거부한 역사학파는 일종의 신학적 이해 속으로 스스로 들어가게 되었다. 그래서 랑케가 모든 시대와 모든 현상이 신 앞에서 동등한 가치를 가진다고 한 것은 그런 인식의 소산이며, 모든 시대가 '신에게 직접' 관련된다는 시각은 기독교 복음의 본래적인 내용이었다고 파악된다[85]. 그러므로 랑케에게 전체의 의미는 신학에서 기인하는 것이었다.

82) Gadamer, 1986, p. 181.
83) Gadamer, 1986, p. 203.
84) Gadamer, 1986, p. 214.
85) Gadamer, 1986, p. 214.

딜타이는 텍스트에 대한 해석학적 원리를 차용하여, 각 부분은 '생 전체의 어떤 면을'(etwas von Ganzen des Lebens) 표현하며, 이 전체에 대해 하나의 의미를 지니고 있고, 이 전체로부터 나름대로의 의미가 정해진다고 보았다. 개별적인 사람들의 생체험 속에서 연관이 구축되고 이로써 역사적인 연관으로 이행된다는 것이다[86]. 나아가 역사 속에서는 모든 것이 이해가능한데, 그 이유는 '모든 것이 텍스트(Denn alles ist Text)'[87]이기 때문이라는 것이다. 이런 텍스트가 이해될 수 있는 것은 인간성의 동일함으로부터 구하였다. 그는 "나 자신이 역사적인 존재이며, 역사를 연구하는 자는 바로 역사를 만드는 자이다"라고 말하면서, 주관과 객관의 동일성(Gleichkeit)이야말로 역사인식을 가능하게 한다고 보았다[88]. 다시 말해서 추체험이나 동정심이 인식의 조건이다. 그러기에 그는 이런 인문과학적 인식은 객관성(Objektivität)을 가지지 않으며, 완전히 다른 어떤 것을 획득하는 것으로 보았다[89].

이상의 검토를 통해서 우리는 역사학파의 형성 이래로 역사인식의 핵심은 해석학임을 살펴보았다. 이런 해석학은 결국 전체보편사에 대한 인식을 전제로 하는 것이다. 이런 구도 속에서 그런 시각은 사실 어떤 의미(Bedeutung)로서 존재하는 것이지 실증되는 것은 아니다. 시대구분이 사실상 전체를 보는 틀이라면, 그런 틀은 역사이해에 불가결한 것이다. 이런 역사이해는 전체와 부분의 관련 속에서 자신을 통일체로서 인식하는 것과 관련이 있다고 볼 수 있기에 인간의 존재의미이기도 한 것이다. 이처럼 시대구분이 역사가의 자기의식이라고 한다면, 시대구분은 사실상 역사가의 선택의 문제일 수 있고 상대적인 것이다[90].

86) Gadamer, 1986, p. 228.
87) Gadamer, 1986, p. 245.
88) Gadamer, 1986, p. 226.
89) 가다머는 딜타이가 데카르트의 인식론에 매료된 나머지, 역사적 경험의 역사성은 진리로 인정하지 않았음을 지적하고 있다. Gadamer, 1986, p. 246.
90) Madelbaum, 1977, p. 135f. p. 175. 역사교육에서 시대구분의 유용성과 적용의 문제에 관해서는, 최상훈 「중·고등학생의 시대구분 이해실태」『제39회 전국역사학대회발표요지』 1996, p. 278 참조.

V. 결 어

시대구분의 효용에 관해서 많은 지적이나 의견이 있어왔으나, 막상 그것이 무엇인가를 논구하는 견해가 부족하다고 생각하여, 서양사학사를 기준으로 그 추이를 살펴보면서 나름대로의 구상에 도달하고자 하였다. 본고를 통해서 시대구분은 전체 역사를 보는 안목이며, 이것은 작업가설, 지침에서 신앙이나 세계관에 이르기까지 다양한 것임을 확인하였다. 그러한 다양한 계기에도 불구하고 시대구분으로 표현되는 전체시각은 실증되거나 논리적 귀결로 얻어지는 것이 아님을 알게 되었다. 흔히 시대구분의 대표적인 마르크스의 것도 단지 길잡이로서의 의미이자 이해의 수단이지, 그 자체가 불변의 법칙이나 만능의 열쇠는 아닌 것으로 인식되어왔음을 확인하였다. 이 실증되지 않은 전체관이 왜 필요한지는 역사학의 본성이 해석학이라는 점에서 추론할 수 있었다. 특히 역사학파의 주장에서도 그런 구도가 확인될 수 있었다. 전체와 부분의 상관성 속에서, 나와 타인의 관련성 속에서 이해되는 것이 역사이므로, 필연성과 자유를 둘 다 포함하는 것이다.

해석학은 교육에 존재의의를 둔다[91]. 아울러 인간을 육성하는 것이 자연과학으로 대변되는 입장에서는 불가능하다고 본다. 왜냐하면 근대 자연과학은 나와 타인의 동일성에 기초하지 않기 때문이다. 그러기에 역사만이 인간을 육성하는 유일한 길이며, 그것을 위해 역사는 존재하는 것이다. 다음의 말은 우리에게 깊은 반성의 계기를 줄 것이다.

> 모든 선입견에 자유로운 이해는 분명 존재하지 않는다. ……우리의 전체 탐구 속에서 과학적인 방법의 사용이 보증하는 확실성은 진리를 확보하기에는 충분한 것이 아니다. …… 그것은 과학성의 축소를 의미하는 것이 아니라, 반대로 옛날부터 사람들이 높여온 특별한 인간적 의미에 대한 요구가 정당화되는 것을 의미한다. 그들의 인식 속에서 인식하는 자 나름의 존재가 활동한다고 하는 것은 사실상 방법의 한계를 지시하는 것이지 과학의 한계를 지시하는 것은 아니다[92].

---

91) 이런 인식은 드로이젠이 밝힌 것이다. "너는 그러해야 한다. 왜냐하면 나는 너를 그렇게 사랑하기 때문이다. 모든 교육의 비밀"(So must du sein, denn so liebe ich dich: das Geheimnis aller Erziehung.), Droysen, *Historik*, § 41. Gadamer, 1986, p. 237. 에서 재인용.

92) Gadamer, 1986, p. 494.

이제 우리는 역사학 그 자체가 지니는 교육의 의미를 성찰하였다. 무수한 이론과 실천을 통해서 교육이 진보하지 못하는 이유를 이제는 밝힐 수 있게 되었다. 그것은 오랜 동안 대상과 자아를 분리해온 낡은 자연과학적인 사고에 기인한 것이었기 때문이다. 이제 역사의 방법으로 대표되는 해석학의 구도가 이제 교육의 참다운 지평을 열 때가 왔다고 본다. 이런 관심에서 시대구분도 의미를 가지는 것이며, 역사교육이 그 존립근거를 잃지 않는 것이다.

6

폴리비오스의 발전관과 혼합정체 국가들
-이탈리아 동맹의 관점에서 다시 읽기-

Ⅰ. 서 언

한국에서 서양고대사와 관련한 주제 중에서 여러 논자들에 의해서 비교적 자주 취급된 것이 폴리비오스의 사관이다. 그것과 관련하여 다양한 주제들이 전개되었지만, 대부분이 로마를 어떻게 이해하는가라는 과제와 깊이 연관되어 있다[1]. 그리스인의 관점에서 로마가 다른 지중해 국가에 비해서 번성하고 정치의 안정을 구가하면서 세계의 패자가 된 것은[2] 바로 이 정체 덕분인 것으로 이해되고 있다. 이것은 바로 혼합정체라는 말로 대변된다[3]. 그래서 이 점에 관찰이 집중된 것은

1) 폴리비오스의 사론과 로마의 정체에 관한 분석으로는 허승일, 「폴리비우스의 혼합정체론과 티베리우스 그라쿠스의 개혁」『증보 로마 공화정 연구』 서울대출판부, 1995, pp. 189-227. 허승일, 「티베리우스 그라쿠스의 농지개혁에 끼친 스토아 경제 사상」『역사교육』 86, 2003, pp. 219-246.

2) 폴리비오스의 역사서술의 동기와 제한에 관해서는 최자영, 「투키디데스와 폴리비오스의 역사관」『서양고전학연구』 9, 1995, pp. 55-99에 상론되었다. 특히 p. 93, 97에서 폴리스를 온존한 채 로마제국의 지배를 받아들이는 것이 그의 진정한 의도였다는 견해와 오홍식, 「로마의 티케(τύχε, 運)에 대한 폴리비오스의 견해」『서양사론』 60, pp. 1-19에서 제시된 대로 로마인에게 그리스인에 대한 연민을 호소하고 있다는 점은 매우 공감되는 부분이 있다.

3) 일반적으로 폴리비오스가 혼합정체(mikte)라는 개념을 창안하였다고 하는 견해가 일반적이지만, 혼합 정체라는 용어가 폴리비오스의 『역사』 6권에 없음을 필자는 확인할 수 있었다. 이점에 관해서는 깊은 논의가 있어야 한다. 니콜레는 혼합 정체의 개념이 근대학자들이 만든 것이라고 밝히고 있다. Claude Nicolet, "Polybe et la ≪constitution≫ de Rome: Aristocratie et Démocratie", *Demokratia et Aristokratia* (Publications de la Sorbonne, Serie Histoire Ancienne et Médiévale, 10, 1983), p. 16. 이하 Nicolet, 1983으로 약함.

우연이 아니다. 폴리비오스는 이 혼합정체를 가지고 있던 3 국가인 스파르타, 로마, 카르타고를 비교함으로써 실제로 로마가 그리스 국가들과 다른 점만 아니라, 여타 혼합정체 국가들과 다른 점도 분석하였다[4]. 본고에서는 폴리비오스의 견해를 중심으로, 혼합정체 국가들의 발전논리와 그 구체적인 분석사례를 제시해 보겠다[5].

본격적인 논의에 앞서서 필자가 폴리비오스를 읽는 동안에 가졌던 기초적인 이해의 틀을 용어의 이해문제에 관련하여 제시해 보고자 한다. 아리스토텔레스에 따르면 폴리스는 '촌락의 코이노니아'[6]로 표현된다. 반면에 혼합정체의 국가들은 정체와 관련해서 시스테마와 같은 용어로 표현되고 있다. 둘 다 공통성을 가지는 말이지만, 후자는 폴리스의 형성을 촌락의 코이노니아로 보았던 아리스토텔레스의 관점에서 진일보하여 그 이상의 단위가 통합되는 것을 지시한다. 후자는 또 시스타시스(σύστασις)로 표시되는데, 이 단어는 합치는 활동(action of unification)으로 번역된다. 즉 정체가 가진 통합력이 중요하다는 것으로 볼 수 있을 것이다. 니콜레는 우리가 헌법이나 정체로 번역하고 있는 'constitution'과 관련해서 이것을 법조문이라는 의미에서가 아니라 '정치권력의 관계'라는 의미에서 볼 수 있다면, 'σύστασις τῆς πολιτείας', 'σύστημα' 또는 'κατάστασις'가 이를 적절히 표현하고 있다고 보았다[7]. 일반적으로 사전에 나오는 일차적인 의미에 따를 경우, 이 단어는 정체의 통합력을 의미하는 것으로 파악된다. 그래서 이하에서는 합성, 통합 등으로 번역하여 사용하고자 한다. 두 번째로 폴리테이아(πολιτεία)는 정체로, 폴리테우마(πολίτευμα)는 주권으로 번역하였는데, 사실

---

4) 키케로의 『국가론』 2. 23. 42에는 '삼중정체'(triplex)나 '혼합'(mixta)이라고 분명히 제시되어 있다. 그리고 그 예로 폴리비오스와 동일하게 로마, 라케다이몬인, 카르타고를 들고 있다.

5) 본고는 허승일, 「헬레니즘 시대의 스토아사상과 현실정치」 『서양고전학연구』31, 2008 봄, p. 73에 제시된 관점을 더 구체화 해 본 것이다. 특히 본고를 엮는 데 부족한 희랍어 해독에 관해서 좋은 제언을 해주신 심사위원들께 이 자리를 빌어서 감사드린다.

6) Aristoteles, *Politica*, 1252 b 27: "πλειόντων κωμῶν κοινωνία τέλειος πόλις." 이 문장의 해석과 관련해서는 최자영, 「서평:천병희 역, 아리스토텔레스 정치학」 『서양사론』 104, 2010. 3, p. 143을 참조하시오.

7) Claude Nicolet, "Polybe et les institutions romaines", *Entretiens sur l'Antiquité classique*, Fondation Hardt, 1974, XX, p. 223. 이하 Nicolet, 1974로 약함.

이 두 용어는 서로 교환하여 사용하는 것이 일반이나[8], 단지 표현의 구별을 위해서 달리 번역한다. 세 번째는 프라그마(πρᾶγμα)에 관한 것인데, 필자는 이것을 개인의 실천이나 실행의 의미보다 국가 간의 일(res)로 보아서 필자는 교섭이나 협상이나 타협의 의미로 읽고자 한다[9]. 이점에 관해서 독자들의 질정이 있기를 바란다.

특히 본고에서 필자는 이런 용어이해에 토대를 두고 폴리비오스의 견해를 고대(古代) 이탈리아인의 관점에서 재해석하고, 나아가 로마의 체제에 관한 이해를 높이고자 한다. 이런 시도는 이탈리아 동맹의 관점에서 로마 체제를 보려는 추세와도 일치하며, 그간에 별 문제없이 해석해 왔던 폴리비오스의 글에 관해서 다른 방향으로 재검토할 기회를 줄 것이다.

---

8) M. B. Sakelariou, *The Polis-state: Definition and Origin*, Athens, 1989, p. 271.

9) 잘 알려져 있듯이 폴리비오스의 역사는 '실용의 역사'(ἱστορία πραγματική)(Polybios, 1. 2. 8)이다. 이때의 실용(pragma)의 의미는 정치와 군사에 관한 것이고, 이를 맡은 사람은 정치가와 군인이다. 이런 점에서 투키디데스의 정치사 전통을 잘 잇고 있다. 이와 관련해서는 Ernst Breisach, *Historiography: Ancient, Medieval & Modern*, University of Chicago Press, 1983, p. 50과 H. E. Barns, *A History of History Writing*, (Dover Publication, 1937) 허승일 · 안희돈 역, 『서양사학사』 한울아카데미, 1995, pp. 51-53 참조. 『리델-스코트 그리스-영어 소사전』(Liddell & Scott, *Greek and English dictionary*, 1968)에 보면, 이런 프라그마의 역사를 시스테마의 역사로 풀이하는 것을 볼 수 있는데, 프라그마는 결국 통합을 위한 절차나 과정을 의미한다고 생각된다. 일찍이 월뱅크에 따르면, 폴리비오스는 역사를 두 가지로 나누었다. 하나는 여기에 있는 대로 '히스토리아 프라그마티케'와 '히스토리아 아포데이크티케'(ἱστορία ἀποδεικτική)로 나누어서, 전자는 정치와 군사에 관한 역사를 의미하였고 (그리고 일반적으로 역사라고 하면 이것을 지시하며), 후자는 인과관계를 따지는 것, 즉 흑해에 관한 설명과 같이 자연 과학의 원리에 토대를 두는 역사를 의미한다. 이에 관해서는 Walbank, *A Historical Commentary on Polybius*, vol. 1, Oxford, 1957, p. 8을 참조하시오. Pedech, *La méthode historique de Polybe*, Paris, 1964, p. 32에서는 이것은 '현대사'(histoire moderne)로 파악하였으며, 최근에 나온 불어대역판에서는 이를 그냥 '정치사'로 번역하고 있다. Raymond Weil (ed. and tr.), *Polybe, Histoires, Livre VI*, 1977, p. 73, n. 1. 참조. 이하 Raymond Weil, 1977로 약함. 또한 폴리비오스의 이 용어에 관한 연구로는 Harmut Beister, "Pragmatische Geschichtsschreibung und zeitlich Dimension", Charlotte Schubert et al. (ed.), *Rom und griechische Osten*, Franz Steiner Verlag, 1995, p. 330, n. 4를 보시오.

Ⅱ. 변화의 논리

익히 알려져 있듯이, 폴리비오스의 『역사』 6권의 주제는 '어떻게 그리고 어떤 종류의 정체'의 도움으로 로마가 지중해 세계를 정복하였는가이다. 그리고 그 답을 찾기 위해서 정체의 중요성을 강조하고 있다.

> 모든 협상에서 그리고 성공과 역경을 향하여 가장 큰 원인은 정체의 통합력이라고 간주해야만 한다[10].

그러면서 가장 좋은 정체는 단순한 정체의 특징을 합친 것[11]이라고 언급하고 있다.

> 그들은 내가 보기에는 양편에서 알지 못하는 것으로 보인다. 왜냐하면 앞서 말한 특성 모두가 합쳐진 정체가 가장 고귀한 것으로 생각해야 하는 것이 분명하기 때문이다[12].

이런 상태를 폴리비오스는 분명히 '혼합정체'라는 용어를 사용하여 기술하지 않았다. 적어도 니콜레의 연구에 따르면, 이 용어는 폴리비오스의 것이 아니라, 카토의 것으로 추정된다[13]. 그러므로 기본적으로는 혼합정체라는 말은 근대인의 용어이거나, 아니면 로마인의 것이라고 생각해 볼 수 있다.

이런 상태를 보여주는 대표적인 최초의 사례가 바로 스파르타이다. 스파르타에 관해선 다음과 같이 기술하고 있다.

---

10) Polybios, 6. 2. 9.

11) 일반적으로 3 정체의 혼합이라고 보는 것이 상식인 듯하다. 오흥식, 「그리스인의 역사서술」 『서양고대사강의』 한울, 1996, p. 206. 그러나 원문을 비교하면 그런 표현을 폴리비오스는 하고 있지 않다. Nicolet, 1974, p. 225에는 이런 식의 번역을 금지해야 한다고 말한다. 그 대신 '각 종류의 정체에서 특별한 특징과 가장 좋은 것만을 취한다'는 의미로 읽을 것을 강하게 주장하고 있다.

12) Polybios, 6. 3. 7.

13) 반면에 월뱅크는 폴리비오스가 카토의 글(*Origines*)을 보았을 가능성을 낮게 보았다. 특히 폴리비오스의 『역사』 1-15권이 기원전 146년 이전에 기술되었다면, 폴리비오스는 카토의 글을 참고할 수 없었을 것이라고 본다. 한편 수고형태로 보았을 가능성도 제시되나, 월뱅크는 이를 회의적으로 파악한다. Walbank, *A Historical Commentary on Polybius*, vol. 1, Oxford, 1957, p. 29, n. 8. 이런 종래의 주장에서 벗어난 점에 니콜레의 과감한 발상이 보인다. Nicolet, 1983, p. 20에선 카토의 역할을 크게 조명한다. 니콜레는 기원전 167년이나, 169년에 카토의 에피소드를 전해 들었을 가능성을 언급한다. 이 점에 관해서는 Nicolet, 1974, p. 248-9와, Raymond Weil, 1977, p. 146에 나오는 니콜레의 주석을 참조하시오. .

이를테면 리쿠르고스가 최초로 이 방향에 따라서 라케다이몬인의 주권을 합성(συστήσαντος)하였을 때에 우리는 말로만 아니라 실제로써 이 부분을 입증하였다[14].

여기에서 라케다이몬의 주권은 폴리테우마인데, 이는 정체와 같은 의미로 사용되고, 이 주권은 합성 즉 연합한 상태를 가리킨다. 이런 상태는 앞에서 말한 것과 같이 시스템과 같은 의미로 파악된다. 스파르타야말로 이런 체제를 만든 최초라는 점이 무척 강조되어 있음을 알 수 있다. 앞에서 인용한 폴리비오스의 문장에서(Polybios, 6. 2. 9) 강조된 '정체의 통합력(πολίτειας σύστασιν)'을 살펴볼 필요가 있다. 폴리비오스는 가장 좋은 정체를 규정하는 말은 바로 합성, 통합이라는 방식, 즉 시스템을 가진 것이다. 그렇다면, 폴리비오스의 『역사』 6권에서는 이 같은 체제의 분석이 주된 관심사였음을 알 수 있다.

그럼 폴리비오스는 이런 새로운 논리를 왜 적용하여 역사를 설명하고자 하였을까? 알려진 바에 따르면[15], 이 시기엔 새로운 역사파악의 방법이 요구되었던 것이다. 이전의 역사파악의 방법은 다음에서 찾을 수 있다.

한편 메로스들로부터 전체들에 관한 개념은 가질 수 있으나, 다른 한편으로는 지식과 판단을 확고하게 가질 수 없다. 따라서 메로스에 따르는 탐구(τὴν κατὰ μέρος ἱστορίαν)를 종합한다고 해도 그것은 전체들에 관한 경험과 신뢰를 위해서 지극히 부족한 것으로 간주된다[16].

이 문장에서는 메로스의 의미 파악이 중요하다. 니콜레에 따르면[17], 메로스는 구체적인 권력기관 즉, 콘술, 원로원, 인민을 의미한다. 즉 권력의 부분이다[18]. 따라서 '메로스에 따르는 탐구'란 왕—귀족—인민의 관계를 설명하는 방식이다. 폴리비오스가 보기에 이런 방식의 사용은 새로운 시대를 분석하는 데에 부적절한 것이 되었다[19].

---

14) Polybios, 6. 3. 8.

15) 오홍식, 「그리스인의 역사서술」 『서양고대사 강의』 한울, 1996, p. 205에 소개된 월뱅크(Walbank)의 관점에 따른다.

16) Polybios, 1. 4. 9-10.

17) Nicolet, 1974, p. 225f.

18) 메로스는 원래 부분이라는 뜻인데, 집단으로 보는 견해도 있다. 최자영, 『고대그리스법제사』 대우학술총서 588, 아카넷, 2007, p. 646.

19) 보편사와 유기체적 역사접근의 관련에 관한 폴리비오스의 생각에 관해서는 Walbank, 1957, p. 45 참조.

> 그리스인들의 정체는 종종 융성하였던 반면에 그만큼 반대의 변화 속으로 떨어지는 것을 경험하므로, 앞선 것들에 관한 이야기와 일어날 것에 대한 판단은 만나기가 쉽다. 왜냐하면 알고 있는 것을 보고하는 것은 용이하며, 이미 일어난 것에서부터 일어날 사건에 대해서 지향한다고 주장하는 것은 쉽기 때문이다. 한편 로마인들에 관해서 현재 있는 것들에 대해 추출하는 것이 정체의 다채로움으로 인해서 쉽지 않고, 그들에 관해서 공통적으로 개별적으로 독특한 과거에 대한 무지로 인해서 일어날 것을 미리 말하는 것이 쉽지 않기 때문이다[20].

이 보고에서 그리스인들의 정체 변화가 한 마디로 요약되어 있다. 즉 과거를 통해서 미래를 예측할 수 있는 바로 '순환의 고리'(*anacyklosis*)[21]를 가지고 있는데 비해서, 로마와 같은 합성형의 정체는 그런 기제를 가지지 않고 있기에 파악하기 어렵다는 뜻을 읽을 수 있다. 그러기에 다른 방식의 탐구, 역사파악이 필요한 것이라고 하는 점을 폴리비오스는 강조한다.

그렇다면 이런 체제는 불변일까? 폴리비오스가 보기에 로마를 포함한 혼합정체가 불변의 시스템은 아니었다. 이들 국가도, 단순형의 국가가 변화하는 것처럼, 나름의 발전을 하고 있다.

> 그들의 각각이 생겨난 대로, 조망하는 이 사람만이 성장과 정점과 각각의 교체 그리고 끝이 언제 어떻게 어디서 반대로 일어나는지 두루 볼 수 있기 때문에, 무엇보다 로마인의 정체에 관해서 이 설명방식을 적용하는 것을 나는 받아들였다. 왜냐하면 바로 본성 자체에 따라서(κατὰ φύσιν αὐτὴν) 처음부터 합성과 성장이(σύστασιν καὶ αὔξησιν) 이루어졌기 때문이다[22].

여기에서 합성과 성장을 같은 의미로 본다면, 국가가 성장하는 것을 지시하는 것이고 폴리비오스가 보기에 여기에도 역시 본성이 있어서 그런 변화와 발전을 예측하게 한다. 그러나 앞에서 시사하였듯이 이 본성은 순환에 따르는 본성이 아니라 유기체적 생물의 본성을 의미한다.

이점이 발현되는 것이 혼합정체를 지닌 국가의 성장과정이다. 이 정체를 연구한 결과 폴리비오스는 다음과 같은 결론을 얻는다.

---

20) Polybios, 6. 3. 1-3.
21) 이에 관한 자세한 설명과 해설은 허승일, 『증보로마공화정연구』, 서울대 출판부, 1985, pp. 195-9를 참조하시오.
22) Polybios, 6. 4. 12-13.

이제까지 스파르타인, 로마인, 그리고 카르타고인의 정체를 향한 비교로 이끌어진 그것에 관한 논리는 거의 유사한 것으로 드러나므로, 마치 살아있고 숨쉬는 인간들과(τοῖς ζῶσι καὶ πεπνυμένοις ἀνδράσι) 여러 대상들 중에서 어떤 하나의 표상이 비견되는 것과 같다[23].

여기에서 이 정체가 마치 인간과 같이 인식되고 있다. 이 정체는 숨쉬는 유기체와 같은 존재이고, 이런 존재와 같이 그 정체를 가진 국가도 변화한다. 이는 필연적인 과정일까?

폴리비오스는 구체적으로 다음과 같이 기술한다.

따라서 모든 몸과 정체와 사업에는 본성에 따른 성장이 있고, 성장 이후에는 전성기가 있고, 이어서 노쇠가 있으므로, 그런 것들 중에서 가장 강한 것들은 전성기에 있는 모든 것들이며 이에 따라서 그리고 그때에는 다른 것들의 주권을 능가하였다[24].

이 문장에서 좀더 분명히 유기체적인 정체관을 확인할 수 있다. 그것 역시 성장(αὔξησις)-전성기(ἀκμή)-노쇠(φθίσις)의 과정을 겪는 것이다. 이런 논지를 바탕으로 해서 폴리비오스가 혼합정체를 포함한 모든 정치체제는 유기체와 같이 변화하는 존재임을 밝히고 있다고 하겠는데, 이는 단순한 한 폴리스 내에서 일어나는 정체의 변화가 순환이라고 하는 것에 비해서 상이한 경로를 가지는 것을 의미한다[25]. 그러므로 적어도 국가의 통합에 의한 국가연합으로서의 체제는 단일 국가와는 다른 경로로 변화해 나가는 것으로 파악하였던 것이 사실 폴리비오스의 시각이라고 볼 수 있다. 이런 역사관은 폴리비오스의 기본적인 관점, 즉 홀리즘과 기본적으로 연결된다.

왜냐하면 내게는 전체적으로 부분에 따르는 탐구를 통해서 전체를 적당하게 두루 볼 것을 강요하는 자들은, 마치 어떤 사람이 숨쉬고 있으며 아름다운 신체로서 이루어진 것의 부분들을 떼어낸 채, 그것들을 보면서 바로 그 생물의 힘과 아름다움에 대해 충분한 목격자가 된 것으로 생각하는 것과 거의 같은 것으로 드러나는 듯이 보이기 때문이다[26].

---

23) Polybios, 6. 47. 9.

24) Polybios, 6. 51. 4.

25) 허승일, 「헬레니즘 시대의 스토아사상과 현실정치」『서양고전학연구』 31, 2008 봄, p. 73. 과 비교된다. 필자가 보기에는 단순형 폴리스에 대해서는 'anacyclosis'를 사용한 데 비해서, 복합형 즉 혼합정체에 관해서는 유기체적인 사관을 적용한 것으로 보이며, 이런 점에서 단순형과 혼합형의 범주로 나누어 보아야 한다. 일반적으로 둘 사이의 관계에 관해서는 별다른 문제의식이 없었던 듯하다.

이런 유기체적 전체론은 아리스토텔레스에게서 처음 발견된다[27]. 그러나 폴리비오스 자신이 비판하고 있듯이 종래의 폴리스론은 '부분에 따른 탐구'라 부적당한 것이라고 파악된다. 여기에서 필자는 이런 전체론적 관점을 역사의 파악 특히 국제관계의 역사에 적용하는 것은 아마도 폴리비오스가 최초가 아닌가 생각된다.

이같은 시각은 그가 카토의 영향을 받은 것일 가능성을 보여준다. 이점에 관련하여 다음과 같이 스키피오가 언급하고 있다.

> (스키피오) 이제 로마 인민의 기원을 내 연설에서 되풀이하게 해 주시오. 그 이유는 사실 카토의 말을 내가 마음대로 이용하고 있기 때문입니다. 아울러서 우리 국가가 탄생하고 자라고 성숙해 이제 강성하고 거대해지는 과정을 당신들에게 제시하고자 합니다[28].

여기에서 카토의 관점이 폴리비오스에게 영향을 주었다는 니콜레의 판단을 따르면[29], 이 유기체적 발전관의 기본적인 아이디어는 사실 로마인의 것이라고 판단된다. 이점은 폴리비오스 자신도 다음과 같이 인정하고 있다.

> 이(τοῦτο) 설명방식을 특히 로마인의 정체에 적용하는 것을 나는 받아들였다(ὑπείληφα)[30].

위의 기사는 자신의 새로운 역사파악이 사실은 이미 적용되고 있는 것임을 보여준다. 이점에서 폴리비오스는 로마인의 역사관을 수용하여[31] 자신의 논리를 전개한 역사철학자이다.

---

26) Polybios, 1. 4. 7.

27) 아리스토텔레스, 『형이상학』 1045a 10 '전체는 그 부분의 합보다 더 크다.'

28) 키케로, 『국가론』 2. 1. 3.

29) Nicolet, 1983, p. 20.

30) Polybios, 6. 4. 13. 월뱅크는 이 문장과 관련해서 기본적으로는 이런 생물학적인 아이디어가 개별 정체의 순환과 모순되지 않으며, 혼합정체도 그런 순환에 따르는 것으로 파악하면서, 이 생물학적인 발전관에 주목하여 이 문장 앞에서 일반적인 진술이, 여기에서 로마에 구체적으로 적용되면서 달라진 점을 의식한 듯하다. 그러나 그런 생물학적 아이디어는 약간의 변화만을(by a slight shift) 주었을 뿐이라고 가치를 낮게 보고 있다. Walbank, 1957, p. 649-650.

31) 순환에서 국가의 죽음이란 있을 수 없는데, 로마의 경우 이런 죽음을 인정하고 있다는 점에서 그리스인들의 의식과 다른 점이 있었다고 보인다. 국가의 종말을 받아들인 점에서 폴리비오스의 의식은 로마인의 것을 수용한 것이라고 필자는 보고자 한다. Cicero, *De re publica*, 3. 23. 34. 김창성 역, 『국가론』, p. 235, n. 52를 참조하시오.

Ⅲ. 논리의 적용

(1) 스파르타

폴리비오스는 스파르타의 변화를 어떻게 보았을까? 우리는 앞에서 살펴본 것처럼, 이런 혼합 정체의 효시로서[32] 스파르타에 대해서 호감을 가졌다고 보아야 할 것이다. 그러나 그의 변화의 논리에 따르자면 스파르타 역시 쇠퇴의 길을 걷게 되는데, 그 과정의 서술이 그 논리를 이해하는 구체적인 사례라고 할 수 있을 것이다.

스파르타의 과거는 어땠을까?

(뤼쿠르고스는)그러므로 이렇게 이 덕들을 통해서 정체를 굳세게 유지하게 되자, 전체 라코니아에 안전을 확보하였으며, 오랜 시간 스파르타인들에게 자유를 남겨주었다[33].

이것이 정체의 궁극(τέλος)이라고 받아들이는 자들에게는 라코니아의 설립(καταστήμα)과 통합(συντάγμα)보다 더 바람직한 것은 있지도 않으며, 이루어지지도 않은 것으로 사람들은 고려해야 한다[34].

그리스의 패권(ἑλλήνων ἡγεμονίαν)을 장악하기 위해서 서둘렀던(ὁρμήσαντες) 라케다이몬인은, 바로 자신들의 자유(ἐλευθερίας)에 관해서도 위험을 감수했다[35].

32) 필자는 스파르타와 아테네의 국가체제가 어떤 점에서 달라 전자가 혼합정체로 파악되는데 비해 후자가 그렇지 않은가를 생각해 보았다. 도리아 계통의 주민은 3개의 필레로, 이오니아 계통의 주민은 4개의 필레로 구성되는 것으로 알려져 있는데, 같은 이름으로 표현되지만 그 기원은 상이한 것으로 파악된다. 부르크하르트에 따르면, 도리아계의 필레의 명칭은 Pamphyloi, Dymanes, Hylleis로 표시되는데, 앞의 2 명칭은 각각 Pamphylos, Dymas에서 파생하는데, 이들은 도로스 Doros의 손자이며, 왕인 아이기미오스(Aigimios)의 아들이다. 반면 마지막은 헤라클레스의 아들인 휠로스(Hyllos)에서 비롯한다. 헤라클레스는 아이기미우스를 전쟁에 도와주었다. 이점에서 Pamphyloi를 '섞인 주민'으로 번역하는 일이 없도록 해야 한다고 부르크하르트는 지적한다. 반면에 이오니아 계 4부족의 명칭은 Geleontes, Argadeis, Aigicoreis, Hopletes이며 이들의 시조명은 이들이 이온의 자손임을 보여준다. 그러나 부르크하르트는 이 명칭이 각각 지주, 장인, 목동, 기사귀족을 지칭하는 것으로 상이한 삶의 방식과 연관이 있다고 보았다. 그렇다면 스파르타의 통합이 아테네와 다른 이유는 바로 이점에서 찾아진다. 즉 전자의 통합은 폴리스간의 통합이고, 후자는 그 부분, 즉 촌락 단위들의 통합이다. Jacob Burckhardt, *The Greek and Greek Civilization*, Trans. by Sheila Stern, St. Martin Press, New York, 1997, p. 38-39.

33) Polybios, 6. 48. 5.

34) Polybios, 6. 50. 2.

35) Polybios, 6. 50. 5. 주석에 따르면 이것은 스파르타가 펠로폰네소스 전쟁으로 헤게모니를 잡은 것과 에피미논다스의 테바이에게로 넘어가는 과정을 설명하기 위해서 폴리비오스가 제시한 것이다. 전후의 구절에서 로마의 시스템이 더 효율적임을 명시하고 있다. Raymond Weil, 1977, p. 133, n. 4를 보시오.

위의 세 가지 인용은 스파르타의 전성기에 이르는 과정을 그대로 묘사한다. 사실 스파르타인들도 좋은 때에는 그처럼 확장에 열을 올렸다. 그렇지만 예의 앞의 논리에 따라서 스파르타도 쇠퇴하게 되는데, 그 과정을 다음과 같이 제시한다.

> 이웃에 속한 것을 차지하는 것에 대해서 그리고 헤게모니아에 대해서 그리고 전체적으로 협상에 관련한 논의들에 대해서 부분적으로도 전체적으로도 결코 미리 생각해 보지 않은 것으로 내게는 보인다. 남은 것이란 시민들에게 그 같은 강제 혹은 고시를 들여오는 것뿐인데, 그것에 의해서 개인생활과 관련에서는 스스로 자족하고 검소하게 되는 것처럼, 마찬가지로 폴리스의 공통적인 사조 또한 자족하고 절제하는 상태가 된 것으로 여겨진다. 지금은 명예를 존중하고 관직을 사랑하며 거만한 다른 그리스인들에 대비하여 야심이 전혀 없으며 개인의 생활과 자신이 소속한 폴리스의 법들에 가장 신경을 쓰는 자들을 남겨놓았다[36].

이 구절을 보면 스파르타의 노년기의 모습이 연상된다. 야심을 잃어버리고 협상하는 것도 싫어하고 법만을 따지는 모습이 그러하다. 그런 스파르타는 이미 노년에 접어들었기에 그 쇠퇴는 자명한 것이라고 생각하는 폴리비오스의 설명이 엿보인다. 폴리비오스는 현재의 모습과 과거의 모습을 대비하여 노년기에 접어든 스파르타의 모습을 잘 드러낸다. 특히 그리스 세계의 패권을 잡기 위해서 통합하고자 노력하였던 모습을 잘 그리고 있어서 과거 스파르타의 영광이 그같은 노력의 결정임을 알게 해 준다. 그러나 폴리비오스는 스파르타의 쇠퇴를 단순히 시간의 문제에서만 찾는 것은 아니다. 문제점을 화폐제도의 불비에서 찾는다.

> 한편 바다 건너 원정대를 파견하고, 펠로폰네소스 밖으로 보병을 주둔지로 행군시키기를 원할 때, 철로 만든 돈도 매년 생산되는 열매의 교환도 리쿠르고스의 입법에 따라서 그들에게 사용의 잉여가 충분하도록 의도하지 않았다[37].

훌륭한 체제를 이루는 데 일조하였던, 화폐와 상업의 억제가 그 자체로는 기여하였지만, 이 같이 외국과의 관계에서는 문제를 야기하였다. 그것을 폴리비오스는 다음과 같이 밝힌다.

> 왜냐하면 협상에 공통의 화폐와 외국인 군사력이 없었기 때문이다[38].

36) Polybios, 6. 48. 6과 8.
37) Polybios, 6. 49. 8.

결국 스파르타가 가진 제도가 가지는 한계로 인해서 더 이상 세력을 확장하는 것이 불가능하였던 것이다. 그래서 반도에 공납을 부과하고, 그리스인들을 누르기 위해서 페르시아의 도움을 받아야 했다. 그러므로 스파르타에 남겨진 것은,

그래서 그리스인에 대해서도 협상(πραγμάτων)에서도 헤게모니아(ἡγεμονίας)를 전혀 추구할 수 없었다[39].

라케다이몬 인은 그리스에 대한 주도권에 관해서 많은 시간 동안 토론하였으며, 그들이 한 때 지배한 이후에 간신히 12년간 싸움이 없이 주도권을 유지했을 뿐이다[40].

혼합정체의 효시로 주목받은 스파르타 역시 앞에서 제시한 발전의 과정을 답습한다. 노년에 이른 스파르타의 문제는 더 이상 확장하거나 통합할 수 없다는 한계이다. 그것은 그대로 화폐 제도에서 확인되는데, 이것을 가지고서는 다른 나라와 협상하거나 통합할 수 없었던 것이다. 그러므로 스파르타의 쇠퇴가 운명의 탓이라기보다는 그 자체의 경제구조에서 기인하는 것으로 파악하고 있다는 점에서, 폴리비오스의 분석은 대단히 현실적이다.

(2) 카르타고

카르타고의 체제[41]에 관해서 폴리비오스는 다음과 같이 기술한다.

수립된 카르타고의 주권은 완전히 상이한 것들에 따라서(κατὰ γε τὰς ὁλοσχερεῖς διαφορὰς) 잘 통합된(συνεστάσθαι) 것으로 내게는 보인다[42].

---

38) Polybios, 6. 49. 9.
39) Polybios, 6. 49. 10.
40) Polybios, 1. 2. 3.
41) 부르크하르트의 지적은 흥미롭다. 그에 따르면 그리스인들보다 앞서서 페니키아인들은 폴리스를 건설하였으며, 이들이 만든 제도는 군주의 권한이 있으되 협의회에 의해서 제한되는 형태였으며, 협의회는 특권가문의 장들이 구성하였다는 것이다. 아울러 아무런 전사 카스트 없이 해변도시를 방어하였으며, 이들은 자신의 시민으로 이루어진 도시였다고 지적한다. 필자는 이런 점에서 사실 혼합정체의 기원은 페니키아일지도 모른다는 생각이 들기도 한다. 한 걸음 더 나아가 그는 다음과 같은 말을 한다. “만약 그리스인들이 이 모델로부터 배웠다고 가정하면, 그들의 명예에 오점이라고 생각되어야 하는가?” 이런 지적은 그를 서구중심주의자로 보려는 생각을 재고하게 한다. Jacob Burckhardt, *The Greek and Greek Civilization*, p. 40-41.
42) Polybios, 6. 51. 1.

카르타고의 형성은 완전히 상이한 것들, 다시 말해서 여러 요소들이 결합되어 이루어진 것으로 파악된다. 일반적으로 농경세력과 해상세력의 연합으로 파악하는 것이 일반적인데 이런 사정을 기술한 것으로 보인다. 사실 카르타고의 번영과 성장잠재력은 로마인의 공포심을 유발할 정도였다. 이런 성취는 결국 상이한 성격들을 잘 통합한 것에서 찾아야 할 것이다.

이 체제가 혼합인 이유를 다음과 같이 설명한다.

> 그리고 이를테면 그들에게는 왕들이 있었으며, 또 원로가 귀족의 권위를 가졌으며, 대중이 자신에게 맡겨진 것에 대한 주인이었다. 크게 보아서 (카르타고의 정체는-필자) 로마인과 라케다이몬인의 것에 가까운, 모든 자들의 결합을 지니고 있었다[43].

여기에서는 로마의 정체와 마찬가지로 견제와 균형이 유지되고 있는 사정을 전하고 있어, 그 골격으로는 같은 체제임을 설명하고 있다. 3차에 걸친 대전으로 자웅을 겨루어야 했던 카르타고의 운명은 어쩌면 로마와 비슷한 체제를 가졌던 것에서 비롯할지도 모른다. 그러나 이런 같은 체제에도 불구하고 카르타고의 패배로 귀결된 것은 폴리비오스가 보기에 시운(時運) 때문이다.

> 그것에 반해서 한니발 전쟁에 들어갈 시기에는 카르타고인의 주권이 더 약해졌고, 반면 로마인의 주권이 더 나았다[44].

폴리비오스는 앞에서 전개한 논지에 따라서 로마와 비교하면서 시점의 차이를 말한다. 즉 로마보다 전성기를 일찌감치 지났던 카르타고는 로마의 전성기에 이르러 쇠퇴를 맞이하였다는 것이다. 앞에서 말한 대로 전성기를 맞이할 때 최강이라는 논리에 따르면 로마의 우세는 그런 시운의 문제이기도 하다.

그러나 이런 시운에 모든 설명을 고정하지 않는다. 다음의 인용처럼 국가의 의사결정에서 차지하는 선량의 위상과 관련하여 카르타고의 문제를 설명한다.

> 그리고 왜냐하면 카르타고인에게서는 민중이 이 시기에 이르러 여러 위원회에서 가장 큰 권력을 나누어가졌으되, 반면 로마인에게서는 원로원이 정상을 차지하고 있기 때문이다. 따라서 전자에서는 다중이 협의하는 데 비해서, 후자에서는 선량이 그렇게 하므로, 국사(國事)에 관해서 로마인의 협의회가 더욱 강력하다[45].

---

43) Polybios, 6. 51. 2.
44) Polybios, 6. 51. 3.

로마보다도 훨씬 더 민주적이랄 수 있는 카르타고의 모습이 확인된다. 이런 판단은 역시 로마인의 관점이랄 수 있겠는데, 엘리트의 역할에서 로마에 비해 뒤진 것을 주요한 요인으로 파악하고 있음을 알 수 있다.

카르타고의 패배를 결정지은 것이 결국 전투이므로, 군대의 비교도 중요하다. 그 차이는 다음과 같다.

> 한편 이것들의 원인은 바로 그들이 외국인이며 임금을 받는 군사력을 이용하는 데 비해서, 로마인은 농촌거주자와 도시거주자를 이용한다는 것이다[46].

폴리비오스는 용병을 무시한 것인가? 그렇지는 않다. 다음 문장은 결국 책임의 소재가 문제된다는 점을 보여준다.

> 따라서 그리고 이 부분에 관해서, 후자의 정체(政體)가 전자보다 더 낫다는 것을 받아들여야 한다. 그 정체가 임금을 받는 자들의 용기에(εὐφυχίαις) 영원히 자유에 대한 희망을 두고 있는 데 비해서, 로마인의 정체는 자신들의 덕성들과 동맹국의 지원들에 두고 있기 때문이다[47].

사실 이점은 카르타고가 로마의 강점으로 인식하고 있던 것이며, 한니발이 이를 분쇄하기 위해서 여러 가지 정책을 취하였지만, 성공하지 못했다. 이렇게 본다면, 카르타고는 궁극적으로 군사동원 체제에서 약점을 가지고 있었던 것이고 어떤 면에서 로마에 비해 통합력이 부족하였던 것이라고 할 수 있다.

Ⅳ. 로마와 이탈리아

폴리비오스 『역사』 6권의 주제는 사실 로마에 맞추어져 있다. 서론에 제기된 과제는 로마가 단기간에 거둔 성공의 원인을 찾는 것이다.

---

45) Polybios, 6. 51. 6-7.
46) Polybios, 6. 52. 4.
47) Polybios, 6. 52. 5.

다음의 것을 역사의 기초와 입문에서 가장 큰 것이라고, 우리의 전공에 직면하는 것들을 위해서 우리의 과제에 속하는 것으로서 역사에서 우리는 가장 아름답고 동시에 가장 유익하다고 우리는 선언한다. 즉 어떻게 그리고 어떤 종류의 정체로 말미암아 거의 모든 세계가 정복되고 53년이 채 못 되어서 로마인에 의한 단 하나의 지배하에 머물게 된 것을 알고 배우는 것이다[48].

여기 나오는 53년(기원전 220/219-168/7)의 기간은 로마와 카르타고의 투쟁과정이다. 이것은 그리스인의 눈에 경이로운 것이기에, 설명을 필요로 한다. 로마의 경우는 앞서 두 사례와 비교하면 로마[49]가 단순하게 혼합정체라는 특성을 가지고 있기 때문에 성공하였다는 논리는 성립하지 않는다. 특히 카르타고와의 비교에서는 그런 점이 더욱 두드러진다. 왜냐하면 비슷한 두 체제가 경쟁하고 있었고 대결하였고 로마의 성공으로 판가름 났기 때문이다. 즉 로마의 성공은 정체의 문제 외에도 여러 다른 변수의 결과이다.

이런 로마의 성공을 폴리비오스는 정체의 측면에서 다음과 같이 약술하고 있다.

한편 로마인들은 이 목표를 조국을 형성하면서 이루어냈는데, 법에 의한 것이 아니라 수많은 논쟁(ἀγώνων)과 협상(πραγμάτων)을 통해서 그렇게 했으며, 언제나 상황변화를 파악하는 바로 그 인식에서 그들은 더 좋은 것을 잡았으며, 이런 식으로 한편 리쿠르고스에 따라서 우리의 시대에 정체들 중에서 가장 좋은 시스테마(σύστημα)라는 결과를 획득하였다[50].

48) Polybios, 6. 2. 3.

49) 부르크하르트에 따르면, 로마의 3지역구(Tribus)와 연관하여 이미 그리스인과 이탈리아인들과 오래된 공동거주의 기억이 있었다. 원래의 3 지역구명 티티에스, 람네스, 루케레스가 있었는데, 루케레스는 도리아인의 경우와 같이 이질적인 것으로 간주된다. Jacob Burckhardt, *Ibid*, p. 40.

50) Polybios, 6. 10. 13-4. 필자가 번역한 ἀγώνων과 πραγμάτων은 일반적으로 '투쟁과 시련' 등으로 번역되고 있다. 서언에서 밝힌 입장에 따라서 필자는 이 번역을 고수한다. 그 이유는 후자는 필자의 관점이 그러하기 때문이고, 전자는 키케로의 『국가론』 2. 12에 나오는 카토의 언급에서 비롯한 것으로 여겨지기 때문이다. (Nicolet, 1974, p. 248f.) "다른 나라에서는 개인들이 있어서 자신의 법률과 제도로써 나름의 국가를 만들었고 결국에는 그 국가가 세력을 잃고 약화된 상태에 빠진 경우가 거의 대부분입니다. … 반면 우리나라는 한 사람의 재능에 의해서가 아니라 다수에 의해서, 한 사람이 생이 아니라 여러 세기와 세대에 걸쳐서 구성되어 왔던 것이지요. 그는 설명하기를, 어느 한 때에 있었던 각 사람을 벗어나는 것이 아무것도 없을 정도로 큰 재능은 결코 존재하지 않았을 뿐 아니라, 사물을 사용하거나 오랜 기간의 경험을 하지 않고도 모든 것을 포괄할 만큼 큰 재능을 일시에 과시하는 것도 불가능하다고 말하였습니다." 이를 참조하면, 본문에 나오는 διὰ λογοῦ는 말이나 추론이 아니라 법을 의미하는 것으로 볼 수 있어서 위와 같은 번역을 제시하였다.

여기에서 우리는 로마의 통합능력, 즉 시스테마가 로마의 성공비결임을 알 수 있다. 즉 통합과 협상의 힘이 전투나 무력의 힘보다 더 중요한 요인으로 자리잡고 있는 것이다. 이점은 스파르타의 것과 비교된다.

> 그래서 라코니아의 주권의 결함이 있는 바로 그 점에서 로마인들의 주권은 달랐으며 더 효율적인 통합체계를 (δυναμικοτέραν σύστασιν) 보유하고 있다고 생각해야 한다. … 한편 로마인들은 이탈리아인들의 힘을 장악하여 단 시간에 전 세계를 자신들의 지배하에 두었는데, 이를 실천하는 것은 그들에게서 병참에 관련하여 풍족하고도 확실하였던 점과 적지 않게 관련 된다[51].

폴리비오스는 로마가 스파르타보다 강한 이유는 이같은 시스타시스를 가졌기 때문으로 묘사하고 있는데, 말 그대로 합성 및 통합력이 스파르타의 경우보다 더 강하고 효율적임을 보여주고 있다.

이어서 생각해 볼 것은 시운(時運)의 문제인데, 다음의 인용문은 이점에서 확실히 전성기의 로마가 우세하였다는 논리를 반영한다.

> 이를테면, 카르타고인들의 주권이 로마인들의 그것에 비해 앞서서 강하였고 앞서서 행운이었던 그 크기에 비하며, 한편 카르타고는 당시에 그 전성기를 지났으되, 다른 한편으로 로마는 정체의 통합력(σύστασιν)에 따라서 당시에 전성기(ἀκμὴν)를 구가하고 있었다[52].

이런 점에서 로마의 성공은 행운도 작용한 것이다.

이어서 엘리트의 역할도 중요한 변수이다.

> 따라서 그리고 전원에게 협의하도록 하지 않음으로써 카르타고인과의 전쟁에서 마침내 훌륭하게 지배하게 되었다[53].

이말은 전쟁이라는 상황에서 의사결정과 관련한 심의과정을 일반 대중의 권한을 제한하고 선량에게 의존하였던 로마가 훨씬 더 효율적이었다는 말인데, 이는 로마의 과두정치적 속성을 잘 드러내는 말이다. 사실 이런 사정에서는 로마의 체제가 더 효율적이다.

---

51) Polybios, 6. 50. 4와 6.
52) Polybios, 6. 51. 5.
53) Polybios, 6. 51. 8.

그러나 필자의 생각에 무엇보다도 폴리비오스가 주목했던 것은 이탈리아 동맹국의 역할이다. 이미 앞에서 지시한 것처럼 (Polybios, 6. 52. 2) '동맹국의 지원'(συμμάχων ἐπαρκείαις)은 로마의 생사와 관련을 가진다. 폴리비오스는 해전을 결정적으로 보았다.

> 그리고 해군력과 관련에서 경험상 로마인들은 뒤처지지만, 위에서 선언한 대로, 사람들의 뛰어남(ἀρετάς) 때문에, 모든 사람들에 대해서 승리했다. 왜냐하면 바다를 건너서 가는 원정에 적지 않게 기여하는 것이 배의 사용이지만, 수병들의 선한 정신(εὐψυχία)이 승리 쪽으로 가장 무거운 무게추를 저울에 더하였다[54].

그리고는 바로 이어서 이탈리아인에 관해서 다음과 같이 묘사하고 있다.

> 한편 참으로 그리고 본성적으로 모든 이탈리아인들은 신체의 강함과 정신상의 용기에서 페니키아인과 리비아인을 능가한다[55].

사실 페니키아인은 해상 세력의 대변인으로 알려져 있고, 특히 아테네의 해군도 이들에게 고전한 것을 생각한다면, 로마에게 결정적인 국면전환을 가져다 줄 수 있는 사람들이 필수였다[56]. 이 상황에서 그런 덕성을 가진 이탈리아인이 없었다면 로마의 운명은 달라졌을지 모른다. 특히 로마는 해전에서 결코 우위를 점할 수 없었기에 이들의 역할은 매우 중요하였다. 뿐만 아니라 한니발도 이 같은 점을 잘 알고 이탈리아인을 회유하고자 했던 사실을 분명하게 폴리비오스는 전하고 있다.

> 한편 그들(로마인)의 동맹시민(συμμάχους)을 우선 완전 인류애를 가지고서 분리하였으며, 이밖에도 함께 하면서 소환하여 그들에 대해서가 아니라 로마인에 대해서 전쟁하러 온 것이라고 말했다. 이어서 말하기를 만약 올바르게 그들이 판단한다면, 자신을 향한 우호관계(φιλίας)를 유지해야 할 것이다. 왜냐하면 자신은 우선 이탈리아인들을 위해서 자유를 다시 세우고 있으며, 그들이 로마에 의해서 파멸된 그들이 영토를 되찾으면, 동일하게 자신은 도시들과 촌락에서 퇴각할 것이기 때문이다. 이 말을 하고, 즉시 몸값을 요구하지 않은 채, 집으로 보냈으니, 이런 식으로 자신을 향하여 이탈리아에 거주하는 자들을 불러내고, 동시에 로마인에 대해서는 호의를 떨어내며, 로마의 지배로 인해서 나라와 항구가 줄어들었다고 생각하는 자들을 흥분시키려고 하였다[57].

---

54) Polybios, 6. 52. 8-9.
55) Polybios, 6. 52. 10.
56) 이탈리아인들에 관한 이해는 폴리비오스가 자신의 억류가 끝나기 전에 이미 이탈리아 최남단 로크리스를 여러 차례 방문한 점에서도 충분하였다고 보아야 한다. Walbank, *Ibid*, p. 4.

폴리비오스의 보고는 한니발의 관점을 잘 요약하고 있다. 이처럼 이탈리아인들의 중요성이 새삼 강조된다. 이 책략은 어떤 결과를 가져왔을까?

> 카르타고인들은 한편에서 이런 방식으로 인해서 남은 지역 거의 전부에 대한 지배자가 되었다. 이를테면 타렌툼인은 바로 그 지배자를 장악하였으며, 한편 아르기리파인과 일부의 카푸아인은 한니발에게 눈길을 돌렸다. 한편 나머지 모든 사람들은 이미 당시에 카르타고인들을 향하여 보고 있었다. 그들은 공격을 통해서 심지어 로마 자체에 대한 주인이 되리라는 큰 희망을 지니고 있었다[58].

이처럼 로마는 위기를 맞이하고 있었다. 그러나 여기에 주목되는 바는 이처럼 로마와의 동맹에서 이반한 도시들이 불과 12곳 정도밖에 되지 않는다는 사실이다[59]. 그러나 유례없던 사태에 로마인들은 공포에 휩싸여 있었다. 이들이 취한 태도는 어떠하였는가?

> 실로 원로원은 바로 할 수 있는 것을 아무 것도 내버려두지 않고, 오히려 다수를 초빙하여, 도시의 주위를 지키는 한편, 긴박한 현안에 대해서 씩씩하게 논의했다. 이것은 한편 이후에 발생한 것으로부터 분명하게 되었다. 두말할 것도 없이 로마인들은 당시에 패배하였고, 보병들과 관련해서도 용기가 후퇴하였으나, 주권의 특성 그리고 잘 논의함을 통해서 이탈리아에 대한 지배권을 회복하였고, 이후 카르타고인들에게 승리하였을 뿐 아니라, 얼마 안되어 전세계의 지배자가 되었다[60].

여기에서는 위기에 대항하는 로마의 자세를 읽을 수 있다. 먼저 문제점을 확실히 파악하여 대책을 세우는 일이 중요한데, 폴리비오스는 이 능력이 사실 '정체의 특성'(τῇ τοῦ πολιτεύματος ἰδιότητι)에서 비롯한 것이라고 보고 있다. 카르타고에 승리하고 나아가 세계의 지배자가 된 로마의 성공 비결은 효율적인 로마의 체제에 있었다.

이런 점을 고려할 때, 다음의 인용은 로마인들의 정책을 잘 요약한다.

---

57) Polybios, 3. 77. 4-7.

58) Polybios, 3. 118. 2-4.

59) 전후에 이들에 대해서 가혹한 조치가 취해졌음은 물론이다. 그것들 중 하나가 트리부툼세를 부과하는 것이었다. 허승일, 『증보로마공화정연구』, p. 407 참조.

60) Polybios, 3. 118. 7-9.

다시금 외부로부터의 공포에서 벗어나면서 행운과 성공에서 비롯하는 풍요를 가지고 세월을 보내는데, 번영을 즐기고, 잡담하며 마음을 늦추면서, 오만을 향하여 그리고 거만을 향하여 가는 것으로 드러난다. 이는 늘상 있는 것이다. 그때에 심지어 가장 두드러지게 보이는 것은 주권 스스로 자체로부터 도움(βοήθειαν)을 마련한다는 점이다[61].

여기에는 외부의 위협이 국가의 단합을 유지한다는 관념을 포함하고 있다. 특히 카르타고의 파괴를 앞두고 벌린 카토와 나시카의 토론에서 이 점이 분명하게 드러난다[62]. 그러나 성공의 뒤에는 오만으로 쇠퇴하기 마련인데, 로마의 경우는 그와 달리 자구책을 마련하고 있었다는 것이 폴리비오스의 지적이다. 그것이 바로 이탈리아 동맹국의 확보이고, 국가 방어에 필수요소라서[63] 로마의 정체는 그렇게도 끊임없이 통합을 위해서 진력하였던 것이다.

V. 결　어

폴리비오스는 로마의 성공을 설명하는 틀로서 혼합정체론을 수용하여 자신의 논지를 전개하였다. 그런데 필자가 보기에 같은 혼합정체를 가지고 있으면서도 로마가 궁극적인 승리를 거둔 것을 설명하려는 시도가 더 중요한 것이다. 폴리비오스는 단순형의 정체는 순환을, 반면에 복합형인 정체는 유기체와 같이 생장소멸하는 과정을 겪고 있다고 판단한 점에서 역사철학적 관조를 하고 있다고 볼 수 있다. 그러나 그런 관조가 단순히 운에 좌우된 것이 아니라 나름의 체제의 특징에 좌우되었음을 밝히고, 구체적인 예를 들어서 설명하고 있다. 그런 점에서 폴

61) Polybios, 6. 18. 5-6.

62) 허승일, 「폴리비우스의 혼합정체론과 티베리우스 그라쿠스의 개혁」『증보로마공화정연구』, p. 223에 나시카의 입장이 잘 요약되어 있다. 즉 카르타고에 대한 두려움 때문에 로마의 기강이 지켜질 수 있다는 논리를 제시하고 있는데, 그런 태도가 폴리비오스의 사상에서 비롯한 것이라는 지적은 매우 타당하다고 할 수 있다. 이런 의식이 생긴 것은 로마에서는 기원전 2세기로 보기 때문이다. 니콜레는 이 점을 지적하여 폴리비오스의 주장이 보기보다 '더 독창적'(plus originale)이라고 평가한다. Raymond Weil, 1977, p. 153에 따르면 카토도 동일한 생각을 가졌다. Appianus, *The Punic War*, 65 참조.

63) 이탈리아 동맹국에 대한 관심과 그들 문제에 관해선 허승일, 『증보로마공화정연구』 pp. 90-91이 훌륭한 지침이 되며, 특히 스키피오의 태도가 이런 사실을 잘 입증한다. p. 224.

리비오스는 나름의 실증성을 지니고 혼합정체 국가들을 분석하고, 여기에서 로마의 우수성을 찾으려고 했던 것이다.

로마의 쇠퇴에 관해서는 어떤 생각을 가졌는지 알 수 없으나, 결국은 같은 길을 갈 것이라고 전망했다. 이런 점에서 『역사』 6권에 나타난 역사발전의 원리와 그 원리를 적용하여 분석하고 이해하려고 했던 폴리비오스의 새로운 면모를 충분히 파악할 필요가 있다. 결론적으로 우리는 아리스토텔레스의 아류가 아니라 나름의 논리와 실증을 갖춘 폴리비오스의 가치를 확인한다. 물론 이런 논리는 로마의 경험에 토대를 둔 것이다. 필자는 폴리비오스의 『역사』 6권을 분석하면서, 단순정체의 순환이라는 주제는 단순히 내부적인 문제로 보고, 외부적인 문제 즉 통합의 문제를 다루고자 했던 것이 폴리비오스의 의도라고 생각하게 되었다[64]. 다른 논리라 할 수 있으며, 로마인이 고안하였을 가능성이 높은, 유기체적 발전론에 입각하여 새로운 시대의 국가체제를 보려고 한 것이 폴리비오스의 진정한 의도일 수 있다. 이런 점에서 이탈리아를 넘어서서 지중해로 확대하는 로마의 모습을 적절하게 기술하였고, 그 주제어가 '시스테마' 즉 '통합'이었다. 그렇다면, 폴리비오스는 이탈리아 동맹국을 매개로 하여[65] 로마 체제의 모습을 본 것으로 해석해야 할 것이다. 이와 관련하여 필자는 폴리비오스의 『역사』의 3권이 마땅히 6권의 뒤에 왔거나 적어도 이어서 읽었어야 한다고 생각한다. 특히 6권의 서두에서 분석의 대상을 포이니 전쟁으로 파악하면서, 이를 따로 배치한 것은 폴리비오스의 진정한 의도를 파악하기 힘들게 하였다. 따라서 필자는 3권과 연계하여 6권을 같이 읽는 것이 로마사 이해에 좀 더 도움이 된다고 판단한다.

64) 폴리비오스 6권의 시작에서 앞권까지의 이야기를 중단하고 로마의 체제에 관한 이야기로 옮겨가면서, 7권에서 로마가 이탈리아와 시칠리아에서의 힘을 공고히 해 나가는 과정을 기술한다. 일단 이야기의 전환이 있었던 것에서 필자의 지적을 뒷받침한다. 차전환 교수의 논평에 감사드린다.

65) 최자영, 1995, p. 97에 언급된 대로 그리스 피정복민의 관점에서 로마의 역사를 분석하였다는 점에 관해서 동의하며, 그러나 이런 관점이 가능하게 한 것은 로마의 이탈리아 통합에 관한 사전지식에 근거한 것이 아닐까라고 필자는 추론하고자 한다.

7

문화사 이해를 위한 서평

Edith Hamilton, *The Greek Way*, W. W. Norton & Company, 1930, 1958. (이지은 역, 『고대그리스인의 생각과 힘』 까치, 2009); *The Roman Way*, W. W. Norton & Company, 1932, 1960. (정기문 역, 『고대 로마인의 생각과 힘』 까치, 2009)

Ⅰ. 서　언

좋은 책은 무엇일까? 본서의 한 역자가 소개한 것처럼 인생을 살면서 만나게 될 어려움에서 이를 극복하게 도와줄 친구와 같은 존재가 아닐까? 대개 전공서적을 읽다보면, 저자의 생각이 때로는 중압감을 때로는 모멸감을 주기도 하여 책 자체가 부담이기 십상이다. 평자도 처음에는 이 두 책을 보고서 역자의 수고는 치하하면서도 또 하나의 짐이 되려니 생각하였던 것이 사실이다. 그러나 읽다보니 누구나 쉽게 읽을 수 있으면서, 전공자들이 잊고 있던 마음의 문제를 건드려 주고 있어 흥미를 더해 갔다.

최근 역사에서 새삼스럽게 문화니 심성이니 하는 이야기를 화두로 하여 복잡한 사료와 화려한 논거와 거대한 통계가 우리의 눈을 사로잡는다. 그럼에도 불구하고 그 결론은 매우 회의적이고 노력에 비해서 얻어진 결론은 너무 초라하고 몰라도 되는 것이 많다. 사실 인간을 이해하는 문제에서 사람이 남긴 기록과 내면의 고백 이상 더 직접적이고 확실한 것이 있을까? 사회나 구조를 논하기에 앞서서 우리는 가장 기본적인 것, 즉 길을 알아야 할 것이다. 이런 점에서 한 저자의 두 책은 우리가 읽어야 할 그러면서 잊혀왔던 가치를 보여주고 있다.

사실 저자는 1930년대에 이 두 책을 짓고는 유명해졌다. 일반인과 전문가들의 호평이 이어져서 명저의 반열에 오른다. 경력을 보니 역시 기본기가 충실한 그러면서 경솔한 경향에 휩쓸리지 않는 탄탄함을 보여준다. 같은 여류작가이면서 한국의 독서계를 강타한 어떤 일본인의 작품이 문제투성이와 제국주의적 오염에서 혐오감을 주고 사리분별 없는 독자와 대중을 현혹하고 보수로 칭하여지는 거대언론의 선전으로 전락한 것에 비교된다. 해밀턴은 서양의 진수를 우리에게 담담하게 전하면서 책 읽는 기쁨과 즐거움 그리고 이렇게 서평을 통해서 독자에게 또 연구자들에게 소개하고 싶은 감정을 감출 수 없게 만든다. 평자가 이 책을 소개하기로 마음먹은 이유는 평소 그리스와 로마가 어떤 점에서 같고 다른가를 분명히 하고 싶어서이다. 로마사를 전공하고 학생들에게 서양고대사를 가르치지만 막상 어떤 때에는 그리스와 로마는 구별되지 않는 경우가 많다. 그것은 그리스의 시각이 너무 지배적인 학계의 풍토도 있고, 로마인 자신이 스스로를 무어라고 규정하지 않은 탓도 있다. 그러나 그런 시각으로 로마사를 공부하다 보니, 로마에 관한 많은 오류와 오해에서 벗어나기 어렵다. 최근 고고학 발굴에 입각해서 새롭게 보려는 이탈리아 석학들의 의욕적인 노력은 그런 것을 시정하려는 일면이다. 로마는 단순히 그리스 폴리스의 확대가 아니라 나름대로의 개성과 특별한 성향을 지녔다고 보고 싶은데 그 정체를 파악하는 것은 쉽지 않았다. 그런 점에서 여기에서 소개하는 두 책은 필자의 궁금증에 상당 부분 답변해 주었다. 특히 마음에 새겨야 할 명구들이 많다. 그래서 평자는 읽고 흥미롭게 느꼈던 부분을 인용과 함께 제시함으로써 두 책을 소개하고자 한다.

Ⅱ. 생활문화

해밀턴의 역사방법은 부르크하르트의 것을 연상시킨다. 독일어에 능했고, 고전교육을 잘 받았던 그가 그런 시각을 가지게 된 것은 자연스러운 것이었으리라. 부르크하르트의 문화사가 변하지 않는 사람의 태도에서 근거하여 출발한 것처럼,

해밀턴 역시 같은 이야기를 하고 있다.

> 현재의 혼란과 당혹 속에서 그리스인들이 사상의 명확성과 예술적 확신에 이르게 된 방식은 고려해볼 만한 가치가 있다. …그러나 인간 삶의 겉모습은 많이 변하지만 내면은 거의 변하지 않으며, 우리가 졸업할 수 없는 교과서는 인간의 경험이라는 점을 명심해야 한다. (이지은, 14 *아래에서는 '이'와 '정'으로 두 책을 구분함)

이어서 그리스의 길이란 무엇인가라는 질문에서 우선 만나게 되는 비교대상은 오리엔트였다. 이에 관해서 다음과 같이 담담하게 기술한다.

> 그 체제를 특징짓는 정신은 결코 변하지 않는 동양의 정신이다. 동양의 정신은 고대세계 이래로 줄곧 변함이 없으며, 모든 근대적인 것에서 영원히 멀리 떨어져 있다. 이런 국가와 정신은 그리스인에게 이질적인 것이다. …서양의 정신, 즉 근대정신은 그리스의 발견이며, 그리스인이 있어야 할 자리는 근대세계에 속한다.(이 17)

사실 이 대목에서 평자는 구토할 뻔했다. 이런 시각을 명저로 소개한 사람도 문제라고 보지 않을 수 없었다. 그야말로 오리엔탈리즘의 전형이다. 정체성론이라고 해야 할까 순진한 제국주의자라고 해야 할까? 다음의 구절이 없었다면 평자의 독서는 더 이상 없었을 것이다.

> 로마에 관해서는 이와 동일한 주장을 할 수 없다. …황제들과 함께 고대국가와 동양국가가 사실상 부활했다. 로마의 정신이 동양의 특징을 지니고 있지는 않았다. 동양의 현자들의 정신을 헛되고 무의미하다고 여기던 상식이 있는 실무 행정관들이 로마의 소산이었다. "진리란 무엇인가?" 하고 빌라도는 비웃으며 말했다. 그러나 동시에 로마의 정신은 그리스의 정신에서도 멀리 떨어져 있었다. …아테네와 로마 사이에는 거의 공통점이 없었다.(같은 곳)

어떻게 보면 로마는 동양과 마찬가지로 또 하나의 극단이다.

근대세계의 특성이 해밀턴의 눈에는 그리스의 유산이라고 비추어졌다. 사실 근대는 동양과는 다르고 로마와도 다른 그 무엇이다.

> 근대세계를 고대세계로부터 구분짓는 것, 서양을 동양으로부터 가르는 것은 인간의 문제들에 관해서 이성이 우위를 점하는 것이며, 이는 그리스에서 탄생했고, 전 고대세계에서 그리스에만 존재했다. (같은 곳)

이와 같이 인간을 이성으로 보려는 것이 그리스의 길이라고 갈파한다. 이같은 방식이 근대성이고 그 근대성의 출발은 사실 그리스로 본다는 것이다.

신화와 관련해서 그리스와 로마는 어떻게 다를까? 우리는 두 신화가 서로 섞여있어서 같은 국면만을 보는 데에 너무 익숙해 있다. 그러나 차이점은 다음과 같이 드러난다.

> 호메로스와 베르길리우스의 서술방식을 비교하면 고전적인 낭만주의와 순수한 낭만주의의 차이가 즉각 드러난다. …그리스 예술가가 신의 조각상을 만들 때 그랬듯이 신을 이렇게 묘사하는 것은 낭만적인 주제를 고전적으로 다루는 것으로 여기에서는 로망스가 위축된다. 고전적 예술가의 본거지는 지상이고, 그가 하늘로 올라간다고 해도 그 하늘은 지상의 외관을 취한다. 그러나 아이네아스가 갑옷을 잃어버려서 그의 어머니가 똑같은 목적으로 불카누스에게 갔을 때 본 광경에는 지상적인 것이 전혀 없었다.(정 245)

호메로스에게서 헬레네는 파리스의 결정에 따르고 순종할 수밖에 없는 것으로 나타난다. 그러나 베르길리우스에게서 디도라는 여인을 통해서 거대한 사랑의 이야기를 전할 수 있었다. (정 248) 이런 차이가 드러난 이유를 설명한다.

> 이렇게 베르길리우스가 디도를 다루는 방식은 호메로스가 헬레네를 다루는 방식과 크게 달랐다. 여자의 운명을 그렇게 판이하게 달랐다. 『일리아스』에서 헬레네는 전혀 책망받지 않았다. …무슨 행동을 하든 순응하는 것 이외에 여자가 무슨 일을 할 수 있겠는가? 모든 책임을 파리스에게 지워졌다. … 호메로스는 논리적이다. 그 시절에 여성은 무기력했기 때문에 그녀에게는 잘못이 있을 수 없다. 그러나 로마 여성은 결코 그런 존재가 아니었다. 그들은 책임을 지는 인간, 무시할 수 없는 힘을 가진 존재였다. 디도가 선택의 여지없이 아이네아스에게 굴복해야 했던 것은 아니다. 따라서 기묘하게 균형이 바뀌면서 모든 책임이 그녀에게 지워졌고, 아이네아스는 전혀 책임을 지지 않았다.(정 250-251)

저자가 보기에 이런 점에서 로마인의 영향력이 더 크다. 루크레티아와 비르기니아 그리고 그와 유사한 이야기들에서 같은 경향을 찾을 수 있을 뿐 아니라 19세기 말까지 그런 경향이 이어졌다.

죽음을 바라보는 방식에서도 큰 차이가 드러난다.

> 대체적으로 라틴 문학에서 죽음은 바람직한 것으로 묘사되었다. …아이네아스는 트로이가 멸망할 때 죽지 않은 것을 비통해하면서 한탄했다. …그러나 고전주의자에게 죽음은 늘 사악함 그 자체이다. 이점에서 호메로스의 영웅들은 모든 그리스를 대변한다. …호메로스의 영웅들은 결코 죽기를 원하지 않았다.(정 254-5)

그리고 이런 차이는 세네카를 통해서 확연히 구분되어 유럽인에게 전하여졌다. 그런 점에서 유럽인은 로마의 상속자라고 저자는 주장한다.(정 270)

그리스인은 비극을 통해서 그 진가를 드러낸다. 셰익스피어와 비교할 때 어떤 점이 다른지 저자는 다음과 같이 제시한다.

> 그리스의 비극작가들은 사람들을 단순화시켜서 보았다. …측량할 수 없는 전체의 일부로서 "무한함이라는 배경" 앞에 놓인 인간의 복잡성은 단순화되었다. …우리에게는 그 반대이다. 인간 개개인이 화폭 전체를 채운다. 인간의 본성은 우리에게 심대한 수수께끼이다. …잘못은 우리의 운명에 있는 것이 아니라 우리 자신 속에 있고, 우리 각자가 유일한 배우인 무대가 존재한다. …그리스 비극작품에 나오는 한 등장인물을 셰익스피어 작품의 등장인물 옆에 나란히 놓아보면 상이한 관점들의 결과로 나온 차이점이 분명하게 보일 것이다. 하나는 단순하고 복잡하지 않으며, 다른 하나는 복잡하고 또한 모순적이다.(이 315-6)

이런 특성은 그리스인들이 개별적인 것을 유형 속에서 잃지 않았으며, 유형을 개별적인 것 속에서 잃지도 않았던 데(이 342)에서 연유한다. 반면에 로마의 경우는 어떤가?

> 대중적인 영웅들은 남자든 여자든 늘 죽음을 하찮은 문제로 본다는 점에서 로마 영웅들의 후예이다. 현대의 감상주의자들과 정말 똑같이 로마의 감상주의자들에게는 모든 남자는 나라를 위해서 기꺼이 죽으러 갔고, 모든 어머니는 똑같은 이유로 아들을 보내기를 원했다. 빈자와 하층민이 부자와 권력자들보다 더 행복했다. 소년 시절의 낡은 농장이 대리석으로 만든 저택보다 애호되었고, 어머니는 늘 어머니였다. 이 모든 것은 그리스인이 원했던 것과 완전히 정반대였다. … 그리스 비극은 "일상에서 크게 벗어나서 낯섬", 즉 위대한 영혼들이 거대한 재앙을 겪는다는 생각을 중심으로 삼았지만, 그리스인에게 그것은 고전적으로, 다시 말해서 감상적인 것과 정반대로, 조금도 과장하지 않고, 자연스러운 것에서 벗어나지 않게 제시되어야 했다. 따라서 …우리가 의미하고 있는 의미의 대중적인 호소력이 전혀 없었다(정 261-2)

이 차이점, 특히 그리스 식의 비극은 예수의 일생을 묘사하는 데에도 적용되고 있다.

> 즉 예수의 일생이다. 이것은 비극이지만, 그리스적 본보기를 따르는 비극이다. 예수라는 인물은 매우 단순하게 윤곽이 잡혀 있지만, 그는 도저히 전형이라고 생각될 수 없었다. …예수는 우리에게 세상 어느 곳의 그 어떤 인물보다 더 단순하게 그려져 제시되고 있으며, 그의 개별성은 다른 누구보다 더 의심할 여지가 없다. 예수는 인류를 위한 선과 악의 갈등이라는 엄청난 무대에 서 있고, 우리는 멀리 떨어져 있다. 우리는 오직 바라볼 수 있을 뿐이다.(이 343)

다음으로 희극에 관해서는 다음과 같이 설명된다.

> 아리스토파네스의 작품이 길버트 시대의 청중보다 지적 수준이 더 높고, 극장이 여태껏 경험했던 가운데 가장 예민한 지성들과 가장 식별력이 있는 비평가들로 이루어져 있는 청중을 위해서 쓰였다는 것은 사실이다.(이 140-141)

사실 위의 진술은 놀라운 말이다. 희곡으로 남아 있는 그것을 미루어 보면 충분히 그런 판단이 가능하지만, 실제로 대부분이 문맹이었던 그리스인들이 그런 수준을 유지하였다는 것이기 때문이다. 우리는 지나치게 구전이나 암송의 효과를 무시하고 있는지 모른다. 우리는 희극에서 우선 그리스와 로마식의 차이를 찾을 수 있다. 왜냐하면 "희극을 보는 관객은 그들의 마음을 지리적, 종족적 경계를 넘어 확대할 수 없기" (정 25) 때문이다. 그래서 로마의 희극작가와 그리스와는 다른 면을 보이는데, 오히려 전자가 근대의 것과 같다.

> 아리스토파네스는 학파를 형성하지 않았고, 고대에나 근대에도 추종자를 얻지 못했다. 메난드로스는 로마의 희곡 속에 살아남았지만, 그림자와 같은 존재에 지나지 않았다. 반면에 플라우투스와 테렌티우스는 현재 우리가 알고 있는 형태의 연극을 창시했다.(정 23)

"로마의 길"은 "그리스의 길"과 매우 달랐는데, 이것은 무대의 차이에서도 드러난다. 예를 들어서 일을 잘한 노예에게 포도주를 상으로 내리고 친구와 먹도록 하는 것이나(정 25-6), 부정한 여인에게 기만당하는 남편을 다루는(정 43) 자유로운 무대는 로마인의 것이 아니었다. 로마의 이상은 관리들의 엄격한 강제 하에 있는 질서였다(정 28). 그래서 연극 무대는 검열의 대상이 되었고 작가는 이를 피하기 위해서 그리스를 무대로 선정한다. 여기에는 다음과 같은 이유가 있다.

> 12표법은 글로써 명예를 훼손시키는 자를 채찍으로 다스리도록 규정했는데…희극을 쓸 때 재미를 추구해야 하면서도 로마인을 재밋거리로 삼아서는 안 된다는 이런 딜레마에서 벗어나기 위해서 로마의 희극작가들은 의도적으로 외국을 희극의 배경으로 삼았다.(정 27)

이와 같은 통제에 관한 차이는 음주문화에서도 드러난다. 그리스인과 로마인은 경우는 다음과 같이 비교된다.

> 『향연』에서 알키비아데스가 스크라테스에게 두 통의 포도주를 마시자고 도전장을 내밀었을 때, 소크라테스는 마시고 안 마시고를 선택할 수 있었다. 그러나 호라티우스 시절의 초대 손님들에게는 그런 자유가 없었다. 호라티우스는 각 손님들에게 얼마나 자주 먹어야 할지를

> 지시하기 위해서 늘 임명되었던 술자리의 주인을 자주 언급했다. …그래서 로마인들은 그들의 전형적인 방식대로 술 취하는 것에 한계를 정하기 위해서 법을 통과시켰다. …한편으로 과음하는 사람이 줄어들었을 터이지만, 다른 한편으로는 절주하는 사람이 자신이 원하는 것보다 훨씬 더 많이 마셔야 했을 것이다.(정 211-212)

그리스인과 로마인이 차이가 두드러진 부분은 검투사 경기이다. 사실 로마인의 경기취향은 현재의 기준으로 보아도 뒤질 것이 없다. 반면 그리스인들은 그것을 혐오한다.

> 검투 경기가 열릴 때면 모든 로마인은 검투사들이 열 명씩 혹은 백 명씩 서로 죽이는 것을 보고…원형경기장의 관람석을 빽빽이 채웠다. 바로 이런 것이 로마인이 가장 소중히 여겼던 기쁨이었고, 세계의 스포츠에 대한 로마의 유일한 기여였다. 이런 장관연출 가운데 그리스에서 기원한 것은 하나도 없다. …아테네인은 검투경기를 결코 허용하지 않았다.(정 217-8)

이런 차이는 역사와 국가에 대한 이해에서 찾을 수 있다.

Ⅲ. 역사의식과 표현

저자의 설명은 역사의식과 설명에서 더욱 진전된다. 우선 역사의 아버지 헤로도토스에 관해서 다소 신랄해 보이는 설명을 제시한다. 특히 그가 내세웠던 '자유'를 어떻게 볼 것인가가 문제였다.

> 헤로도토스는 그 전쟁을 그렇게 이해했다. 그 투쟁의 표어는 자유였다. …현대의 독자는 그러한 자부심에 가득 찬 말들을 이의 없이 그대로 인정할 수 없다. 이렇게 자유로운 그리스인들이 소유했던 노예들은 어떻게 되었는가? 페르시아의 패배로 노예들이 해방되지 않았다.(이 161-2)

노예에 관해서는 구약성서를 포함해서 아리스토텔레스에게 이르기까지 이상할 것 없는 것으로 받아들여진 것이 현실이었다. 그러나 저자는 그런 제도의 잘못을 지적할 지적인 용기가 그리스인들에게 있었음을 우리에게 알려주고 있다.

> 이상하게 여겨야 할 것은 헤로도토스가 노예 소유자들이 자유의 수호자가 되는 것을 하등 이상할 것이 없다고 보았다는 사실이 아니라, 고대 전반과 근대의 거의 대부분 동안 그리스에서만 노예제를 위장하고 있던 인습적인 덮개를 꿰뚫어보고, 그것이 진정 무엇인지에 대해서 선언할 만큼 위대하고 용감한 자들이 있었다는 사실이다. …스토아 철학자들은 노예

제를 인간이 인간에 대해서 그때까지 저지른 모든 잘못들 중에서 가장 참을 수 없는 것이라고 공공연히 비난했다.(이 163)

이처럼 솔직한 견해는 헤로도토스에게서 쉽게 엿볼 수 있다.

특징적인 것이 델포이의 여사제가 논쟁에서 한쪽 편에 유리한 신탁을 내려달라는 뇌물을 받았던 경우가 한 번 이상 있었다고 한 헤로도토스의 사실 그대로의 진술이다. 이것은 그리스에서 가장 신성한 것에 대한 공격이었다. 이는 마치 교황이 뇌물을 받는다고 고발하는 것과 같았다.(이 167)

헤로도토스는 키루스가 그리스의 시장을 "맹세하면서 서로를 속이는 사람들을 위해서 따로 마련해 두는 장소"라고 묘사한 것을 재미있어 하며 인용한다.(이 168)

저자의 설명에 따르면, 권위와 사실이 충돌할 때 그리스인들은 사실을 선호했다(이 167). 이런 바탕에서 "개인의 선입관과 편견이 양보해야만 하는 진리"라는 개념이 출현하였음을 지적한다. 이런 점에서 헤로도토스는 역사는 물론이고 오늘 학문과 인간에 관련된 모든 것의 아버지임을 힘주어 강조한다. 그러나 그는 지식의 폭군이 아니라, 최후의 판단은 독자에게 맡긴다(이 170-171)는 정책을 지니고 있었다. 저자는 그런 이해의 기준이 분명하지는 않지만, 그가 살았던 시대의 지적 풍토와 관련하여 "그의 이해심 많은 관용과 날카로운 지적 흥미"(이 173)를 지시한다. 페르시아 전쟁 직후 깊은 종교적 감수성과 페리클레스 시대의 회의론이 그의 역사의 바탕이 되었다는 것이다.

그러기에 그의 역사에서는 인간이 늘 중요한 관심사로 떠오르는 것도 그런 바탕과 연관된다.

역사가들은 종종 역사의 진정한 연구 대상은 인간이라는 점을 잊곤 한다. 열거된 사실과 이치에 맞는 분석은 인간 본성을 가려버리는 경향이 있다. 그것은 헤로도토스의 방법이 아니었다. …마라톤 전투, 테르모필레 전투, 살라미스 해전의 보고자가 헤로도토스라는 것은 우리에게 행운이다. …그것을 일으킨 원인은 인간의 오만과 정복욕, 그리고 압도적인 불리함에도 소중한 것을 지키려는 힘이다.(이 173-4)

그러나 그리스는 달랐다. …페르시아인들에게 동조한 자의 어린 아들들이 끌려왔을 때, 그 장군은 아이들을 돌려보냈다. "그들은 소년들이다. 어린아이들이 페르시아인들 편에 서는 범죄에서 담당할 수 있었던 역할이 무엇이었겠는가?"라고 장군이 말했다고 헤로도토스는 전한다. …그보다 더 근본이 되는 것은 아무리 무력한 개인이라도 가치가 있다는 개인의 존엄성에 대한 확신이었다.(이 175)

저자는 이러한 가치가 뒷받침되었기에 불모의 그리스가 자유를 누리고 있었고, 그것이 승리의 원동력이 되었다고 보는 것이 이 역사의 아버지가 가진 생각이라고 정리한다. 계속해서 길잡이로서의 역사를 서술한 투키디데스에 관해서 다음과 같이 평가한다.

> 근대의 과학적인 역사가는 지질학자와 매우 비슷하게 연구 대상을 바라본다. 역사는 그 자체만을 위해서 검토되는 사실의 연대기이다. 시간이라는 베틀로부터 풀려나온 천에는 아무런 문양도 없고, 그것을 연구하여 얻는 이익도 정보 이외에는 없다. 그것은 역사서 중에서도 여전히 명작으로 꼽히는 아테네와 스파르타 사이의 전쟁의 역사를 쓴 그리스 역사가의 관점이 아니었다. 투키디데스가 만약 그러한 방식으로 생각했다면, 결코 자신의 역사서를 서술할 수 없었을 것이다. 지식을 위한 지식은 아테네인에게 전혀 매력이 없었다. 아테네인은 현실주의자였다. 지식이 추구되어야만 하는 이유는 생존을 위한 가치가 있었기 때문이다. 지식은 인간을 과오로부터 옳은 행동으로 이끌어갔다. …파괴적인 투쟁을 불러온 것이 무엇이었던지 관한 지식에서 이익을 얻을 것이라고 믿었기 때문에 역사서를 서술했다.(이 187)

저자는 이런 역사 연구에서 보편적인 진리를 찾아내고 있는 투키디데스를 묘사한다.

> 전쟁의 진정한 원인은 이러저러한 사소한 동요, 멀리 떨어진 식민도시의 반란, 중요하지 않은 협정의 파기 같은 것이 아니었다. 그 이유는 사건의 표면 저 아래, 인간 본성 저 밑에 있는 무엇이었다. …아테네인과 스파르타인은 오직 한 가지 이유 때문에 싸웠다. 즉 그들은 강력했고, 그렇기 때문에 더 많은 권력을 추구하도록 강요되었기 때문이다. …민주정이 옳고 소수에 의해서 다수가 지배되는 것은 잘못인가? 투키디데스에게 그 질문은 중요한 논쟁점을 회피하는 것으로 보였다. 옳은 권력이란 없었다. 권력은 그것을 누가 사용하든지 간에 인간을 타락하게 만드는 악이었다.(이 190)

이런 관점을 계승한 폴리비오스는 역사에 관해서 다음과 같은 결론을 가지게 된다.

> (폴리비오스는 압축하여) 인간의 역사는 권력의 지나침이 계속 주기적으로 일어나는 순환이라고 폴리비오스는 말한다. …그 이유는 그들 안에는 모두 변하지 않는 악 ―권력을 향한 탐욕―이 존재하고 있으며, 어떠한 도덕적 속성도 그들 중 어느 것과 필연적으로 밀접한 관계가 없기 때문이다.(이 191)

이런 역사의식을 바탕으로 사실상 로마의 역사가 어떻게 정리될 수 있을까? 앞에서 이야기했던 서사구조가 역사의 서술에서도 잘 반영되어 나타나고 있음을 저자는 보여준다. 리비우스에 관해서 다음과 같이 기술한다.

리비우스는 베르길리우스보다 상당히 젊었지만, 베르길리우스가 죽기 약 10년 혹은 12년 전부터 『역사』를 서술하고 있었다. 두 사람은 서로의 작품을 알고 있었음에 틀림없다. "이 위대한 도시의 건설, 그리고 현재 불멸하는 신들에 버금가는 권력을 가지고 있는 제국의 확립"에 대한 리비우스의 생각은 정확히 베르길리우스의 생각이었다. 두 사람은 똑같은 주제를 다루었고, 산문작가인 리비우스는 운문작가인 베르길리우스 못지않게 낭만적으로 다루었다. 즉 리비우스의 생각에 의하면, 로마는 신의 섭리의 도구들인 위대한 성품을 가진 사람들, 즉 타락한 문명의 소산들과 거리가 먼 소박한 선함을 표준으로 삼은 사람들이 건설했다.(정 257)

이런 소박한 역사의 서술은 여러 면에서 그리스의 것에 비해 뒤지는 것이 사실이다. 그러나 그 영향이 더 크게 작용한 것은 아이러니이다.

역사가로서 그는 틀림없이 폴리비오스에게 미치지 못한다. 그러나 너무나 정확했고 너무나 단조로웠던 폴리비오스가 학자들의 도서관 밖에서는 거의 영향을 미치지 못한 반면, 리비우스는 역사를 쓴 이후 오랜 세월 동안 활발하게 영향을 끼쳐왔다. …우리가 가지고 있는 한니발에 대한 생각, 즉 그가 전쟁의 찬란한 천재, 알프스를 넘은 불굴의 정복자, 이탈리아에 재앙을 안겨준 사람이라는 생각은 리비우스의 창작물이다. 리비우스는 열정과 거대한 상상력을 갖춘 위대한 작가이다. 그가 때때로 도취되어 마음대로 창작했다고 가정해서는 안된다. 그는 오직 진실만을 쓰고자 했던 양심적인 사람이다. …예술가가 비평가 역할을 겸할 수는 없는 노릇이다.(정 258-9)

이런 결과는 로마의 역사 서술이 지닌 장점과 방향을 보여준다. 감성과 결부되고 따뜻한 서술이 사실은 로마적인 것이 아닐까? 반면 과학적이고 합리적이고 그렇지만 차가운 것이 그리스 방식이라고 보인다.

Ⅳ. 관점과 시각

이제 구체화된 사물을 통해서 두 세계의 방식을 비교해보자. 그리스인은 개체와 유형을 유기적으로 사고하였음을 저자는 강조한다. 고유한 특성이라도 그것은 전체의 부분이고, 그런 의식과 이해가 조형에서 늘 발견된다.

캐릭터는 … 동전에 찍힌 자국을 뜻했다. 그리고 후에는 사람에게 부여된 이러저러한 기질의 인상을 의미했다. … 사람은 동전이고 용맹은 그 사람 위에 찍힌 표시이다. … 그리스인들에게 성격은 모든 사람들이 함께하는 특성들 속에 있는 한 인간의 몫이었다. 그것이 각 개인을 나머지 사람들과 결합시켰다. 우리는 이 사람 혹은 저 사람 안에 있는 보편적인 것과는 다른 것들, 즉 사람들의 고유한 특성에 관심을 가진다. 반대로 그리스인들은 한 사람

안에서 중요한 것은 그 사람이 모든 인류와 공유하는 바로 그 특성이라고 생각했다. 그 차이는 매우 중요하다. 각 개체를 그 자체로만 고려하는 것이 우리의 방식이다. 그리스인들은 사물을 항상 전체의 일부분으로서 이해했고, 이러한 이성의 습관이 그리스인들이 행한 모든 활동에 깊이 새겨져 있다.(이 313-4)

이런 관점은 우선 그리스의 건축 특히 신전에 관한 설명에서 확인된다.

그러나 그리스의 건축가에게는 신전의 주위 환경이 가장 중요했다. 그리스의 건축가는 신전을 바다나 하늘을 배경으로 한 뚜렷한 윤곽 안에서 살펴보고, 신전의 크기를 평평한 언덕 꼭대기나 아크로폴리스의 넓은 평지 위에 있는 신전의 위치에 따라 결정하면서 신전 건축을 설계했다. 신전이 경관을 사실상 지배했다. …항상 경치의 일부분이었다. … 배경의 일부로 인식된 그리스의 신전은 단순화되었고, 세상의 모든 위대한 건물들 중에서 가장 단순했다.(이 314-5)

필자는 이글을 보면서, 지극히 단순하였던 구조가 특히 독일인 미술사가들의 글을 통해서 매우 어렵게 설명되고 세부의 명칭도 현저하게 복잡하게 되는 이유를 알 것 같았다. 그들의 관점은 중세 미술의 세계에서 출발하여 전체를 보기보다는 세부를 보는 것에 경사되었던 것이다. 저자는 중세 건축물에 관해 다음과 같이 지적한다.

건축가들은 성당 자체만을 고려했다. 그들에게 주변에 있는 것과의 관련성을 고려해야 한다는 생각은 전혀 일어나지 않았다. 그들에게 성당은 전체의 일부가 아니었다. 그것이 전체였다. …건물 이외의 다른 어떤 것과도 관계가 없고, 그 자체가 완전한 전체로 인식되는 고딕 성당은 모든 건축물들 중에서 세부적으로 가장 정교했다. … (이 314-5)

탁월한 눈이 아닐 수 없다. 사진에서 볼 때 다소 초라하였던 아테네 아크로폴리스를 직접 보니, 숨막힐 듯 유난히 커보였던 파르테논 신전은 주위의 배경을 고려한 설계가 바탕이 된 것에서 나온 것임을 이 글을 보고서야 깨달았다. 전성기가 지난 아테네에서 연설가가 바다를 보지 못하도록 프닉스의 연단을 돌려놓았다는 보고가 필자에게 실감나는 이유가 거기에 있었던 것이다.

구체화는 관념의 표현인데 이런 정신은 그리스인의 공헌이기도 하다.

그리스의 종교는 시인과 예술가와 철학자에 의해서 발전되었는데, 그들은 모두 본능적으로 사고와 상상을 자유롭게 하는 사람들이었으며, 그리스에서 공무를 담당하는 자들이었다. …정설이라는 개념은 그리스인들에게 알려져 있지 않았다. …사도 바울이 눈에 보이지 않는 것은 보이는 것을 통해서 이해되어야만 한다고 말했을 때, 그는 그리스인으로서 말하고 있었다. 그것이 모든 위대한 예술의 기반이며, 그리스에서 위대한 예술가들은 눈에 보이는 것으로 보이지 않는 것을 표현하고자 노력했다. 신학자들이 아니라 예술가들이 그리스인들을 위해서 보이지 않는 것에 대한 정의를 내렸다. …예술가는 인간의 몸속에 사상과 정신의 진정한 그릇을 가지고 있다고 페이디아스가 말했다. …페이디아스는 자신의 제우스 상을 만들었다. 즉 보는 사람을 자기 자신에게서 벗어난 신성한 것에 대한 명상으로 끌어들이는 광경을 만들었다. … "페이디아스의 제우스가 종교에 대한 우리의 개념에 더해졌다"고 로마인 퀸틸리아누스는 말했다.(이 294-5)

보이지 않은 것을 보이도록 만드는 것, 이것은 그리스인의 발명이며 오늘에도 우리의 학습과 사상을 지배하는 요소이기도 하다.

반면에 로마인은 그러한 조화나 전체-부분의 관점을 가지고 있지 못한 것으로 저자는 본다. 다음의 인용을 보자.

로마인은 큰 것을 그 자체로 숭배했다. 따라서 세상에서 가장 훌륭한 신전은 가장 큰 신전이었다. …그러나 실제로 그런 광채가 나는 장식은 전혀 로마적인 것이 아니었다. …로마의 실질적인 종교와는 아무런 관련이 없었다. 로마인이 가슴속에서 소중이 여겼던 숭배는 작고 조야한 상(像)들인 가정의 작은 신들이었다. 로마인들은 그들을 위해서 향을 피우지 않았고, 가축들의 첫 새끼를 바치지 않았고, 귀하거나 값나가는 것을 전혀 드리지 않았으며, 오직 일상 음식의 한 조각을 드렸을 뿐이다. …미나 위엄이 가장 크고 위대한 신인 유피테르를 모시는 위압적인 신전에는 적절했지만, 일상생활의 경우 로마인은 검소함에서 편안함을 느꼈다. 그러나 그리스인은 조야한 검소함에 불편을 느꼈을 것이다. 그들은 보기에 좋은 자신들의 가재도구를 가져야 했다.(정 228-9)

대규모숭배자인 로마인의 면모는 제국과 그 시설물을 통해서 입증된다. 대조적으로 로마인의 종교는 검소질박하였고, 화려한 의식과는 거리가 멀었다. 로마인의 천재성은 실용성이라는 분야에서 드러났다(정 229). 그러한 태도는 순수히 지적인 관심과는 거리가 멀었으며, 문제의 해결만을 중요한 것으로 간주하는 것이 로마인의 방식이었다.

…일상이 따분하거나 단조롭게 보이지 않는다면 로망스를 추구할 이유가 없을 것이다. 바로 이런 이유 때문에 그리스인은 낭만적이지 않았다. 그들에게 사실은 흥미로 가득찬 것이었다. …그러나 로마인에게 사실은 아름다운 것도 사실 자체로 흥미로운 것도 아니었다. …우주에 존재하는 모든 것에 대한 열렬한 탐구는 로마에 도달하지 못하였다. 자연에 대한 탐구는 아무도 모르는 것, 혹은 아무도 알 필요가 없는 것을 찾고자 하는 것이라는 키케로의 언급은 로마인의 태도를 완벽하게 보여준다. 그들은 지적인 종족이 아니었다. 로마인은 사상이 아니라 실용적인 일의 세계에 몰두했다. …온 세상을 여행했지만 지리학자가 되지 않았으며, 그 이전에 결코 없던 방식으로 아치를 개선했지만 물리학자가 되지는 않았다. 그

들은 일관되게 이론에 무관심했다. 그들은 어떤 일을 어떤 방식으로 성취할 수 있는가를 아는 데에 만족했지, 그 이유를 알려고 하지는 않았다. 그들은 오직 "어떻게"에만 관심을 가졌지, "왜"에는 관심이 없었다.(정 232-233)

이같은 태도가 로마인을 구별짓는 특징이었다. 그러한 경향이 세계제국에 이르는 길이기도 했다. 여기에서 로마인은 그리스인보다 구체성을 더 강조하는 경향을 보여준다.

로마 시민들의 생활은 그들이 풍요롭게 소유한 물건들로 이루어졌다. 페리클레스에게 아테네의 영광은 파르테논 신전이나 아크로폴리스가 아니라, 아테네가 모든 지혜의 길에서 그리스의 학교가 되었다는 것이었다. 반면에 아우구스투스는 자신이 벽돌의 도시를 대리석의 도시로 만들었기 때문에 영광을 차지할 권리가 있다고 거듭거듭 주장했다.(정 215)

로마 제국은 어떻게 이루어질 수 있었을까? 그 이유는 간단하다.

일곱 개의 언덕 위에 있던 작은 도시는 그 시민들이 명령에 절대적으로 복종했기 때문에 주변의 다른 도시들을 정복했다.(정 221)

그리고 그 결과는 만민법과 자연법으로 대변되는 법률의 보급이다.

세상에서 결코 지워지지 않을 로마의 기념비적인 업적은 법률이었다. 천성적으로 폭력적이고, 탐욕이 대단했으며, 잔인한 군인이었던 로마인이 모든 자유인의 권리를 평등하게 보장하는 위대한 만민법을 만들었다. …바로 로마가 모든 사람이 유죄로 입증되기 전까지는 무죄로 대우받아야 한다는 생각을 가는 곳마다 전파했고, 어떤 법이 초래할 현실적인 좋음과 나쁨을 고려하지 않고 논리적으로 법을 실행하는 것은 가장 부정한 것이라고 선언했으며, 법을 제정하면서 남자든 여자든, 자유인이든 노예든 모두가 "본성상" 동등하다는 개념을 결코 잃지 않았다.(정 221-222)

이 법률의 보급은 저자 해밀턴이 보기에 그리스 식이다. 조화와 균형을 이룬다는 목적에 잘 부합한 것이다. 법의 면에서 로마는 그리스의 것을 보편화 하기에 성공함으로써 그 진성기를 누리기에 이른다.

로마 입법자들 중에서 가장 지혜로운 인물이 개별적인 차이점들을 고려하지 않고 어떠한 예외도 없이 절대적으로 공정한 법은 절대적인 불공평을 초래한다고 말했을 때, 그는 사실 로마가 이 한 가지 문제에서 개별적인 것과 일반적인 것 사이에서, 한 개인과 다수의 요구들 사이에서, 그리고 인간의 동정심과 이성 사이에서 균형을 인지할 수 있었다는 점을 선언한 것이었다. 이 한 분야에서 로마는 그리스가 다루었던 모든 분야에서 그리스가 도달했던 균형에 이르렀고, 로마는 세계의 입법자가 되었다.(이 347)

이처럼 그리스와 로마는 이지적인 관심과 실용적인 관심이 대립하면서 그 차이를 보여준다. 왜를 알고자 하는 물음과 어떻게를 추구하는 심성은 서로 다른 결과를 가져온 것이다. 다만 그리스의 것을 차용하고 이를 특유의 어떻게로 승화시킨 점에서 로마는 더 뛰어났다.

Ⅴ. 쇠퇴의식

정점을 지난 문명과 국가는 쇠퇴를 맞이한다. 두 공동체의 쇠퇴기에 어떤 변화가 나타났는가? 저자는 이를 비교하여 우리에게 제시한다.

우선 아테네의 실패는 다음과 같이 이루어졌다.

> 펠로폰네소스 전쟁이 분명하게 보여주었으며, 인간이 깨달아야 할 가장 중요한 사실은 거대한 권력이 스스로 파괴를 초래했다는 점이다. 제국 건설이라는 아테네의 성공적인 발전은 파멸로 끝났다.(이 191)

이 주장에 따르면 권력지향의 아테네 제국은 그 이유로 인해서 자신의 명분을 잃게 된다. 그 명분이 허구임을 보여준 것이 펠로폰네소스 전쟁이 아닐까? 그러나 아테네인들이 권력추구의 욕심이 없었음을 여과없이 저자는 보여준다.

> 아테네가 가는 곳마다 자유가 따라온다. 불과 몇 년 뒤에 투키디데스는 이상적인 정치가인 페리클레스로 하여금 아테네인들에게 경고하게 한다. "…여러분의 제국은 지금까지, 아마도 많은 사람들이 생각하듯이 올바르지 않게 획득된 전제정치이지만, 그것을 손에서 놓아버리는 것은 분명히 위험한 일입니다." …달랐던 것은 바로 아테네였다. … 불과 한 세대도 지나지 않아서 자유의 수호자였던 아테네는 독재의 도시라는 이름을 얻었다.(이 194-5)

아테네인의 탐욕은 통제되어야 했는데, 페리클레스 사후 이를 맡을 사람은 없었다. 민주정치라는 모델은 분명 경탄스러운 것이기는 하나, 이 역시 사람이 움직이는 것이었다. 그래서 키케로가 정치가를 배의 선장에 비교하는 것은 우연이 아니다. 좋은 선장을 만나지 못한 아테네는 다음과 같이 휘둘리게 되었다.

> 매년 전쟁이 계속되면서 아테네 시민 정부의 허약함은 스파르타의 엄격한 훈련과 확고한 정책과 비교하여 점점 더 분명해졌다. 아테네는 당대의 인물이 선택하는 데 따라 이리저리 흔들렸다.(이 201)

이렇게 된 데에는 아테네인이 가졌던 국가에 대한 관념도 중요한 역할을 한다. 아리스토텔레스가 구상했던 것 같은 또는 플라톤에게 소급될 수도 있던 국가에 대한 신비화나 윤리화는 존재하지 않았던 것이 아테네의 현실이다. 즉 다음과 같은 상태였다.

국가는 아테네의 개인에 대해서 책임지지 않았다. 개인이 국가에 대해서 책임져야만 했다. …자신의 능력을 발전시키고 자기 방식대로 살아가는 데 자유롭고, 직접 통과시킨 법률에만 복종하면서 그것을 마음 내키는 대로 비판하거나 바꿀 수 있는 개인들의 연합이었다. … 즉 무제한적이고, 억제되지 않으며, 법이 없는 자들은 야만적이고 추하고 불합리하다는 신념이었다. 자유는 자가통제에 의해서 엄격하게 제한되었다.(이 201)

자기를 통제할 수 없었던 아테네는 예의 창의력을 발휘하지 못하고, 끝없는 나락으로 떨어져, 스파르타에게 주도권을 상실한다. 그러나 스파르타는 더 큰 문제를 가지고 있었으니 자신의 체제를 다른 국가에 이식할 수 없었던 것이다. 그 결과,

스파르타는 다른 국가를 통치할 수 없었다. 아테네는 다른 국가에게 무거운 세금을 물렸으나, 그것 외에는 간섭하지 않았다. … 스파르타는 자신의 것이 아닌 다른 방법은 이해할 수 없었고, 다른 그리스인들은 스파르타의 방식에 순순히 따르지 않았다. …스파르타는 오랜 대적인 페르시아와 동맹을 맺었고, 페르시아는 아테네를 항복시키는 데 스파르타에게 큰 도움을 주었다. …스파르타가 패배했고, 페르시아는 아테네로부터 빼앗은 해상제국을 취했다.(이 206-7)

그리스 세계는 페르시아 전쟁 이전으로 돌아갔다.

이런 변화와 더불어 새로운 사조가 생겼는데, 이는 새로운 신으로 표현되었다. 그 종교는 다음과 같았다.

새로운 신이 그리스에 나타났다. 그 신은 디오니소스로서 술의 신이며 신들 중에서 가장 늦게 등장했다. …천상이 아니라 지상의 신이었다. …아폴론 신의 성지에 대립하는 것이었다. 그 새로운 종교를 특징짓는 것은 모든 것의 지나침이었다. 술에 흠뻑 취함, 피의 축제, 미친 동물들처럼 행동하는 사람들, 난폭하게 비명을 지르고 소리치고 춤추며, 격심한 황홀경 속에서 땅으로 달려드는 것이었다. 다른 곳에서는 해방되고자 하는 열망이 일어나면, … 금욕주의와 그 과잉, 즉 영혼을 타락시키는 신체를 벌하는 데 열중하는 과장된 숭배의식으로 이끌어갔다.(이 302-3)

이러한 현상은 그리스에서 일어나지 않았던 것이다. 자유는 자제에 달려 있다는 것을 누구보다 더 잘 이해하고 있었고, 자유는 통제되고 제한될 때만 자유라는

것을 알고 있던 민족에게 이러한 현상이 일어날 리 없는데, 이것이 엘레우시스의 비의 속으로 받아들여졌다. 물론 이 점은 저자의 말대로 " … 아폴로는 디오니소스를 필요로 했고, 그리스인들도 그 점을 인식하고 있었으리라"(이 306)고 표현한다. 디오니소스를 기념하는 것은 어떤 의미가 있을까?

> 그 깊은 감정의 공동체가 디오니소스의 극장에서 일어났다. 사람들은 고립감을 잃어버렸다. …극예술의 종교는 인간이 서로 연합하도록 했다. 개인의 관심사들은 무대에서 펼쳐지는 영혼을 흔드는 고통의 광경 앞에서 사라졌고, 청중이 오이디푸스와 헤카베 때문에 자신들의 마음을 열고 울 때, 내면에 억눌려 있던 홍수가 쏟아져나왔다.(이 306-7)

그러한 공동체성을 회복하려는 노력에도 불구하고 펠로폰네소스 전쟁이 초래한 결과는 아테네의 사상적 종말로 이어진다. 해밀턴은 이를 다음과 같이 묘사한다.

> 길고도 무시무시한 분쟁 속에서 이상들은 희미해져갔다. …페리클레스 시대의 아테네에서 한 유명한 선생(*프로타고라스)이 "신이 있는지 없는지 우리는 알 수 없고, 그것을 찾아내기에는 인생이 너무 짧다"고 단언했다. 국가는 놀라서 경계했고 박해가 이어졌다. 그 박해는 중세와 그 이후 시대에 비하면 너무 대수롭지 않아서, 만약 그 마지막 희생자가 소크라테스가 아니었다면 주목받을 만한 가치조차 없었을 것이다.(이 307)

저자는 이후의 발전을 묘사하면서, 다시 19세기에 마지막 진자의 흔들림이 감지되었으나 그것은 현대과학이라는 이름 아래 이성만을 고수하였을 뿐 균형은 단순히 지적인 것에 불과하고 정신적인 것은 포함되지 못했다고 갈파한다(이 346-7). 그리스는 사라졌다. 그리고 부활하지 않았다.

로마는 어떠하였는가? 로마의 성공은 사람에게 있었다.

> 로마 제국의 업적은 로마인이 무엇을 할 수 있었는지를 보여준다. 로마인의 성품은 위대한 자질과 거대한 잠재력을 가지고 있었다. 인민들은 자신들이 서로 의존하고 있다는 것을 깨닫고 공동의 이익을 위해서 협력할 때, 완전히 낯설고 엄청나게 어려운 문제라고 해도 기필코 극복할 수 있다고 믿었다. 그러나 이제 그들은 극단적인 적대자들로 쪼개어졌고, 점점 더 극단적인 자들이 되어 점점 더 책임감을 상실했다. 자기를 보존하기 위해서 세계적인 시야가 필요한 시점에 로마인은 협소한 이기심에 사로잡혀 맹목적인 존재가 되었다.(정 300-1)

영원한 로마가 무너진 것은 결국 성공에 안주하는 나쁜 습성 때문이고, 이기심의 문제를 극복할 수 없었다. 어쩌면 역사는 이렇게 반복되는데(정 301), 저자는 그것이 인간이 어리석다는 증거로 본다.

Ⅵ. 결　　어

저자는 요즘의 사태를 예견한 것인가? 다시금 그리스 정신의 부활을 주장하면서 우리 시대가 나가야 할 방향을 제시한다.

> 가장 치열한 갈등들은 … 진리의 한편은 옹호하고 다른 편은 억압하기 위해서 일어났다. 그러나 우리의 투쟁이 다시 증명하듯이, 분열된 진리에 우리가 간주하지 않도록 하는 무엇인가가 우리 내면에 있다. …우리는 한쪽에만 우리 자신을 전적으로 맡길 수도 없고, 다른 한쪽을 우리의 의식으로부터 버릴 수도 없다. …그 모든 장치들 중에서 그리스의 것이 가장 완벽했다. 그리스인들은 내면세계의 요구를 선호하기 위해서 외부세계를 제거해버리지 않았고, 정신의 구체화를 위해서 정신을 부정하지도 않았다. 그들에게 틀과 그림은 꼭 들어맞았다. 보이는 것과 보이지 않는 것이 조화를 이루었다. …그 결과는 균형과 명확성, 조화와 완벽함이며, 그리스라는 단어가 상징하게 된 것이었다. 그들은 진리의 역설적 양면을 어느 쪽도 우위에 두지 않으면서 이해했고…세상은 그것을 머지않아 다시 한 번 깨달아야만 한다.(이 350-351)

그리고 로마인의 예를 들어서 우리에게 능동적으로 새로운 정신으로 세계사의 전개에 눈감지 말 것을 당부한다.

> 로마인들이 새롭고 중요한 기회에 능동적으로 대처하고, 새롭고 중요한 사건들의 도전에 적극적으로 대응할 수 있는 마음과 정신을 갖추지 못했기 때문이라는 사실을 우리는 명심해야 한다.(정 301)

전체적으로 감동이다. 그래도 읽으면서 지워지지 않는 의문이 있었다. 그리스를 다루면서 근대 유럽의 정신이 그리스에서 비롯한 것으로 찬양하여 스승으로 보면서도, 현대의 서양인을 말할 때에는 로마의 유산을 친구로 설명하기도 하며 그리스의 영향이 제한적이었다고 하는데, 이중 어떤 것이 저자의 진심이었을까 묻고 싶다.

두 번역자에게 감사의 인사를 표한다. 두 번역자는 로마 제정사를 전공하고 있는데도, 부지런함과 성실로 우리의 번역 유산이 풍부해지도록 기여하였다. 그래도 이상한 점은 몇 가지 있다. 앞 책의 역자가 제시한 '봉신'이라는 번역(이 220)은 아이스킬로스를 대조하였더라면 회피할 수 있었을 것이다. 뒷 책에서 "여왕, 돈"이라는 번역(정 199)보다는 "지배자는 돈이다"로 하는 것이 낫지 않았을까?

또 형의 무덤에 와서 '형제'(정 166)라고 부르게 번역한 것은 호흡이 잘 맞지 않는다. 이러한 잘못들은 정말로 사소하여, 역자들이 보여준 번역능력과 가독성에 비해서 아무것도 아니다. 또 이 두 책을 기획발굴한 출판사의 눈도 놀랍다. 독자들은 이 두 책을 같이 읽고 서로 비교하며, 문화의 향기를 충분히 마실 기회를 누리게 되면 좋을 것이다.

8
미슐레의 역사인식과 교육

Ⅰ. 서 언

아날 학파의 형성에서 중요한 정신적 지주로 소개되는 사람이 쥘 미슐레(Jules Michelet, 1789-1874)이다[1]. 또한 서양사 개설에서 르네상스라는 개념을 시대개념으로 확립한 연구자[2]로 널리 알려져 있다. 이처럼 널리 알려져 있음에도 그의 역사인식에 관해서는 연구가 많지 않다[3]. 그것은 랑케나 헤겔 식의 역사방법이 주류로 소개되어 있고, 그것을 주류로 파악하는 우리 학계의 실정에도 하나의 원인이 있다[4]. 이런 사실은 포스트모던 시대에 걸맞는 역사서술의 모범을 찾지 못하는 현상을 설명해 준다. 사실 선입견에서 매몰되어 왔던 것이 미슐레의 역사인식

1) 필자가 미슐레를 처음 알게 된 것은 1983년 학부과정 강독시간에 F. Braudel, *Ecrits sur l'histoire*, Flammarion, 1969에 나오는 브로델이 지은 한 저서의 서문(p. 17)을 보았던 때이다. 아날학파에서 그의 위상을 보여주는 글이 페브르의 논문, “Vers une autre histoire”이다. 김응종 역, 「다른 역사를 위하여」『아날학파의 역사세계』 아르케, 2001, p. 70 참조.

2) 민석홍, 『서양사개론』 삼영사, 1984, p. 335. Fernand Braudel, *A History of Civilizations*, tr. by Richard Mayne, Penguin Books, 1993, p. 343.

3) 미슐레의 대표적인 저술의 하나인 『민중』(Le Peuple)은 1979년에 한국어로 번역되었다. 전기호 옮김, 『민중』 율성사, 1979. 미슐레에 관해서 나온 논고는 다음과 같은 것이 있다. 김응종, 「미슐레와 민중」『유럽사의 구조와 전환』(우경 이민호 교수 정년기념논총) 1993, pp. 537-570. 같은 저자, 「미슐레·프랑스혁명·민족주의」『충남사학』 7, 1995, pp. 85-105. 이 두 논문은 미슐레가 지니고 있던 역사상을 잘 표현해 주고 있다. 본고에서는 그가 가진 역사상이 아니라 인식방법 나아가 교육에 초점을 두고 분석하고자 한다. 아울러 용어의 통일을 기하기 위해서 필자는 peuple을 인민으로, nation을 민족으로 번역하고, fraternité는 형제애로 번역하였다. 용어의 문제와 관련해서는 김응종, 『서양의 역사에는 초야권이 없다』 푸른역사, 2005, pp. 17-26을 참조하시오.

4) 그동안 미슐레를 평가절하한 이유에 관해서, 김응종, 2001, p. 313.

이요 서술이라는 비판[5]은 그의 인식과 서술의 문제를 본격적으로 고찰하게 하지 못한 적절한 설명이라고 본다. 본고에서는 기존의 역사학에 비판적인 사고를 가졌던 그의 역사인식 방법의 특징을 소개하고[6], 나아가 그의 역사 이해가 오늘날 역사교육에 종사하는 우리에게 어떤 시사점을 주는지 파악하고자 한다.

Ⅱ. 경력과 기존 역사학 비판

1. 경 력

나폴레옹 집권시기 파리 대학은 전례없이 역사와 철학에 관련하여 무기력에 빠져있었다. 프랑스 정부는 군대에 필요한 기술자를 양성하는 데 관심을 기울여 역사와 철학 강좌에 대해서 의심을 품고 있었다. 대학 강단의 철학은 활력을 잃고 있었고, 역사 수업은 금지되었다. 이런 사정이 전환되어 이들 과목이 재조직된 것은 1815년 왕정복고 이후이다. 이 당시 정리론자(doctrinaire)[7]라고 불리는 사람들이 있었는데, 이들의 지지를 받은 롸예르 콜라르(Royer-Collard)[8] 휘하에서 그런 변화가 이루어졌다[9]. 고등 교육에서 역사과 교수들이 철학자들 주변에 모여들었는데, 역사 과목이 독립되지 못하였던 것에서 연유한다. 이런 사정 하에서 1819년에 미슐레는 자신의 박사학위를 받기 위해 계획서를 제출하였을 때, 역사 관련 논문은 받아들여지지 않았다. 그래서 로크와 플루타르코스에 관한 연구를 제출하였다[10]. 이 연구는 독창성이 별로 없는 것이지만 그가 철학과 역사의 두

---

5) 김응종, 1996, p. 87.

6) 필자가 주 교재로 삼은 것은 O. A. Haac, *Les Principles inspirateurs de Michelet- sensibilité et philosophie de l'histoire*, Institut d'études Française de Yale University, 1951이다. 이하 O. A. Haac로 약한다.

7) 대표적으로 문헌 비판에서 빌르맹(Villemain), 역사에서 기조(Guizot), 철학에는 쿠쟁(Cousin)이 있다.

8) 1815-1820년간에 공공 교육 위원장으로 활동하였다.

9) O. A. Haac, pp. 83-4.

10) 두 논문의 제목은 「플루타르코스에 나오는 위인들의 생애에 관한 검토」(Examen des vies des hommmes illustres de Plutarque), 「로크를 따라서 무한대를 인식하는 것에 관해」(De percipienda infinitate secundum Lockium)이다. 전자는 Fuin(편집) 수고 번호 No 6, pp. 373-398에 있고(이하 No는 수고번호이다), 후자는 *Revue de Métaphisique et de Morale*, 1906, t. 14,

가지 길로 출범하게 된 계기였다. 그는 키케로와 플루타르코스를 일급의 철학자로 보았다. 그의 철학 연구에서 가장 큰 영향을 끼친 사람은 빅토르 쿠쟁(Victor Cousin)이었다. 특히 미슐레가 비코(Vico)를 번역하게 된 것은 그의 충고에 따른 것이다[11]. 특히 그로부터 절충주의(eclecticism), 칸트의 범주론적 명령법, 선을 판단하는 인간 정신의 내재적인 능력에 대한 신념을 교수받음으로써, 칸트에 관해서는 별로 연구하지 않게 된다[12]. 그와의 관계가 1830년 이후 바뀌게 된다. 미슐레에게는 쿠쟁이나 기조(Guizot) 둘 다 반동으로 보였다. 그들이 프랑스 민주주의의 장래를 위협한다고 생각하였던 것이다. 특히 쿠쟁의 영향에서 벗어나기 위해서는 대안이 필요하였는데 그것은 바로 비코였다[13].

이런 변화는 미슐레가 역사에만 전념하기 시작한 것과 관련이 있다. 그 시점은 1829년부터였다. 1830년에 겪은 혁명은 그에게 가장 큰 사건이었으며, 이때부터 프랑스와 파리는 자신의 조국일 뿐 아니라 영감(inspiration)이기도 하였다. 그는 이 시기에 『보편사입문』(*Introduction à l' Histoire universelle*, 1831)과 『프랑스사』 (*Histoire de France*, 1833-67) 17권을 저술하였는데, 전자는 프랑스의 국제적 역할을 제시하는 것이고, 후자는 영광에 도달하기 위해서 프랑스가 나가야 할 길을 저술한 것이다. 그러면서도 그는 호고학(érudition)에 전념하여, 중세에 관한 많은 연구노트를 작성한다. 이에 기초한 연구는 『법의 기원』(*Les origines de droit*)[14](1838), 『루터의 회상』(*Les memoire de Luther*)(1837)등이 있다. 또 『문서고에 대한 보고』(*Rapport sur les bibliothèques*)(1836)는 그가 고문서관리에도 관여하였음을 알려준다. 이 사실은 그가 사료를 경시한 것이 아니고 단지 실증적 역사가들처럼 사료 앞에서 자신을 죽이지 않았을 뿐이라는 점을 잘 보여준다[15].

---

pp. 381-91에 있다.

11) O. A. Haac, p. 84. 미슐레는 에콜 노르말에서 역사와 윤리를 분리하여 역사를 맡기자 반대한다. 이런 것도 쿠쟁의 영향이라고 보아도 좋을 것이다. 김응종, 2001, p. 68, n. 5를 참조하시오. 이점도 우리 역사교육학계의 깊은 반성이 요구되는 측면이다. 사실만 가르치고 그에 대한 판단을 유보하는 것이 현장의 모습이 아닌가?

12) 미슐레의 칸트에 대한 몰이해에 관해서는 O. A. Haac, p. 85 참조.

13) O. A. Haac, p. 86.

14) 원제목은 「보편 법의 상징과 형식에서 찾은 프랑스 법의 기원들」이다.

그는 1827년부터 1838년까지 사범대학인 에콜 노르말의 강사를 지냈으며, 이후 정식 교수가 되어 콜레주 드 프랑스에서 역사와 윤리 강의를 담당하였다. 여기에서는 문서고의 역사 부문 담당 책임자이기도 하였다. 그 당시의 심정을 미슐레는 다음과 같이 술회한다.

> 가르친다는 것은 대단한 도움이 되었다. 고등학교에서의 무서운 시련은 나의 성격을 변화시켰다. 나는 마치 목이 졸리고 닫혀진 마음의 소유자처럼 되어, 겁이 많고 또 의심이 많은 인간으로 변하고 말았다. …그러나 에콜 노르말이나 기타 학교의 학생들 사이에서 발견한 사회는 나의 마음을 열어주고 기분을 맑게 해주었다. 친절하고 사람을 믿는 그 젊은이들은 나에게 신뢰를 보내고 나를 인류와 화해시켜 주었던 것이다. 그들이 내 앞에서 그렇게도 빨리 교대해 나가는 것을 보면 쓸쓸해지고, 또 슬퍼지기도 하는 것이었다. 친해질까 말까 하는 순간에 그들은 멀리 가고 마는 것이다. …만일 역사가로서의 내가 저명한 선구자들 곁에 낄 수 있는 특별한 공적을 가지고 있었다면, 그것은 가르친 덕택이었다[16].

그가 교수직을 떠난 것은 1852년이며, 이후로 다시 강단에 서지는 않는다. 강단을 떠난 후에도 활발한 저술활동을 하여 많은 저술을 남겼다.

2. 비코와의 조우와 일탈

미슐레는 비코(1688-1744)[17]의 영향을 많이 받았다. 그는 비코야말로 진정한 노력을 바칠 가치가 있는 유일한 철학자로 보았다[18]. 특히 비코를 읽고 번역하였는데[19], 이렇게 하면서 그는 법의 연구로부터 하나의 새로운 역사방법을 이끌어 낼 수 있다고 착안하게 된다. 앞에서 제시한 『법의 기원』은 바로 비코의 방법을 적용한 것이었다[20]. 미슐레는 비코가 원시시대를 분석·재생하는 방법을 차용하

15) 김응종, 2001, p. 312.
16) 전기호 옮김, 『민중』 p. 25.
17) 비코의 역사관에 관해서는 이종흡, 「비코의 "scienza nuova"에 있어서 역사지역의 실천적 의미」 『사총』 30, 1986, pp. 433-468을 참조하시오. 사실상 비코에 대한 인식은 미슐레가 처음은 아니었다. 발랑슈(Balanche), 하만(Hamann), 헤르더(Herder), 헤겔(Hegel), 자비니(Savigny), 니부르(Niebuhr), 꽁트(Comte)등이 이미 알고 있었으나 공개적으로 비코에 대한 사상적 빚을 인정하지는 않았다.
18) O. A. Haac, p. 9.
19) 비코 자신이 기술한 자서전과 『신과학』을 포함한 전집을 번역한 것은 1835년이다.
20) O. A. Haac, p. 24.

였는데, 더 오랜 옛날의 관습을 설명하기 위해서 고대법으로부터 시작하였다. 왜냐하면 관습이 법을 낳은 것이기 때문이다. 이런 식으로 문화에도 적용하였는데[21], 이를테면 호메로스의 시는 한 시인의 작품이 아니라 한 시대의 표현으로 보았다. 그리고 로마의 12표법은 그리스의 모방만이 아니라 로마 원시사회에 기초를 두고 있는 것이라고 판단하였다. 그러나 그에서 법의 연구란 18세기에 이성과 자유의 지배에 기초된 정의의 국가인 프랑스를 영광스럽게 하는 것이었는데, 이는 비코에게서 찾을 수 있는 법의 개념과는 거리가 있는 것이다[22]. 특히 비코에게서 발견한 이념의 직선적 진보라는 개념은 미슐레가 보기에는 이성의 시대를 반영한 개념에 불과하였다.

비코와의 차이점은 특히 비코 자신이 생각을 바꾸었다는 점을 인식하지 못한 사정에서 유래하였다. 비코는 절대주의를 변호한 홉스나 그로티우스, 푸펜도르프에 반발하면서, 그들은 역사에 반대되는 합리주의적 이론을 가지고 그런 일을 하였다고 보았다[23]. 따라서 비코로서는 역사에 적용된 데카르트적인 방법 등을 제거하고자 하였고, 자신의 '신 과학'의 방법을 제시한 작품에서 부정적으로 변화시키면서 스스로 변신하였던 것이다. 미슐레는 이런 사정변화를 보지 못하고 단지 그가 데카르트에 저항하였다는 이유로 비코를 칭송하였다[24].

이런 이해 차이에도 불구하고, 비코에 동감할 수 있었던 면은 그가 역사적 방법을 적용하면서 보편적인 원리를 전혀 버리지 않았던 점이다. 비코는 '보편성'(universel)을 정의하기를 상이한 장소에 동시에 그리고 독립적으로 도달하는 것으로 보았다[25]. 그는 자신이 주장한 보편 이념의 출발점을 바로 사람 안에 두었다. 그리고 나서 사회의 진화에 관해 연구하였던 것이다. 그래서 미슐레는 "인간은 자신의 프로메테우스"라고 하는 말을 되풀이하게 된 것이다. 그래도 동조하지 않는 측면이 있었다.

21) O. A. Haac, p. 91.
22) O. A. Haac, p. 26.
23) O. A. Haac, p. 87.
24) No 15, pp. 7, 9. O. A. Haac p. 87, n. 191에서 재인용.
25) O. A. Haac, p. 87, n. 193

첫 번째로 '반복'(corsi-ricorsi)이라고 하여 소용돌이로 전개되는 진보적인 진화에 관해서 반발하였던 것이다. 미슐레가 보기에 비코의 이 관점은 아테네와 로마로 대변되는 문명 형성과 쇠퇴의 고전적인 관점이다. 이것이 영원히 반복한다는 개념은 미슐레는 지니고 있지 않았다. 대신 그는 언제나 미신으로부터 멀어지면서 자유를 향한 끊임없는 운동에 대해서 생각하였다. 이런 진보는 같은 속도로 가는 것이 아니라고 하더라도 모든 시대에 존재했다고 미슐레는 생각하였다. 반면 비코는 인간의 유년기는 창조될 수 있다고 보았다.

두 번째로, 기독교를 보는 관점에서도 차이가 있었다. 비코는 신의 선민인 유대인은 처음부터 완전한 상태로 창조되었기에 그들은 이방인들처럼 원시적인 단계로부터 진화할 필요가 없다고 보았다. 그가 이렇게 한 의도는 유대인의 역사만 제외시킴으로써 신적이고 섭리적인 요소를 무대 뒤로 보내기 위한 것이었다. 다시 말해 과학적 원리에 시작을 돌림으로써 종교를 공격하고자 하는 의도가 없었기 때문이다. 이런 점을 오해한 미슐레는 오히려 혁명에 대한 신념에 사로잡혀 있었다.

미슐레는 비코의 반복 개념을 확장 또는 대체하면서, 프랑스가 위대함에 이르는 직선적인 진보의 개념을 말하고자 하였다[26]. 즉 미슐레는 비코가 구분한 3시대(신－영웅－인간의 시대)를 절대적인 진보의 상징으로 보았다. 그래서 종국에 그는 비코에서 벗어나 오히려 볼테르, 혹은 헤겔이 말한 역사의 최종목표에 더 접근하였다고 할 수 있다. 일찍이 "비코를 제외하고는 스승이 없었다"[27]고 말할 만큼 비코를 따랐으나 무의식중에 비코의 진정한 사상을 버렸던 것이 미슐레의 입장이라고 할 것이다[28].

26) No. 35 p. 15, O. A. Haac, p. 90, n. 199에서 재인용.
27) 『프랑스사』 1, p. xi. Haac, p. 93에서 재인용.
28) O. A. Haac, p. 93; Ernst Breisach, *Historiography: Ancient, Medieval& Modern*, Uni. of Chicago Press, 1983, p. 241에 따르면 미슐레는 비코의 단계설정마저도 완전히 부인하였다.

3. 헤르더와의 유사성

'민족정신'(esprit des nations)에 관해서 헤르더와 비슷한 견해를 보여주고 있다. 그러나 헤르더가 그에게 직접 영향을 준 것은 아니었다. 미슐레가 알게 된 헤르더의 민족이론은 혁명사상가들로부터 간접적으로 끌어낸 것이었다. 실제 민족(nation)이란 용어는 당시에는 같은 지방 출신의 학생 집단을 지시하였으며, 근대적 개념에 도달하는 것은 18세기였다[29]. 민족성(nationalité)의 개념은 더욱 근자의 것이었다. 1833년 미슐레는 이 개념을 처음으로 사용한 사람들 중 하나였다.

> 민족성은 외국인에 대한 증오에서 일깨워진다. …프랑스에서 자신을 스스로 인식하는 것을 배운 자는 영국이다.[30]

이처럼 미슐레에게 민족성이란 '정치적 통일에 대한 감수성' (sentiment de l'unité politique)을 의미하였다. 다음의 인용문을 보자.

> 영국은 제국이다. 독일은 나라이고 인종이다. 프랑스는 하나의 인격이다. 인격성, 통일성이야말로 존재의 사다리에서 존재가 높은 자리에 있게 하는 것이다.[31]

미슐레는 정신의 모든 다양성과 더불어 프랑스는 스스로를 민족으로 느끼고 있음을 보여 주고자 하였다. 즉 민족은 지방적인 특색을 동화시킬 수 있다고 다시 말해서 그것을 지울 수 있다고 보았다[32]. 이런 점에서 헤르더와 차이가 드러난다. 헤르더는 민족성을 대중의 정신과 동일시하였고, 이것이 시적이고 원시적이며, 이식된 외래문화에 비해서 더 근원적이라고 보면서 귀족적이고 엘리트적인 이상과는 분리된다고 보았다. 이는 미슐레가 본 인민(peuple)의 개념과 근접하지만 그가 본 민족(nation)의 개념과는 일치하지 않는다. 그러므로 미슐레의 의도는 프랑스 국민을 잘 정의하기 위해서이지 민족에 대한 사상 자체를 이해하기 위한 것은 아니었다. 나아가 대혁명 사상가들 속에서 귀족적 정신을 공격하자,

---

29) 크리스토프 샤를 외, 『대학의 역사』 김정인 역, 한길 크세주 7, 1999, p. 21에서는 nation을 '동향단'으로 옮기고 있다.

30) No. 46 p. 151, O. A. Haac, p. 94에서 재인용.

31) 『프랑스사』 2, p. 98; No 34, p. 73, O. A. Haac 94에서 재인용.

32) O. A. Haac, p. 95.

미슐레는 오히려 원시종족에 대한 과장된 중요성을 공박하면서 반발하였다. 그는 대혁명에 의해서 정치적 통일체가 완성되어 각자의 자치보다 더 크고 보편적인 이상에 모두 복종하는 종족들의 결속을 생각하였던 것이다. 이것은 종족의 특징을 보존하고자 하였던 헤르더와 양립할 수 없었던 점이다[33].

4. 헤겔과 랑케

흔히 관념론자로 불리는 헤겔, 피히테, 셸링에 대해서 미슐레는 호의적인 반응을 보이지 않았다. 그렇지만 헤겔과 미슐레의 출발점은 동일한 것으로 보일 정도다. 첫째로 두 사람은 로크와 흄의 감각론에 반대하고, 인간 정신의 충분한 자유를 세우려고 하였다. 둘째 신의론(théodicées) 철학을 하면서 사건을 '정신의 현상학'(phénoménologie de l'esprit)에 종속시키면서 현세에서 인지할 수 없는 신의 초월적인 생각에 대해서는 의심하였다. 특히 헤겔은 칸트를 따라서 자신의 생각에서 모든 초자연적인 사변을 제거하였다.[34] 그런 의미에서 헤겔은 현실주의자(realiste)로 종종 불리기도 한다. 그렇지만 미슐레는 이런 점을 모두 무시하고, 독일의 철학은 모두 형이상학이라고 보았다. 특히 헤겔의 변증법에 관해서 잘못 이해하고 적용하였던 것으로 보인다[35]. 결과적으로 공통점이 있음에도 불구하고 헤겔은 미슐레에게 생명을 죽이는 체계의 창조자로서 여겨졌다[36].

랑케와는 여러 차례의 만남이 있었으나 특별한 의견을 교환한 것으로 보이지는 않는다. 1845년에는 파리를 방문하여 미슐레의 집에서 저녁을 나누기도 하였다. 1850년에는 집에 보낸 편지에서 미슐레에 대한 인상을 다음과 같이 전하고 있다.

---

33) O. A. Haac, p. 96.

34) O. A. Haac, p. 97. 이 점과 관련해서는 김창성, 「헤겔과 세계사 학습」『역사와 역사교육』 8, 2003, p. 118과 p. 131참조.

35) O. A. Haac, p. 98.

36) No. 179, pp. 6, 11. O. A. Haac, p. 99에서 재인용.

민주주의자 미슐레는 그들보다 더 많이 잃어버렸다. 나는 그가 아주 멀리 있는 것을 발견하였다. 그는 파리 밖에 있는 작은 시골 집에 자리잡았다. 나는 그가 어디에서 자신의 책들을 관리하는지 알 수 없었고 연구 서재를 내게 보여달라고 청할 수도 없었다. 그는 1층 베란다에서 나의 말을 경청하였다. 그는 늙지 않았다. 그의 백발이 매우 짙었다. 그는 언제나 호의에 찬 열정가의 인상을 주었다[37].

미슐레는 1856년에는 랑케의 저술 『프랑스사』에 대해서 논평하였다. 1860년에 랑케에게 왕태후와 섭정 오를레앙 공이 주고받은 서신 자료를 주었고, 이는 랑케의 『프랑스사』 개정판에 반영되기도 하였다. 1858년에는 랑케의 『교황사』가 번역되어 읽게 되었고 이 작품에 관한 논평한다.

5. 콩트와 사회주의에 관해서

그는 2가지 면으로 콩트의 사상을 보았다. 첫째로 산업적인 개혁과 그의 후계자들의 지나친 유물론적 개혁, 두 번째로 실증주의라는 신전의 예배로 파악한다. 특히 후자는 자신이 비판하였던 가톨릭과 다름 없이 중세적 의식에 빠져 있는 것으로 보았다. 한 마디로 미슐레는 꽁트의 철학을 폄하했다[38].

그는 물질적인 진보에 대해서 기본적으로 반감을 가졌다. 특히 공장이 가족 내부의 노동을 파괴하고 노동자의 윤리와 경제적 안정을 파괴했다고 믿었다[39]. 다음이 이를 집약해준다.

노동자를 죽이는 기계에 대해서 곧 알게 되리라고 믿는 게 좋다…분명 작은 수의 사람으로 같은 일을 하는 것이 인간정신의 진보이다. 그러나 그것은 무서운 결과들이다. 십만 명의 생활을 한 가닥 실에 걸고 있다. 십만 명을 줄이기 위해 한 영국 기술자에게 의존한다는 생각만으로 족하다. 그것이 현대의 무서운 위기이다[40].

이처럼 말하면서도 유토피아주의자들에게 반대하는 입장을 가진다. 특히 유토피아사회와 공산주의는 개인이 지탱할 수 없는 권위를 구축할 것이라고 판단하

37) O. A. Haac, p. 206.
38) O. A. Haac, p. 102.
39) O. A. Haac, p. 103.
40) Leçon du 13 juin 1839. O. A. Haac, 103에서 재인용

였다. 특히 공산주의에 대해서 다음과 같은 이유를 들어서 반대하였다.

첫째, 만약 형제애가 감정에 맡겨진다면 그것은 별 효력이 없거나 기독교의 시대처럼 열성의 시기에나 효력이 있다.

둘째, 만약 형제애가 법에 기록되고 명령적이라면 그것은 더 이상 형제애가 되지 못한다. 그것은 비형제애적 형제애이며 증오하는 사람이며 헛소리이다. 부자들은 재산을 가지고 도주할 것이다.

셋째로 형제애가 확산되기 원한다면 그것은 자발적인 것이 되어야 하며, 어린이들을 교육하여 형제애를 원하도록 해야 한다.

그는 분명 사회주의 영향을 간접적으로 받았으나 자신은 인정하지 않았다[41]. 오히려 그가 믿은 것은 개인의 영적인 능력이고 정신의 독창성이었다. 이런 것은 쿠쟁의 절충주의적 학설의 결론이기도 하다[42].

인민을 '역사적인 행위자'(acteur historique)로서 보기 시작한 것은 1827년부터이다. 아울러 권리를 주장하는 인민에 관한 생각이 나오는 것은 그의 첫 번째 작품인 「디오(Dio)에 관한 강의」[43]에서이다. 그는 인민의 행위가 왕이나 역사가들이 그리고 있는 인물의 행위보다 무한정 더 중요하다고 하였다. 역사가 오로지 주요한 인물에 의해서 진행된다는 이념을 극복하였는데, 이는 비코에게서[44] 비롯한 것이다. 그러나 이런 생각에도 불구하고 민중(masses)의 역사는 쓰지 않았다[45]. 그렇게 하기에는 지나치게 개인주의적이었고, 별로 사회주의적이 아니었다. 그는 자신의 윤리적 직관에 의해서 지도되고 자신의 조건을 개선시킬 수 있는 개인의 안녕에 열중하면서, 개인은 사회·역사적 환경에만 존재한다고 믿었다[46]. 다시 말해 개인이 인민이 되게 하는 것은 집단에 대한 소속감과 과거에 대한 인식이다[47]. 이러한 구도 하에서 미슐레의 역사는 개인주의적이라 할 수 있지만, 형제

---

41) O. A. Haac, p. 104-5.
42) O. A. Haac, p. 106.
43) 이는 1816년 자신이 다니던 샤를마뉴 리세에서의 경연대회에서 상을 받은 것이다. 그의 고전어 학습에 관해서는 『민중』 pp. 19-22.
44) Dion, No 1, 1829; No 19 O. A. Haac, p. 56.
45) O. A. Haac, p. 56.
46) 이는 그가 헤겔의 주장을 알지 못하는 사정에서 주장한 것이다.
47) O. A. Haac, p. 57.

애[48]라는 강력한 메시지를 포함한다. 그것이 없어서는 개인은 자신의 자유를 상실하고 나아가 군중(foule)에 휩쓸릴 뿐이라고 본다. 한 마디로 그에게는 개인과 병존하는 것이 인민이다.

Ⅲ. 역사의 지향점

미슐레는 인류의 역사에서 폭력을 혐오하였다. 어떤 전쟁이라고 하더라도 인민에게 이익이 되는 경우는 없다는 것이다. 1870년에는 마르크스와 엥겔스의 평화선언에 서명하기도 하였는데, 이는 그들의 교설에 찬성해서라기보다는 오히려 전쟁이 강력한 제국 사이에서 발생할 것이며 인민은 이로부터 아무런 이득을 얻을 수 없다고 느꼈기 때문이다. 수단의 폭력성은 무엇보다도 전쟁이 결코 영웅적이 아니라고 하는 점을 확신하게 하였다[49]. 중세에 대해서는 중용적 태도를 지니고 있었으나, 알비파에 대한 십자군원정과 관련해서 이를 찬양하는 사람들에게는 반대의 태도를 보여준다[50]. 그는 "인간성을 이념에 희생하는 것은 벌받지 않을 수 없다"[51]고 말한다.

그러면서도 미슐레는 프랑스 국가에 대해서 깊은 감정을 설파한다. 특히 19세기 프랑스의 정치력이 쇠락하고 있음을 강하게 느꼈다[52]. 특히 산업능력이 영국에 떨어지고 있음을 감지하면서, 그가 보여준 것은 공장에 대한 불신이었다. 비밀을 지키기 위해서 방문자를 간섭하고 노동자를 착취하는 현실이 그의 불신을 초래한 것이다. 영국에 관해서 다음과 같은 느낌을 피력하였다.

> 가장 다루기 어려운 성질 즉 바다와 금속을 길들인 영국이 아마도 이제까지는 인간의 목표일 것이다. …그러나 영국을 결정지은 것에 따르면 영국은 프랑스보다 덜 인간적이다[53].

---

48) 미슐레가 생각한 형제애의 의미에 관해서는 김응종, 1995, p. 92f.
49) O. A. Haac, p. 18.
50) O. A. Haac, p. 36.
51) 『프랑스사』 2, p. 391, O. A. Haac, p. 36에서 재인용.
52) O. A. Haac, p. 32.
53) Bibl. hist., document A 3721, le journal d'Angleterre, O. A. Haac, p. 35에서 재인용

그래서 과거 국가의 영광으로 전환하였는데, 이것은 도피처를 찾기 위한 것이 아니라 재생의 영감을 이끌어내기 위한 것이었으며, 거듭된 혁명 실패의 원인인 기만을 극복할 수 있는 것이다. 특히 애국심이야말로 용기와 위안의 무궁한 원천이었다.

> 구세대의 오해를 종결짓기 위해서 애매한 세상으로부터 우리가 탈출하도록 최선을 다한 국민이 독일인일까? 아니다. 속이 깊고 음침한 독일인가? 영국인가? 아니다. 과묵하고 섬나라 근성을 가진 거만한 영국인가? 아니다. 어느 것도 빛의 국민이 아니었다. 빛의 국민, 동정심이 많은 국민은 유럽이 인정하듯이 바로 프랑스이다. 프랑스인은 누구에게나 거만함 없이 쉽게 차용되어 더 많이 사랑을 베풀었고, 더 많이 조언을 했다. 그리고 프랑스가 차용한 것이 있다면, 변형시키고 모습을 바꾸었을 것이다. 어둠으로부터 프랑스가 받아들인 것이 있다면 프랑스에 의해서 들여마셔지고 그 가슴과 심장을 지나서 그것을 빛으로 다시 내쉬었을 것이다[54].

조국 프랑스야말로 그의 역사인식의 출발점이며 목표임을 알 수 있다.

미슐레의 종교에 대한 태도는 급변하였다. 이점은 흥미롭다. 적어도 그는 40세 이전까지는 가톨릭 교회에 대해서 공격하는 태도를 보이지 않았다[55]. 오히려 종교개혁의 발생을 유감스러운 것으로 보기도 하였다. 그러나 1839년에서 1842년 사이를 지나서는 태도가 급변한다. 교회에 등을 돌리고 예수회에 대해서도 적대적인 태도를 보여준다. 그는 예수의 생애를 찬양하는데, 이는 그가 성직자들과 충돌하였던 것으로 파악하였기 때문이다. 나아가 사회개혁의 이념을 상실한 교회를 공격하였다. 이 같은 기독교를 대신한 것은 합리주의인데, 이 합리성이야말로 신의 가장 지고한 측면이라고 보았으며, 이성이 성육신화 한 것이 인간성이라고 주장한다[56]. 루터는 자유의 영웅이 되었다. 그러기에 그에게는 혁명이야말로 그 자체가 종교이고, 신의 정신에 대한 생생한 증거로 보였다. 반면 가장 무서운 적으로 간주하고, 원죄를 가르쳐서 쉽게 복종토록 한 것 다시 말해서 기독교인을 노예로 만든 장본인으로 교황을 공격한다[57].

54) Bibl. hist., document A 3784-18 du cours de 1844., O. A. Haac. p. 33에서 재인용.
55) O. A. Haac, p. 45.
56) 'dans son incarnation permanente, l'humanité' O. A. Haac, p. 48, n. 91.
57) O. A. Haac, p. 49.

미슐레는 자신이 전파시킬 수 있는 교리를 생각해 내었다[58]. 첫째는 인간이 형제애에 의한 충동으로 행동해야 한다는 것이었다. 둘째는 진정한 숭배는 자유(liberté)와 정의(justice)에 대한 것이라고 하였다. 그의 이런 사상은 인민에 대한 사랑으로 귀결된다[59]. 사랑해야 하며, 정신을 망각한 유물론을 거부해야 하며, 혁명이 이상으로 여겼던 형제애를 세워야 하며, 역사의 침묵을 말해야 하는데 이는 가장 비극적인 것이다. 또 노예와 가난한 농민을 잊어서는 안 된다고 말한다. 이 같은 동정심(pitié)이야말로 프랑스의 최고 선물이라고 생각하였다.

이런 동정에서 한 걸음 더 나아가 사회개혁에 관하여 구상한다. 특히 루소의 사상을 채택한다. 즉 인민이 사회를 창출하였다는 사상을 받아들여 그는 인간이야말로 자신에 대한 프로메테우스라고 말하였다. 이는 비코에게서 영감을 얻어 나온 것이었다[60]. 그래서 미슐레에게 역사는 당파적인 것이고 ,가치중립적인 것은 아니었다.

> 나는 이 역사가 비당파적이 아니라고 주장한다. 역사는 한 현자가 선악 사이에서 평행을 이루고 있다고 보지 않는다. 반대로 솔직하고 열렬하게 정의와 진리의 편인 것이다. 그러므로 여기에는 어떤 주저함도 어떤 타협과 조정도 없다. 법칙을 사실에 복종시키거나 사실을 완화해서 법에 접합시키는 자기만족도 없다. 전세기에 걸쳐 그리고 인류의 삶 전체의 조화 속에서 사실과 법이 결국은 일치한다는 것을 나는 반박하지 않는다. 그러나 역사철학이라는 숙명적 아편, 즉 거짓된 평화의 신중함을 세부에 즉 세상의 투쟁에 넣으면, 그것은 생명 속에 죽음을 넣는 것이요 역사와 윤리를 죽이는 것이며, 무관심한 영혼에게 "무엇이 악인가? 무엇이 선인가?"를 말하는 것이다[61].

Ⅳ. 역사교육에 대한 시사점

이상에서 정리한 미슐레의 역사인식은 우리의 역사교육에 어떤 시사점을 던지고 있는가를 논할 차례이다. 먼저 우리가 반추해보아야 할 것은 우리의 역사교육에서

---

58) O. A. Haac, p. 54.
59) O. A. Haac, p. 55.
60) O. A. Haac, p. 59.
61) 『프랑스사』 10, pp. 198-9, O. A. Haac, p. 164에서 재인용.

어떤 미래를 보고 있는가의 문제이다. 과연 우리 역사교육은 미래를 지양하고 있는 것인가? 미슐레는 이 물음에 다음과 같이 답한다. “나는 언제나 미래에 살아왔다. …나는 과거를 통해서 미래를 개선하고자 한다.”[62] 그는 1829년의 강의를 통해서 미래의 진보를 예상할 것이며, 조국의 중심을 공고히 할 것을 역설하였다. 아울러 진보에 반대하는 주장들을 공격하면서, 자유민주주의가 계속되기 위해서는 창조 정신(esprit créateur)이 꼭 필요하다고 주장하였다.

이런 의식 하에서 그는 공교육을 중요하게 여겼다. 1827년에 인간은 선악을 구분할 줄 안다고 선언하였다. 개인의 의식을 일깨우는 교수로서의 책무를 깊이 인식하였던 것이다. 특히 인쇄술에 관하여 칭찬을 아끼지 않았다. 이는 대중을 계몽하였기 때문이다. 그리고 콘스탄티노플로부터 필사본을 가져온 라스카리스(Lascaris, 1434-1501)[63]를 칭송하였다. 이들이야말로 인민의 교육에서 최초의 영웅들이라고 보았던 것이다.

> 교육의 원리: 그것만이 아마 커다란 분열을 치료할 수 있을 것이다. 사회는 하나의 교육이다. 국가는 하나의 교육이다. …분열은 성직자, 국가, 신문 자체에 의해서 생긴다. …우리는 노동자의 상승에 대한 동감으로부터 교육을 원하고 있다. … 시민, 자신의 생업을 지키면서 직업으로부터 예술로써 잠자는 노동자를 교육하는 것! 교육과 교육자의 높은 이념은 자신에 반하는 것일지라도 교육하고 발달시키며 강화하는 사랑의 자비 안에 인용되어 있다[64].

> 기꺼이 인민의 교육에 전념하는 유일한 정부는 바로 혁명정부이다[65].

1855년 교수직을 상실하고나서 어느 때보다도 “가르치는 일(enseignement)이 진보의 주요수단이다”라고 생각하였다. 일반 독자들에게 자신의 서적이 미치는 영향에 관해 생각하면서 서술하였다. 특히 중세를 전체적으로 매도한 것은 이러한 이유에서이다. 독자가 어떤 생각을 할 것인지, 인민이 어떤 윤리를 이끌어낼

62) O. A. Haac, p. 64.
63) O. A. Haac, p. 68. 콘스탄티노플 출신으로 필사 장인으로 밀라노에 정착하였다. 후일 메시나에서 죽는데, 76권의 필사본을 남겼다. 이 필사본은 후일 스페인으로 옮겨졌다. 필사는 인쇄술로 대체되는데, 그가 지은 *Erotemata*(1476)는 그리스어로 된 문법서로 최초의 인쇄본이다. 그는 벰보 서판의 발견자인 추기경 벰보(Bembo)의 스승이다.
64) Bibl. hist., document A 3785-34. O. A. Haac, p. 69.
65) No 94, pp. 265, 118, 267. O. A. Haac, p. 69 재인용.

것인지, 이야기가 어떤 행동을 사람들에게 불러일으킬지에 관해서 저자가 미리 생각해야 할 것으로 파악하였다[66] 이런 점은 우리가 역사를 교육할 때 늘 생각하지 않으면 안 될 것이다. 교수자가 가지는 시대적 사명을 깊이 인식하는 것이 역사교육의 요체라고 생각된다.

교육의 방법에 관해서는 그의 저술 『여자와 우리 아이들』(*La Femme et Nos Fils*, 1869)에서 설명하고 있는데, 그가 주장한 교육의 대개혁에 따른 방법을 제시하고 있다[67]. 우선 인민은 사명(mission)에 눈떠야 한다고 보았다. 이를 위해서는 자신감을 없애는 이른바 원죄(péché originel)의 교리를 제거해야 한다고 주장한다. 이 책에서는 새로운 교육방법과 옛 편견 간에 대조를 보여주면서, 이곳에서 페스탈로치와 프뢰벨을 칭송하여 인민의 자유에 대한 위대한 챔피온으로 등장시킨다. 1859년에는 마담 마렌홀츠(Marenholz)와 교제하였는데, 그는 프뢰벨의 제자이며 유치원의 조직자였다. 그에 관해서 다음과 같은 글을 남겼다.

> 그는 웃으면서 매혹적으로 들어온다. …그런데 나는 아직 그렇게 활달한 독일 여자를 본 적이 없다. 한 마디 말도 대꾸하지 않고, 우리는 모든 것을 받아들였다. 그의 주의는 지극히 단순하다. …"어린아이는 창조자예요; 그가 창조하도록 돕는 것이 전부이지요." 프로메테우스여, 그대가 이겼다.

미슐레에게는 이것이 계시이고, 인민을 교육하는 새로운 방법이었다.

특히 어린이의 교육에 관해서 미슐레가 말하고 있는 다음의 내용은 구성주의라고 하는 교육방법에 관해서 경종을 올린다. 다음의 말을 들어보자.

> 어린이를 이치를 잘 따지고 토론을 좋아하고 비판적인 아이로 만든다는 것은 어리석은 일이다. 맡겨진 온갖 씨앗을 끊임없이 휘저어 놓는 농사가 어디 있단 말인가! 어린이의 학식을 풍부하게 만드는 것도 바보스런 일이다. 유익하거나 무익한 지식의 혼돈된 기억을 채우고 이미 만들어진 많은 것으로, 즉 살아있지 않고 산산조각으로 죽어 있는 것으로 그의 마음을 소화시킬 수 없을 정도로 가득 채워버린다는 것은 어린이의 정신을 죽이는 것이 된다. …어린이가 죽은 지식의 단편을 통일시켜 다시 파악한다는 것은 불가능하기 때문이다. …어린이는 먼저 신앙에 의하여 존재한다. 신앙은 영감과 행동에 공통된 기반이다. 신앙이 없으면 어떠한 위대한 것도 없을 것이다.[68]

---

66) O. A. Haac, p. 69

67) O. A. Haac, p. 71.

68) 전기호 옮김, 『민중』 pp. 272-272.

여기에서 우리는 역사수업에서 선별의 필요성을 다시 느낀다. 많이 가르치는 것이 역사를 잘 가르친 것이 아니다. 망라적인 것이 아니라 정말 중요한 것을 학생들에게 가르칠 수 있는 교수자의 자세와 가치관의 확립이 필요하다.

그러면 미슐레가 의도하는 신앙이란 무엇인가? 그는 인간에게 어울리는 신앙이란 이성이 증명하는 것에 대한 신앙으로 보았고, 그 신앙의 대상은 경이가 아니라 자연과 역사의 영속적인 기적이라고 보았다[69]. 예를 들어 아테네인들은 인간의 모든 문화가 아테네의 아크로폴리스에서 내려왔다는 신앙을 가지고 있었다는 것이다. 로마인은 자기들을 세계의 선두로, 판단하는 자로, 사법관으로 약속받았다는 신앙을 가지고 있었다. 비록 아테네나 로마는 사멸하였지만 지금도 영향을 미치고 있다는 것이다. 필자는 이런 지적에 대해서 과연 우리 민족은 무엇을 남겼나 자문할 필요가 있다고 보았다. 우리의 아이들이 어떤 것을 믿도록 할 것인가? 당연히 있어야 할 고민이 아닐 수 없다.

사실과 관련하여 미슐레는 사실의 '역사적 가치'(valeur historique)에 의해서가 아니라 현재적 '의미'(signification)에 의하여 판단하고 있다[70]. 그는 "과거는 미래를 죽이지 않는다" 그리고 "역사는 …살아있는 힘들에 대한 호소"(appel aux forces vives)라고 주장하면서 이것이 우리 각자에게는 용기를 불러일으키는 것으로 보았다[71]. 미슐레는 니체와 마찬가지로 곰팡이 냄새가 나는 문서로부터 행동의 원리를 이끌어내고자 하였다. 그래서 다른 모든 역사학파와 그 파들이 지니고 있는 역사철학의 숙명적인 '아편'[72]을 정죄하였다.

과거에 대한 이런 원리를 역사가에 적용하여 그는 인도의 현인, 아벨라르, 라블레, 볼테르, 당통에 관해서, 각자가 자유로운 사상의 거장(maître)이며, 영웅으로서 인민으로 하여금 자신의 전투를 계속 진행하도록 영감을 불어넣었다고 보았다. 또한 역사가도 영감적인 비전에 도달하고 행동의 영웅들에 의해서 용기를

69) 전기호 옮김, 『민중』 p. 273.

70) O. A. Haac, p. 70.

71) 『프랑스사』, 7, pp. 3-4 와 『프랑스사』, 8. pp. 6-7. O. A. Haac, p. 70에서 재인용.

72) 학파에 관해서는 『프랑스사』, 8, p. 425 숙명적 아편(Fatal opium), n. 397, 410, 439, O. A. Haac p. 70에서 재인용.

얻어야 한다는 것이다. 이런 예로 잔 다르크와 프리드리히 대왕을 들 수 있다. 반면 역사가는 인민의 실패를 접하게 된다. 이를테면 조국이 파산하고, 외국인들이 강점하고, 부당한 절대주의를 겪기도 한다. 그렇다고 해서 장차 행동할 용기를 꺾지 않도록 주의를 기울여야 한다. 그래서 그는 다음과 같이 결론을 내린다. "역사는 세련되지 않고 야만스러운, 먼지투성이가 된 지친 여행가이다." 그러나 정열로 가득 차 있어서 그 과제는 내가 이루어낼 수 있다. "왜냐하면 내 속에 젊음의 세계를 지니고 있기 때문이다."[73)]

어느 민족에게도 고난과 예속의 시기가 있었다. 이런 모든 예속에서 벗어나도록 할 수 있는 가능성을 가르칠 것을 미슐레는 역설한다. 미슐레는 조국에 관해서 자부심을 가지도록 하고 있는데 이는 당연한 귀결이다. 우리가 직면한 세계화 시대에 국가란 무엇인가에 관한 질문에 다음과 같이 답하고 있다.

> 프랑스 사회주의 학파의 지도자는 몇 해 전에 "조국이란 무엇인가?"라고 물은 적이 있다. 물질적 향락에 관한 그들의 세계주의적 유토피아는 솔직히 말하면 나에게는 호라티우스의 "로마는 붕괴한다. 행복의 섬으로 도망치자!"고 하는 포기와 실의의 슬픈 노래의 산문적인 주해처럼 생각된다. 천상의 조국과 지상의 보편적 형제애라고 하는 교리를 가지고 그 뒤에 온 기독교는 …로마 제국에게 치명적인 일격을 가한 것이다. …우리는 지금 인용한 위대한 시인과 같이 조국도 여러 신도 가지고 있지 않은 노예의 자식은 아니다. …나는 로마의 로마인이며 프랑스의 프랑스인이다. 우리는 영웅적 국민성에 의한 노력으로 세계를 위한 일을 하고 온 국민을 위하여 평등의 복음의 기초를 만든 사람들의 자식인 것이다. …그들에게 형제애란 존재와 성격과의 맹목적인 혼합은 아니고 바로 마음의 통합이었던 것이다. 아버지들은 자신들과 프랑스를 위하여 헌신과 희생이라는 독창성을 계속 지켰는데, 이 독창성에 관한 한 아무도 그들과 경쟁할 수 없었다. 다만 프랑스만이 자신이 심은 이 독창성의 나무를 자신의 피로 축여준 것이다.[74)]

세계화라는 것이 보편의 논리를 앞세워 강대국의 이해관계를 포장한 것은 아닌지 우리로 하여금 반성하게 한다. 우리의 독창이 없을 때 그것은 결국 멸망으로 가는 길임을 제시하고 있다.

그러면 어떤 식으로 교육해야 한다고 보았는가?

> 프랑스는 로마로부터 출발하고 있다. 그러므로 로마를, 그 언어를, 그 역사를, 그 법률을

---

73) O. A. Haac, p. 71.
74) 전기호 옮김, 『민중』 251-2, 여기에서 우애라는 번역어를 형제애로 필자가 바꾸었다.

가르치지 않으면 안 된다. 프랑스의 교육은 이 점에 관하여는 비상식이 아니다. 그것은 로마를 가르치는 데 프랑스의 감각을 침투시키고 있지 않다는 점에서 비상식인 것이다. 즉 수단인 로마 위에 무겁고 엄숙하게 스콜라 풍으로 기대어, 목적인 프랑스를 감추는 것 같은 교육이 되어 있는 것이다. 이 목적 쪽을 입학하였을 때부터 어린이에게 보여주지 않으면 안 될 것이다. 어린이를 자신인 프랑스로부터 출발시키고 로마를 통하여 프랑스에로, 즉 자신에게로 이끌어 나가지 않으면 안 될 것이다. 그때에 비로소 프랑스의 교육은 조화 있는 것이 될 것이다. …이 조화적 교육이야말로 어린이의 마음 그 자체 속에 조국이라는 기초를 만들어 주게 될 것이다. 다른 어떤 구원도 없는 것이다.[75)]

이런 자세야말로 우리의 역사교육 나아가 교육이 지향해야 할 방향일 것이라고 독자들도 동의할 것이다. 배워야 할 것을 무시하는 것이 아니라 오히려 적극적으로 수용하며, 나아가 그것으로부터 자신으로 되돌아 올 줄 아는 것이야말로 세계화 시대의 교육에서 잊어서는 안 될 철칙이라고 보아도 틀림없다.

이어서 유럽에 관해서 다음과 같이 말한다.

유럽은 많이 늙었다고 이야기한다. 그러나 그 겉으로 보는 늙음 속에 나머지 지역보다 더 넓은 젊음을 지니고 있다. 그의 생생한 전기(電氣, électricité)는…유럽으로 하여금 매일 정신에 의해서 스스로 재생되도록 하며 반대로 정신은 의지에 대해서 전대미문의 힘을 주고 있다.[76)]

우리도 마찬가지로 동아시아의 문화권에 대한 인식을 가지고 그 찬란한 문명의 부활을 이루도록 의식과 목표를 가져야 할 것이다.

미슐레는 1831년과 1874년에 역사가 창조적 정신을 죽일 것이 아니라 영광스러운 미래를 창출하도록 해야 한다고 역설한 바 있다. 만약 세상이 불완전하면 인민은 투쟁을 계속해야 하고, 인민의 권리를 위해서 그러해야 하며, 진보적으로 정의와 형제애를 확립해 나가야 한다고 보았다. 역사가는 선지자로서 인민의 투쟁에서 지도하는 역할을 맡아야 한다고 주장한다[77)].

미슐레 자신이 표방한 방법론이 있었는가? 1838년 미슐레는 '부활'(resurre-

75) 전기호 옮김, 『민중』 262, 273에는 조국과 다음과 같이 말한다. "하느님이 인간 틈에 내려왔다는 것만으로는 충분치 않다. …하느님이 각국의 인간 속에 어떻게 자기를 나타내고 여러 국민적 천분 속에서 '아버지'가 어떻게 어린이들의 필요에 응하였는가를 탐구하지 않으면 안 되는 것이다. … 그리하여 인간이 어린 시절부터 '조국' 속에 살아있는 하느님을 인정하는 데 익숙해지기를"

76) No 182, p. 13. O. A. Haac, p. 71에서 재인용.

77) O. A. Haac, p. 72.

ction)이라는 개념을 표방한다[78]. 이는 과거를 윤리적으로 해석하는 것을 의미하는데, '역사에의 융즉'(participation à l' histoire)이라는 말로 표현하기도 하였다. 이 개념은 사건을 기술하기 위해서 고안한 방법이 아니었다. 오히려 '역사의 혼'(âme historique)을 드러내고 정열을 재생시키게 하려는 노력을 지시한다[79]. 역사의 혼은 과거와 현재 우리 사이에 연결을 이루는데, 이는 이야기에서 가장 중요한 요소라고 할 수 있다. 왜냐하면 그것이 이야기를 지적인 번식의 기술로 변모시키기 때문이다. 비유를 해보면, 역사가는 장차 자녀를 가질 어머니와 같다는 것이다. 마치 역사가는 과거의 혼을 임신하는 기술을 가지고 있고 자신의 작품에 이를 제시한다는 주장을 펼친다. 이 이론은 쿠쟁(Cousin)의 사상에서 영향을 받은 것으로 알려져 있다[80]. 이것은 줄여서 말하면 과거 사건의 부활을 통해서, 과거 사건의 이념적이고 동시대적인 의미를 확립하는 것이라고 하겠다. 그와 같은 전체 부활의 과정은 역사서술의 가치를 크게 증대시켰다.

아울러 그의 서술은 오늘날 문화사의 개념으로 가도록 하였다. 다시 말해서 그가 의도한 것은 전쟁의 연대기를 작성하는 데에서 벗어나서 과거의 혼이 살도록 하는 것이었다. 이렇게 하면서 그는 역사에서 왕이나 권력자들의 연약함을 인식하고 사회 문화적 요인의 중요성을 다시금 각성하게 한다[81]. 이런 구도에서 과거의 역사서술의 전통, 정치 외교사와는 분리되는 것이다. 이 점에서 바로 미슐레의 독창성이 있었다. 왜냐하면 알고 있는 사실을 뚜렷하게 드러내는 대신에 과거의 정열을 재구성하는 데에 유용한 사료에 관해서 주장하였기 때문이다. 그러기에 사료의 선택은 한 사건으로부터 기억되는 인간의 기억을 형성해 가는 과정에 유사하다. 이런 선택은 현재의 상태와 관련을 가지며, 개인으로 하여금 현실 문제를 풀게하는 데 도움을 줄 수 있는 것이다. 결국 미슐레는 부활이라는 말을 통해서 행동과 미래에 대한 자신의 신념을 표현하였고, 그것은 궁극적으로 민주주의적 행동의 진보를 믿었던 데에서 유래한다. 그러므로 역사가의 임무는 과거의

78) O. A. Haac, p. 73.
79) O. A. Haac, p. 74.
80) O. A. Haac, p. 76.
81) O. A. Haac, p. 80.

영웅들을 행동하게 하였던 '자유의 이상'(idéal de la liberté)을 선전하는 것이고, 과거를 설명하고 보완하려는 끊임없이 노력하는 것이다. 어떤 추론에서가 아니라 감수성과 직관에 토대를 두고 사회를 개선해 나가는 것이다[82].

V. 결　어

오늘날 역사학의 주류로 인정되고 있는 아날 학파의 정신적 지주로서 역사가 미슐레의 역사인식은 역사교육이라는 관점에서 조망하여 보았다. 위인으로 불리기에 부족함이 없을 정도의 세계사적 시야와 통찰력을 보여주고 있고, 지금도 영향력을 미치고 있는 그의 사상은 사실 여러 측면으로 연구해야 할 것이다. 특히 과학적 인식에 기반한 근대성을 탈피하고자 하고 젊은이들이 감성세대라고 불리는 요즘, 미슐레의 직관과 감수성 그리고 의지에 대한 연구와 그의 역사서술 및 방법에 대한 이해는 우리 역사교육자들의 연구과제로 남을 수밖에 없다. 특히 교육의 문제와 관련하여, 교사의 헌신적 노력이 없이 혁명의 이념이나 인간의 숭고한 노력이 이어지지 못한다는 생각은 오늘날 역사를 홀대시하는 일반인들과 교육정책자들에게 계시적인 경고를 하고 있는 것이다. 오늘을 있게 한 역사에 대한 교육에 대한 관심을 촉구하고 스스로 교사로서 빛나는 생애를 보낸 미슐레의 족적은 역사교육자들에게도 중요한 지침이 되고 있다.

최근 우리나라 역사교육은 방향을 잃고 있다. 무엇을 가르쳐야 하느냐의 문제부터 시작하여, 어떻게 가르쳐야 하느냐의 문제를 지나서 왜 가르쳐야 하느냐의 문제에서 합의된 것이 없다. 특히 역사 수업의 특성이 무엇인지 깊은 인식도 없는 편이다. 소위 탐구학습이라는 과정을 통해서 자연과학의 사고방식을 가르치면서, 그것을 역사교육이라고 내세우는 사람들이 많은 것이다. 그렇게 된 이유는 역사에서 중요한 직관과 감수성이 빠져 있기 때문이라고 생각한다. 이 논고를 통해서 미슐레를 소개하는 이유는 우리가 역사에서 특히 역사의 교육에서 우리 자

82) O. A. Haac, p. 122.

신의 위상을 한번 돌아보기 위함이었다. 국가사의 중요성을 말하면서도, 그 국가가 어떤 존재였는가에 대한 성찰이 없는 국사 수업, 세계사를 말하면서 자신의 입장이나 기반이 없이 남의 이야기만을 반복하는 우리의 세계사 교육의 모습을 보면 미슐레는 무엇이라고 할까? 과목의 특성도 모른 채 무작위로 들어오는 정보를 그저 받아들이면서, 느끼고 생각하지 못하는 우리 학생들의 무표정한 얼굴이 크게 들어온다. 이미 교수 목표와 관련한 연구에서는 인지적인 영역과 정의적인 영역이 상호 영향을 주고 있다는 사실을 우리에게 알려주고 있었는데도 말이다[83]. 흥미 있고, 의미 있고, 보람을 느낄 수 있는 역사교육의 지평을 열기 위해서 포스트모던 시대에 걸맞는 역사수업과 삶에 목표를 던지는 교육을 이룰 수 없을까? 마지막으로 미슐레의 다음 말로 글을 맺고자 한다.

> 정치의 제 1부는 무엇일까? 그것은 교육이다. 제 2부는? 교육이다. 그리고 제 3부는? 역시 교육이다. …교육으로 법의 원칙을 강화하라. 법을 적용할 수 있는 가능한 것으로 만들라. 무엇보다도 인간들을 만들라[84].

83) David R. Krathwohl, et al., *Taxonomy of Educational Objectives: the Classification of Educational Goals, II: Affective Domain*, McKay co. inc., 1964, p. 60.

84) 전기호 옮김, 『민중』 p. 283. 역사학의 목표는 '과거'가 아니라 '인간'이라는 마르크 블로크의 인식도 미슐레의 영향에서 나온 것으로 볼 수 있다. 마르크 블로크, 『역사를 위한 변명』 고봉만 역, 한길사, 2000, p. 46-50 참조.

제 2 부
방법과 실천

9
서양사 내용 구성과 서술의 방향

Ⅰ. 서언
Ⅱ. 세계사에 대한 관심의 증대와 추세
Ⅲ. 개정안의 취지와 서양사 구성
Ⅳ. 개정안 구성의 실제와 논거-서양고대사를 중심으로-
Ⅴ. 결어

Ⅰ. 서 언

몇 년 전 지방 사학회에서 포스트모던을 주제로 우리나라에서 앞서 가는 교수가 발표하고, 필자가 질문자가 되었던 적이 있다. 3가지를 질문하였던 것으로 기억하는데, 마지막 한 가지 질문에 대해서는 "생각해 본 적이 없다" 는 답변을 들었다. 필자는 미안하기도 하고 당황하기도 하였는데, 지금쯤은 깊은 관심을 가지고 그 문제를 천착하고 있실 것으로 믿는다. 그 질문은 "그런 내용이 역사수업에 어떻게 반영되어야 합니까?"였다. 이제 이 글을 작성하기 위해서 문헌을 조사하는 데, 최근 것만으로도 글쓰기에 충분하다고 판단하였다. 선배·동료·후배가 참신하고 좋은 논문을 써 준 탓이다. 중등학교나 평가원에 있는 선·후배로부터 대학이 세계사 교육에 관심이 없다는 말을 많이 들어온 터라, 이제 그런 푸념은 옛날이야기가 되었다. 필자는 이제 이 공간을 빌어서 최근에 논의되는 세계사 교육의 방향과 개정안 논의에 참여한 사람으로서 기본 방향과 실제 서술의 방침을 제시하고, 여러 평자의 고견을 듣고자 한다.

Ⅱ. 세계사에 대한 관심의 증대와 추세

1. 관심과 방향

세계사 교과서를 어떻게 써야 하는가에 관해서는 역사교육연구회・역사교육학회・웅진사학회가 공동으로 2004년 10월에 개최한 학술대회가 자극제가 되었다. 이 대회에서는 6명의 연구자가 준비한 논문을 발표하여 교수・강사 및 교사만 아니라 교육부 관계자가 같이 고민하고 어울리는 토론의 장이 전개되었다[1]. 이 대회는 현장 교육의 기초가 되는 교과서 서술만을 문제로 다룬 최초의 모임이기도 하였다. 그 모임의 주목적은 관심을 불러일으키고 나아가 쉽고 흥미로운 교과서를 서술하는 것이었으나 돌이켜 보면 실제로 반향은 크지 않았던 듯하다. 여러 신문에서 보도가 있었으나 그 관심은 증폭되지 못했다.

세계사 내용과 관련해서는 『역사교육』 100집에 실린 이영효, 「글로벌 시대의 역사인식과 세계사」는 그간에 동서양사에서 제기되었던 문제점 인식과 이해의 전환을 한 편의 논문으로 요약하여 제시하고 있어 독자에게 그간의 흐름을 잘 파악할 수 있도록 하고 있다.

뿐만 아니라 『서양사론』 최신간호인 92호(2007. 3)에는 세계사 서술과 관련하여 3편의 비평논문이 실렸다[2]. 저자와 제목은 다음과 같다. 차하순, 「새로운 세계사의 조건」; 김원수, 「글로벌 히스토리와 역사들의 지평을 넘어서」; 조지형, 「지구사란 무엇인가?」 이다. 이들 논문은 단순히 세계사를 써야한다는 것에서 한 걸음 더 나아가 세계사, 지구사 또는 글로벌 히스토리라는 주제로 이론적인 접근을 시도하고 있다. 필자들 간에 세계사를 보는 미묘한 차이가 있어 보이지만[3] 필자로서는 이런 시도가 많을수록 좋다고 생각한다. 그렇지만 더 기대되는 것은 그런 다양한 이론의 접목을 통해서 실제적인 세계사 서술이 이루어져서 교과서와 저서로 만들어지는 것이다.

---

1) 역사교육연구회·역사교육학회·웅진사학회의 공동학술대회가 『세계사교과서 어떻게 쓸 것인가?』를 주제로 2004년 10월 23일 공주대학교 연구관 1층에서 열렸다.

2) 『서양사론』 90호, 2006. 9. 에는 특집으로 "우리에게 서양은 무엇인가: 유럽중심주의 서양사를 넘어"라는 주제 하에 4편의 논문이 게재되었다.

3) 두 사람의 논점 차이는 『서양사론』 92호, p. 299, n. 10을 참조하시오.

2. 포스트모던 의식과 반의식

무엇보다도 기존의 서양사인식에 영향을 주었던 경향의 저술은 포스트모던이라고 통칭하는 흐름에서 나왔다. 일반적으로 이런 서술들은 미시사의 영역을 통해서 기존의 인식을 전환하는 데 기여하였으나, 일반적인 개론서로서도 주목을 끈 것은 김원중 역 『거울에 비친 유럽』 (새물결, 2000)과 김응종 저 『서양의 역사에는 초야권이 없다–서양사에 관한 12가지 편견과 사실–』 (푸른역사, 2005)이다. 두 저서는 서양사 전반에 대한 뒤집기를 한다는 점에서 특히 세계사 교육자나 서양사 개론의 강의자에게 큰 충격을 주고 또 흥분을 일으키기도 하였다. 흥분의 요인은 오리엔탈리즘의 극복, 리오리엔트의 등장을 기대하는 국면이었고, 충격은 그간 서양사를 가르쳐왔고 연구해 왔던 연구자들의 진실성과 근거를 문제삼는 것에서 찾을 수 있다[4].

이런 충격은 바로 반비판의 흐름으로 이어진다. 이거스, 『20세기 사학사』(푸른역사, 1998)에서는 최근의 역사가들이 편견을 전보다 더 크게 인식함으로써 "이전의 역사학이 의거했던 방법론적 절차들을 대부분 유지했다"(p. 218)고 보고한다. 이 책을 번역한 분들이 비판의 흐름을 주도했던 사정을 고려하면, 다음 말을 소위 포스트모던의 흐름이 종언을 고하는 느낌이 든다. "메딕의 비판을 들은 지 약 6년의 시간이 지난 오늘날 돌이켜 보면, 다시 기존의 역사학 자체를 송두리째 바꿀 것 같은 기세로 나왔던 주장들이 이제는 공허한 말들로 사라지고 있는 것 같다."(역자후기 p. 257)

최근에 상영된 두 영화 『아포칼립토』와 『300』은 서양 문명의 계몽성과 자유를 더욱 부각시키고, 바바리언을 야만족으로 보게 하는 데 있어 확실한 역할을 하고 있다. 많은 시청자들이 반감을 가졌을 법한데, 그러나 사실주의적 표현의 기법하에 비서구세계의 야만성은 그런 반감과 대조하여 더 두드러진다. 이런 경향과 궤를 같이 하는 것이 송충기 역, 『옥시덴탈리즘-반서양주의의 기원을 찾아서-』(이런 바루마 & 아비샤이 마갤릿 저, 민음사)이다. 이 책을 보면 오리엔탈리즘의

4) 이 문제에 관해서는 김응종, 「서구 중심주의 역사학에 대한 비판과 반비판」 『프랑스사 연구』 16, pp. 225-227에 잘 소개되어 있다.

폭로를 넘어서 서구혐오에 이르는 과정을 잘 알 수 있는데, 그런 옥시덴탈리즘이 사실상 서구화·근대화의 덕을 가장 많이 본 동구 및 비서구권에서 나온 반응이라는 것이다. 이 책의 저자들이 걱정하는 것은 이런 흐름이 단순한 개인의 감정이나 기호의 문제가 아니라 독재의 도구가 되어 버리는 것(p. 178)이다.

필자가 평소에 이런 논의에 큰 관심을 가졌던 것은 아니지만, 세계사 교과서의 서술의 기준을 마련하기 위해서 특히 서양사를 공부한 사람으로 서양의 역할을 어떻게 보아야 할 것인가에 관한 고민에서 벗어날 수 없었다. 필자도 역시 동양 세계의 역사를 자랑하고 싶고 세계 역사의 흐름에서 중요한 것이 동아시아의 동향이라고 생각한다는 점에서 동양인임을 부인할 수 없다. 그러나 과거 서양인의 역사를 수용하고 그것을 배우고자 아니 모방하고자 하였던 것은 단순한 호고나 근대화의 허상에서 비롯한 것만은 아니라고 본다. 김응종 교수의 말처럼, 중국은 정체했고 서양은 발전했던 것[5]을 어떻게 부인할 수 있겠는가? 그 덕에 우리는 민주와 독립과 자주라는 단어를 생각할 수 있는 것이 아닌가? 이런 점이 필자가 기준안을 구상하는 데에 영향을 미쳤음을 부인할 수 없다.

더 나아가, 탈서양중심주의를 주장하는 사람들도, 자신들의 논지가 가진 문제점을 깊이 인식하고 있음은 다행한 일이라고 본다. 그 중 하나인 홉슨의 견해에 따르면 탈서양중심의 사고에서 초래될 수 있는 위험은 다음과 같다.

> 첫째, 유럽의 성공을 진정한 기적으로 표현해버리는 위험에 빠지게 된다.
> 둘째, 동양에 특권을 부여하고 서양이 모욕을 당하는 옥시덴탈리즘에 빠질 수 있다.
> 셋째, 인간의 행동이 물질 구조의 '수동적 수용자'라는 개인의 개념으로 대체되는 일종의 구조기능주의의 함정에 빠진다[6].

이와 같은 위험에 빠지지 않기 위해서는 '유럽의 힘'에 관해서 정확히 아는 것이 필요하다. 세계사 교과서 저술가나 교사는 유럽을 일방적인 수용자가 아니며 유럽인 역시 전체 과정에서 주요한 역할을 하였음을 역설하고 있는 점에 관심을 기울일 필요가 있다. 홉슨은 특히 정체성의 중요성을 강조하고 있는데, 그렇다면 이는 서양의 문화적 측면이 서양의 발전에 중요하다는 것을 강조하는 것이다.

---

5) 김응종, 위의 논문, pp. 233-244.
6) 홉슨, 『서구문명은 동양에서 시작되었다』 정경옥 역, 에코 리브르, 2005, p. 46과 p. 381을 보시오.

또 하나 중요한 점은 탈서양중심주의에 기울다 보니, 시대구분과 시대를 생략하고 있다는 점이다. 이는 5,000년의 역사를 가르치고 정리하는 데 일정한 시간의 틀이 없어서는 사실상 효과적인 것으로 보이지 않는다. 특히 그것을 나누는 기준이 서양적이라고 해서 거부하고 대안을 내세우지 못하면, 오히려 그냥 두는 것이 나을 것이다. 왜냐하면, 반서양주의자들이 생각하고 있듯이 시대구분은 실재론적 이데올로기가 아니고, 사실상 하나의 이름에 불과한 것이며[7], 시대구분을 만들고 그것에 입각하여 서술한 사람은 다름 아닌 교사였기[8] 때문이다. 시대를 나누는 것은 이처럼 수업의 방식이나 학생의 학습을 고려한 것이지, 반서양주의자들이 주장하듯이, 애초 그것이 모더니즘의 법칙이나 이념은 아닌 것이다. 이런 점을 살려서 세계를 거시적으로 볼 수 있는 시간의 틀을 마련하는 것이 필요하며, 시간관도 한 시대의 문화적 반영[9]이라는 점을 생각하여, 교과서 저술에 반영되기를 바란다. 이런 점에서 역사교육의 기초에 관한 인식의 깊이도 필요한 것이다.

Ⅲ. 개정안의 취지와 서양사 구성

1. 기준안과 교과과정

필자를 포함한 연구팀이 이 프로젝트를 수행하면서 들은 당부의 말은, 교과서 필자의 재량권을 크게 높이는 방향으로 시안을 만들어달라는 요구였다. 그래서 우리의 보고서는 권고안으로 되었으나, 공청회 과정에서 기준으로 바뀌게 되었다. 이런 사정을 충분히 이해하지만 처음의 뜻이 퇴색된 것은 아쉬운 측면이다.

연구팀이 프로젝트를 상당히 진행시켜 확정하기 직전에 받게 된 교과과정의 실라버스는 <표 1>[10]과 같다. 그리고 실라버스 연구팀이 제시한 내용체계의 핵

---

7) 양병우, 『역사의 방법』 대우학술총서·인문사회과학 36, 민음사, 1989, p. 95.
8) 김창성, 「서양 역사교육의 준거와 시대구분의 의미」『시대전환과 역사인식』 (윤세철 교수 정년기념논총), 솔, 2001, p. 96f. 이 책, p. 103을 보시오.
9) Aaron J. Gurevich, *Categories of Medieval Culture*, tr. by Campbell, Routledge & Kegan Paul, 1985, pp. 146-150.

심은 서구중심주의를 배제한다는 것이고, 그러면서 교류와 교역을 강조한다는 원칙[11]이다. 사실 영역과 내용으로 구분해 보았을 때 그런 원칙이 적용된 것은 영역의 대단원이다. 반면 내용을 분석해 보면, 요소는 기존의 교과서에서 중시하였던 핵심요소와 다른 것이 없다. 이런 점에서 중학교 세계사 서술에도 적용되고 동시에 고등학교용 세계사 교과서에도 적용될 수 있도록 하자는 생각에서 기본적이라고 생각되었던 기준안을 묶었고 나머지 사안은 교과서 집필자의 재량에 따르도록 하자는 것이 연구팀의 합의된 의견이기도 하였다.

다만 기준안 연구팀에서도 5차에 걸친 자체 회의에서 논의하였고 공청회에서 질의되었던 것은 '은의 교류와 세계교역망의 통합'이라는 소단원이다. 이점에 관해서는 필자가 확인하기로는 과거 수능 모의고사에도 출제하였던 바가 있고, 사회과 부도에도 은의 교역사정이 소개되어 있어서 특히 낯선 주제는 아니라고 생각되었다. 그런데도 질문이 많았고, 가르칠 것이나 집필할 것을 걱정하는 것을 볼 때 직접적으로 이 문제에 관한 의견을 표하는 것이 필요하였다.

우선 은의 교역이 서양의 역사에서 중요한 위치를 차지하지만, 신대륙의 은이 유입됨으로써 서양사의 격변, 이른바 가격혁명을 일으켰다는 것은 오늘날 달리 이해되고 있다. 다음의 인용문을 보자.

> 유입된 귀금속, 특히 은의 경우에는 기존의 귀금속 양의 2/5에 이르는 막대한 규모였다. 그러나 가격상승 현상은 신대륙의 귀금속이 본격적으로 유입되기 이전부터 나타났는데, 이것은 인구증가와 화폐유통 속도의 증가 또한 화폐량 못지않게 가격상의 중요한 요인이었음을 알려준다. 인구증가의 시기에 수요증대 및 지상의 확대와 더불어 생산자들 사이의 사회적 분업이 촉진되었고, 다양한 방식의 상품생산이 한층 더 활발하게 이루어졌기 때문이다.

10) 교과서 집필자들 중에서 서양사 전공자들의 지적에 따르면 이 시안에서는 시대구분을 없앤다는 명분으로 봉건제나 도시 장원 등의 주요한 사항은 물론이고, 르네상스 같은 지적 운동, 종교개혁이 들어갈 공간이 없다. 이런 식의 배열은 한마디로 남의 역사를 무시하기에 다름 아니다. 뿐만 아니라 오리엔탈리즘의 문제가 서양인 자신에 의해서 제기되는 맥락은 생각하지 않은 경향이 있는 것 같다.

11) 사실 필자의 생각으로는 이것이야말로 서구 내지 유럽 중심주의에서 나온 것이다. 특히 자본주의나 신자유주의적인 시장확대라는 사상은 물론이고, 중국에 의한 세계경제 주도설 또한 같은 틀에서 나온 것이라고 판단한다. 강철구, 「07_한국에서 서양사를 어떻게 보아야 하나」『서양사학과 유럽중심주의』(이민호 교수추모논집), 용의숲, 2011, p. 226이하를 보시오. 서구중심주의 비판에 대한 반론으로는 김응종, 「10_서구중심주의 역사학에 대한 비판과 반비판」 같은 책, p. 338 이하를 보시오.

이러한 조건 아래서 귀금속의 유입은 가격상승을 더욱 가속하는 계기가 되었다[12].

이에 따르면, 유럽 경제의 부흥이 전제되어야 귀금속의 유입이 의미가 있다는 의미로 읽을 수 있다. 즉 귀금속이 들어오기 전에 이미 유럽에서는 가격이 등귀하고 있었으며 이는 유럽 경제의 부흥이 낳은 결과이다. 그런 의미에서 『리오리엔트』의 저자가 말하고 있는 바 "은이 유입되었기 때문에 중국이 경제의 중심이고 유럽은 주변"이라는 인식은 선후관계를 무시한 막연한 추측에 불과한 것이다[13]. 필자는 이런 식의 세계사 인식이 밑바탕이 되어 시안이 나왔다면 실라버스를 연구한 팀의 경솔함을 우려하지 않을 수 없다. 이처럼 단순한 하나의 지표로서 세계사를 설명하는 것은 그 자체로서는 의미가 있을 수 있으나, 막상 필요한 종합적 사고나 역사적 사고의 목표에는 미흡하다. 왜냐하면 같은 사물이라도 다른 맥락 속에서는 다른 것으로 인식되기 때문이다. 따라서 은의 유통에 따른 변화를 내용으로 제시할 때 과일반화의 위험을 회피하고자 하는 역사교사의 관심과 주의가 요청된다[14]. 같은 예로서 중국산 자기가 유럽을 석권하였다고 할 때, 중국이 선진국이고 유럽은 후진국이었다는 식의 인식은 경계해야 한다. 고가의 하이테크 상품을 구입하고 즐길 만한 여유나 여가 또는 잉여가 없어서는 가능한 것이 아니기 때문이다. 특히 아랍권에서 유입된 커피・차 문화가 널리 확산된 것이 유럽사에서 중요한 일이지만, 그런 것을 가능하게 한 전체 변화를 학생들이 알도록 하는 것이 우선의 과제라고 생각된다.

12) 배영수 편, 『서양사강의』(한울, 2000) p. 196 과 n. 3을 참조하시오.
13) 김응종, 위의 논문, p. 233-239 참조.
14) 역사의 복잡한 구조에 관한 이해는 존 루이스 캐디스, 『역사의 풍경』 강규형 역, 에코리브르, 2004, p. 117 이하를 참조하시오.

〈표 1〉 세계역사의 이해-내용체계표, 한국교육과정평가원, 『고등학교 사회과 선택 중심 교육과정 개선방안 연구』(RRC 2006-5) p. 65-66

역사와 인간	○ 세계사 학습의 중요성 ○ 세계사 탐구 방법
도시 문명의 성립과 지역 문화의 형성	○ 도시 문명의 발생 ○ 진·한 제국 ○ 마우리아 왕조 ○ 페르시아 제국 ○ 그리스·로마
지역 문화의 발전과 종교의 확산	○ 유목민족 ○ 수·당과 동아시아 ○ 이슬람 세력 ○ 게르만 민족과 로마 ○ 유교, 불교, 힌두교, 크리스트교, 이슬람교 ○ 과학기술 ○ 문화교류
지역 경제의 성장과 교류의 확대	○ 송과 동아시아의 경제 ○ 이슬람 세계의 경제 ○ 유럽의 경제 ○ 동아시아 교역 ○ 인도양 교역 ○ 지중해 교역 ○ 사하라 횡단 교역 ○ 몽골 제국
지역 세계의 팽창과 세계적 교역망의 형성	○ 명·청 제국과 동아시아 ○ 무굴 제국 ○ 오스만 투르크 ○ 유럽 세계의 대두 ○ 새로운 국제 질서 ○ 대서양 교역 ○ 은의 교류와 세계 교역망의 통합
산업화와 국민국가의 형성	○ 과학혁명 ○ 계몽사상 ○ 시민혁명 ○ 산업혁명과 산업화 ○ 국민국가 ○ 자유주의 ○ 사회주의
식민지배와 민족운동	○ 아시아·아프리카·아메리카에서의 식민지배와 민족운동 ○ 일본·중국·오스만 투르크 등의 국민국가 건설 운동
현대 세계의 변화와 과제	○ 20세기의 전쟁과 갈동 ○ 국제연맹과 국제연합 ○ 자본주의의 변화 ○ 사회주의의 붕괴 ○ 과학기술

2. 서양사 구성방식과 제시방식

필자는 최근의 동향을 집약하여 다음과 같이 기준안의 원칙을 마련해 보았다.

첫째, 포스트모던으로 집약되는 트렌드를 반영하였다.

1) 그리스 문명에 끼친 이집트 문명의 영향을 서술하도록 권고하였다[15).

2) 중세 도시의 경우 유럽도시와 중국 및 이슬람권의 도시와 비교하여 이들과 비교해 보고, 나아가 이슬람이 유럽문화에 끼친 영향을 기술할 것을 권고하였다.

3) 중세 문화의 연속성을 강조하여 근대가 비약적으로 출현하였다는 서술을 지양하도록 권고하였다.

둘째, 학설상 부인되거나 의문시되는 경우 서술에 신중하도록 권고하였다.

1) 인류의 진화 과정이 단선적이 아니라 복선적이라는 점을 서술하도록 권고하였다.

2) 최초의 도시와 문명들이 농업에 기반하여 교역도시로 생성되었으며, 청동기 같은 금속기가 없이 석기를 도구로 하여 발전하였다는 점을 참작하도록 권고하였다[16).

3) 이집트 피라미드의 건설이 노예가 아닌 일반인에 의해 이루어졌다는 점을 강조하여 고대 이집트 왕권의 의미를 재조명할 것을 권고하였고, 이집트인의 신앙이 다신교가 아닌 일신교적 관점에서 서술될 필요가 있다는 점을 제시하였다[17).

---

15) 이 점과 관련해서는 김덕수, 「서양고대사학계의 '이단자' 마틴 버낼의 『블랙 아테나』」『서양사연구』 34, 한국서양사 연구회, 2006, pp. 235-259를 참조하면 그간의 연구 성과와 비평을 잘 파악할 수 있다. 마틴 버낼이 지은 저서의 의미와 한계에 관해서는 유윤종 교수의 서평이 참조된다. 이에 따르면 결정적인 문제는 언어학적 고고학적 전문성에서 찾아볼 수 있고, 사실상 한 사람의 능력을 넘어서는 주제라는 것이다. 「<서평>마틴버넬, 블랙아테나」『서양사론』 90, pp. 203-208.

16) 이 점은 국사학계의 고정관념을 부정한다. 참조, 이덕일, 「청동기와 잉카·마야문명」『조선일보』, 2007. 3. 16. 최초의 문명인 수메르인들은 비옥한 토양 외에는 가진 것이 없었다. 그래서 다른 지역과 교류할 수밖에 없었고, 석재도 부족하여, 해외로부터 구리와 청동을 수입하였다. 석재와 이런 금속이 경쟁하면서, 수메르인들은 금속이 효율적이고 경제적이라는 사실을 알게 되고, 이런 금속을 오만과 아니톨리아 및 코카서스에서 수입하였다. Rondo Cameron, *A Concise Economic History of the World*, 2nd Ed., Oxford, 1993, p. 28.

17) 필자가 가지고 있는 이집트 관광책자에 따르면, 다음과 같이 소개되어 있다. "한 종교의 외피에 국한된 이런 종류의 피상적인 판단은 종교가 나오는 깊은 근원들에 대한 지식에 의해서 대체되어야 한다. …다른 위대한 종교들과 마찬가지로 고대 이집트인의 종교는 기본적으로 일신교적이다. …모든 이집트의 우주발생은 모든 가시적인 것과 불가시적인 것의 처음이요 마지막인 유일하고 절대적인 신, 즉 피조물과 모든 인류가 그러하듯 신들이 수천의 얼굴을 가지고 있으며 동일

4) 그리스의 민주정이라는 말은 아테네 민주정으로 기술해야 하며, 동시대에 여러 정치체가 있었음을 제시할 필요가 있다.

5) 로마의 경우 파르티아나 사산 제국과 경합하였던 사실을 통해서, 로마의 힘이 상대적이었다는 점을 부각하였다.

셋째, 서술의 구체성을 높이도록 권고하였다.

1) 이집트의 경우 피라미드의 건설추이나 기술의 발전을 소개할 것을 권고하였다.

2) 아테네 민주정이 어떤 점에서 민주적인지를 서술할 것을 요청하였다. 당번제나 추첨제 등을 고려하여 구체화 할 필요가 있음을 지시하였다.

3) 비잔티움 제국이 이슬람에 대한 방비를 어떻게 하였는지 구체화 하도록 권고하였다.

넷째, 단원의 의미나 의의-가치 태도 목표를 제시하였다.

1) 인류가 하나의 유전인자를 가진 생물로 같이 번영해야 한다는 주제를 설정하도록 권고하였다.

2) 봉건제나 중세농업이 현대 서양인에게 미치고 있는 문화적 영향 등을 제시하도록 권고하였다.

3) 사례를 들어 가치관과 태도를 함양하는 학습방안을 개발하도록 권고하였다. 이는 그동안 세계사에서 사실·사건 위주의 서술에 대한 대안으로 생각된다.

다섯째, 소외지역에 대한 지역적 안배를 권고하였다.

1) 슬라브에 대한 관심을 촉구하고, 이를 현재 세계사의 제문제와 관련하여 보도록 하였다.

2) 아프리카 지역이 유럽 및 세계와 가지는 관련성을 제시하도록 권고하였다.

3) 게르만족의 이동과 관련해서는 원주민의 입장에서 변화를 기술할 것을 권고하였다.

한 신의 천가지 현상인 영원한 창조에 대한 느낌이 깊이 스며들어 있다." Alberto Carlo Carpiceci, *Art and History of Egypt-5000 years of Civilization*, Casa Editrice Bonechi, 1999, p. 14. 1981년 같은 출판사에서 간행된 안내서에는 다음과 같이 언급되고 있다. "오늘날 학자들은 이집트 신전에서 발견되는 다수의 신격은 최고의 존재, 유일 신의 속성들이거나 중간매개자라는 점에 동의한다. …이집트 만신전의 정상에는 유일하며 불멸이고 창조되지 않았으며 보이지 않고 또 자신의 존재에 접근불가인 깊이 속에 감추어져 있는 신이 군림하고 있다."(Abbas Chalby, *Egypt*, Bonechi, 1981, p. 8)

Ⅳ. 개정안 구성의 실제와 논거-서양고대사를 중심으로-

1. 그리스사

1. 그리스 민주정

(1) 주제의 의의

서양사의 시작은 그리스에서 전개된 폴리스라는 도시국가 제도에서 찾을 수 있다. 이 폴리스들은 여러 형태의 정치를 지니고 있었고, 발전의 방향이나 양상도 같은 것이 아니었다. 그러나 현재의 관점에서 가장 중요한 정치 모델인 민주정을 만들어 낸 창의성과 그 제도가 가지는 의미를 교과서를 통해서 교육하는 것은 가장 중요한 과제이다.

(2) 핵심주제어

아테네, 민주정, 민회, 아르콘, 델로스 동맹, 노예제, 페리클레스

(3) 서술의 주안점

가. 민주정의 원리는 오늘날 거의 모든 정체의 중핵을 이룬다. 그런 점에서 이 정치의 기원이 되는 그리스, 특히 아테네의 민주정치를 다루는 것은 그만큼 큰 교육적 의미를 지닌다. 그렇지만 19세기까지만 하더라도 민주정에 관해서는 지식인들이 혐오하는 정체였는데, 여기에는 플라톤 같은 철학자들의 영향이 매우 크다. 특히, 소크라테스의 처형을 가져온 체제라는 오명을 쓰고 있었기에 크게 환영받지 못하였다. 여기에서 현재의 관점에서 그 정체가 긴 역사과정을 통해 얻어진 것임을 설득력 있게 저술해야 할 것이다.

나. '그리스 민주정'이라는 제목은 오해를 자아낸다. 그리스라는 국가는 없었으며 그리스에 150여개의 국가가 있었고, 오히려 아테네가 거의 유일하게 민주정을 유지하였다. 아테네는 이런 정체를 꽃피우면서 고전문화의 황금기를 이루는데, 그 문화가 민주정을 통해서 형성되었음을 지적할 필요가 있다.

다. 민주정의 운영방식에 관해서는 상세한 소개가 필요하다. 직접 민주정으로서의 장점과 단점, 관리의 선출방식, 지역구의 개편과 관련한 체제의 개편 등을 가능하면 제시할 필요가 있다. 특히, 여성이나 이방인의 참여가 거부된 것을 두고 한계라고 말하지만, 당시 그리스인의 관념을 소개하면서, 그것이 그렇게 비합리적인 것이 아니라는 점을 인식시킬 필요가 있다. 아울러 여성의 지위가 그렇게 낮지 않았음도 부연하도록 한다.

라. 아테네 민주정은 일반인들이 정무에 참여함으로써 작동된다. 이를 위해서는 막대한 자금이 각종의 수당으로서 지불되어야 했으므로, 많은 자금이 필요하였는데 이는 바로 델로스 동맹의 기여금에서 유입되었다는 점을 지적할 필요가 있다. 아울러 거의 1주일에 1회가 열리는 민회에 참여하기 위해서는 수당제만이 아니라 노동을 대신한 노예가 필요하였다는 점도 강조할 필요가 있다.

마. 이 민주정의 문제점과 소멸의 사정도 소개하여, 스파르타와의 관련성이나 대비점도 인지할 수 있도록 배려할 필요가 있다.

이와 같은 안을 마련해 본 이유는 기초적인 이해의 문제에서 오해가 있기 때문이다. 그런 오해는 고대 그리스인 전체가 민주정을 향유한 것으로 인식하고 있는 것에서 비롯하여, 당시에 다양한 체제가 있었다는 점을 간과하는 데 있다. 이른바 민주정치를 지나치게 강조하는 데에서 비롯한 오해이다. 아테네만이 거의 유일하게 직접 민주정치를 실현하였는데, 오히려 이는 예외적인 현상이었고, 이 현상은 페르시아와의 전쟁에서 승리를 이끈 원동력으로 해석되었기에 중요한 교육적 의미를 가진다. 한편 또 하나의 오해는 19세기 이후 서양의 민주주의라는 제도와 아테네 민주정의 연관성이 없다는 주장에서 찾아진다[18]. 그러나 사학사 책을 보았다면, 역사가들이 그리스 민주정의 가치를 평가하고 논의하면서 그 한계와 효용에 관한 치열한 논쟁이 전개되었음을 알 수 있다. 뿐만 아니라, 중요한 것은 사실 민주정이라고 번역한 데모크라티아가 데모스의 지배라는 뜻이고, 데모스는 촌락민이라는 뜻이라는 점이다. 이 말은 씨족적 지배에 근거한 귀족의 체제를 부정하고, 500인 협의회를 중심으로 국정을 운영해 나갔던 근대 세계에서도 구현하지 못한 민주정치와 이어진다[19]. 여기에서 우리는 막연한 민주세력이 아니라 구체적인 아테네 시민의 모습을 보게 되며[20], 그들에게 권력이 있었던 시기에 관한 중요한 사정을 충분히 지도할 필요가 있다. 집권적 왕정이나 지역주의의 한계를 넘지 못한 한국인에게 민주주의라는 가치는 서양이 있기에 가능했던 새로운 지평이라고 생각된다. 그것이 근대의 민주주의와 관련이 없다는 식의 사고는 서양의 지적 전통을 무시하고, 나아가 서양에 대한 또 하나의 옥시덴탈리즘이라고 생각된다. 그런 식의 사고방식을 연장하면 독일과 그리스가 무슨 관련이 있는가를 질문해야 할 것이다.

---

18) 강철구, 「한국에서 서양사를 어떻게 보아야 하나-유럽중심주의의 극복을 위한 제언-」『서양사론』 92, 한국서양사학회, 2007. 3, p. 339.

19) 데모크라티아라는 단어의 의미변화와 관련하여서는 M. I. Finley, *Democracy Ancient and Modern*, 2nd. ed. Hogarth Press, 1985, pp. 8-10을 보시오. 복잡한 의미와 가치의 변화를 보면서 우리는 단순하게 생각할 수 없다. 민주정치에 관해서는 처음부터 이데올로기화 했던 것은 아니다. 위 크세노폰, 『아테네 국제』, 3. 1 "나는 그것을 싫어한다. 그렇지만, 그들이 민주정이 되기를 결정하였으므로, 내게는 그들이 민주정을 잘 보존하고 있는 것으로 보인다."

20) 아테네 사회의 성격에 관한 이해가 우선이라고 생각된다. 포레스트, 『그리스 민주정의 탄생과 발전』(김봉철 역) 한울, 2001, p. 46-7.

학생들에게 아테네 민주정의 문제점이 무엇인가를 물으면 기계적으로 여성과 노예에 대한 참정권이 부정된 것이라고 말한다. 노예는 원래 외국인으로 대부분 포로였다는 점을 고려한다면 그들에게 참정권을 부여하는 것은 정신 나간 짓이다. 시민보다 더 다수인 외국인에게 자신의 운명을 맡기는 공동체는 지금도 생각할 수 없고 앞으로도 생각할 수 없다. 여성에 대한 문제는 세심한 검토를 필요로 한다. 여성의 영혼이 있는가를 논의하였던 그리스 철학자들이지만, 여성이 큰 영향을 행사하고, 나아가 여자시민이라는 표현이 있는 것으로 보아 그리스 여성은 다른 문화권의 여성보다 낮게 취급된 것으로 보이지는 않는다[21]. 다만 여성에 대한 참정권의 부정은 그것이 성차별에 의한 것이 아니라, 군사적인 참여의 문제와 연관된다고 교수하는 것이 타당할 것이다. 원래 폴리스란 전사의 공동체라서, 전사의 의무를 수행한다는 것이 시민의 조건이었다. 그러므로 우리는 이런 문화·인식에서 여성에 대한 참정권이 제한되었을 뿐이고, 여성에 대한 사회적 인식이 그렇게 저급하지 않았다고 하는 점을 다른 시대나 다른 문화권의 여성과 비교하여 설명하려는 노력이 있어야 할 것으로 여겨진다.

2. 로마사

> 6. 로마제국
>
> (1) 주제의 의의
>
> 서양사상 가장 큰 영토를 거느린 국가는 로마이고, 이를 제국으로 표현한다. 로마제국은 지중해 세계의 통일이라는 역사적 과업을 달성했을 뿐 아니라, 로마법으로 대변되는 통치체제를 이루어서 근대 국가의 형성에 큰 영향을 주었다. 뿐만 아니라 기독교를 배태하여 중세에 큰 영향을 끼쳤으므로 사실상 서양사에서 가장 큰 영향을 미치고 있는 것이 로마제국이라고 하겠다. 제국의 멸망 이후에도 유럽인은 공공연히 제국의 계승자로 자처하고 정통성을 이어가고자 하였다.

21) 고대 그리스에서 여성의 지위에 관해서는 최자영 「고전기 아테네 여성(Athenaia)의 시민권과 사회적 지위」『서양사론』 90, 2006. 9, pp. 127-159를 참조하시오. 투표권을 포함한 공민권의 문제와 관련해서는 키토, 『그리스 문화사』 (김진경 역) 탐구당, 2004, pp. 393-5를 참조하시오. 특히 참정권을 가진 현대 여성과의 비교는 적절하지 않은 것을 알 수 있다.

(2) 핵심주제어

제정, 프린키파투스, 전제정, 만민법, 속주, 사회변화, 경제적 쇠퇴

(3) 서술의 주안점

가. 우선 제국이라는 용어에 관해서 주의를 요한다. 여러 체제와 국가가 로마라는 영역에서 같이 존재한다는 의미에서의 제국이지, 근대의 제국주의의 개념을 연장해서는 안 될 것이다. 로마의 역사는 크게 공화정기와 제정기로 나눈다. 이탈리아를 넘어서 지중해 제국이 된 것은 공화정 중기이다. 그러므로 제국이라는 현상은 이미 공화정기에 달성된 것이므로, 공화정 제국 같은 용어를 사용해 봄직도 하다.

나. 로마의 정복과정은 제국의 형성에서 중요한 국면이다. 이탈리아 반도를 통일한 이후, 동쪽의 그리스와 서쪽의 스페인에 이르기까지 그리고 남쪽의 카르타고를 정복하고 나아가 북쪽의 갈리아인을 제압하고 영국에까지 이르는 과정이 로마사에서 가장 조명을 많이 받는 부분이다. 이 과정을 소개하면서 로마의 정치체제가 가지는 장점과 군대의 특징·전술을 충분히 소개할 것이 요망된다.

다. 정복의 결과 로마 사회는 격변을 겪게 된다. 이를 혁명이라고 말하기도 하는데, 빈부간의 문제, 제대병사의 문제, 원로원의 한계 등을 구체적으로 제시하여 제국의 형성으로 초래된 부정적인 결과를 제시하는 것이 교육적으로 바람직하다.

라. 제정으로의 이행이라는 현상을 단순히 권력자의 등장으로 묘사할 것이 아니라 제국의 통치라는 필요성에서 설명하는 것이 요망된다. 특히, 속주라고 표현된 지방정부와 중앙의 관계를 제시하여 그것이 어떤 체제인지 분명히 기술할 필요가 있다. 이런 제국체제에 관해서 피지배민들은 어떤 의식을 지니고 있었는지도 가능하면 제시해야 할 것이다.

마. 제국의 해체에 관해서는 논쟁이 많다. 일단은 훈족이나 게르만의 침입으로 멸망한 것만이 아니라 여러 내부적인 요인을 제시하는 것이 좋을 듯하다. 화폐연구를 통해서 나타난 경제의 이질화 현상, 지방의 탈중심화, 사회의 양극화, 로마 군대의 변화, 이행적 현상 등을 중심으로 다소 깊이 있는 소개가 필요하다.

로마사는 많이 알려져 있고, 중요한 단원으로 취급되어 왔다. 그러나 역시 기본적인 이해문제가 있다. 제국, 제정이라는 말인데 전자는 엠파이어를 번역하였고, 후자는 프린키파투스를 번역한 말이다. 엠파이어는 라틴어의 임페리움에서 나온 말이며 원래의 의미는 행정 및 군사적 명령권을 일컫는다[22]. 후자는 흔히 원수정이라고 번역되기도 하나, 학생들에게는 역시 어려운 말이다. 로마가 제국이 된 것은 포이니 전쟁 이후이므로, 사실상 공화정 시기에 제국이 되었다. 그러나 이점을 강조하거나 분명히 서술하지는 않아왔다. 흔히 중국의 황제에 비견되는

22) 김창성, 「맥락적 접근을 활용한 로마 제국주의의 이해 -로마 공화정 중기를 중심으로-」 『역사교육』 101, 2007. 3, p. 257f.

인물이 통치하는 시대에나 그런 위업이 달성된 것으로 보려는 경향이 있다. 사실 아우구스투스는 전 시기에 비해 영토확장과 관련해서는 별로 한 것이 없는데도 그러하다.

로마 제국의 중요성은 최근에 강조되고 있다. 특히 미국의 발전이 로마의 방식을 따라서 이루어졌던 것에서 미국의 앞날을 로마 제국과 비교해 보기도 한다. 그렇다면, 로마가 안고 있었던 문제를 분석하고 이를 미국의 것과 비교해 보는 것은 대단히 흥미로운 주제이기도 하다. 그러기 위해서는 로마의 팽창이 초래한 부정적인 영향도 그 성공의 이유와 더불어 같이 논의되어야 할 것이다. 서양사 부문 준거안은 이 책의 부록에 수록하였으니 관심 있는 독자의 참조가 있길 바란다.

V. 결　어

지난 몇 년간 서양사학계는 흥분 속에서 시간을 보냈고, 이제는 그 흥분의 불이 꺼지는 회한의 시간을 보내고 있다. 그런 흐름과 더불어서 우리의 세계사 교과서에도 새로운 주제와 방법이 도입되어 흥미로운 결과물이 도입될 것으로 여겨졌으나, 이제 돌이켜보면 확인되지 않은 사실 또는 오해한 사실을 학생들을 위한 교과서에 올린다는 것에는 신중하게 대처할 필요를 느낀다. 혹자들은 필자를 비롯한 서양사 분야의 기준안이 지나치게 보수적이라고 볼 가능성도 있다. 그렇지만 확인되지 않고, 충분한 근거를 가지지 않고, 더구나 서양의 주류 사회에서 인정받지 못하는 이설을 비서양인이 제시했다는 이유로 받아들여 동양인다운 단결력을 과시한다면, 우리는 그동안 주장해 왔던 자부심의 근거를 상실할 것이다. 그것은 오리엔탈리즘과 방향만 다를 뿐이기 때문이다. 뿐만 아니라 우리의 학생들이 기본적인 시대 개념이 없이 세계사를 공부한다면 서양 사회에 대한 기초적인 이해가 없이 서구의 서적과 학문을 접하는 결과를 낳을 것이다. 이런 점에서 대학에서 배울 학문과의 연계성도 함께 고려하면서 교과서 집필이 이루어져야 하겠다. 한편 중국에서는 최근 『대국굴기』(大國崛起)가 방송되어 중국인들의 큰 반향을 일으켰다. 이 프로그램은 그동안 제국주의자로 비난해 왔던 서구열강이 어떻게 대국으로 비약했는가를 다룬 프로그램이다. 이제 중국인은 서양 대국의 발전을 겸허하게 배우고자 한다[23]. 우리는 이미 서양을 다 알고 있는가? 몇십배나 되는 연구인력이 있어도 국사를 완전히 안다고 할 수 없는데, 소수의 인원으로 서양의 학계와 역사를 다 안다고 하는 것은 히브리스(오만, hybris)가 아닌가? 서양의 연구자들은 개성적인 의견을 발전시키는 전통을 가지고 있다. 우리는 그동안 구미에 맞는 것만 골라 읽다가 이제는 더 이상 그런 식의 독서가 통하지 않는 시대에 살게 되었다. 정직하게 기초부터, 사료부터 다시 역사를 읽고 천착하는 학문적 풍토와 그에 입각한 교과서 서술이 있을 때 우리의 학계가 신뢰를 잃지 않을 것이다.

---

23) 이런 점에서 2006년 9월 2일자 중앙일보의 기사는 역사교과서 집필자들에게 시사하는 바가 크다. 기사제목은 「상하이 역사교과서 '이념에서 실용으로' : 마오쩌둥 '확 줄이고' 빌 게이츠 '눈에 띄게'」 이런 변화의 주된 요인은 우선 민족정체성과 혁명사 중심으로 차세대를 교육할 수 없다는 것이고, 생활의 변화가 책의 중심이 되어야 한다는 것이다. 교과서 서술의 구체적인 변화상은 윤세병, 「중국에서의 양무운동 연구와 역사교과서 서술」『역사와 역사교육』 13, 2006. 12, pp. 1-66에 상세하다.

10

역사 사고력 신장을 위한 사료활용

-서양고대사의 자료와 수업유형-

Ⅰ. 서 언

최근 몇 년간 역사 수업을 위한 자료집의 간행이 활발하다[1]. 그 내용과 질에서 외국의 사료집에 비해서 많이 뒤지지 않는 자료들이 간행되고 있음은 반가운 일이 아닐 수 없고, 더욱이 이런 뜻 깊은 작업이 교육현장에 교사들의 노력의 결실로 이루어지고 있는 것은 큰 변화가 아닐 수 없다. 현장에 대한 관심이 증대되고 교사들의 역량이 크게 진보된 결과라 하지 않을 수 없다[2].

그렇지만 구슬이 서 말이라도 꿰어야 보배라는 말처럼 아무리 자료를 제시해 놓아도, 교육 현장의 제한된 요건 속에서 활용하기 위해서는 일정한 교수 전략이 필요하다. 그런 교수 전략 가운데 하나가 이른바 발견 학습이나 탐구 수업인데, 불행하게도 이 방법은 자연 과학의 방법론을 교과 교육에 적용하자는 뜻에서 나온

1) 최근에 간행된 국사 및 세계사 사료집으로는 다음과 같은 것이 있다. 우선 뿌리깊은 한국사 샘이 깊은 이야기 총서로서 7권이 간행되었다. 각 권별의 저자와 내용은 다음과 같다. 1권 서의식·강봉룡 [고조선·삼국], 2권 서의식·강봉룡 [통일신라 발해], 3권 이병희 [고려], 4권 김돈 [조선전기], 5권 김종수 [조선후기], 6권 김태웅 [근대], 7권 류승렬 [현대]. (이상 2002년 12월 완간, 솔 출판사) 서양사로는 김창성, 『세계사 산책: 서양고대』, 솔, 2003. 4. 이 있다.

2) 대표적으로 전국역사교사모임, 『자료와 함께 하는 역사탐구 심마니 한국사』 I, II, 역사넷, 2002. 7 ;이영세, 『자료와 함께 하는 역사탐구 심마니 세계사』 역사넷, 2000. 4이 있다.

것이다. 가설 설정, 증거 제시, 검토, 가설 입증, 일반화에 이르는 과정은 실험실에서나 가능한 것이지 유동하는 세계 변화를 이해하고 인간의 감정과 동기를 파악하는 데에는 부적합하다[3]. 그래서 이런 문제점을 파악하고 역사 교육에 관심을 가진 분들이 역사 성격에 부합하는 모범을 만들고자 노력해왔고, 현시점에서는 어느 정도 가시적인 성과로 나타났다. 이는 『역사교육의 이론과 방법』(1997, 삼지원)으로 구체화했다. 본고에서는 이런 성과에 기초하여 사료를 이용하여 역사학의 성격에 부합하는 사고력 신장의 방안을 구체적으로 제시해 보고자 한다.

Ⅱ. 역사 사고의 갈래

역사 사고력을 신장하는 것이 역사수업의 가장 중요한 목표로 설정되어 있지만, 문제는 교육의 목표와는 별도로 여전히 역사학의 성격에 관해서는 아직 일치를 보지 못하고 있다는 점이다. 역사를 보는 입장은 크게 편차를 보이고 있으며, 그런 불일치는 입장과 처지에 따라서 다양한 태도와 관점을 가지는 것으로 나타났다. 한쪽 끝에서는 역사란 과학적 설명이라고 보는 입장이 있고, 다른 끝에는 역사란 개별성(uniqueness)을 기술하는 것이라는 상반된 입장과 그사이에 낀 여러 입장이 있는 것으로 나타난다. 이런 흐름을 용어화하면 실증주의[4]와 이상주의

3) 이영효, 「탐구식 역사교수모형의 재인식」『역사교육의 이론과 방법』 삼지원, 1997, pp. 48-57에 문제점이 잘 지적되어 있다. 사료학습의 절차와 계획에 관해서는 같은 책 pp. 344-381에 있는 송춘영, 「역사적 사고력을 기르기 위한 사료 활용방안」에 자세하다. 그러나 단위 수업 시간에 어떤 목표를 달성할 것인지에 관해서는 제시된 것이 없으므로, 이 점을 보완하기 위해서는 현장 교수자의 기여가 긴요하다.

4) 역사교육 관련 저술에서 실증론이라고 번역한 positivism은 '실증주의'라고 해야 한다. 주지하다시피 콩트에 의해 제시된 이 사상은 모든 학문이 자연과학적으로 환원되어야 한다는 입장을 집약한다. 물론 역사가들은 대개 이에 동조하지 않는다. 그러나 일부 역사가들은 지금까지도 이런 입장을 유지한다. 이와 관련한 형용사가 두 가지 있는데 'positive'와 'positivistic'이다. 후자는 실증주의적이라고 번역하며 실증주의의 태도나 입장을 지시한다. 전자는 실증적이라고 번역하는데, 그 내용은 후자와 크게 차이가 있으며, 오히려 19세기 역사주의 역사가의 방법론으로 인정되고 있다. 실증사학으로도 소개되는 이런 입장은 철저한 고증을 통해서 사실을 확인한다는 차원의 것이지, 전자와 같은 입장에 구속되는 것이 아니다. 두 입장의 차이와 공통점에 관해서는, 김응종, 「실증사학과 실증주의사학-19세기말 프랑스의 역사학을 중심으로-」『호서사학』19·20, 1992, pp. 315-331.

(idealism)의 대립이라고 보겠는데[5], 각 주장은 역사 전개와 더불어 강하게 등장하고 약해지기도 했다. 길게 거슬러 올라가보면, 이는 중세 후기에 제기되었던 이른바 보편논쟁에 그 근원을 두고 있는 문제이다[6]. 알려져 있는 대로 실증주의는 철학적 유명론(唯名論, nominalism)의 입장을 계승한 것이다[7].

계몽주의 시기에는 전자에 가까운 주장이 일반적이다가, 낭만주의 시기에는 이상주의 입장이 우세했다. 오늘날에는 역사주의로 꽃피워 큰 영향을 끼치고 있다. 그래서 일반적으로 역사는 개성기술적(idiographische)이라는 속성을 달게 되어, 역사가는 사건의 독특성을 기술해야 한다고 생각했다. 그런 맥락에서 인간의 의지・의도・감정 등등을 기술하고 이를 감정이입적으로 전달하는 것이 중요한 내용이라고 파악했다[8]. 이런 파악이 사실 역사학에서 주류를 이룬다고 보아도 과언이 아니다. 그러다가 제2차 세계대전은 이러한 역사 파악 방식에 문제를 제기했고, 프랑스의 아날학파나 영국의 사회사 등이 출현했으며, 특히 독일에서는 칼 포퍼(K. Popper)가 개성기술적인 역사학에 그런 비극의 근원이 있다고 보고서 자연과학의 설명을 따라야 한다고 주장했다[9]. 이런 노선에 충실한 학자들은 다소 포퍼의 주장을 완화하기는 했으나 이런 주장이 큰 흐름을 이루고 있는 것이 사실이다. 이런 양 극단에서 절충점을 찾아보고자 한 것이 월쉬(Walsh)가 내세운 총괄(colligation)이다. 월쉬는 일반화할 수 없다는 점에서는 관념론을 따른다고 보지만, 사건을 의미와 연관하여 집단으로 묶어 설명할 수 있다는 점에서 실증주의도 고려하고 있다. 이를테면 관련된 사건을 묶어서 하나의 개념으로 지도할 수

---

5) 정선영 외, 『역사교육의 이해』 삼지원, 2001, pp. 49-64를 참조하시오. 이 명명법은 월쉬(Walsh)에 의한 것이다. 그는 1920년대에 벌어진 역사학 논쟁을 보면서 양진영을 이상주의자(idealists)와 실증주의자(positivists)로 구분하였다. 한편 아트킨슨(R. F. Atkinson)은 자율론자(autonomists)와 동화론자(assimilationists)로 명명한다. 후자의 입장은 말 그대로 실증주의에 역사를 동화시켜야 한다는 것으로 집약된다. 아트킨슨의 명명법을 일반 사학사에서 더 많이 사용한다. Ernst Breisach, *Historiography-Ancient, Medieval & Modern*, University of Chicago Press, 1983, p. 331.

6) 브라이언 타이어니 외, 『서양중세사』(이연규 역) 집문당 1986, pp. 308-315에 개설적으로 잘 설명되어 있다.

7) 이런 점에서 랑케의 역사주의는 그가 실증주의를 배격한 점에서 실재론(realism)에 가까운 것이었으며, 그러기에 그의 태도는 실증주의가 아니라 실증적이라고 묘사되는 것이다. 이민호, 『역사주의 -랑케에서 마이네케-』 대우학술총서·인문사회과학 26, 민음사, 1988, p. 19.

8) 이민호, 같은 책, p. 13.

9) 칼 포퍼의 역사주의 비판에 관해서는, 이민호, 같은 책, p. 35 참조. 이책 p. 4를 보시오.

있다는 것이다[10].

이런 세 주장이 과연 역사 성격에 부합하는 설명인가라고 질문하면, 각각은 부분적으로 진실이라고 답할 수 있을 것이다. 그러나 어느 것도 만족한 것이 되지 못하면서, 동시에 대신할 만한 것도 없으므로 현재로서는 세 주장을 추종하여 역사 수업에 대한 모범을 만드는 것이 불가피하다. 대표적인 논문을 들자면, 정선영의 「역사수업에서 과학적 설명논리의 적용」(『역사교육의 이론과 실제』 pp. 124-153), 최상훈의 「역사학습에서 '총괄'의 이용」(같은 책, pp. 153-186), 김환길의 「역사철학의 <행위설명이론>과 역사교육에의 적용」(pp. 187-231), 송상헌의 「역사교육에 있어서 역사적 맥락을 통한 '이해'의 문제」(pp. 232-259)가 있고, 각 논문은 위에서 설명한 역사 이해 방향을 각각 반영한 것이다. 정선영의 논문은 실증주의에서 역사 수업을 재구성해본 것이고, 최상훈은 총괄 활동을 재구성해 본 것이다. 김환길은 드레이의 합리적 설명에 중점을 두고 행위를 설명할 수 있다고 보았다. 이에 비해서 송상헌은 이해라는 다소 직관적인 추론에서 사건을 설명해보고자 했다.

이런 주장은 사실 역사 지식이 지닌 복합성을 보여준다. 어느 것도 무시할 수 없다. 복합적인 역사상을 그리기 위해서는 단선적인 사고로는 불가능하다. 필자는 이런 부류의 사고가 설명하고자 하는 역사사실에 맞추어 적용하는 것이 바람직하다고 본다. 실제 역사 논문에서는 네 가지 사고방식을 총동원하고 있어서, 역사 사고란 그 자체로 종합적인 것이다. 그러나 수업 시간이라는 시간 제약 때문에 시간에 길러야 할 교육 목표를 분명히 하고 일정한 단원이 지난 다음에야, 종합적인 목표를 도달할 수 있도록 주의 깊게 수업을 편성하는 것이 필요하다. 요컨대 역사 사고를 세분화하고 이를 단계적으로 기르도록 수업방안을 모색하는 것이 현실 여건에 맞는 전략이다.

---

10) 월쉬는 자신이 제안한 총괄의 개념으로 잘 알려져 있고, 이것을 역사교수법에 이용하고 있는데, 이와 더불어서 그는 내러티브의 방법이 자신의 방법과 잘 부합하며, 역사에 대한 실증주의적 모델과 구별될 수 있다고 보았다. 따라서 월쉬의 이런 측면에 대해서 주목하는 연구가 계속될 필요가 있다. Ernst Breisach, 위의 책, p. 315.

Ⅲ. 자료제시

다음의 자료는 로마사에서 그라쿠스 형제의 개혁을 다룬 사료를 번역한 것이다. 이 자료는 미리 학생들에게 제시하고, 수업시간에 숙지하여, 교사가 제시하는 질문에 답할 수 있도록 준비할 필요가 있다

자료1) 그런 것들이 로마 인민의 역사 중에서 3번째 시기[11] 해외에서 일어난 사건들이다. 이 시기 동안에 그들은 일단 이탈리아 밖으로 진출하고자 했으므로 군대를 전 세계에 파견했다. 이 기간 중에서 처음 100년은 순수하고 정의로웠다. 그리고 우리가 언급했듯이 황금기로서 목가적인 생활이 여전히 때 묻지 않고 타락하지 않은 동안에 사악함과 죄악에서 벗어났으며, 카르타고라는 적들이 위협함으로써 옛날의 규율이 살아 있었다. 다음 100년은 카르타고, 코린토스, 누만티아 멸망과 아시아에 있는 아탈루스 왕국을 로마 인민이 유산으로 받은 때로부터 카이사르와 폼페이와 이들의 계승자인 아우구스투스에 이르는 기간이다. 이 중에서 아우구스투스의 역사는 우리가 다루어야 하는 분야다. 그런데 이 기간에는 사람들이 자기가 이룩한 군사적인 업적에 따르는 영예로 저명해진 만큼 내부에서 일어난 비운으로 인해서 불행해 하고 한탄해야 했다. 아르메니아 사람과 브리타니아 사람들 영토만 아니라 갈리아, 트라키아, 킬리키아, 카파도키아의 부유하고 강력한 속주들을 획득한 것이 영예롭고도 영광스러운 것이었다. 이런 속주들은 아무런 물질적 혜택을 가져오지 않았을지라도 제국의 위대함을 주장할 수 있는 근거가 되었다. 따라서 이와 동시에 동료인 시민과 동맹국, 노예와 검투사들과 국내에서 싸운 것이야말로 부끄럽고도 한탄할 만한 것이었으며, 전체 원로원은 스스로 분열됐다. 참으로 너무 커져서 자기 힘에 의해서 멸망하기보다는 로마 인민이 시킬리아와 아프리카에 만족하였더라면, 또는 심지어 이것마저 가지지 않았더라면 그래서 오직 자신의 고유한 이탈리아 영토만을 가졌더라면 더 나았을지도 모른다. 과도한 번영이 아니라면 자중지란을 일으키는 것이 무엇이 있었겠는가? 우리를 처음으로 타락시킨 것은 시리아의 정복이었다. 이어서 페르가뭄 왕국의 왕이 우리에게 물려준 아시아의 유산이다.[12] 그렇게 획득한 자원과 부는 그 시대인의 도덕을 망쳐놓았고 국가를 파멸시켰다. 국가는 공중 하수구에 빠진 것처럼 자기 악덕에 휘말려 들었다. 사치로 생겨난 결점이 아니라면, 로마 인민으로 하여금 자기 호민관에게서 토지와 식량을 요구하도록 하는 어떤 다른 원인이 있겠는가? 이로부터 1차와 2차로 그라쿠스 형제의 선동(seditio)이 있었고 세번째는 아풀레이우스[13]가 주도했다. 배심원법과 관련하여 국가 세입과 법정을 개인적인 이득이 되게 이용하고자 하는 탐욕이 아니라면, 기사 신분과 원로원을 극단적으로 갈라놓은 것이 무엇이겠는가? 여기에서부터 드루수스[14]의 시도와 라틴인에 대한 시

---

*이하 주는 사료의 주이다. 본 사료는 졸저, 『세계사산책:서양고대』, p. 271-283참조.

주1) 대략 기원전 264년에서 기원전 30년까지를 지시한다. 첫번째 기간을 정당화하는 것은 공화정 후기와 제정 초기 문헌에서는 관례다.

주2) 소아시아 지역에 있는 왕국으로 국왕인 아탈루스 3세가 자기 왕국을 로마 시민에게 유산으로 물려주었고, 이것을 그라쿠스 형제가 활용하여 개혁을 추진한다.

주3) 본명은 Lucius Appuleius Saturninus이며, 기원전 103년과 100년에 호민관을 지냈고 그라쿠스의 전통을 따라서 개혁을 추진했으나 피살된다.

주4) 본명은 Livius Drusus로 기원전 121년 가이우스 그라쿠스를 몰락시키는 데 기여한 드루수스의

민권 약속이 생겼는데, 이는 우리 동맹국과 전쟁을 벌이게 했다. 또 우리의 노예 제도가 과도하지 않았더라면 어떤 요인으로 노예 전쟁이 일어났겠는가? … 이런 탐욕이야말로 카이사르와 폼페이우스로 하여금 국가를 파멸시키는 맹렬히 타는 횃불로 무장하게 한 것이다.
(플로루스, 『로마사개요』 1. 47. 1-13)

자료2) 호민관인 리키니우스와 섹스티우스[15]는 귀족들의 재산에 손해를 끼치고 평민의 이익을 증진하는 모든 법을 선포했다. … 두번째는 농지 규모에 관한 것으로 어느 누구도 500(유게라) 이상의 농지를 점유하지 못하게 했다.
(리비우스, 『로마사』 6. 35. 4)

다음과 같이 규정한 법만큼 잔인한 법이 있겠습니까? 어떤 것을 행하려는 의사를 가진 데에 불과한 사람에게 가산의 절반 이하인 1,000아스의 벌금을 부과한다거나, 500유게라를 초과하여 보유할 의사를 가진 데에 불과한 사람이 그렇게 처벌받도록 하거나, 규정된 가축수보다 더 많이 가지고자 의도하는 데 불과한 자기 그처럼 유죄 선고를 받는다면 말입니다.
(겔리우스, 『아테네인의 밤』 6. 3. 37[16])

자료3) 부자들은 이 분배되지 않은 토지 대부분을 점유하면서, 그리고 시간이 지남에 따라 토지를 다시 빼앗기지 않을 것이라는 대담한 생각을 하면서, 얼마 안 되는 인접한 사람들의 또 다른 토지를 설득하여 구입하거나 강제로 취득하면서 넓은 터의 농토를 경작했다.
(아피아누스, 『내란기』 1. 7)

자료4) 이탈리아 전체가 나무들로 가득 차서 하나의 과수원처럼 보이지 않는가? 낫과 쟁기를 버리고 도시로 갔으며, 그들은 자기 손을 곡물 재배지와 포도원보다는 극장과 서커스에서 사용하기를 더 좋아했으며, 법을 위반하면서 곡물 재배지에서 방목을 행해왔다.
(바로, 『농업론』 1. 2. 3; 2. praef. 3-4)

만약 누군가 나에게 가장 좋은 토지가 무엇이냐고 묻는다면 나는 100유게라의 농지라고 대답할 것이다. 그 중에서 첫째는 만약 질이 좋고 많은 포도주를 생산한다면 포도밭이며, 둘째 관개된 채원, 셋째 버드나무 밭, 넷째 올리브 밭, 다섯째 목초지, 여섯째 곡물재배지, 일곱째 산림, 여덟째 나무 재배지, 아홉째 너도밤나무 숲이다.
(카토, 『농업에 관하여』 1. 7)

포도 농장의 최대 비용을 보면[17], 7유게라의 포도밭에는 단지 1명의 포도 재배 노예의 노동이 필요하다. … 만약 포도 재배 노예를 8,000세스테르티이에 구입하고, 7유게라의 토지를 7,000

아들이다. 아버지와 달리 농지법과 이탈리아인에 대한 시민권 부여를 주장하여 이를 실천에 옮기는 중 기원전 91년에 피살된다. 이로써 이탈리아 동맹국 전쟁이 일어난다.

주5) 기원전 367년의 호민관이다.

주6) 이 연설은 기원전 167년 카토가 연설한 내용이다. 로도스인이 로마에 반항할 의사를 품었으나 실천에 옮기지 않은 것을 가지고 처벌할 수 없다는 변론을 하면서 나온 말이다. 이는 이 시기 이전에 농지 규모에 관한 법을 제정했음을 뜻하며 시기는 기원전 185-175년 사이로 본다.

주7) 유게룸(복수는 유게라)은 1/4ha, 세스테르티우스(복수는 세스테르티이)는 은화로 1/4데나리우스인데 약자는 HS로 쓰는데 이는 원래 IIS 곧 동화인 as로 2. 5를 의미하다가 후에는 4as로 바뀐다. 이것을 본격적으로 사용한 것은 2차 포이니 전쟁 이후다. 공화정 말기 군단에 1년간 복무하는 병사에게 지급하는 봉급은 225데나리우스였다. 쿨레우스는 524리터다.

세스테르티이에 구입하며, 포도를 심고 받침대를 만들어주는 데에 유게룸당 2,000세스테르티이가 들어가면, 비용은 29,000세스테르티이가 된다. 여기에다 포도가 결실하지 못하는 2년간에 대해서 연간 6%의 이자율을 부가하면 총비용은 32,480세스테르티이가 된다. 총비용에 대한 6%의 이자는 1,950세스테르티이이므로, 만약 생산이 빈약하여 유게룸당 1쿨레우스를 생산하고 가격도 낮아서 쿨레우스당 300세스테르티이에 판다면, 2,100세스테르티이의 소득을 올린다. 이는 총비용에 대한 이자보다는 많다. … 포도밭에서는 유게룸당 평균 3쿨레우스의 포도주를 보통 생산한다.
(콜루멜라, 『농업론』 3. 3. 8-11)

그리고 진실을 말하건대, 라티푼디아가 이탈리아를 망쳤다.
(플리니우스, 『자연사』 18. 6. 35)

자료5) 시킬리아에는 카르타고인이 단 한 명도 없고 시킬리아인은 한 명도 빠짐없이 모두 있다. 공포에 싸여 도망가 부재중이었던 사람들은 모두 도시와 농장으로 돌아와 쟁기질하고 씨를 뿌리고 있었다. 버려진 땅은 다시 경작됐고, 드디어 농민 자신과 로마 시민이 평시든 전시든 가장 의존할 만한 원천인 곡물을 생산할 수 있었다. … 콘술은 속주들을 돌아다니면서 농장들을 방문하여 경작한 토지와 그렇지 않은 토지를 구분하고 토지 보유자를 칭찬하거나 책망했다. 그래서 이렇게 근면한 덕택으로 곡물 수확은 증가했기 때문에 그는 곡물을 로마에 보냈고……
(리비우스, 『로마사』 27. 5. 1-5; 27. 8. 18[18])

자료6) 먹을 식량이 부족하여
평민은 빵이 없으니[19]
(Warmington, *Remains of Old Latin*, 3. 66)

많은 평민이 희망을 잃고 생명을 연장하면서 계속 고통을 당하기보다는 오히려 머리를 싸매고 테베레 강물 속으로 몸을 내던졌다.[20]10)
(리비우스, 『로마사』 4. 12. 11)

자료7) 그라쿠스는 어머니 코르넬리아의 열성 어린 뒷바라지 덕택으로 소년 시절부터 교육을 받아 그리스어에 능통했다. 항상 세심하게 선정한 그리스 교사들한테 배웠는데, 청년 시절에는 당대 유능한 웅변가로 명성이 자자하던 미틸레니 출신의 디오파네스(Diophanes)에게서 배웠다.
(키케로, 『브루투스』 27. 104)

그가 이렇게 행동하게 된 데에는 대부분의 작가들이 말하기를 수사학자인 디오파네스와 철학자인 블로시우스(Blossius)가 자극을 주었기 때문이다. 디오파네스는 미틸레네로부터 추방된 망명객이었으나 블로시우스는 쿠마이에서 온 이탈리아 본토인이다.[21]
(플루타르코스, 『티베리우스 그라쿠스』 8. 4-5)

주8) 이는 기원전 210년경 로마 콘술이 원로원에 보낸 보고 내용이다. 기원전 66년 키케로가 한 보고에 따르면 곡물 공급의 세 원천이 아프리카, 시킬리아, 사르디니아였던 것을 알 수 있다.

주9) 이 내용은 루킬리우스라는 풍자 시인이 남긴 단편으로, 루킬리우스는 기원전 131년경에 집필 활동을 시작했다.

주10) 이 기사는 기원전 440년에 있었던 식량 부족 사태를 기술한 것이다.

주11) 디오파네스와 블로시우스가 어떤 영향을 미쳤는지는 불분명하다. 그러나 스파르타의 토지 분배를 본으로 삼을 것을 권장했다고 보는 견해도 있다.

자료8) 그의 동생 가이우스는 어떤 책에 기록하기를, 티베리우스가 티레니아[22]를 경유하여 누만티아로 갈 때 농토가 황폐한 것과 수입한 야만인 노예들이 경작하고 목축하는 것을 보자, 그때 처음으로 공화국이 수많은 미천한 노예들한테 타격받기 시작했음을 느꼈다고 한다. … 가이우스는 빈민에게 호소했다. "이탈리아에 떠도는 야생 짐승들도 각기 은신할 굴이나 집이 있습니다. 그러나 이탈리아를 위해 싸우고 죽은 사람들은 공통의 공기와 햇빛을 향유할 뿐, 정말 아무 가진 것이 없습니다. 집도 없고 가정도 없고 그들은 처자식과 함께 떠돌아다니고 있습니다. 장군들은 전쟁터의 병사들에게 적에 대항하여 묘지와 신당을 방어하라고 촉구합니다만 그것은 거짓말입니다. 왜냐하면 병사들 중에서 아무도 세습할 수 있는 제단을 가진 자가 없기 때문입니다. 병사들은 오직 다른 사람들의 부와 사치를 위해서 싸우다 죽는 것입니다. 세계의 지배자가 됐지만 자기 소유라 할 단 한 조각의 땅도 없습니다."
(플루타르코스, 『티베리우스 그라쿠스』 8. 7; 9. 5)

자료9) 그라쿠스에게 입법 의도는 부를 증대하는 데 있지 않고 인구 증가에 놓여 있었다. 이 일이 유익함이라는 면에서는 가장 고조되어서 마치 당시에 이탈리아는 그보다 더 크고 훌륭한 일을 경험할 수 없는 것처럼 됐다. 이에 따른 난관에 대해서는 결코 생각하지 않았다.
(아피아누스, 『내란기』 1. 11)

자료10) 매우 현명하고 뛰어난 형제 푸블리우스 크라수스와 푸블리우스 스카이볼라는 티베리우스 그라쿠스가 제정한 법을 지지했는데, 전자[23]는 공공연히 후자[24]는 한층 더 은밀하게 했다.
(키케로, 『아카데미카』 2. 13)

자료11) 그라쿠스가 다시 호민관이 되고자 했을 때, 푸블리우스 코르넬리우스 나시카의 주도로 카피톨리움에서 옵티마테스들이 살해했는데, 처음에 의자다리 조각으로 내리친 다음 그 소요에서 살해당한 다른 사람들과 함께 매장하지 않고 강물에 던져버렸다.
(리비우스, 『로마사』 요약, 58.)

자료12) 그라쿠스여, 나는 그대가 내 재산을 각 사람에게 나누어주는 것을 원치 않소. 그러나 그대가 그렇게 할 것이라면 내 몫은 요구하겠소.[25]
(키케로, 『투스쿨룸의 논쟁서』, 3. 20. 48)

자료13) 한편 그들과 다른 사람들 시신을 강에 던졌는데 죽은 자가 3,000명에 이르렀다. 그리고 죽은 자들의 재산은 매각되어 국고에 들어갔다. 그들은 부녀자들에게 호곡을 금지했으며 가이우스의 아내인 풀비아와 지참금을 빼앗았다.
(플루타르코스, 『가이우스 그라쿠스』 17)

자료14) 그러나 스스로 포풀라레스가 되기를 원하고 또 바로 그러한 이유 때문에 토지 선점자들을 그들 거처에서 내쫓기 위해 농지법을 통과시키고자 하거나 채무자들에게 부채를 말소해주어

주12) Tyrrhenia: 그리스어로 에트루리아라는 뜻이며 현재 토스카나 지방을 지칭한다.

주13) 이 사람은 기원전 133년의 콘술로서 그라쿠스에 대해서 폭력을 사용하는 것을 반대했다.

주14) 가이우스 그라쿠스의 장인이다.

주15) 본문은 곡물법에 반대하던 피소라는 귀족이 곡물 배급 현장에 나타나자, 가이우스가 한 질문에 피소가 답변한 내용으로 알려져 있다. 물론 이 말은 그라쿠스가 국고를 고갈시킨다는 것을 암시하기 위해서 한 것이지만, 현대 학자들은 가이우스가 제정한 곡물법의 당위성을 옹호하기 위해서 자주 인용한다.

야 한다고 생각하는 자들은 공화국의 주춧돌을 흔들고 있다. 우선 첫째, 그들은 화합을 깨뜨리고 있으니 일부 사람에게서 빼앗은 돈을 다른 사람에게 선물로 줄 때에는 화합이란 있을 수 없다. 둘째, 그들은 형평을 깨뜨리고 있으니, 만약 각자가 자기 것을 소유하는 것을 허용하지 않는다면 형평은 완전히 사라질 것이다. 왜냐하면 내가 앞서 말했듯이 각자가 방해받지 않고 자기 재산을 안전하게 보호하도록 하는 것이 시민 공동체인 국가와 도시의 고유 기능이기 때문이다.
(키케로,『의무론』2. 21. 73)

자료15) 대중을 기쁘게 하는 것이라면 무엇이든지 말하고 행하고자 했던 자들은 포퓰라레스로 여겼고, 정책을 통해 가장 선한 모든 시민들의 승인을 얻기 위해서 활동했던 자들은 옵티마테스로 여겼다. … 천성이 범죄형이 아니거나 악의적이지 않은 사람과 가정 문제로 광기를 부리지 않거나 속을 썩이지 않는 사람은 모든 옵티마테스다. 그러므로 마음이 곧고 건전하며 안락하게 지내는 자들은 여러분이 옵티마테스 부류라고 이야기하는 자들이다. 국정을 펴나갈 때에 이들의 소원과 이익과 원칙에 입각하여 일하는 자들이 옵티마테스의 대표자라 불리고, 그들 스스로는 옵티마테스 중 가장 영향력이 큰 사람, 가장 뛰어난 시민, 국가지도자로서 믿고 있다. … 공화국에 폭풍우가 일었을 때 국가라는 배의 키를 잡았다고 이제껏 주목받아온 옵티마테스는 내가 바로 지금 언급한 저 주춧돌과 구성물을 하나도 손상하지 않고, 항로를 제대로 잡아주고 저 권위를 지닌 질서의 항구에 도착하기 위해 기술과 전력을 다 기울여 지켜보고 투쟁해야 한다.
(키케로,『세스티우스를 위한 변론』45. 95-6; 46. 99)

자료16) 그 후 머지않아 분쟁이 되는 토지를 제외하고는 토지 보유자들에게 매각을 허용하는 법이 통과됐다. 왜냐하면 그러한 것도 티베리우스 그라쿠스가 시도하지 않았기 때문이다. 그러자 즉시 부자들은 갖가지 구실을 붙여 강합하고 빈자들로부터 토지를 사들였다. 그래도 스푸리우스 토리우스가 호민관으로서 법을 제정하기까지는[26] 빈자들 수중에 남는 것이 있었다. 그는 토지를 더 이상 분배하지 않도록 하고 대신 보유자가 지니고 인민에게 납부금을 내도록 함으로써 재산이 분배되는 일은 중단됐다. … 그리고 그 납부금도 얼마 안 있어서 호민관이 폐지하자[27] 인민은 모든 것을 잃었다. 그래서 더 이상 시민도, 병사도, 토지 세입도, 농지 분배도, 법률도 없게 되었으니 그라쿠스의 입법 이후 불과 15년만의 일이며 10년만에 활동이 없는 상태가 되었다.
(아피아누스,『내란기』1. 27)

주16) 기원전 118년경으로 파악한다.
주17) 기원전 111년의 농지법을 지칭하는 것으로 파악한다.

Ⅳ. 수업목표와 수업방식

Ⅱ장에서 소개한 기존의 연구의 성과를 반영하여 다음과 같은 사고의 유형을 만들어 보았다.

<table>
<tr><td rowspan="5">유형</td><td>A1</td><td>연역적 과학적 설명을 이용한 수업</td><td>연역적 사고</td></tr>
<tr><td>A2</td><td>총괄을 이용한 수업</td><td>총괄적 사고</td></tr>
<tr><td>A3-1</td><td rowspan="2">행위 설명 이론을 이용한 수업</td><td>합리적 사고</td></tr>
<tr><td>A3-2</td><td>성향적 사고</td></tr>
<tr><td>A4</td><td>맥락과 이해에 입각한 수업</td><td>맥락적 사고</td></tr>
</table>

본장에서는 위의 유형에 따라서 가능한 수업의 예를 제시해 보겠다. 특히 비교적 국내에서 착실하게 연구돼 있기에 앞장에서 제시한 그라쿠스 형제의 개혁[11)] 단원을 예로 들어서 유형들을 적용해보도록 한다. 자연 여기에서 수업 목표는 수업 유형에 따라서 함양되어야 할 역사 사고이다.

(1) A1의 수업 예

학 생	교 사
	-오늘 수업 시간에는 그라쿠스 형제의 개혁이 왜 일어났으며, 개혁 실패가 어떤 영향을 끼쳤는지 살펴보도록 하겠습니다(제시된 사료를 검토하고 당시 로마가 어떤 상황에 있었는가를 파악한다).
	-자료1을 읽고 로마가 어떤 상황에 있었는지 말해 보세요.
-(자료1을 읽는다)	

11) 국내의 관련 연구성과물은 다음과 같다. 허승일, 『증보로마공화정연구』 서울대출판부, 1985에는 6편의 관련논문이 수록되어 있다. 1장 그라쿠스 시대의 곡물위기, 2장 티베리우스 그라쿠스의 농지법 신고, 3장 티베리우스 그라쿠스의 농지법, 4장 티베리우스 그라쿠스의 로마시 곡물수급 계획, 5장 폴리비우스의 혼합정체론과 티베리우스 그라쿠스의 개혁, 6장 가이우스 그라쿠스의 곡물배급 정책. 이 논문은 연차적으로 한 가지 주제를 중심으로 서술되었다. 김경현, 「서기전 2세기 로마의 인구문제와 군사위기」 『단국대논문집』 21, 1987, pp. 249-271, 「서기전 2세기 로마의 정치와 스토아사상-티베리우스 그라쿠스의 개혁의 이념적 배경과 관련하여」 『서양사론』 27, 1986, pp. 1-41, 「서기전 2세기 전반의 이탈리아의 농업구조의 변화-티베리우스 그락쿠스의 토지개혁의 사회·경제적 배경」 『사학지』 20, 1986, pp. 1-63, 「전 129년: Gracchani에 의한 Equites 정책의 맹아기?(상)(하)」 『사총』 27, 1983과 28, 1984., 강성길, 「티베리우스 그락쿠스 농지법의 수혜대상」 『경북사학』 12, 1989, pp. 139-173.

-로마가 세계를 정복한 뒤 바로 사회 혼란에 빠졌습니다(예를 들어서 말한다.)	
	-자료2와 3을 읽고, 그런 사회 혼란이 일어난 원인이 무엇일까 생각해보고 말해보세요.
-토지가 일부 소수에게 집중된 것이 문제입니다.	
	-토지가 일부 계층에 집중되면 왜 문제가 될까요?
-일부 계층에만 토지가 독점되면, 가진 자와 가지지 못한 자 사이에 반목이 일어납니다.	
	-그러면 자료4를 읽고서 부자들이 토지를 선호하고자 했는지 말해보세요.
-(관련 자료를 읽은 뒤) 토지에 자본을 투자하는 것이 당시에 가장 수지맞는 사업이었습니다.	
	-그러면 자료6과 12를 읽고서 그와 같은 현상이 왜 일어났는지 자료5와 8에서 원인을 찾아보도록 합시다.
-(관련 자료를 읽은 뒤) 곡물 생산을 해외에 의존하고 국내 토지는 노예를 이용하여 시장 생산을 한 결과입니다.	
	-여러분은 로마 정부의 정책을 어떻게 평가하겠습니까?
-로마 정부의 경제 정책이 실패한 것을 알 수 있습니다.	
	-그러면 자료 9를 읽고, 그라쿠스 형제의 개혁이 목표하는 바가 무엇이었는지 말해볼까요?
-(관련 자료를 읽은 뒤) 인구를 늘리기 위해서입니다.	
	-(인구 증가가 시민단의 확충이라는 점을 설명하고) 자료10을 읽고 그라쿠스 형제의 개혁에 대해서 당시 귀족들이 어떻게 생각했을지 말해보세요.
-(자료를 읽고서) 정부 정책에 문제가 있다고 보고, 그라쿠스 형제의 개혁을 지지한 사람들이 있었습니다.	
	-막상 개혁이 실시되자 결과는 어떻게 됐는지 자료11과 13을 읽고 말해보세요.
-개혁자들이 살해되었습니다.	
	-그라쿠스 형제의 개혁이 실패로 돌아간 이유를 자료14와 15를 읽고 찾아보세요.
-(관련 자료를 읽고) 부자들이 사유 재산을 지나치게 옹호한 것이 원인입니다.	
	-그러면 그라쿠스 형제의 개혁에 대한 정부 및 지배층의 문제점은 무엇일까요?
-(선행 조건) 문제점을 알고도 개선하기 못한 정부의 무능력과 사유 재산을 지나치게 중요시 여겨서 사회 문제를 해결하려고 하지 않은 귀족층이 문제입니다.	
	-(법칙 제시) 혁명은 계층 간의 대립 반목, 지배 계층의 무능, 정부의 대처 능력 부족을 드러내는 사회에서 일어나는 법이지요. 그라쿠스 형제의 개혁을 수용하지 않은 것은 지배 계층이 무능하기 때문입니다. -(정리하면서) 로마의 공화국 체제는 어떻게 되겠습니까?
-체제를 유지하기가 어려워졌습니다.	
	-그래서 공화정에서 제정으로 체제가 바뀐 것을 로마 혁명이라고 합니다.

이 유형의 수업과 관련해서 가장 중요한 점은 적절한 법칙을 제시하는 일이다. 수업지도 과정에서 일반화 할 수 있는 적절한 법칙을 찾지 못하면, 이 수업은 사실상 진행하기 어렵다. 이 내용의 수업을 위해서는 로마 공화정 말기 공화정을 지도해 온 원로원의 무능력이 강조되어야 할 것이다. 상대적으로 그라쿠스 형제 개혁의 당위성이 부각되도록 하는 것이 바람직하다[12].

(2) A2의 수업 예

학 생	교 사
	-기원전 133년부터 기원전 123년까지 10년간 로마에는 그라쿠스 형제의 개혁이 있었습니다. 이 개혁은 위기를 맞이한 공화국을 부활시키려는 시도라고 평가합니다. 그러면 그라쿠스 형제의 개혁을 차례대로 살펴보면서, 그라쿠스 형제 의도한 일관된 정책이 무엇인지를 살펴보도록 하겠습니다.
	-그라쿠스 형제는 농지법과 곡물법을 제정했습니다(두 법의 내용을 설명한다).
	-자료2와 3을 읽고서 왜 농지법을 제정해야 했는지 말해볼까요?
-부자들이 토지를 대부분 차지했기 때문입니다.	
	-(점유한 토지의 법적 상태를 설명한다.) 그러면 자료4를 읽고서 왜 토지를 차지하려고 했으며, 결과는 어땠는지 말해봅시다.
-토지를 통해서 상품 생산을 함으로써 소득을 높일 수 있었습니다. 그 결과 빈민들이 토지를 잃었습니다.	
	-(토지 소유자가 시민 자격을 가진다는 설명을 하고 나서) 토지를 빈민들에게 분배한 목적이 무엇인지 자료9를 읽고서 찾아보세요.
-로마 시민의 숫자를 늘리려는 것이 목적입니다.	
	-자료8을 읽고 시민을 확충해야 하는 이유를 말해보세요.
-노예 숫자가 많은 것과 병사들이 몰락하는 것이 큰 문제였습니다.	
	-자료6을 읽고 곡물법을 제정한 목적을 찾아보세요.
-식량 부족 문제를 해결하고자 했습니다.	
	-자료5를 읽고 자료4와 비교하여 식량이 부족해진 원인을 찾아보세요.
-국내 농장에서는 상품 작물을 재배하고 기본 식량은 해외에 의존했습니다.	
	-만약 농민들이 식량을 생산했더라면 식량 부족 문제가 있었을까요?

12) 이런 주장을 뒷받침할 수 있는 논고는, 허승일, 『증보로마공화정연구』 p. 397, p. 414와 pp. 241-254를 참조할 수 있다. 특히 후자는 현대 학자들의 그라쿠스 형제 개혁에 대한 회의적인 태도를 불식하고 있다.

-없었을 것입니다 -소농민을 육성하는 것입니다. (두 법이 소농을 육성하여, 병력 부족 문제를 해결하고, 나아가 식량 문제를 해결한다는 취지에서 제정했음을 이해한다.)	-그렇다면 그라쿠스 형제가 시행한 농지법과 곡물법은 서로 다른 법이지만, 같은 목적을 가지고 있었습니다. 그 목적이 무엇일까요?

이 수업 예에서는 그라쿠스 형제의 개혁이 10년의 시차를 두고 이루어졌음에도 불구하고 일관적 정책적 목표가 있었다는 것을 찾게 한다. 소농을 육성함으로써 그간에 발생된 제반 문제를 해결하는 데에 정책의 주안점을 두고 있음을 알 수 있게 해주어야 한다. 그래야 총괄이 가지는 의미를 부각시킬 수 있다. 여기에는 다수 반론이 있을 수 있다. 특히 가이우스 그라쿠스의 곡물분배법이 소농의 이해와 상충된다는 논리이다. 이 문제는 당시에 이루어졌던 곡물 공급의 구조를 파악해야 할 것이다[13]. 이런 난점을 넘어서면, 소농육성을 통한 국가의 재건[14]이 시도되었던 것이 이 기간의 사조로 제시될 수 있을 것이다. 요컨대 '무산자화'된 하층민을 '유산자화' 시키는 것이 목표였다는 지적도 일견 타당성 크다[15].

(3) A3-1의 수업 예

	학　　생	교　　사
①사실 확인	-농지법과 곡물법을 제정했습니다.	-오늘 공부하게 될 그라쿠스 형제의 개혁의 내용을 말해보세요. -당시 그라쿠스 형제는 호민관으로 출마하여, 법을 제정하고 로마의 문제점을 개선하고자 했습니다. 이 시간에는 그라쿠스 형제가 왜 그렇게 했는지 살펴보도록 하겠어요.
②상황	-부자들이 많은 토지를 점유하고 토지에 맞게 수지맞는 상품 작물을 생산했습니다.	-그라쿠스 형제가 살았던 시기의 상황은 어떠하였나요? 자료3과 4를 읽고 찾아봅시다. -자료6을 읽고 어떤 문제점이 있었는지 살펴봅시다.

13) 허승일, 『증보로마공화정연구』 p. 249 참조.
14) 허승일, 같은 책, p. 95.
15) 김경현, 「서기전 2세기 로마의 인구문제와 군사위기」 1987, p. 19.

<table>
<tr><td></td><td>-식량이 부족하여 많은 사람들이 어려움에 처했습니다.

-해외에 식량을 크게 의존했기 때문입니다.

-전쟁에 참여했던 병사들을 도와주어야겠다는 생각을 했을 것 같습니다.
-노예 문제를 심각하게 생각했습니다.

-훌륭한 교육을 받고 정의감에 불타는 귀족이었을 것으로 보입니다.</td><td>-식량 부족 현상이 왜 일어났는지 자료5를 읽고 추론해봅시다.

-(기원전 140년-20년대의 곡가 추이를 설명한다.) 자료7, 8을 읽고, 그라쿠스 형제가 어떤 생각을 가졌을지 말해봅시다.

-아울러 그라쿠스 형제는 어떤 인물이었을까요?</td></tr>
<tr><td>③행위 결정 과정의 추론</td><td>-인구 증가에 있었습니다.

-콘술이나 호민관에 당선되어서 문제를 해결할 수 있었습니다.

-토지를 많이 가지고 있는 옵티마테스의 의견을 존중해야 하므로, 개혁을 제대로 할 수 없었습니다. 아마도 그렇기 때문에 그라쿠스 형제는 귀족이면서 호민관이 되고자 했을 것입니다.

-진에 제징되었던 농지법을 제정했을 것으로 보입니다. 아울러 곡물법을 제정한 것으로 보입니다.

-부자들의 반대가 컸을 것이라고 봅니다.

-토지를 재분배하고 식량문제를 해결하기 위해서는 이 방법밖에 없었기 때문입니다.</td><td>-그라쿠스 형제의 목표와 정책을 자료9에서 찾아봅시다.

-(시민이 되려면 일정 크기 이상으로 토지를 가져야 한다는 것을 설명하고) 이를 위해서는 어떻게 해야 할까요?(콘술이 되는 방법, 호민관이 되는 방법이 있음을 설명해준다.)

-자료15를 읽고 콘술이 되는 경우 어떤 제한이 있었을까요?

-호민관이 되면, 행사할 수 있는 권한은 민회에서 입법할 수 있는 것입니다. 그라쿠스 형제가 호민관이 된 목적은 무엇일까요? 자료2와 12를 읽고 추론해봅시다.

-(점유 토지 몰수와 곡가 조정에 대해서 설명하고) 이 같은 법을 시행할 때 겪을 난점은 무엇인지 자료14에서 찾아봅시다.

-그런데도 호민관으로서 법을 제정한 이유는 무엇일까요?</td></tr>
</table>

④행위 결정의 합리적 논거	-형제의 개혁에 동조하던 지배층 사람도 다수 있었고, 개혁한 법을 10년간 유지한 것에서도 찾을 수 있습니다. -개혁이 실패하여 빈부 문제가 심화되어 로마 사회가 위기에 봉착했습니다.	-그라쿠스 형제의 입법 활동이 정당한 근거를 자료10과 16에서 찾아봅시다. -개혁 실패의 영향은 어떻게 나타났습니까?

이번 사례에서는 건전한 의식을 가진 정치가라면 합리적인 선택, 다시 말해서 로마의 국가 이익에 부합하는 정책을 실시하였다는 점을 강조해야 한다. 이를 위해서는 그라쿠스 형제의 법제정이 가지는 의미를 부각시킬 필요가 있다. 이를테면 반대파의 입장, 개혁의 당위성 등등이 제시되어야 한다. 니브(Neeve) 같은 학자는 폰 튀넨의 고립국가론을 로마사에 적용하여, 로마 시 인근 지역의 농민이 실제로 피해를 입었다는 주장을 하여 주목받은 바 있다[16].

(4) A3-2의 수업 예

	학 생	교 사
①사실 확인	-농지법과 곡물법을 제정했습니다.	-오늘 공부하게 될 그라쿠스 형제의 개혁의 내용을 말해보세요. -당시 그라쿠스 형제는 호민관으로 출마하여, 법을 제정하고 로마의 문제점을 개선하고자 했습니다. 이 시간에는 그라쿠스 형제가 왜 그렇게 했는지 살펴보도록 하겠어요.
②상황	-부자들이 많은 토지를 점유하고 토지에 맞게 수지맞는 상품 작물을 생산했습니다. -식량이 부족하여 많은 사람들이 어려움에 처했습니다. -해외에 식량을 크게 의존했기 때문입니다.	-그라쿠스 형제가 살았던 시기는 어떤 상황이었나요? 자료3과 4를 읽고 찾아봅시다. -자료6을 읽고 어떤 문제점이 있었는지 살펴봅시다. -식량 부족 현상이 왜 일어났는지 자료5를 읽고 추론해봅시다. -(기원전 140년-20년대의 곡가 추이를 설명한다.) 자료7, 8을 읽고, 그라쿠스 형제가 어떤

16) 이점에 관해서는 허승일, 위의 책, pp. 174-185에 자세히 소개되어 있으니 이를 참고하기 바란다. 특히 보수 세력의 묵인이라는 점에 주목할 필요가 있다.

	-전쟁에 참여했던 병사들을 도와주어야 겠다는 생각을 했을 것 같습니다. -노예 문제를 심각하게 생각했습니다. -훌륭한 교육을 받고 정의감에 불타는 귀족이었을 것으로 보입니다. -다혈질적이라는 점, 타협을 거부한다는 점, 귀족으로서의 자의식이 강한 점을 찾아본다.	생각을 가졌을지 말해봅시다. -아울러 그라쿠스 형제는 어떤 인물이었을까요? -그라쿠스 형제의 성격의 특징을 보충한다. 자료8의 연설에서 형제의 성향을 알아보도록 합시다.
③행위 결정 과정의 추론	-인구 증가입니다. -콘술이 돼서 문제를 해결할 수 있었습니다. -호민관이 될 수 있었습니다. -토지를 많이 가지고 있는 옵티마테스의 의견을 존중해야 하는데 그라쿠스 형제의 성향과는 맞지 않았습니다. -아마도 그렇기 때문에 그라쿠스 형제는 귀족이면서 호민관이 되고자 했을 것입니다. -전에 제정되었던 농지법을 제정했을 것으로 보입니다. 아울러 곡물법을 제정한 것으로 보입니다. 부자들의 반대가 컸을 것이라고 봅니다. -형제의 성격으로 보아서 토지를 재분배하고 식량문제를 짧은 시간에 해결하기 위해서는 이 방법밖에 없었기 때문입니다.	-그라쿠스 형제의 목표와 정책을 자료9에서 찾아봅시다. -시민이 되려면 일정 크기 이상으로 토지를 가져야 한다는 것을 설명하고) 이를 위해서는 어떻게 해야 할까요?(콘술이 되는 방법, 호민관이 되는 방법이 있음을 설명해준다. -자료15를 읽고 콘술이 되는 경우 어떤 제한이 있었을까 찾아봅시다. -호민관이 되면, 행사할 수 있는 권한은 민회에서 입법할 수 있는 것입니다. 그라쿠스 형제가 호민관이 된 목적은 무엇일까요? 자료2와 12를 읽고 추론해봅시다. -(점유 토지 몰수와 곡가 조정에 대해서 설명하고) 이 같은 법을 시행할 때 겪을 난점은 무엇인지 자료14에서 찾아봅시다. -그런데도 호민관으로서 법을 제정한 이유는 무엇일까요?
④행위 결정의 합리적 논거	-형제가 어릴 때 받았던 민주정치교육도	-그라쿠스 형제는 여러 방안이 있었지만 호민관으로서 입법 활동을 통해 문제를 해결했던 이유를 자료7과 9에서 찾아봅시다.

	영향을 주었을 것입니다. -시간이 많이 걸리는 타협보다는 법을 통해서 신속히 해결하고자 했습니다. -성급한 성격도 있었습니다.	-이런 선택에는 형제의 성향도 큰 영향을 미쳤습니다.

성향적 설명의 경우는 인물의 성향에 크게 의존하므로, 가족이나 교육에 관해서 자세한 지식을 지니고 있어야 한다. 특히 티베리우스 그라쿠스에게 스토아 사상을 전한 블로시우스 같은 인물에 대해서는 주목해야 한다[17]. 우리는 여기에서 그가 생각했던 개혁의 내용이 혁신인가 아니면 과거로의 복귀인가를 고려할 필요가 있다. 왜냐하면 그런 점에 대한 고려가 있어야 그의 성향에 대한 올바른 판단을 할 수 있기 때문이다.

(4) A4의 수업 예

수업 목표	다양한 준거를 통해서 그라쿠스 형제의 개혁을 이해한다.	
수업 계획	제시할 정책, 매개 요인, 역사적 맥락 계획	
자료 제시	그라쿠스 형제의 개혁 관련 자료 1-16, 관련 논문	
매개 요인	①개혁 동기는 개인적인 이해관계에 있다. ②실업과 식량 위기를 당해서 나온 불가피한 선택이다. ③시민수의 증대를 통해서 국가 체제를 강화하려는 시도다. ④공화국 체제의 문제점을 노출하고 이해관계를 조정하기에 실패한 개혁이다.	
역사적 맥락	기원전 2세기 후반 지중해 세계를 통일한 로마가 국내의 내정 문제를 겪는 맥락에서 그라쿠스 형제의 개혁을 생각해보자.	
수업 진행	학생	교사
매개 요인 ①		-그라쿠스 형제의 개혁을 개인적 이해관계에서 찾으려는 시도들이 있는데, 이 점을 검토해봅시다. 개인적 인기와 다른 정

17) 이와 관련해서는 두 논문이 대비된다. 허승일, 위의 책, 「5장 폴리비우스의 혼합정체론과 티베리우스 그라쿠스의 개혁」에서는 스키피오 서클의 영향을 받은 그가 혼합정체의 이념을 믿고서 정체의 한 축인 인민이 약화되었다고 판단한 것이 개혁의 동인이었음을 지적한다. 이렇게 보면 티베리우스 그라쿠스의 성향은 다소 진보적인 것을 알 수 있다. 이에 대비해서 김경현, 「기원전 2세기 로마의 정치와 스토아사상-티베리우스 그락쿠스의 개혁의 이념적 배경과 관련하여-」에서는 블로시우스가 교수한 스토아 사상이 그의 성향을 좌우했다고 보면서, 오히려 보수적인 입장에 섰음을 지시하고 있다. p. 5, 19, 42 참조.

투입	-개인적 이해관계가 중요한 요소지만, 그것만으로는 정치적 행위를 설명하기는 어렵다고 봅니다. -농지법의 경우 자신의 이해관계도 컸으리라고 봅니다. -곡물법의 경우 자료6과 12를 보면 단순히 개인적인 차원의 문제는 아닌 것으로 보입니다.	치가들과의 알력 관계 때문에 개혁을 일으켰다는 의견에 대해서 어떻게 생각하는가? -예를 들면 어떤 것이 있을까요?
매개 요인 ② 투입	-자료6, 8에 따르면 타당한 개혁이라고 봅니다. -알려져 있는 농지법 내용과 자료9에 따르면, 그 이상의 의도가 있었다고 보입니다.	-그러면 실업과 기아에 대처한 개혁이라는 점은 어떻게 평가할까요? -그렇다면 형제의 개혁을 단순히 실업과 기아에 대처한 개혁이라고 볼까요?
매개 요인 ③ 투입	-토지 없는 시민에게 토지를 분배함으로써 토지를 가진 시민을 증가시킨다는 것입니다. -귀족들은 사유 재산을 중요하게 생각했기 때문입니다. -꼭 그렇지만은 않았을 것입니다.	-자료9에 나오는 대로 인구를 증가시킨다는 것은 어떤 의미일까요? -그렇게 정당한 개혁이 자료14처럼 귀족의 반대에 부딪혔을까요? -그러면 귀족들은 그라쿠스 형제보다 국가 방위력 문제를 덜 생각했을까요?
매개 요인 ④ 투입	-당시에 투자 대상으로서 중요했습니다. 따라서 라티푼디아가 널리 퍼졌을 것입니다. -모두 제거하거나 해방시켜야 할 텐데, 현실적으로 불가능한 것이었습니다. -많은 노예와 자본을 이용하는 라티푼디아가 크게 확산됐고, 귀족을 포함한 많은 시민이 여기에 관련됐습니다.	-자료4에 나오는 콜루멜라의 농업론 3. 3. 8-11을 읽고서 당시에 라티푼디아가 어떤 의미를 지녔는지 밝혀봅시다. -자료8에 따르면 많은 노예가 있었음을 알 수 있습니다. 만약 그라쿠스 형제의 개혁이 지속했더라면, 노예는 어떻게 처리됐을까요? -그렇다면 그라쿠스 형제의 개혁이 실패한 것은 단순한 개인적인 동기보다는 전반적인 사회·경제의 변화 속에서 찾아야 할 것입니다. 어떤 변화인지 말해볼까요?
재투입	(매개 요인 ④가 다른 자료에도 적용되는지 검토)	-매개 요인 ④를 나머지 자료나 그라쿠스 이후의 사건에 투입해봅시다.

본 수업에서는 적절한 매개요인을 찾아서 제시하는 것이 관건이다. 매개요인 ①과 관련해서는 그라쿠스가 가진 개인적 야심을 강조할 필요가 있다[18]. 정치지도자로서 야심을 가지지 않은 사람이 없으므로 이는 충분히 가능한 추론이 된다. 그러나 이것으로 완전히 설명되지 않을 때 ②와 같은 매개요인이 제시될 수 있다[19]. 좀 더 그 문제를 포괄적으로 보기 위해서는 ③의 매개요인이 제시될 수 있을 것이다[20]. ④의 매개요인은 결국 개혁이 실패로 돌아갈 수밖에 없었던 점 다시 말해 공화정 체제가 안고 있는 문제점을 제시하고, 개인의 노력으로 극복할 수 없었던 한계나 구조를 지적해 줄 필요가 있다[21].

이상으로 간략하지만 4개 역사 사고 유형을 같은 단원과 자료를 적용해 설명해 보았다. 교수자의 입장에서는 수업 시간을 통해서 기르고자 하는 사고력 유형에 따라서 이를 적용하려는 노력이 필요할 것이다. 그러나 그런 접근은 충분한 학문적인 근거에서 이루어져야 다채롭고도 근거가 확실한 수업으로 결실을 맺을 수 있는 것은 다시 말할 필요가 없다.

18) 이에 관해서는 김경현, 「서기전 2세기 전반의 이탈리아의 농지구조의 변화-티베리우스 그락쿠스의 토지개혁의 사회·경제적 배경」 p. 61이하 결론 부분이 참조된다. 개혁의 동기는 정치적 지지를 얻기 위한 것이라고 본다.

19) 허승일, 「제6장 가이우스 그라쿠스의 곡물배급 정책」 위의 책, pp. 228-254에 일관된 논리로 제시되어 있다.

20) 이점에 관해서는 김경현, 「서기전 2세기 로마의 인구문제와 군사위기」 1987이 참조된다. 이 논문은 자세한 통계표를 제시하고 있다.(p. 7) 이런 맥락에서 동맹국 시민에게도 농지분배를 적용하여 인구수를 늘리려고 했다는 주장도 설득력을 가진다. 강성길, 위의 논문 참조. 이와 관련하여 동맹국의 군사적 기여가 컸다는 점에 주목할 필요가 있다. 김창성, 「로마 공화정기 이탈리아 동맹국의 사회구조와 토지보유 관계-통일의 사회·경제적 지평-」 『역사학보』 165, 2000. 3. p. 181 표 1 참조.

21) 허승일, 「제 3편 공화정에서 제국으로 이행」 위의 책, pp. 259-432에 따르면, 국가의 두 축이 되는 군대와 조세 문제에서 자신이 신봉하던 이데올로기로 인해서 무능할 수밖에 없었다는 결론을 얻을 수 있을 것이다.

V. 결 어

본고에서는 역사사료를 제시하고, 그것을 현장에서 구체적으로 어떻게 이용할 것인가를 제시하였다. 본문에서 밝힌 대로 사료의 활용은 역사수업의 목표 특히 역사 사고를 증진시키는 것에 초점을 두어야 한다. 그러나 수업에서 달성되어야 할 역사 사고가 어떤 것인가에 대한 충분하고 보편적인 합의는 현재로서는 없다고 보아야 한다. 따라서 여러 갈래의 사고 패턴을 수용하고 이를 학습자의 수준에 맞게 제시하는 것이 현장에서 할 수 있는 수업의 내용이라고 하겠다.

하나의 사료는 보는 각도에 따라서 여러 논제를 입증하는 자료로서 기능할 수 있다. 요컨대 서로 상충하는 주장이나, 전혀 다른 방향의 논고가 가능하다. 따라서 사료만을 학습자에게 제시하는 경우, 일반적으로는 학습자가 도달한 결론에 관하여 예측하고 통제하는 것이 어렵다. 요컨대 사료는 그 자체로서 결론을 말해주는 것이 아니다. 따라서 현장수업에서 사료가 교육적으로 바람직하기 위해서는 교사의 의도적인 계획에 따라서 사료학습이 이루어져야 하고, 특히 분명한 수업목표로서의 사고 패턴이 제시되어야 한다.

본고에서 제시된 사료 역시 기르고자 하는 사고 패턴에 따라서 다양하게 활용될 수 있음을 보여주었다. 그동안 사료학습 모델과 역사 사고력 증진의 모델이 상관성을 보여주지 못하였다면, 이는 사료학습이 지니는 한계와 가능성을 충분히 인식하지 못한 데에서 비롯한 것이라고 할 수 있다. 사료학습이 지니는 문제점을 극복하기 위해서도 또 교육적으로 의미 있는 통제가 이루어지기 위해서도, 필자가 제시한 것처럼, 해당 사료를 이용한 전공연구자들의 논문이 충분히 참조되고, 그것을 바탕으로 도달해야 할 수업목표를 명백히 하면서 교수학습 활동이 이루어지도록 해야 할 것이다.

11

대학에서 역사교육 평가의 실제와 문제점

I. 서 언

교육의 성패를 결정짓는 것은 평가라는 말이 있다. 이는 평가의 중요성을 강조한 말이기도 하고, 과정이나 절차를 경시하는 우리 교육의 문제점을 꼬집는 말이기도 하다. 그러나 돌이켜보면, 한국 교육에서 평가의 문제점을 제시하고 비판해왔던 사람들 대부분은 사실 그렇게 부조리한 평가의 혜택을 받아서 기회를 누리게 된 것도 부인할 수 없는 사실이다. 그 말은 중등학교 단계를 마무리하는 각종 시험에서 얻은 성적이 인생의 판도를 결정하였고[1], 사실상 대학에서의 평가는 별다른 굴곡이 없는 한 그대로 이어져서 사회 진출의 계기가 되었던 것과 관련이 있다. 이런 사정으로 인해서 대학에서 이루어지는 평가는, 전문성에 관한 요구가 높아져 가고 있는 데도 불구하고, 논외로 여겨졌고 이를 문제 삼는 여론이나 관심도 부족하였다.

이렇게 된 이유는 대학의 서열화라는 문제가 그런 평가를 통해서 얻을 수 있는 교육적 기대를 축소시켜왔던 데에서도 찾을 수 있을 것이다. 즉 일정한 범주의 학생들을 수용한 관계로 해서 대학 교수들의 노력과 관련 없이 학교 졸업생의 진로가 정해져 왔던 것이다. 그러나 이런 사정은 앞으로 전개될 국립대학의 법인화

1) 2011년 12월 17일자 이코노미스트에 기사의 제목이 흥미롭다. 'Exams in South Korea: The one-shot society. The system that has helped South Korea proper is beginning to break down.' 원문은 다음을 참조하시오. http://blog.naver.com/y5304923?Redirect=Log&logNo=80148396567.

라는 법적 조치 앞에서 또 경쟁을 미덕으로 삼는 사회적 합의 속에서 수정되어야 할 필요가 있고, 또 수정되고 있는 중이다. 그런 경쟁은 같은 수준의 학생을 받아들여 얼마나 내실 있게 교수하여 배출하는가에 집중되어야 할 것이다. 이런 점에서 평가는 그런 내실을 다지는 데에 중요한 지표가 아닐 수 없으며, 수업의 내용을 피드백하여 수업하는 학생의 수준을 올려주는 데에 중요하므로, 대학의 교육자들이 앞으로 관심을 기울여야 할 것으로 보인다. 본고에서는 역사수업을 중심으로 평가의 실태를 분석하고 문제점을 제시하며, 본인의 수업사례와 평가 경험을 공유해보고자 한다.

Ⅱ. 대학에서 역사교육 평가의 실태와 문제점

대학에서 역사 과목의 수업을 담당한 교수들이 현재 실행하고 있는 평가의 실제 그리고 의식하고 있는 문제점을 파악하기 위해서 설문을 작성하고 이를 이메일로 전하여 답장을 받아서 처리하였다. 기간은 2006년 4월 22일부터 5월 4일까지 15일간이었으며, 응답자는 모두 23분이었다. 응답해주신 여러분께 이 자리를 빌려서 감사드리며, 설문의 내용이 그다지 전문적이지 못한 점에 여러 연구자들에 양해를 구한다. 설문의 내용은 <표1>과 같다.

설문은 두 가지의 내용을 파악하기 위해서 만들어졌다. 하나는 실제 강의실에서 일어나고 있는 실태에 관한 것으로 문항 2~7에 해당된다. 다음은 강의자의 의식에 관한 것으로 평가의 종류와 방법에 관한 이해 그리고 교수 내용과 평가 방법의 연계에 관한 의식을 점검해 보고자 하였다. 이런 유의 검사가 조사가 자율성을 생명으로 하는 대학교육의 근본적인 문제를 다루고자 하는 것이 아니라(이 문제는 전문가의 차원에서 조사가 이루어질 것을 전망해 본다), 다만 정보를 공유하고 중등학교에서 이루어지는 평가와 비교해보고 그 차이점이 가지는 의미를 제시해 보고자 하는 것이다.

〈표 1〉 설문의 내용

설문

1. 교육경력(시간강사 및 교사경력 포함)은?
   1) 1-5년　2) 6-10년　3) 11년-15년　4) 15년 이상

2. 한 학기 강의 목표를 설정하십니까?
   1) 예 (3번으로 가시오)　2) 형식적으로 하거나 안 한다(5번으로 가시오)

3. 한 학기 강의 목표가 달성되었는지 확인 할 수 있습니까?
   1) 예 (4번으로 가시오)　2) 아니오(6번으로 가시오)

4. 한 학기 강의 목표가 달성되었는지 확인할 수 있는 방법은 무엇입니까?
   1) 시험 2) 면담 3) 행동관찰 4) 설문지 5) 기타(　)

5. 한 학기 강의 목표를 설정하지 않는 이유는 무엇입니까?
   (　　　　　　　　　　　　　　　　　　　　)

6. 한 학기 강의 목표가 달성되었는지 확인할 수 없다면, 그 이유는 무엇입니까?
   (　　　　　　　　　　　　　　　　　　　　)

7. 1시간 단위로 강의 목표를 설정하십니까?
   1) 예　2) 아니오

8. 진단평가와 관련하여
   1)잘 알고 있으며 시행하고 있다. 2)알고 있으나 시행하지 않는다 3)관심이 없다

9. 형성평가와 관련하여
   1)잘 알고 있으며 시행하고 있다. 2)알고 있으나 시행하지 않는다 3)관심이 없다

10. 피드백과 관련하여
   1)잘 알고 있으며 시행하고 있다. 2)알고 있으나 시행하지 않는다 3)관심이 없다

11. 다음 중에서 활용하는 방법을 모두 체크해 주시오
   1) 지필평가(논술형) 2) 선다형 3) 포트폴리오 평가 4) 프로젝트 평가 5) 상호평가
   6) 퀴즈 7)기타(　)

12. 역사교육의 평가는 다른 과목의 평가와 달라야 한다고 생각하십니까?
   1) 예(13번으로 가시오)　2) 아니오

13. 역사교육의 평가가 다른 교과목 평가와 달라야 하는 이유는 무엇입니까?
   (　　　　　　　　　　　　　　　　　　　　)

14. 현행 대학교에서 이루어지는 역사교육 평가의 문제점을 적어주십시오.
   (　　　　　　　　　　　　　　　　　　　　)

감사합니다. 2006. 4. 22

1. 1번 문항의 분석-응답자의 경력

설문 응답자 23인 중에서 15년 넘는 경력자가 18명(78%)이었고, 11-15년차가 4명(18%), 6-10년차가 1명(4%)이었고, 5년 이하는 없었다. 이처럼 한쪽에 치우친 것은 필자의 실수이기도 한데, 경력을 안배하지 못하였다. 즉 필자는 대학에서 중견급 이상의 경력자를 주로 조사한 셈인데 본 발표에서는 이에 국한하고, 신진 교수들의 경우도 조사해 보는 것은 타연구자에게 기대한다.

2. 2번 문항의 분석

이 문항을 설정한 이유는 강의계획서에 제시된 수업목표가 대부분 추상적인 진술로 이루어졌기 때문이다. 이런 추상적 목표설정이 상당한 호소력과 매력을 가지기도 하지만, 구체화되지 않은 목표는 역시 달성되지 않거나 달성여부를 확인하기 어려운 법이다. 이런 전망을 가지고 답변을 분석한 결과 다음과 같았다. 즉 1)예라고 응답한 인원은 21명이고, 그렇지 않다고 응답한 인원이 2명이었다. 다소 용기 있게 솔직한 답변이라고 생각된 2명의 경우 5번 문항에서 답하였는데, 다음과 같다.

A : 학생들 수준이 낮아서 강의 목표를 설정할 경우, 달성하지도 못하면서 부담만 된다.
B : 가르칠 내용을 먼저 구상함

위에서 A의 경우 필자도 동감하는 측면이 있다. 최근 세계관련 교과학습이 중등학교에서 홀대받는 경향을 반영하듯이, 기본적인 세계지명이나 개념을 모르는 경우가 허다하다. 심지어는 교양과정에서 게르만이라는 용어에 관해서 아는 대로 쓰라는 설문에 솔직히 모르겠다고 답한 경우가 30%가 넘었던 기억을 필자는 가지고 있다. 달성하지 못할 목표를 제시하는 것보다는 차라리 목표설정을 하지 않는다는 것이야말로 보통교육으로 자리잡은 한국의 대학교육의 현실을 보여준다. B의 경우는 일반적으로 강의가 이루어지는 과정을 보여준다. 우리가 학생이 도달해야 할 교육적 지표를 먼저 설정해놓고 강의안을 마련하는 것이 아니라, 내용을 먼저 구상하는데, 이런 경우 강의 목표보다는 교수자 개인의 목표나 이해가 우선인 것이다. 사실 이런 점을 숨기고 그동안 학교에서 요구하는 획일화된 계획서에 맞추는 흉내를 내온 것이 우리의 부끄러운 자화상이 아닌가 한다.

3. 3번 문항의 분석

강의 목표를 설정한다고 응답한 21명의 경우 목표달성의 확인가능성을 물었는데, 18명(85%)은 예라고 답하였고, 나머지 3명(15%)은 아니라고 답하였다. 적어도 이 경우 모든 강의자가 예라고 답할 것을 기대한 필자에게는 다소 충격이었다. 그래서 우선 6번 문항에 대한 답을 모아보았다.

C : 마땅한 확인방법이 없어서
D : 학생들의 구체적인 반응을 얻을 수 없다.
E : 강의목표를 포괄적으로 세운다. 주로 강의시간에 학생의 반응과 발표 등을 통해 강의가 성공적이었는지 판단한다. 그렇지만 주관적일 수 있으며, 구태여 강의 목표가 달성되었는지를 구체적으로 확인하고자 하지 않는다. 강의목표는 효율적으로 하기 위한 방향 설정과 자기 단속의 의미를 가진다.

위의 답변은 모두 객관적 지표나 방법의 모색이 필요함을 시사한다. C와 D의 답변은 특히 학생의 입장에서 변화를 추적하는 것이 어렵다는 것을 지적하고 있으나, E의 경우는 강의자의 입장을 드러내고 있다. 최근 수요자 중심의 교수방법을 권장하는 탓에 강의 목표진술도 학습자를 중심으로 제시한다. 이 경우 강의 자체의 성공에 관해서는 파악하지 못한다. E의 답변처럼 강의가 교수・학습의 유기적인 과정이라고 한다면, 강의 목표의 설정은 다른 의미를 가질 수 있다.

4. 4번 문항의 분석

이 질문에는 복수 응답도 하였는데, <표 2>에서처럼 대부분이 시험을 통해서 강의 목표달성의 확인이 이루어지고 있는 것을 알 수 있다. 면담・관찰・설문지에 의한 대면방식도 일부 사용하고 있음을 보여준다. 그러므로 시험이야말로 가장 중요한 측정 자료라는 것을 알 수 있는데, 시험을 통해서 제시된 자료가 어떻게 측정도구로서 기능하는지는 추후 연구되어야 할 문제이다. 일반적으로 강의자의 구술내용이나 판서 등을 학습자들은 암기하고 이를 얼마나 충실히 쓰고 있는가를 평가할 때, 이를 통해서 나타난 의식이 과연 학생 자신의 것인지, 강의자의 것인지 구분하는 것이 필요하다. 외국의 경우처럼 구술고사라든지, 면담에 의한 확인이 바람직하지 않은가 생각되기도 한다. 또 인문교육의 목표가 개성있는 인격을 만드는 것이라면, 오히려 판에 박힌 답을 요구하기보다는 개성적인 답변이나 의식의 형성이 교육목표로 설정되어야 마땅할 것이다.

〈표 2〉 강의목표 달성여부 확인 방법

시 험	면 담	행동관찰	설문지	기 타
15	1	1	4	

5. 7번 문항의 분석

1시간 단위로 강의목표를 설정하는가라는 질문에 대해서 그렇다는 답이 6(26%), 그렇지 않다는 답이 17(74%)로 나왔다. 최근에는 75분을 한 단위시간으로 하는 경우도 많이 있어, 여기서 1시간은 50분 수업이든 75분 수업이든 관련 없이 학습자들이 일단 모여서 수업을 듣는 시간을 의미한다. 이 질문을 제시한 것은 일반적으로 사범대학에서 각과 교육론에서 매시간 수업 목표를 설정하고, 이에 따라서 진단평가, 형성평가, 피드백 등을 하도록 권고하고 있기 때문이다. 사범대학생들은 적어도 그렇게 하도록 교육받고 있는데, 교수들은 어떤가 하는 의문점이 든다. 예상대로 1시간 단위로 강의목표를 설정하지 않는다는 답이 다수인 것은 일반적으로 대학에서의 강의목표는 시간 단위로 설정하는 것이 아니라는 의식을 보여준다. 확실히 이점은 중등학교의 경우와 다르다고 할 수 있다.

6. 8 · 9 · 10번 문항의 분석

이 문항을 제시한 이유는 강의자들이 다양한 평가방법과 의미를 알고 있는가를 알고 싶어서이다. 일반적으로 학기말에 평가가 이루어져, 성취도 평가에 그치거나, 피드백이 있어도 성적이나 리포트 평가가 나간 후에야 이루어지는 것으로 보아 실제 피드백의 효과는 학습자의 차원에서 실감하지 못하는 것을 볼 수 있다. 이 문제에 관해서 얻은 답변은 다음의 <표3>과 같다.

〈표 3〉 평가의 다양성에 관한 인식

	잘 알고 있으며 시행	알고 있으나 미시행	무관심
8.진단평가	7(30%)	9(40%)	7(30%)
9.형성평가	7(30%)	8(35%)	8(35%)
10. 피드백	6(26%)	12(52%)	5(22%)

대체적으로 응답자들은 평가의 여러 유형에 관하여 충분한 정보를 가지고 있다고 보인다. 그러나 이를 적극적으로 수업에 반영하는 경우는 반 이하로 줄어드는 모습을 볼 수 있다. 대학에서는 이런 다양한 평가를 해서 수업을 향상시키거나 성취도를 높이려는 관심이 적다고 볼 수 있는데, 다음의 답변들은 참조할 만하다.

> F : 이 문항에 답을 하는데, 진단평가를 시행하고 있느냐 아니냐의 기준을 잘 모르겠다. 예를 들어 강의 첫시간에 강의에 임하는 학생들의 반응, 강의에서 얻고자 하는 것, 그리고 강의시간 중간중간에 학생들의 관련지식 등을 간단한 지필이나 구두로 알아보면 진단평가를 시행하는 것인가?/그렇지만 강좌에 따라 다르다. 시행하는 강좌도 있고, 그렇지 않은 강좌도 있다.

이런 문제점이 제시된 것은 필자의 소홀함을 반영한 것이다. 사실 확실한 기준을 설정하지 못한 점이 설문이 엉성해진 원인이기도 하다. 필자는 위의 지적처럼 강의의 사정에 따라서 다양하게 이런 식의 평가가 수업을 잘 하기위한 방편으로 도입되고 있다고 본다. 특히 대화식으로 수업하는 경우에는 진단 · 형성 · 피드백이 부단히 이루어지고 있으므로 별도의 절차가 없어도 실행되고 있는 것이라고 보아야 할 것이다.

필자는 이점과 관련하여 7번 문항에 예라고 답하고 8, 9, 10번 문항에서 잘 알고 있으며 시행한다는 답을 모두 고른 경우가 1가지 밖에 없다는 점을 발견하였다. 이점은 역시 대학 강의실이 가지는 특수성에서 기인하는 결과라고 생각되었다. 단위시간에 수업목표를 설정하지 않는다는 경우가 17명인데, 이것이 8·9·10문항에 대해서 미시행하거나 무관심하다고 답한 경우인 17, 16, 17사례와 일치하는 것을 볼 수 있다. 실제로 이들 평가방식은 학습성취도를 높이기 위해서 단위시간에 시행되는 것이므로, 목표설정이 단위시간에 이루어지지 않는 경우 학업과정에 대한 점검이 이루어지지 않고 있다는 것을 보여준다.

7. 11번 문항의 분석

〈표4〉 평가유형에 관한 이해(복수답 제시)

평가방법	지필(논술)	선다형	포트폴리오	프로젝트	상호평가	퀴즈	기타
빈도	23	3	3	9	3	4	1

이 표에서 보면 사실상 다양한 평가의 유형이 적용되고 있음을 알 수 있다. 우선 지필평가는 모든 강의자가 활용하고 있는 보편적인 형태임을 알려준다. 다음으로 프로젝트 평가가 많이 제시되는데, 이는 대학생들의 리서치와 종합 능력을 보여주는 데 유용하므로 대학교육의 요구를 잘 번영한다고 보인다.

이 유형을 얼마나 골고루 사용하는가를 분석해 보았다.

〈표 5〉 평가활용방법의 다양성

평가활용방법	1가지	2가지	3가지	4가지
빈도	6(26%)	12(52%)	4(17%)	1(5%)

이 표에서 보면, 2가지의 평가 유형을 사용하는 강의자가 가장 많은 것을 알 수 있다. 1가지만 사용하는 강의자는 소수에 불과하다. 이 점은 하나의 평가 방법에 의존하기보다는 다양한 방법을 활용하여, 학생들의 경험을 넓히려는 시도가 일반적이라는 점을 보여준다. 다만 이런 평가방법의 활용이 외국의 경우와 비교해보거나, 어떤 기준을 설정하여 비교해 볼 필요가 있다.

8. 12번 문항 분석

역사교육의 평가가 다른 과목의 경우와 달라야 한다고 생각하는 응답자는 16명(70%)이고, 아니라고 본 응답자는 7명(30%)이다. 이점은 다수의 강의자들이 역사과목의 특성을 인식하고 있음을 보여준다. 그런 특성이 평가에도 반영되어야 한다고 보고 있는데 응답자들에 제시한 이유를 다음과 같이 분류하여 제시해 보았다.

가) 가치태도면

· 다른 교과목의 경우 특별한 관점이 요구되지 않지만, 역사교육은 학생들로 하여금 역사관을 형성하도록 하는 교과목이기 때문이다
· 지식의 이해만이 아니라 가치에 대한 내용도 포함되어야 하기 때문
· 역사교육의 목표인 역사의식의 함양은 국민의 정체성과 관련되기 때문에
· 가치판단과 분석, 비판력을 보아야 하기 때문
· 역사적 사실과 개념에 대한 이해, 가치판단과 사고력, 그리고 태도에 대한 면이 고려되어야 함으로
· 역사교육뿐 아니라 모든 과목의 평가가 다른 것 아닐까? 역사교육의 경우는 지식이나 기능뿐 아니라 역사의식에 대한 평가도 필요하다고 생각한다. 물론 역사의식이 역사지식과 별개는 아니다. 과제(흔히 리포트라고 부르는 것)나 발표에 대한 평가도 다른 과목보다 비중을 두어야 한다.

나) 기능면

· 이론이 아니라 실제에 중점을 둔 역사 교육이 강조되므로 평가도 그에 부응하여 역사교육의 실제를 평가할 수 있어야 한다.
· 단순한 지필평가만으로 측정할 수 없는 사료해석능력, 논지정리능력, 발표능력 등을 평가할 필요 때문
· 역사적 사실에 대한 암기가 아닌 사고력의 훈련이 필요하기 때문
· 복잡하고 변화가 많은 역사를 다루는 일은 정답을 찾는 것보다 연구자나 수업자의 다양한 사고와 분석을 필요로 하기 때문에
· 과거 사실에 대한 이해도와 더불어 역사의식이나 역사교육 방법에 대한 이해도 평가해야 하기 때문이다
· 사료를 읽고 자기 나름대로 비판, 재구성하는 능력을 평가해야 하기 때문입니다.

다) 이해·지식의 면

· 논리성 및 역사의식과 같은 주관성이 강하기 때문이다
· 역사는 정답이 없고 가장 합리적인 답이 있으므로
· 역사교육은 인문학적 사고와 사회과학적 사고가 다 같이 요망됨

여기에서 우리는 주로 가치태도면이나 기능에서 역사교육의 특성이 있다고 보고 있음을 알 수 있으며, 역사과목이 가지는 구조적 특성에 주목하는 경우는 상대적으로 적음을 알 수 있다. 결국 설문에 응답한 사람들 대부분은 가치태도나 기능의 목표를 달성하기 위해서 역사의 특수한 평가방법이 있다고 보고 있음을 알 수 있는데, 그 방법이 어떤 것일까에 관해서는 일반적으로 지필(논술)을 가장 중요한 것으로 파악하고 있다고 하겠다. 인문교육 특히 역사교육에서 논술의 중요성이 새삼 강조된다.

9. 14번 문항분석

이 문항을 통해서는 일반적인 문제의식을 보고자 하였다. 이를 종합하면 다음과 같다.

(가) 학교제도의 문제

· 천편일률적인 강좌 편성 및 일률적인 강의 방식
· 학점부여에 국한되고 "역사교육"을 전제로 하지 않는 학문위주의 강의와 평가가 이루어지고 있음
· 공정한 평가라는 이유 때문에 객관적인 평가지표를 제출해야 한다는 점, 이 때문에 정작 역사학 교육에 필요한 훈련은 뒷전에 밀린 느낌
· 일정정도 학점을 주어야 하기 때문에 실제의 평가기준보다 좋은 점수를 주는 경향이 있습니다.
· 역사교육만의 문제가 아니고 교수가 평가할 학생수가 과대하다는 점에 평가의 쟁점이라고 본다

(나) 방법의 문제

· 일반 학문의 평가와 별반 다를 게 없다. 평가 지수를 측정할 수 있는 다양한 도구가 아직 개발되지 않았기 때문이다.
· 지필평가에 지나치게 의존
· 너무 획일적으로 1-2문제의 논술형 지필평가에 치우쳐 있다. 지필평가의 경우에도 평가내용에 따라 좀더 구체적으로 다각적인 문항구성(단답식, 단순기술형, 비교기술형 등)이 필요하고, 그 외에 구술발표, 수업시연 평가 등이 보완될 필요가 있다.
· 교수에 따라 다르겠지만 다양한 평가가 아니고 획일적이고 단일한 평가를 한다.
· 예를 들면 한두 개의 논술 문제를 수시와 기말고사에 출제하여 학점을 산출하는 것이 상례이다. 출석, 리포트, 수시과제, 발표, 그리고 주관식과 객관식의 문제 출제로 다양한 평가를 해서 합산해야 보다 정확한 평가가 될 것이다. 면담에 의한 질문평가를 첨부하면 더욱 좋을 것이다.

(다) 내용의 문제

- 1. 역사 교육의 정체성을 확립하기 위하여 노력해야 2. 역사교육의 실제를 중시하는 평가가 강조되어야
- 고구려사 문제, 독도 문제 등 현안이 되는 사안들에 대한 역사 교육이 현장 답사 등을 통해 강화되고, 그 문제에 대해 학생들도 나름대로 비판적 안목을 가질 수 있도록 해야 한다.
- 역사적 사실에 대한 기억 재생산의 평가, 창의적 사고가 봉쇄당한 정답주의
- 응답제한형 서술형 평가가 대부분이며 학생들의 비판적, 창의적 사고능력을 요구하는 평가에 대한 관심이 적다.
- 여러 가지 사정으로 사료 교육이 제대로 시행되지 않기 때문에 역사적 사고, 비판, 재구성의 능력을 제대로 평가할 수 없습니다.

(라) 평가자의 문제

- 각 사람마다 평가 방식이나 기준이 다르므로 무엇이라고 일률적으로 말한 수가 없을 것 같습니다. 평가에 문제가 있다고 생각하면 자기 과목을 운영하면서 나름대로 어느 정도 개선할 수 있을 것 같습니다
- 평가방법이 개인마다 다를 수 있으므로 문제점 지적이 어려움
- 지필평가, 리포트, 발표 등이 주된 평가방식이라면 이와 같은 형태 자체가 문제는 아니다. 그렇지만 이런 형태의 평가를 운영하는 방식은 강의하는 사람에 따라서 매우 다르므로 일률적으로 말할 수는 없다. 과제 평가와 같은 것은 단순히 점수를 매기는 것이 아니라 평가결과를 학생들에게 돌려줄 필요가 있지 않을까?

이상의 지적은 제도의 문제, 방법이나 내용의 문제 등 상당히 포괄적인 측면을 아우른다. 이런 지적을 보면 평가가 정착되어 역사교육의 교육목표가 충실히 달성될 수 있는 환경과 연구관심이 필요한 것임을 알게 된다. 그동안 평가의 문제가 별로 주목되지 않았으나, 이는 문제가 없어서가 아니라, 이처럼 드러내고 제시하지 못하였던 데에 원인이 있다. 곧 교육의 성패가 평가에 좌우된다고 할 때, 우리는 당연히 역사교육평가가 제대로 이행될 수 있도록 노력해야 한다는 당위를 절실히 느끼지 않을 수 없다. 특히 교수들에게 평가의 가이드라인이 지나치게 강고하여, 평가의 자율성이 보장되지 않은 상황을 우려한다.

Ⅲ. 실천사례-필자의 경우

이상의 자료를 검토하면서, 대개 비슷한 문제점을 가지고 있다는 사실을 확인하였다. 일찍이 필자의 경우 평가방법의 다양성을 활용하기 위해서 그 나름대로 노력하였다. 그 동기는 획일적인 평가가 결국 역사수업의 획일성으로 이어진다는 반성에서 비롯하였다. 필자가 교양수업시간에 수년간 시도해온 방법을 소개하고, 이를 독자들과 공유하고자 한다.

필자는 재직하고 있는 대학에서 교양강의를 「서양의 역사와 문화」라는 제목으로 10년 정도 맡아서 진행하였다. 처음에 임용되어서는 주로 전공과목만을 교수하였으나, 두 가지의 이유로 인해서 교양을 맡게 되었다. 우선은 전공을 종래 65학점에서 36학점으로 줄이는 조치로 인해서 전공으로 강의할 과목이 감축되고, 우리 대학교의 경우 종래 9학점 의무수업시간은 그대로 유지되고 있기 때문이다. (서울지역의 특별한 학교를 제외하고는 대부분이 이런 실정이다.) 한 마디로 수업시수는 그대로이고, 과목은 줄어들어서 전공만으로 수업시수를 채울 수 없는 애로사항이 생기게 되었다. 게다가 교양과목의 경우 종래에는 시간 강사가 맡는 경우 3시간 연속수업이 가능하였지만, 이제 75분 단위로 수업이 이루어지면서 2번 출강해야 하므로 시간강사에 의존할 수도 없는 상황이 되었다. 이런 배경으로 인해서 강의를 떠맡게 되었지만, 강의를 하면서 사실상 교양으로 가장 적합한 것이 문화사이고, 이는 어떤 전공의 학생이라고 하더라도 여러 면에서 도움을 받을 수 있음이 확인되면서, 또 교양 과정 이외에 실제로 문화관련 수업이 없다는 점을 새삼 느끼면서 필요성과 보람을 느꼈다.

대단위 강의를 하는 것은 일찍이 시간강사 시절에 겪었던 것이라 다시 시간강사로 돌아간 기분을 가지고 수업에 임하였다. 수강생은 대체로 140명 전후였으며, 금학기는 98명이 신청하였는데, 이 규모는 강의실의 수용인원에 따라서 자동으로 정해진다. 전에는 수강생이 많으면 분반이 가능하였는데, 처음부터 분반의 가능성을 없애기 위해서 이런 식으로 운영하고 있다. 이런 반을 운영하면서, 학생들의 반응도 비교적 호의적이어서, 강의자의 보람을 느끼게 되었는데, 문제점은 평가와 관련하여 발생하였다. 우선 충격적이었던 것은 지필고사를 보는 데에 대단위 강의라서인지 많은 학생들이 부정행위를 한다는 것이었다. (이 제보는 수업을 들은 학생들이 메일을 통해서 나에게 알려준 것이다.) 최근에 이런 부정행위는 더 노골화되고 나아가 꾸중을 해도 별로 양심에 가책을 느끼는 것 같지 않다. 특히 수능시험에서 휴대폰 부정 사건이 터진 후 그런 현상이 두드러지게 되었다.

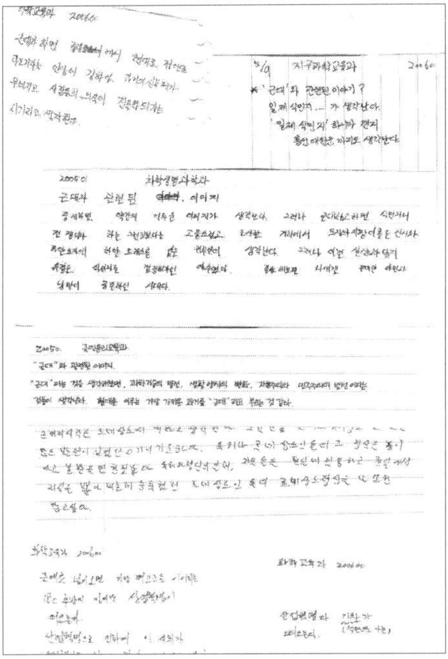

〈그림 1〉 쪽지의 예

그래서 세 가지의 방안이 마련되었다. 우선 직접 점수와 관련이 있는 출석의 경우, 10%가 반영되는데, 강의 내용과 연관되는 단어를 제시하고 그에 관련된 지식이나 알고 있는 내용을 A4용지의 1/8정도크기에 2-3줄 정도 쓰도록 하였다. 그렇게 한 의도는 출석점검과 아울러 진단평가를 하려는 목적이었다. 수업시작과 더불어 답을 쓰도록 하고, 돌아다니면서 잘 쓴 학생을 2명 지명하여 소견을 발표하도록 하였다. 그래서 학생들이 수업에 적극 참여하도록 하는 한편 출석을 엄격히 점검할 수 있었고, 그 결과 대체적으로 10% 정도를 매학기 낙제점을 주었는데 이의제기가 없었다. 부작용도 있었는데, 수업초에 이 쪽지를 쓰고 나가는 학생들이 있었고, 다른 사람이 대필하는 경우도 있었다. 그래서 쪽지(<그림 1> 참조)를 수업 말미에 쓰도록 하기도 하였고, 대필의 경우는 중간고사나 기말고사와 필적대조하여 다른 사람이 작성한 경우에는 대리시험으로 간주하여 역시 낙제를 부과하였다. 이런 식으로 엄격하게 출석점검을 하였는데, 본교의 경우 출석미달 이외에는 F학점을 줄 수 없도록 되었던 것이다. 보통 출석표 점검은 수업직후에 이루어졌는데, 보통 2시간 내외가 걸렸다. 시간이 아까운 사정이지만, 좋은 의견을 써준 성의 있는 답을 보면서 보람을 느꼈으며, 학생의 사고방식이나 수준을 점검해 볼 수 있는 좋은 기회를 가졌던 것도 사실이다.

다음에는 보고서를 부과하는데, 통상 A4용지 4-5매를 기준으로 하였다. 초창기에 보고서를 받아보고서 놀란 사실은 주어진 과제물을 읽지 않고 인터넷에서 그대로 전재하는 경우가 많아서, 많은 보고서가 동일한 내용은 물론이고 구두점도 같은 경우가 많았다. 그래서 필자는 두 가지의 색다른 보고서를 부과하였는데, 그 제목은 다음과 같다.

보고서1. 그리스·로마 신화와 자신의 전공과목의 연관성을 찾아보라(10점)
보고서2. 외국 학생들과 메일로 서신을 교환하고 2회분의 증빙서를 제출하라(10점)

보고서 1의 경우 처음에는 질문이 많았다. 인문계 학생의 경우에는 큰 어려움이 없다고 하더라도 이공계학생들은 질문이 많았다. 그래서 몇 가지 예를 들어주었는데, 화학과의 경우엔 원소주기율표에 나오는 원소의 이름이 거의 신화상의 명칭이라는 점을 설명해 주었고, 유아교육과의 경우 오이디푸스 콤플렉스나 엘렉트라 콤플렉스 등을 설명해주었더니 납득하고 돌아갔다. 몇몇 학생들의 보고서에는 본 수업을 통해서 자기 전공에 대한 이해를 깊이 할 수 있게 되었다는 소감이 나와 있었는데, 교양 수업의 존재이유가 바로 이런 데 있다고 생각되었다. 차츰 귀찮게 생각하였던 과제를 적극적으로 하려는 모습을 찾을 수 있었고 가끔 대단히 창의적인 보고서도 있었는데, 예를 들어 공주지역의 설화와 그리스 신화의 한 대목을 비교분석한 것도 있었고, 수학적으로 신전이나 조각의 구성을 설명한 깊이 있는 보고서도 있었으며, 경영학의 입장에서 신화를 분석한 글도 나와 보는 이의 마음을 즐겁게 해 주었다. 아마도 그런 보고서를 작성한 학생들은 더 큰 보람이 있었을 것이라고 생각되었다. 두 번째 보고서는 외국 학생이나 일반인을 만나서 한국을 소개하고 서로 의사소통하는 것이 중요하다고 판단되어서 부과하였다. 많은 학생들이 영어로 편지 쓰는 것을 어려워하였는데, 답장이 오는 것을 보고 매우 즐거워하였고, 이를 계기로 외국인을 사귀는 데 두려움을 없애는 데 도움을 받았다. 일부 학생들은 답장을 주고받지 못하여 제출하지 못하는 경우도 있었다. 이런 면을 보면, 이 보고서 작성은 교양 수업의 과제로서 적절하였다고 생각된다.

가장 중요한 것은 전체 70%의 점수를 부과하는 중간·기말고사이다. 학생들의 부정행위를 유발하는 것은 결국 암기를 위주로 하는 지필평가에 그 원인이 있다고 보였다. 그래서 암기하지 않고 주어진 자료를 근거로 하여 자신의 판단이나 나름의 의견을 합리적으로 제시하도록 하였고, 75분간 아무 장소에서 어떤 자료를 이용하여 작성하여도 좋다는 조건하에 시험을 시행하였다. 물론 무감독 고사로 시행되었고, 시간을 엄수하도록 하였다. (<그림 2> 참조) 이 평가방식에 대해서 간단한 설문을 하였는데, 다음과 같은 결과를 얻을 수 있었다.

A. 시험방식에 관해서
  긍정적 : 67(75%) 부정적 : 18(20%) 기타 : 5(5%)
B. 시험 내용에 관해서
  어렵다 : 35(39%) 적절하다 : 42(47%) 쉽다 : 5(5%) 기타 : 8(9%)

이상의 설문에서 상당히 긍정적인 답변을 얻었다고 볼 수 있다. 방식에 대해서 긍정적인 이유로 다음의 답변이 참조된다.

> 처음으로 느껴본 감정이었습니다. 색다른 느낌이라고 할까? 논술대회나 교내와 글짓기 대회에서만 느꼈던 시험방식과 무감독시험은 정말 내가 대학생이 되었구나 싶었습니다. 주입식 교육에 찌든 초중고시절의 시험과는 다르게 개방적인 분위기에서 내 생각과 지식을 표현할 수 있어서 정말 좋았습니다.(박 **)

> 대학생다운 시험방법이라 생각합니다. 대학에 와서 놀란 것 중 하나가 컨닝이 너무나도 자유롭다는 것입니다. 외워서 쓰는 식의 시험은 컨닝하는 학생들에게 있어서 길에 흘린 지갑을 줍는 격입니다. 반면 정직한 학생은 지갑을 가져다주는 행동과 같다고 봅니다. 양심을 지켜 행하는냐 양심을 버리고 실리를 찾느냐의 고민을 이 시간에는 모든 학생이 부디 하지 않기를 바랍니다. 생각의 크기로, 깊이로 겨루고 싶습니다.(이 **)

반면에 부정적인 의견으로는, 이런 식의 평가가 이공계학생에게 불리하다는 점, 평가의 기준이 무엇인가 하는 점에 맞추어져 있다. 여기서 우리나라 이공계 교육의 문제가 드러난다.

서양의 역사와 문화

2006년 1학기 중간고사(35점만점)

※제시된 글을 읽고,

(1)필자의 주장을 요약·정리하시오(200자)

(2)세계사의 인식에서 서양 봉건제의 이해가 왜 중요한지 설명하시오(300자)

(3)일본인이 자신의 역사와 한국의 역사를 어떻게 달리 보았는지 설명해보시오(300자)

(4)밑줄 친 필자의 태도에 관하여 평가해보시오.(200자)

유럽이나 일본에는 귀족제가 있었지만 우리나라에는 귀족제가 없었다고 하는 일제식민지 관학자들의 억설이 생각난다. 아시아적 전제의 정체된 사회상에서는 귀족이 없으니 계급투쟁이 일어날 리 없고, 계급투쟁이 없으니 사회가 정체될 수밖에 없다는 식으로 표현되곤 하였다. 그러나 이러한 견해는 완만한 속도로 진행되고 있었던 아시아 전통사회의 내인적 동태(內因的 動態)를 무시하는 것이 아닐 수 없다. 결국 우리는 우리의 전통사회를 일컫는 개념으로서 아시아적 생산양식이라는 개념이 부적절하다는 깨달음 위에 그 대안으로서 봉건제 생산양식이라는 개념에 착안한 선행 연구자들의 노심초사에 잇대어가지 않을 수 없게 된다. 그러나 이 경우에도 봉건제는 다만 생산양식으로서의 봉건제일 뿐이다. 이 생산양식의 골간이 지주-전호제에 있음은 위에서 이미 검토한 바 있다. 그러나 봉건제사회라 할 때 문제는 달라진다. 생산양식뿐만 아니라 지배의 양식, 국가권력의 창출방식을 함께 고려할 때 봉건제라는 용어는 너무나도 서유럽에 특수한 역사적 개념이다. ……

지역과 인구를 비교해볼 때 그것은 당대 세계 전체에서는 특수한 일부지역에서 꽃핀 제도였고, 어느 의미로는 그만큼 세계사의 주변부를 장식한 제도였다. 그럼에도 불구하고 중세유럽의 봉건제도를 하나의 이념형으로 또는 원형으로 간주하고 다른 지역의 전자본주의사회를 그로부터 유추하여 설명하는 이유는 어디에 있을까 ? 역사가들은 중국과 일본, 오스만터키, 인도네시아 동 각처에서 봉건제도 내지는 봉건적 사회관계를 찾아내느라고 많은 수고를 아끼지 않았다. 그리하여 봉건제도는 전자본주의 시대의 세계사 서술에서 하나의 보편개념으로까지 부상하기에 이른 것이다. 역사가들은 지주와 소작인 간의 잉여수취관계에서 중세유럽 장원경제에서 보였던 봉건적 관계를 찾아내고 희열에 잠기곤 하였다. 또는 일본의 무사도에서 중세유럽의 기사도에 비견할 만한 고유의 의례전범을 발견하고, 그 사회와 이 사회를 매우 비슷한 구조로 이해하곤 했다. 더 나아가서 바로 그러한 무사 중심의 지방분권체제가 있었기에 오직 유럽과 일본에서만 근대자본주의가 꽃필 수 있었다는 주장이 제기되기까지 했다. 그리 하여 중세유럽의 봉건제도와 비슷한 것은 무엇이고, 다른 것은 무엇인가 하는 문제가 전자본주의사회를 연구하는 사가들의 관심사가 되곤 하였던 것이다.

어떤 의미에서건 이러한 역사연구의 자세는 유럽 중심주의에 젖어든 것이다. 그러한 유럽 중심주의는 봉건사회를 근대자본주의로 성공적으로 재편한 유럽인의 성취에 기인하는 것이고, 또한 이를 정당화하는 시도이기도 하였다. 현대의 사가들 또는 사회과학도들이 즐겨 쓰는 학문용어의 대부분 이 유럽의 역사에 그 기원을 두고 있는 현상도 이러한 유럽 중심주의의 반영이다. 그러나 지금까지 우리가 살펴본 유럽, 특히 서부유럽의 봉건주의가 세계의 중세를 관철하는 보편사적 사회과정이라고 과연 단언할 수 있을 것인가? 통일된 국가가 결여된 중세유럽이 세계사의 중심이고 또한 보편사적 개념의 근원일 수 있는 것일까? 이러한 질문에 긍정적인 답변을 하게 해주는 것은 근대 유럽인들의 경제적 성취였다. 그러나 그러한 성취에도 불구하고 (A)유럽이라는 지역의 특수성, 역사의 특수성 위에서 형성된 제도를 그대로 다른 지역에 대입해보는 일이 정당하다고만은 할 수 없을 것이다.

(최재현, 『유럽의 봉건제도』 역사비평사, p.198, p.171)

<그림 2> 중간고사의 예-2006년 1학기

이과이었기 때문에 평소 글을 쓰지 않아서 힘들었다.

이과 공부를 주욱 해왔기 때문에 생각을 정리해 표현해 내기가 다소 힘들었다.(화학*** 노**, 이**)

최근 이공계 학생들이 자신의 의견을 제대로 표현하지 못하는 관계로 이익을 지키는 일에 손해를 본다는 연구보고도 있고 보니, 이공계 학생들에게 이처럼 적극적 글쓰기는 교양과정에서 강조해야 할 부분이다. MIT[2])처럼 하는 인문교육은 아니더라도 최소한 교양에서 역사의 이수는 특히 이공계 학생에게 필수로 권장해야 할 것이다.

한 학기를 돌이켜 보니 나의 교수과정은 일종의 교육투쟁이라는 기분이 든다. 앞의 설문에서 제시한 내용을 그대로 점검해 보면, 목표제시가 대단히 추상적이었고 실제로 달성의 가능성이 없거나 있더라도 검사해 볼 기준이 없었음을 고백하지 않을 수 없다. 사실상 시간단위의 목표설정은 잘 되었다. 강의의 성격상 한 주제만을 매시간(75분)에 다루었기 때문이다. 그러나 진단평가·형성평가의 경우는 드문드문 시도했지만, 피드백의 경우 별로 시도되지 않았다. 물론 잘 알고 있으며 교육적 효과도 크다는 정보를 알고 있지만, 실제 실천하는 것은 별개의 문제가 되었음을 고백하며, 나름대로 평가를 마쳐본다. 아마도 자신의 수업과정을 그것도 평가의 방식을 지상에서 이처럼 공개하고 분석한 예는 별로 없었으리라고 생각된다. 이런 보고가 각 대학에서 이루어지는 강의평가에 약간의 도움이라도 되었으면 좋겠다.

2) 공학교육에서 인문적인 요소(human factor)를 도입하는 것은 산업계의 요구가 반영된 것이다. 대학에서 길러진 엔지니어들이 유능한 관리자가 되지 못하는 문제점을 해결하기 위하여 교육과정의 변화가 초래되었다. David F. Noble, *America by Design-Science, Technology, and the Rise of Corporate Capitalism-*, Oxford University Press, 1977, p. 316-7을 보시오. 한국에서 우수한 인재가 공학교육을 기피하는 원인을 분석하고 대책을 세우는 데 중요한 참고 자료이다.

Ⅳ. 결　어

필자가 이 글을 작성하면서, 염두에 두었던 것은 평가가 선발의 기능에만 국한되어 있고 교육의 기능은 도외시되었던 현실이 현재 학생들이 교양과정에서 보여주는 일탈의 원인이라고 진단한 것이고, 이것을 어떻게 해결해 볼 것인가에 관한 것이다. 현재 미래의 지도자를 양성할 대학에서 이러한 일탈을 그대로 놓아둘 경우 우리에게 미래는 없다고 생각된다. 이제 시대의 변화와 더불어 교육 방법 특히 평가의 방법에서도 한 사람이라도 제대로 교육을 받을 수 있는 체제로 변화되는 것이 필요하다. 특히 역사 수업과 관련하여 어떤 수업이 바람직하냐는 논의도 중요하겠지만, 평가의 방법도 크게 개선하거나 개혁하는 것이 그런 수업의 성패를 결정짓는 요인이라고 보아야 할 것이다. 그런 점에서 평가에도 창의성과 혁신이 가능하도록 교수・학습자만의 관심이 아니라 제도적인 지원이 절실하다.

12

셰익스피어와 극화수업

-『율리우스 카이사르』를 중심으로-

Ⅰ. 서 언

필자는 교원 1정연수 강의에서 단골 메뉴로 셰익스피어의 대본『율리우스 카이사르』(Julius Caesar)를 가지고 수업해 왔다. 2010년도에도 마찬가지였는데, 종합평가를 목전에 둔 오전 4시간에 배정되어서 수업하기에 곤란할 것이라는 점을 걱정하였는데, 참여하거나 관람한 교사들의 반응은 좋았다. 오히려 일찍 시작했더라면 좋았을 것이라는 불만의 목소리를 들었다. 반응은 2가지이다. 관심이 있었으나 여건이 좋지 못하다고 하는 생각을 해왔던 데서 현장의 여건으로 해 보아야겠다는 의욕을 가진 경우와 아예 관심이 없었으나 이를 계기로 새로운 시도의 하나로서 도전해 보아야 하겠다는 의지를 표현한 것으로 나타난다. 이에 필자는 극화수업이 하나의 수업모델, 아니 중요한 사고과정으로서의 의미를 부각하고자 한다. 왜냐하면 현장에서 역사수업을 통해서 얻을 수 있는 가장 큰 효과는 추체험이고, 이를 구현하는 유일한 수단이 드라마로 표시되는 연극 활동 즉 재연이기 때문이다[1].

1) 참고문헌은 박범성,「연극적 방법을 활용한 역사 수업 연구」 공주대 교육대학원 역사교육 전공 논문, 2008을 보시오. 여기에는 다양한 수업자료가 제시되어 있다.

Ⅱ. 왜 연극인가

1. 아테네 민주정과 연극

수업의 방식에는 여러가지가 있다. 그러나 역사수업과 관련하여 그 효용성이 입증된 수업방식은 극화수업이 유일하다. 연극은 그 자체로 중요한 흥미와 매력을 가지는 것이기에 고대부터 지금까지 모든 문화권에서 향유되고 있지만, 특히 이것이 정치와 밀접한 연관을 가지고 발전해 오늘 우리에게도 영향을 주고 있는 곳은 바로 민주정치가 향유된 아테네이다. 우리는 그리스인 그 중에서도 아테네인이 이룩한 정치업적-민주정치에 주목하고 그 효용성과 실제에 관하여 찬사를 보내고 있다[2]. 우리는 이런 민주정의 주인공이 누구인가를 알 필요가 있다. 소크라테스의 지적처럼 '축융업자, 제화공, 목수, 대장장이, 농부, 장사치, 점원[3]'이 민회를 채우고 있었다. 1937년 아테네의 아크로폴리스의 북쪽 경사면에 있는 우물이 발굴되었다. 여기에서 191개의 도편이 발견되었다. 놀랍게도 190개의 도편에 '테미스토클레스'라는 이름이 나왔다. 그래서 학자들은 당시에 이미 붕당이 형성되어 있었음을 알게 된다. 여기에서 한 걸음 더 나아가 도편에 적힌 글자를 분석하니 모두 14명이 쓴 필적으로 판명된다[4]. 이 말의 의미는 당시 의인으로 알려져 있었던 아리스테이데스에게 대필을 부탁한 사람의 일화를 통해서 알게 된다. 즉, 대부분의 민중이 문맹이었을 가능성이 있다는 것이다. 이런 증거에 입각하여 볼 때 우리는 어떻게 민주정이 그런 사람들에 의해서 이루어질 수 있을까 라는 의문을 가진다. 사실 우리는 지나치게 문자해득을 모든 문명과 이해의 척도로만 삼고 있는지 모른다[5]. 그러나 근대이전 인식과 지식이 구전을 통해서 광범위하게 집단

---

2) 아테네민주정의 문제점을 지적하는 연구는 많다. 그러나 이에 관한 비호는 A. H. M. Jones, *Athenian Democracy*, Oxford, 1957, pp. 41-72을 보시오.

3) Xenophon, *Memorabilia*, 3. 7. 6. 이 구절은 민회를 이룬 아테네 시민의 구성에 관한 정보를 제공한다. 이에 관련해서는 A. H. M. Jones, *Athenian Democracy*, Oxford, 1957, p. 12와 p. 109를 보시오.

4) 김진경, 『고대그리스의 영광과 몰락』, 안티쿠스, 2009, p. 127. (이 책은 저자 사후에 나온 유고를 정리한 것이다.)

5) 일련의 연구에 따르면, 문서나 논술에 의한 의사소통은 남성에게 유리하였고 상대적으로 이를 습득할 기회가 적은 여성에게는 불리하였으므로, 19세기 부르좌 사회가 남성중심 사회가 되는 데 결정적이다. 이에 대한 저항의 형태로 등장하는 것이 연극 내지 극화를 통한 운동으로 이는 여성 및

기억으로 전해져 온 것을 간과해서는 안될 것이다. 그런 집단 의식을 유지시키고 일종의 정치사 교육으로서 아테네 시민을 민주정의 주역으로 만든 것은 다름 아닌 연극이다.

연극공연은 "국가의 잔치요, 연극관람은 시민의 의무"였으며, "연극은 민중의 예술이며 민주정의 산물"이다. 이를 위해서 아테네는 테오리콘(theorikon)이라는 수당제를 신설하였으며, 이로 인한 수혜자는 1만명 이상이 되었을 것으로 추정된다[6]. 이 수당 제도에 관해서 좀 더 살펴보자. 이 제도는 페리클레스가 창설한 것으로 전해진다[7]. 원래는 가난한 시민에게 디오니소스 제전에서 상연되는 연극을 관람하도록 지급되는 것으로 통상 1인당 2오볼로스였다. 그 금액은 대체로 당시의 일당 수준이었다. 그러다가 기원전 4세기에 이르면 금액이 인상될 뿐 아니라 미상연시에도 지급하였고, 부자도 수혜자가 되었다. 이런 변화를 놓고 저명한 그리스 사가인 글로츠[8]는 공공정신의 변화(transformation de l'esprit public)로 파악하였으며 이 파악은 아테네가 카이로네아 전투에서 패배함으로써 설득력을 가지게 되었다. 이 견해에 비판적인 입장을 취한 양병우는 본래 폴리스란 일종의 주식회사와 같은 것으로 공유와 분배에 기초한 것이라서 이런 수당 제도는 그런 이념을 구현한 것일 뿐이라고 역설하면서, 이 테오리콘 제도의 당위성을 설명한다[9]. 후자의 주장을 따르자면, 테오리콘은 폴리스의 성격을 잘 드러내는 동시에, 그것이 그만큼 중요한 사업 즉 연극공연과 관람에 사용되었다는 것을 확인할 수 있다.

이처럼 연극이 중요한 국가의 사업이 되고, 다른 것에 우선하여 자금이 지원된 것은 그것이 지니는 문화적·정치적 함의가 크기 때문이다. 그럼 경연에서는 어떤 극이 상연되었을까? 비극과 희극으로 나뉘는데, 전자의 경우 민주정에 관한 문제점을 파헤치는 작가들의 노력이 엿보이며, 특히 민주정 체제하에서 그 작가들은 정치의 교사요 정신적 리더로서 면모를 보여준다[10]. 한편 후자의 경우, 볼테

노동자의 의식화에 이바지한다. 반면에 최근 일반화 된 멀티미디어의 수업효과를 연구한 호주의 연구팀은 학업성취에 방해가 되고, 오히려 정독하는 것이 추체험을 불러일으킨다는 연구 보고가 있다.

6) 김진경, 2009, p. 372.

7) 플루타르코스, 『페리클레스』 9.

8) Glotz, G, *La cité grecque*, Paris, 1953, p. 396.

9) 양병우, 1975, p. 110-115, p. 120-121을 참조하시오.

르는 "진정한 희극은 한 국가의 어리석은 행동과 결점에 관한 생생한 묘사이다"라고 하는데, 이는 아리스토파네스를 염두에 둔 것이다. 한 마디로 아테네 정치 만평을 읽는 것과 비슷하다[11]. 그래서 연극의 주제는 반전, 여성참정권, 자유무역, 재정개혁 및 종교와 문학에 관련된 화제 등 모든 시민이 관심을 기울인 것이다. 해밀튼은 아리스토파네스를 평하길, "길버트 시대의 청중들보다 지적 수준이 더 높고, …가장 예민한 지식과 가장 식별력이 있는 비평가들로 이루어진 청중을 위해서 씌였다"[12]고 말한다. 그러면서 단서를 달아 아테네인들은 17세기 프랑스 귀족이나 20세기의 빈의 귀족이 아니라 사나이 즉 어떤 익살에도 기꺼이 웃을 수 있는 강건한 남성이었음[13]을 지적한다. 해밀튼은 그런 높은 식견을 가진 자들이 어떻게 양성되었는지 말하지 않는다. 다만 그것은 진실이다. 그럼 어떻게 양성되었을까? 바로 그 답은 연극에서 찾을 수 있다.

정치를 할 수 있으려면, 좀 더 정확하게 말해서, 정책의 결정에 참여하기 위해서는 국가의 법에 관한 이해가 필수라고 할 수 있다. 그 법은 그냥 체득되는 것이 아니라 일정한 교육의 과정의 거쳐야 한다. 윤리투(Yun Lee Too)는 고대 교육에서 법교육이 어떤 관련이 있는지를 다음과 같이 기술한다.

> 기원전 4세기 법과 교육이 긴밀하게 일치되어있다는 하는 점은 (*플라톤의) 『법률』(822 d)에서 명백하게 드러난다. 여기에서 아테네출신 외지인은 청년의 교육(paideia)을 훈계(nouthetesis)와 법(nomoi) 사이의 어디엔가 위치시킨다. 하여간 교육은 법에 대해서 동떨어지거나 그것에 예속된 것으로 남아야 하는 것은 아니다. 교육이란 이상적으로 법 속에 수용된 존재가 도시에 관해서 이야기하는 담론이 되기 때문이다[14].

민주정하에서의 시민교육은 당연히 그럴 것이다. 그러기에 플라톤은 "성문화한 것들에 철저하게 따르며 일생을 보낸 사람…이 표현은 시민의 칭찬으로 더 할 수 없이 옳은 것"(『법률』 822 e, 박종현 역)이라고 표현한다. 필자는 현재도 이런 덕목이 시민의 자격이라고 생각한다.

---

10) 김진경, 『그리스비극과 민주정치』 일조각, 1991, iii.
11) 이디스 해밀튼, 『고대그리스인의 생각과 힘』 (이지은 역) 까치, 2009, p. 126-7.
12) 이디스 해밀튼, 2009, p. 140-141. 이 책 p. 141을 보시오.
13) 이디스 해밀튼, 2009, p. 158-159.
14) Yun Lee Too, "Legal Instruction in Classical Athens", Idem (ed), *Education in Greek and Roman Antiquity*, Brill, 2001, p. 115.

그런데 이런 일치는 어떻게 이루어질 수 있었을까?

> 법적 토대와 그 교육에 관해서 더 중요한 설명이 있다. 피터 유벤(Peter Euben, 1986)이 시사하기를, 비극 또한 공동체의 재판을 교육하고 있으며, 드라마의 진행이, 흔히 이점이 학자들에 의해서 간과되는데, 결국은 그 자체로 교육을 위한 대본으로서 불리는 것이라는 점을 지적하는 것이 흥미롭다. 드라마 연출가는 디다스칼로스(didaskalos, 교사)이며, 그의 교본은 디다스칼리아(didaskalia, 수업내용) 즉 '교수'(instruction)이면서 '연출'(Production)이다[15].

이에 따르면 연극은 그 자체로 시민을 교육하는 유효하고도 적절한 장치이며 제도인 셈이다. 그렇다면 구체적으로 어떻게 전개되었을까? 윤리투는 아이스킬로스의 『에우메니데스』를 주목한다. 여기에서는 살인 재판이 이루어지는 아레오파고스 회의 모습이 그려져 있고, 법적 공방(legal argumentation)이 이루어지는데 이는 도시를 교육하는 의미를 지닌다. 시민이 만든 제도가 새로운 '민주정' 아테네에서 개인이나 가족보다 더 큰 권위를 지니고 있다는 사실을 이 극을 통해서 교수(디다스칼리아)하고 있는 셈이다. 특히 이 연극은 기원전 461년에 에피알테스에 의해서 단행된 개혁으로 아레오파고스 회의의 '호법기능'이 상실되고, 그 권한이 아테네의 민회에 넘어가는 상황에서 상연된 것이다. 이에 관해서 윤리투는 "법의 언어(language of law)가 민주적 도시국가로서 아테네를 창출하는 데 중심적(central)이다"라고 요약하면서, 바로 오레스테스의 재판이야말로, 그것이 정치체제를 극화하는 중요한 계기였다고 지적한다. 즉 "이 재판극은 법교육을 무대에 올린 것이다(This is one which stages the pedagogy of law)."

아테네의 연극을 부르크하르트는 다음과 같이 평가한다.

> 연극공연은 1급의 사회적 기여로서, 가장 훌륭한 의미에서 시민들이 서로 경쟁을 펼치는 가운데 이루어졌다. 주인공은 디오니소스의 반항이고, 전체 내용은 신화이며, 자주 밀려들어오는 역사를 피했다. 여기서는 인간적인 것을, 현실에 맞는 모습이 아니라 전형적인 모습으로만 표현하겠다는 확고한 의지가 지배하고 있다. 그와 더불어 신적이고 영웅적인 초기 시대의 무한함을 확신했다[16].

---

15) Yun Lee Too, 2001, p. 116. n. 13에 나오는 설명에 따르면 디다스칼로스는 합창단을 훈련하는 사람을 지칭하고, 그 훈련과정이 디다스칼리아(디다스칼리온의 복수)임을 알 수 있다.

이 설명처럼 연극이 현실의 단순한 반영이 아니었던 것은 그 연극이 변치 말아야 할 민주정치의 가치와 법적 원리를 가르치는 데에 경사되었기 때문이라고 필자는 본다. 이처럼 연극은 아테네 민주정의 태반이었다. 그래서 끊임없는 시민의 재생산이 가능했고, 그 연극은 지금도 우리에게 아테네의 덕목을 하나의 이상향으로서 또 돌아갈 고향으로서 생각하게 하는 결정적 요소라고 보아도 좋을 것이다.

2. 연극의 교육기능과 힘

연극이 아테네인에게만 국한된 것은 아니며, 그 효용 또한 보편적인 것일 수밖에 없다. 이에 관해서 일찍이 부르크하르트는 다음과 같이 말한다.

> 연극은 이따금 -영국의 혁명과 극장을 생각해보라- 치명적인 적을 갖기도 하지만, 그런 일은 다시금 연극의 힘과 중요성을 증언하는 것일 뿐이다. … 연극적인 것을 향한 성향은 인간 깊숙이 숨어있다. 반(半)문화 민족의 연극이 벌써 그것을 말해준다. 그런 연극은 고함질과 곡예를 동반한 무언극을 통해 어릿광대 방식으로 현실의 모방을 갈망한다[17].

이 짧은 구절에서 우리는 연극이 가진 힘과 매력을 파악할 수 있을 것이다. 그것은 시대와 민족을 넘어 호소력을 가지는 것이다. 이와 같은 호소력은 어떻게 생기는 것일까? 이를 위해서는 서양연극사의 일단을 보는 것이 도움이 될 것이다.

먼저 18세기 이전 유럽에서 학교교육은 고대 그리스 전통의 맥락에서 연설가(orator)를 양성하는 것이 목표였다. 이를 위해서 드라마는 훌륭한 교수방법으로 자리를 잡는데, 바로 수사학의 연마장으로서 그러하였다[18]. 이 사실에서 우리는 연극이 원래 교육의 기능으로서 가지는 의미를 다시한번 확인할 수 있을 것이다.

우리가 흔히 대화라고 번역하는 다이얼로그(dialogue)는 원래 대사(臺詞)를 뜻하는 것으로, 말 그대로 '주고받는 행위'였다. 이런 대사가 바로 드라마[19]의 제 1요

---

16) 야콥 부르크하르트, 『세계역사의 관찰』 (안인희 역) 2008, p. 122-3. 이런 인식은 그리스인의 시간관과도 관련된다. 이런 점과 관련하여 아론 구레비치는 그리스인을 "미래로 등을 돌린 채 미래를 가는 회고적인(backward-looking) 민족"으로 소개한다. A. Gurevich, *Categories of Medieval Culture*, (tr. by Campbell), Roultledge & Kegan Paul, 1985, p. 32.

17) 부르크하르트, (안인희 역) 2008, p. 121-2. 역자는 영국에서 찰스 I세 시기에 극장이 폐쇄되었다가 1688년에 이 조치가 해제된 것을 부가 설명하고 있다.

18) 아스무트, 『드라마분석론』(*Einfirung in Dramanenanalyze*) (송전 역) 2000, 서문당, p. 27.

소라는 점은 역사가 일종의 대화라고 할 때 역사교육에게 대해서 던지는 의미를 증폭해 준다. 역사서술이나 그 수업이 대화라고 한다면 그것은 일종의 드라마인 것이다. 이런 대사에 입각한 연극을 학교에서 이끌어내었던 사람들이 네덜란드의 수사학자들인데, 이들은 말 그대로 아마추어로서 극을 상연한다. 이렇게 한 동기는 "공연을 함으로써 거기서 배움을 얻었던" 것에서 찾을 수 있다. 연극이 가지는 교육적 효용을 입증하는 단적인 증거다. 18세기가 지나서 수사학은 실용적인 교육에 밀려서 불신을 당한다. 그러나 현재까지 이 대사를 활용한 극화 활동은 드라마에서 가장 중요한 것으로 남는다.

이런 대사를 적은 후 배역이 만들어진다. 이 배역은 독일어로 Rolle, 영어도 role이라고 하는 데, 이는 둘 다 양피지로 된 두루마리라는 뜻이기도 하다. 이는 배우들이 담당한 대사부분은 찾아서 암기한 것에서 연유한다. 다시 말해서 연극이란 역할 놀이[20]라고 하겠는데, 여기에서 놀이(play)란 막연한 것이 아니라 자기와 상관이 없는 인물의 역할을 하는 놀이라고 할 수 있고, 이에서 역할교대(Tauschen)가 연극이라고 하겠다. 아스무트에 따르면[21] 이것은 연극의 초점이 공연(opsis)에 있다기보다 모방(mimesis)에 있고, 그러기에 예술의 근본개념을 안고 있는 것이다. 흔히 우리는 역사수업의 국면에서 역할 놀이의 중요성을 강조하는데, 그런 역할 놀이야말로 타인의 입장이 되어본다는 의미에서 감정이입이나 추체험의 교수방법으로서의 중요성을 다시 한번 확인할 필요가 있다.

그럼 무대에서 이루어지는 이런 역할 놀이가 어떤 작용을 통해서 관객에게 호소하는 것일까? 연극을 보는 사람들은 무대 위의 사건이 완전히 역사 사실 그대로일 것이라고 믿는 경향을 가진다. 일반적으로 이것은 사실이 아니지만, 그런 작용은 크게 인정되고 있으며 드라마의 중심개념으로 자리 잡는다. 이런 작용을 일루젼(illusion)이라고 하는데, 환영(幻影)이라고 번역된다. 아스무트에 따르

19) 아스무트(p. 28-9)에 따르면, 극장을 뜻하는 Theater는 그리스어로, 테아스타이(theasthai) 즉 쳐다본다에서 유래하였으며, 드라마의 어원은 드란(dran)인데, 이는 원래 육체를 움직여서 행하는 무희의 묘사행위를 뜻한다. 독일어로 드라마는 샤우스필(Schauspiel)이라고 하는데, 이 말은 라틴어 스펙타쿨룸(spectaculum) 즉 광경에서 나온다.

20) 아스무트, 2000, p. 33.

21) 아스무트, 2000, p. 34.

면[22], 이 단어는 라틴어의 일루시오(illusio)에서 나왔는데, 이는 동사 'illudere'에서 파생된다. 후자의 동사는 '연기를 하다, 비웃다, 눈가림하다'라는 뜻으로 고전 수사학의 아이러니(irony)를 표시한다. 원래 이 말은 그리스어의 에이로네이아(εἰρονεία)인데, 이는 소크라테스가 사용한 문답법에서 일부러 자신의 무지를 가장하는 것을 지시한다. 그러므로 일루시오는 '원래 특별한 형태의 비웃음에 의한 아이러니'라고 할 것이다. 이런 의미에서 드라마를 쓰는 극작가의 행위는 잘 위장하는 것이라고 인식되었으나, 후에는 이 의미가 그것에 의해서 속아 넘어간 상태로 변하였다. 현재 환영은 "예술작품이 그것을 본 사람 마음 속에 작용하여 일으키는 과정"이라는 의미로 통용된다.

이 환영은 독자나 시청자가 어떤 예술 작품을 대하는가에 따라서 다르게 나타난다[23]. 우선 소설이론에 적용되는 것을 감지환영(Wahrnehmungsillusion), 특히 독자가 소설 안에 함께 하고 있는 듯한 인상을 가지는 경우 이를 집중적 환영(die intensive Illusion)이라고 부른다. 한편 그림을 보거나 연극을 감상하는 경우, 모사체가 실제 대상을 보고 있는 느낌을 줄 경우 이를 동일시환영(Identitätsillusion)이라고 한다. 여기서 한 걸음 더 나가, 연극이나 소설 중에 벌어지는 사건이 정말로 사실이라고 믿는, 역사적으로 증빙되는 것으로 여기는 경우 이를 진실환영(Wahrheitsillusion)이라고 한다. 이런 환영들을 일으키는 것은 물론 독자나 관객에게서 일어나는 것이지만, 대부분의 관객이 무지 상태에서 이를 보는 것이 아니다. 오히려 소설이나 연극은 역사적 사실 그대로가 아니라 일정한 가공을 거친 것이라는 전제를 가지고 있는 상태에서 이런 환영이 일어난다.

이런 환영을 일으키는 것은 사실 작가의 상상력에 달려 있는 문제이다. 즉 허구적인 재구성의 결과이다. 흔히 픽션(fiction)이라고 하는 말은 진실인 것처럼 속이려는 행위 다시 말해서 없는 이야기를 꾸며낸다기보다는 사실을 재연한다는 의미에 가깝다고 할 수 있다. 이를테면 역할 놀이를 하는 경우 여기에서는 동일시의 픽션이 있는데, 이는 동일시환영의 의미로 확대해 볼 수 있다. 이런 의미에서

22) 아스무트, 2000, p. 330.
23) 아스무트, 2000, p. 336에 소개된 내용이다.

픽션의 의미는 재고할 필요가 있는데[24), 진실에 대한 반대의 의미로 해석할 수는 없을 것이다.

이상으로 드라마가 지닌 교육사와 그 힘을 간단히 살펴보았다. 역사의 수업에서 늘 체험해 보지 못한 문제이기에 외계인의 이야기가 역사라는 인식을 가지는 것은 당연하다. 그러나 그것이 학생의 이야기 또는 이해의 대상이 되기 위해서는 체험이 필요하고 이것은 연극이 가진 환영이라는 작용을 통해서 가능하다는 인식에 도달한다. 한 마디로 추체험이나 감정이입 등 역사교수의 과정에서 실효성이 입증된 것이 극화수업이다.

Ⅲ. 셰익스피어 대본의 가치

1. 배 경

필자가 셰익스피어를 고른 이유는 그가 고전학에 바탕을 둔 고대사극을 많이 극화한 데에서 찾을 수 있다. 특히 필자가 공부하는 로마공화정 말기의 정변인 카이사르의 암살을 다룬 유일한 노작이고, 또 그 작품이 당시의 현실을 잘 파악하게 해주는 잇점이 있다고 판단되었다. 특히 이 극의 배경은 카이사르주의(Caesarism)로 대변되는 당시의 시대정신과 연관되고 있다[25)]. 카이사르주의는 로마 원로원의 입장에서 보면 국가란 '공유재산'(res publica)라는 전통적인 국가관에 반하는 사상으로 비추어졌다. 그것은 일인의 소유하에 국가가 독점되는 것을 의미하였기에, 그 카이사르주의는 원로원 중심의 공화주의(republicanism)에 어긋나는 것이므로 배척되어야 했다. 이 구도에서 갈등의 장면이 흥미를 끈다. 대본의 처음에 다음과 같은 대사는 이런 구도의 전개를 암시한다.

신기료장수 : 참, 나리, 사람들 신발을 벗기고, 더 일을 많이 해야 하지요.…

24) 이 문제와 관련하여 허승일, 『다시, 역사란 무엇인가?』 서울대출판부, p. 118과 p. 312면 이하를 보시오. 픽션의 의미와 관련해서는 p. 323, n. 29를 보시오.
25) 이 점에 관해서는 허승일, 『로마사입문-공화정편-』 서울대출판부, 1993, p. 179-180.

그렇지만, 나리, 카이사르를 보고 그의 개선을 기뻐하고자 문을
닫았습죠.

무렐리우스 : 어째서 기뻐하는가? 그가 무슨 정복을 가져다 주었다고?
어떤 조공 바치는 자들이 차꼬에 묶여 그를 따라서 로마로 와서
그의 전차 바퀴를 영예롭게 했는가?
이 멍청이들, 돌대가리들 같으니, 물건만도 못한 것들!
오 무지한 사람들 같으니, 로마의 몰인정한 사람들이여,
폼페이우스를 알지 못 하는가? 수도 없이 자주
성벽과 발사대를 기어 올라갔고
탑과 창, 심지어는 굴뚝 꼭대기에도,
애들을 안고서는, 거기에 앉아서
끈기를 다해서 하루 종일 기다린 것은
위대한 폼페이우스가 로마의 거리를 지나가는 것을 보고자 함이 아
니었는가?(1.1.28-41)[26]

여기에서 대비되는 두 인물은 폼페이우스와 카이사르이다. 전자는 원로원의 주류세력의 지지를 받았으나 후자는 그러지 못하였다. 자연 두 인물의 대비는 공화주의 대 카이사르주의의 대립을 상징적으로 보여준다[27].

2. 대 본

『율리우스 카이사르』(*Julius Caesar*)는 1599년에 만들어졌고, 상연된 것은 1607년경으로 알려져 있다. 이 대본을 작성하기 위해서 셰익스피어가 주로 참고한 문헌은 토마스 노스 경(Sir Thomas North)이 1579년에 영어로 번역한 플루타르코스의 『대비열전』(*Lives of the Noble Grecians and Romans*)이다.[28] 이 중에서 특히 「카이사르」「브루투스」를 주로 참조하였고, 「안토니우스」와 「키케로」도 보았다. 이 플루타르코스의 번역서가 대본을 엮는 기본 사료가 된다는 점은 대본의 구조·

26) 이와 관련한 보고는 플루타르코스, 『카이사르』 56을 보시오. “운을 타고 나지 못한 가장 위대한 로마인의 아들들과 가족을 몰살한 것을 축하했기 때문이다.”(천병희 역, 『플루타르코스 영웅전』 숲, 2010, p. 534에 따름)

27) 김덕수, 「폼페이우스 마그누스-떠 오르는 태양, 지는 태양-」『인물로 보는 서양고대사』 길, 2006, p. 551에 공화파지도자들과 결탁하게 된 과정이 설명되어 있다.

28) Marvin Spevack ed., *Julius Caesar*, Cambridge University Press, 1988, p. 7. 일찍이 이 대본과 고전의 관계에 관해서는 자세한 연구가 이미 이루어졌다. p. 8, n. 2 참조하시오.

문구·어휘 및 기타 양식적 특성을 통해서도 알 수 있다. 그밖에도 셰익스피어는 당시 알려진 거의 모든 고전 문헌을 섭렵하였으며, 이런 기본 소양이 이 대본을 작성하는 데 큰 도움이 된 것이 사실이다.

비록 셰익스피어가 노스 경의 번역서를 철저하게 이용하였다고 하더라도, 그의 대본은 과거의 재구성을 목표로 한 것은 아니었다. 기원전 45년 10월 카이사르가 문다(Munda) 전투에서 승리한 이후부터 기원전 42년 10월 브루투스의 자결에 이르는 이야기를 따르고는 있으나, 플루타르코스가 연대기적 서술을 하는 데 비해서 그는 인과적(causal)인 서술을 하고 있다. 특히 셰익스피어는 과거의 재구성이라는 역사가들의 관심사보다는 과거를 현재에 중첩시켜서, 현재의 사건으로 만드는 것을 임무로 삼았다. 이는 일종의 연극 속의 연극, 세계라는 극장(theatrum mundi) 안에서의 극장이 되게 하는 시도에서 나온 것이었다[29].

3. 등장인물

전체적인 이야기는 '역사는 역사'라는 원칙에 따라서 플루타르코스의 줄거리를 그대로 따랐다. 그러나 등장인물의 성격은 사실 셰익스피어의 재구성이라고 할 만하다. 이런 재구성은 셰익스피어의 상상적 이해와 깊은 관련을 가진다. 이 문제를 천착한 한 연구자에 따르면 인물간의 대조나 대립은 선악의 그것이 아니라 효과의 대조로 극을 단순화 하게 하는데, "우리가 그런 단순화에 본능적으로 반응한다"(To such simplicities we there respond intuitively)고 지적한다[30]. 이런 지적에 따르면 등장인물의 분명한 캐릭터 부여는 극의 구성에서 필수불가결한 부분으로 남는다. 그럼 각 인물을 보도록 하자.

극의 제목과 걸맞지 않게 브루투스는 오히려 카이사르보다 더 많이 다루어지고 있다[31]. 그는 브루투스의 독백을 통해서 더욱 의심이 많고 내성적인 인물이지만,

29) Marvin Spevack ed., 1988, p. 9.

30) G. Wilson Knight, "Ch. 1. On Imaginative Interpretation," *The Imperial Theme, Further interpretation of Shakespeare's Tragedies including the Roman plays*, London, Methuen, 1979 (rep. of 1965), p. 22.

31) Marvin Spevack ed., 1988, p. 9. 이런 겉보기와 달리 실제로는 카이사르에 더 자세한 부분이 있다.

플루타르코스가 보고하고 있는 것보다 더욱 카리스마적인 인물로 되고 있다. 예를 들어보자

카시우스 : 데키우스, 좋은 말이야. 내 생각에 카이사르의 총애를 받는
마르쿠스 안토니우스가 카이사르보다 오래 산다는 것은 적합하지 않네.
우리는 그가 영민한 모사꾼임을 알게 될 것일세. 그리고, 자네도 알다시피, 그가 가진 수단은, 만약 그가 개선시키기만 한다면, 우리 모두를 괴롭힐 정도로 뻗어갈지도 모르네. 이를 막기 위해서는 안토니우스와 카이사르가 함께 쓰러지게 하세.

브루투스 : 우리의 과정은 너무 피로 범벅될 것이네, 카이우스 카시우스여.
머리를 베고 그리고 나서 사지를 자르는 것은―
죽음에 대한 분노와 이후에 있을 시기와 같지-
안토니우스는 카이사르의 수족에 불과하네.
우리는 희생제물을 바치는 자가 되고 도살자가 되지는 맙시다, 카시우스여.
우리 모두는 카이사르의 정신에 대항하여 분기하고 있소.
그리고 사람들의 정신 속에는 피는 없소.
오, 그러니 우리는 카이사르의 정신에 근접할 수 있겠고
카이사르를 분해할 수는 없소!　그러나, 아쉽게도,
카이사르는 그것에 대하여 피를 흘려야 하오. 그리고, 점잖은 친구들이여,
우리는 그를 과감히 죽입시다. 그러나 분노하지 맙시다.
그를 신에게 적합한 음식처럼 자르도록 합시다.
그렇지만 사냥개에게 적합한 먹거리처럼 그를 난도질하지는 맙시다.
그리고 우리의 마음으로 하여금, 섬세한 주인들이 하듯이,
마음의 종들로 하여금 분노의 행위를 하도록 부추깁시다.
그리고 나서는 책망하게 합시다. 이런 행위는 우리의 목적이
필요한 것으로 만들 것이며, 시기심에서 나온 것으로 만들지 않을 겁니다.
그것이 일반인의 눈에 그렇게 보일 때에
우리는 숙청자라고 불릴 것이지 살인자라고 불리지는 않을 겁니다.
마르쿠스 안토니우스에 관해서 말하자면, 그는 고려하지 맙시다.
왜냐하면 카이사르의 목이 떨어질 때
그는 카이사르의 팔 이상은 할 수 없기 때문이지요.(2.1.155-183)

사태의 진전을 보면, 안토니우스를 가볍게 여긴 것이 결국은 공화파의 몰락으로 이어진다. 이 국면에서 브루투스의 판단이 지나치게 이상적이었음을 잘 표현한다.

카이사르에 관해서 플루타르코스와 셰익스피어 양자가 다소간 애매하게 묘사하고 있다. 전자에 따르면 카이사르의 질병과 그의 대원정이 상보적인 것이 되게

하고 있으며, 후자에서는 카시우스(Cassius)를 통해서 카이사르의 약함을 안토니우스를 통해서는 그의 강함을 드러나게 하고 있다. 카이사르라는 인물이 실제 어떠하였는지 알 수 없지만, 그는 거만하고 속물적인 인물로 묘사되는 것이 일반적이다. 다음의 예를 보자.

노예 : 그분들은 주인님이 오늘 출타하시지 마시랍니다.
희생제물의 내장을 꺼내어 보았더니만
짐승 안에서 심장을 찾을 수 없었다지요.
카이사르 : 신들이 이런 일을 하는 것은 겁쟁이를 수치스럽게 하고자 해서야.
카이사르는 심장이 없는 짐승이 될 거요.
만일 두려워서 집에 오늘 머문다면.
아니, 카이사르는 그러지 않을 것이다. 위험이란 잘 알지.
카이사르가 자기보다 더 위험하다는 사실을.
우리는 한 날에 태어난 두 마리의 사자이지.
그리고 내가 형이고 더 무섭단 말야.
그래서 카이사르 나갈 것이다.
칼푸르니아 : 제발, 여보.
당신의 지혜가 자만심 속에 고갈되었나봐요.(2.2.39-47)

여기에서 필자는 오만과 그에 따른 복수라는 식이 생각난다. 오만한 마음이 잘 표현되었다. 이런 오만은 죽음의 순간이 다가와도 변함없다.

카시우스 : 용서하십시오, 카이사르! 카이사르, 용서하십시오!
당신 발밑에 카시우스가 엎어질 정도로 몸을 낮추어서
푸블리우스 킴버에 대한 권리회복을 간청합니다.
카이사르 : 내가 자네 같아도, 내 마음은 흔들릴 수 없네.
내가 움직일 수 있도록 기도할 수 있다면, 기도자들은 나를 움직일 것이네.
그러나 난 북극성과 같이 변하지 않지.
진짜로 확고하고도 바꾸지 않는 품성을 가진 것들 중에서
결연함 면에서 필적할 만한 것은 없다.
하늘은 셀 수 없는 불꽃으로 장식되어 있고,
그것들은 모두 불이고, 각자 빛을 내지.
그러나 자기 위치를 지키는 것이란 하나만 있을 뿐이지.(3.1.55-65)

카이사르 살해음모를 기획하는 카시우스는 플루타르코스에 의해서 '성을 잘 내는 인물로서 카이사르를 정도이상으로 사적으로 혐오하는 자'로서 묘사되고

있으며, 셰익스피어는 이를 받아서 '완전한 엘리자베스 시기의 인물'로, 다시 말해서 좋아하기도 싫어하기도 어려운 인물로 성격을 부여한다[32]. 다음의 대사를 보자.

카시우스 : 나는 알고 있네. 내가 이 단도를 그때 어디에서 찰지.
카시우스는 카시우스를 예속에서 구원할 것일세.
거기에서는, 오 신들이시여, 약한 자들 가장 강하게 하실 것입니다.
거기에서는, 오 신들이시여, 너희 참주들이 패하리라.
어떤 돌탑도, 어떤 놋쇠로 만든 벽도,
어떤 공기 없는 감옥도, 어떤 강한 쇠사슬도
정신의 강함에 저항할 수 없도다.
그러나 삶이란, 이 세속의 장애물에 지쳐 있어도,
결코 자신을 해방시킬 힘을 잃지 않는다.
만약, 내가 이것을 안다면, 그밖에도 모든 세상이 알리라.
내가 참고 있는 참주정치의 역할을
나는 즐거이 떨어버릴 수 있으리라는 것을.(1.3.89-99)

이 독백에서 대의명분의 동기를 제시하지만 카시우스의 동기는 개인에게 있음을 드러낸다. 카이사르가 싫은 것이다. 그러나 자신은 음모를 추진할 덕이 없다. 그래서 유명인사를 끌어들려고 한다. 그 대상이 브루투스와 키케로이다.

카시우스 : 물론이요. 이들 모두를 알고 계십니다. 그리고 여기 있는 사람 어느 누구도 당신(브루투스)을 존경하지 않는 사람은 없지요. 그리고 모든 사람들이 원합니다.
당신은 당신 자신의 의견만을 지니고 있겠지만요
그것은 모든 고귀한 로마인이 당신에 대해서 지니고 있는 것이지요(2.1.90-94).
카시우스 : 그런데 키케로에 관해서는 어떻게 생각하시는지요? 그에게 알릴까요?
제 생각에는 그가 우리와 함께 강하게 설 겁니다.(2.1.141-142)

상황판단은 정확하지만 타인들로부터 환영받지 못하기에 브루두스에게 의존하려는 모습을 보여준다. 사실 이극의 음모자로서 적합한 인물설정이다.

마지막으로 안토니우스는 비참한 위치에서 대중을 선동하는 강력한 인물로 등장하며, 특히 셰익스피어에 의해서 특별한 수사학적 재능을 가지고 브루투스와 견주는 역할을 부여받게 된다[33]. 안토니우스의 연설은 처음에 다소 어눌한 듯이

32) Marvin Spevack ed., 1988, p. 11.

시작한다.

나는 카이사르를 묻으려 왔지, 그를 찬양하러 온 게 아니오.
사람들이 하는 악행은 죽은 후에도 살아 있소.
선행은 뼈와 함께 흔히 묻어지지요.
그래서 카이사르에게 그렇게 하시오. 귀족 브루투스가
말했지요, 카이사르가 야심이 있었다고.
만약 그러하다면, 그것은 서글픈 잘못이었소.
그리고 카이사르는 서글프게 그런 답변을 하였던 적이 있소.
여기에서 브루투스와 그 일행이 허락하였으므로-
사실 브루투스는 명예로운 인물이지요,
물론 그들이 다 명예로운 사람들입니다. -
왔지요, 제가요, 카이사르의 장례에서 연설하기 위해서지요.
그는 내 친구였고, 내게는 충실하고 올바랐지요.
그러나 브루투스는 그가 야심이 있었고
자기는 명예로운 사람이라고 말하지요.
그는 많은 포로들을 고향인 로마로 데려왔었지요.
그들의 몸값이 국고를 전부 가득 채웠습니다.
이것이 카이사르에게 야심인가요?
가난한 자들이 울었을 때, 카이사르는 흐느꼈습니다.
야심은 더 준엄한 자질에서 만들어지는 법입니다.
그러나 브루투스는 말하지요, 그가 야심이 있었고
그리고 자기는 명예로운 사람이라고.
여러분 모두 보셨지요. 루페르칼에서
세번이나 제가 그에게 왕관을 바친 것을.
그걸 그는 세번 거절했지요. 이게 야심인가요?(3.2.66-89)

여기에서 더 나아가 카이사르 유언장의 일부를 공개하는 척한다.

점잖은 친구들이여, 참으십시오. 내가 그것을 읽어서는 안 됩니다.
여러분들을 카이사르가 얼마나 사랑했는가를 아는 것은 적합하지 않아요.
여러분들은 나무도 아니고, 돌도 아니고, 사람입니다.
그리고, 사람이므로, 카이사르의 유언을 들으면,
여러분들을 불붙게 할거고, 여러분들을 미치게 할 겁니다.

---

33) Marvin Spevack ed., 1988, p. 11. 이러한 안토니우스의 수사학적 재능에 관해서는 의문의 여지가 있다. 오히려 민중의 반응을 격하게 만든 것은 그의 연설이 아니라 원로원의 포고와 카이사르의 시신을 끌고가는 장면이었다고 보는 견해가 타당성 있어 보인다. Z. Yavetz, *Plebs and Princeps*, Oxford, Clarendon Press, 1969, p. 64, p. 69. 야베츠는 로마 도시의 평민들이 나름대로 의식을 가지고 행동한 것으로 본다. 그런 견해에서 안토니우스의 역할은 부정적이다.

여러분들이 그분의 상속자라는 것을 모르는 게 약일게요.
왜냐구요? 여러분들이 알게 되면, 오, 무슨 일이 벌어질 것인가?(3.2.132-138)

이런 관심환기에서 더 나아가 국면을 전환시킨다.

여러분들이 흘릴 눈물이 있거든, 이제 쏟을 준비를 하시오.
여러분 모두는 이 외투를 알고 있소. 나는 기억한다오.
카이사르가 이것을 처음 두른 때를.
한 여름 날 저녁이었소, 군 막사에서,
그 날 그는 네르비인들에게 승리를 거두었소.
보시오. 여기 이 자리에 카시우스의 단도가 뚫고 지났소.
시기심 많은 카스카가 어떤 구멍을 냈는지 똑바로 보시오.
이곳을 뚫은 것은 그의 사랑을 한 몸에 받았던 브루투스란 말이요.
그리고 그가 저주받은 강철을 뽑아냈을 때
그것을 따라서 카이사르의 피가 어떻게 나왔는가 주의하시오.
브루투스가 그렇게 잔인하게 쳤든 아니든
여러분도 알다시피, 브루투스는 카이사르의 천사였소.
심판하시오, 신들이여, 카이사르가 그를 얼마나 끔직히 사랑했는지!
이게 가장 지독한 상처요.
왜냐면, 귀한 카이사르가 그가 찌르는 것을 보았을 때,
반역자들의 무기들보다 더 강력한 배은망덕이
그를 완전히 거꾸러뜨린 것이지요. 그런 후 터진 것이 그의 강한 심장이었소.
그리고 얼굴을 외투에 감싼 채
심지어 폼페이우스의 조각상 밑에
(그것도 한동안 피를 흘렸지요) 위대한 카이사르가 쓰러졌소.
오, 동포여, 얼마나 큰 몰락이던가!
그런 다음 나, 그리고 여러분들, 또 여러분 모두가 쓰러졌소.
그동안 피묻은 반역은 우리들 위에서 환호하고 있었던 것이요.
오, 이제 여러분 애도하시오. 그리고 나는 알고 있소.
여러분들이 동정의 흔적을 느끼고 있음을. 이런 것들은 귀중한 눈물이지요.
다정한 영혼들이여, 우리 카이사르의 상처 난 옷을 여러분들이 보았을 때
어떻게 울겠소? 여러분들 여기를 보시오.
여기에 그 분 자신이 있소, 반역자들과 함께 여러분들이 본 대로 난도질 당한 채(3. 2. 160-189).

이런 감정의 환기에서 끝나는 것이 아니라 현실적인 이익도 같이 제시한다.

게다가 그분은 여러분들에게 그의 산책로와
개인 소유의 삼림과 새로 심은 과수원을 남겨주었소.
티베리스 강 이편에 있는 것 말이요. 그것들을 물려주었지요, 여러분을 위해.

뿐만 아니라 여러분의 상속자들에게 영원히-공통의 즐거움입니다.
나가서 걷고 여러분 자신이 재충전한다는 것은 말입니다.
여기에 카이사르가 있었소! 언제 또 다른 그가 오겠소?(3.2.37-42)

이제 국면을 장악한 것은 안토니우스다. 그의 세치 혀에서 놀아나는 것은 민중의 태도이다. 그들이 애초 브루투스의 이야기를 들을 때 공화정의 가치를 생각하였다.

전원 : 살아야 하오, 브루투스, 살아야 하오, 살아야 하오!
평민 1 : 개선식을 해서 그를 고향에 보냅시다.
평민 2 : 그 사람의 조상들과 더불어 조각상을 새겨줍시다.
평민 3 : 그를 카이사르로 삼읍시다.
평민 4 : 카이사르의 더 나은 부분들이 브루투스에게 관으로 씌워질 것이오.
평민 1 : 그를 집에 모셔갑시다.
환호성과 외침으로.(3.2.40-44)

하지만 그들이 현실의 이익이라는 계산 앞에서 그런 이념은 없어진다.

모두 : 우리도 봉기할 것이요.
평민 1 : 우리는 브루투스의 집을 태워버립시다.
평민 3 : 그런 후에는 떨어져서, 모의자들을 찾자.
안토니우스 : 그러나 더 들어보시오, 동포들이여, 할 말이 있단 말이요.
모두 : 오, 조용히. 안토니우스 하는 말을 들어보자. 고귀한 안토니우스의 말을!
안토니우스 : 친구들, 왜 여러분들은 중요한 것을 모른 채 나가려고 합니까?
어째서 카이사르가 여러분들의 사랑을 받을만합니까?
아깝게도, 여러분들은 모르오! 여러분들에게 말해 주어야 하겠소.
여러분들은 내가 말한 유언을 잊어먹고 있소.
모두 : 유언, 자 숨죽이고 유언을 들어보자.
안토니우스 : 여기에 유언이 있소. 그리고 카이사르의 도장이 찍혔지요.
모든 로마 시민에게 그는 주고 있소.
모든 개인 남자에게 75 드라크마를.
평민 2 : 참으로 고귀한 카이사르여, 우리가 복수를 하리라.
평민 3 : 왕같은 카이사르여!(3.2.221-234)

이런 대조는 너무 선명하다. 그런 셰익스피어의 묘사는 한편으로는 민중은 신뢰할 수 없다는 정치적 논리와 아울러 그만큼 무서운 세력이라는 암시로 나타난다. 카이사르가 영원하게 된 것은 로마의 민중들의 가슴 속에 살아있기 때문이라는 역사성 때문이기도 하지만, 그만큼 무서운 힘을 가진 존재로서 묘사하는 것은 극이 상연될 당시 시대정신[34]이기도 할 것이다. 이 장면을 플루타르코스는 담담하게 다음과 같이 전한다.

> 카이사르의 시신이 운구되고 있을 때 안토니우스는 광장에서 관례에 따라 추도연설을 하게 되었다. 그리고 민중이 자기 말에 크게 휘둘리고 현혹되는 것을 보자 안토니우스는 카이사르의 죽음에 대한 동정과 분노를 섞어 넣기 시작했다. 그리고 연설이 끝날 무렵 안토니우스는 온통 피투성이가 된 채 여러 군데 칼자국이 나있는 고인의 의복을 들추며 그렇게 한 사람들은 악당이요 살인자들이라고 몰아붙였다. 안토니우스가 이렇게 군중의 분노를 부추기자 군중은 의자와 판매대를 쌓아놓고 광장에서 카이사르의 시신을 화장했다. 그리고나서 군중은 화장용 장작더미에서 불타는 장작개비를 낚아채더니 암살자들의 집으로 달려가 암살자들을 공격했다.(플루타르코스, 『안토니우스』 14)[35]

이 문장을 비교해봄으로서 극작가의 극의 구성이 어떻게 달라지는지 알 수 있다. 셰익스피어는 사료를 충실히 보고 이를 어떻게 극화할 것인지 고민하고, 이를 실행하는 데에 성공하였다. 우리는 극화수업의 중요성에만 주목할 것이 아니라 구체적으로 대사를 만들고 극본을 만들어 가는 과정에도 주목할 필요가 있다. 그것이 곧 역사수업의 조직이라고 볼 수 있겠다. 셰익스피어에게서 우리가 배울 수 있는 것은 이같은 캐릭터 작업이다. 이를 위해서는 인물의 전형화가 필요하며, 이런 것이 전제되어야 연극을 하는 학생들은 그 역할을 이해하고 전체 속에서 맥락을 찾아갈 수 있다. 극화수업이 재미있기 위한 전제조건으로 이같은 인물의 성격연구와 그에 기반한 캐릭터의 창출이야말로 창의성을 높이는 방식이다.

---

34) 조셉 폰타나, 『거울에 비친 유럽』 (김원중 역) 새물결, p. 131.
35) 천병희 역, 『플루타르코스 영웅전』 숲, 2010, p. 576에 따름.

Ⅳ. 수업과 설문

1. 수업조직

수업시간에는 본 극의 3막까지만 진행하였다. 나머지는 복잡하기도 하고 특히 브루투스의 내면의 고뇌가 강조되어 역사적 국면을 설명하는 데에는 적합하지 않다고 판단되어서이다. 상연하는 데 대략 1시간 정도가 소요된다. 등장인물의 명단은 다음과 같다.

노예	무렐리우스	점쟁이	키나	평민 3
데키우스	브루투스	카스카	키케로	평민 4
메텔루스	신기료장수	카시우스	트레보니우스	포필리우스
목공	아르테미도루스	카이사르	평민 1	푸블리우스
무렐루스	안토니우스	칼푸르니아	평민 2	플라비우스

이처럼 25명의 등장인물로 인해서 연수에 참석했던 대부분의 교사들이 참여할 수밖에 없었다. 특히 연출, 분장, 촬영 및 소품 등을 담당하게 하므로 거의 모든 수강자들이 실제로 참여하였다. 극의 진행을 잘 알고 있었던 관계로 별도의 설명이 필요 없었고, 모든 인원의 선발과 배정은 교사들의 자율에 맡겼다. 그렇지만 극화수업의 조직을 위해서는 연출자가 필요하였는데, 연수교사 대표 교사를 통해서 찾아보도록 하였다. 해마다 연수를 해 온 관계로 한 해도 적임자가 없었던 적이 기억나지 않는다. 어떤 경우는 연출은 물론이고 각색까지도 시도하여 더 좋은 연극이 되게 하였다. 이런 점은 학교 내에 우수한 인재들이 있으나 제도와 환경과 여러 요구조건이 갖추어지지 않아서 그런 재능이 발휘되지 못하고 있다는 판단이 들었다. 학교나 지역 단위로 경연대회를 열어서 학생들의 욕구로 충족하고 나아가 재능있는 교사를 발굴하여 경험을 공유하는 것이 가능한 듯 보였다.

극화수업의 몇 장면을 화면 캡쳐로 다음과 같이 잡아 보았다.

장면1. 암살을 모의하기 위해서
브루투스의 집에 모이다.

장면 2. 카이사르를 암살하다.

장면 3. 브루투스가 연설하다.

장면 4. 안토니우스의 연설을 듣고 민중이
카이사르의 시신을 화장하러 가다.

장면 5. 안토니우스의 연설

2. 역할에 대한 소감

연수를 마친 교사들의 반응은 다음과 같다.

"카이사르 역을 맡으면서 당시 정치적 수장으로서의 고뇌를 알기에는 카이사르에 대한 이해가 많이 부족했던 것 같다.…누구나 그 자리에 갈 수는 없지만 배역으로라도 그 자리에 설 수 있게 되어 잠시나마 권력에 대한 욕망과 집착 그 과정에서 암투를 약간 느끼게 되었다."(카이사르의 역할을 맡은 김 00 교사)

이는 극화 수업이 추체험에 효과가 있음을 입증하는 증거이다. 실제 이론이나 말로 하는 것보다 행동을 통해서 체험에 이르게 한다는 교육적 효과를 지적하고 있다.

"브루투스를 연기하기 위해서는 사전에 준비해야 할 작업들이 있었다. 가장 먼저 주어진 대본을 읽어보면서 이 작품에서 브루투스가 맡은 역할이 무엇인지에 대해서 고민을 해봐야 했다. 그리고 개론서 수준에서 알던 사실이 아니라 당시 공모자였단 사람들과의 관계, 그곳에서 브루투스의 위치를 조사해 보아야 했다. 그 속에서 그 아버지의 삶과 그리고 브루투스가 가지고 있던 자신의 조상에 관한 생각까지를 추적하며, 브루투스가 왜 카이사르를 암살하려고 했을까 하는 것에 많은 의문을 가지고 고민을 해보아야 했다." (브루투스의 역할을 맡은 강00교사)

이 보고는 맥락을 이해하려는 노력을 보여준다. 그러나 다른 한편으로, 인간관계의 복잡성을 지적하는 그리고 그것을 아는 것이 중요하고 이를 알 필요가 역사에 대한 흥미와 관심을 유도하고 있음을 보여준다.

"이름 없는 평민의 역할이다. 처음에는 대수롭지 않게 생각했다. 그러나 대본을 읽으면서 '어 이건 아닌데'하는 생각이 들었다. 카이사르의 죽음을 전후하여 로마 정치사에서 일반민들의 역할이 상당히 중요했음을 알게 되었다. …직접 배역을 맡아서 해보니 수업에 열의와 애착을 가질 수 있었고 쉽게 잊혀질 것 같지 않을 것 같다." (평민 역을 맡은 손00 교사)

이 보고는 새로운 발견에 대한 흥분과 기대를 보여준다. 연기자는, 정형화된 답이 아닌 로마사에 대한 새로운 이해의 가능성을 발견하게 되었고, 역사에서 민중이나 시민의 관심에 대한 이해에 도달하였음을 보여준다.

필자는 학생을 지도하는 교사가 먼저 흥미를 느껴야 극화수업의 성공이 이루어진다고 보기에, 이런 참여자의 지적은 학생들에게도 비슷한 영향을 줄 것이라고 본다.

3. 극화수업에 대한 전망

이 문제에 관해서는 제 3자로서 다시 말해 관객이나 스텝으로서 가진 관심을 정리하는 것이 낫다는 생각에서 다음의 두 사례만 제시하였다.

> "극화수업의 매력은 …참여에 있다는 생각이 든다. 연극이라는 소재를 통해 개별 교사들이 가지고 있었던 정형화된 이미지들이 다르게 해석되고 놀라운 면이 있었다. …참여를 통해서 소속감을 가질 수 있고, 소통의 기회가 될 수 있는 것이 매력적인 장점이 될 것이다. 또한 교사는 수업을 통해서 여러 가지 형태의 강화로 학생들의 사기를 높일 수 있을 것 같다." (소품-이름표 제작-을 담당한 이00교사.)

다소 객관적인 입장에서 볼 수 있었을 이 교사는 극화수업을 학급운영에 필요하며 어우러져 사는 데 필요한 과정으로 인식하고 있다. 사실 이런 대동의 의미를 잠시나마 학급에서 맛볼 수 있다면 바람직한 것이다.

> "학생들에게 역사가 호흡이 느껴지고, 육성이 들리는 사람의 이야기라는 사실을 인식하게 하는 일은 무척 중요하다. 극화수업이 갖는 매력이 교육현장에서 더욱 각별한 이유일 것이다. … 두 가지 측면에서 정리가 가능한 것 같다. 첫째, 미지의 시·공간에 파이프를 꽂고 지하수를 끌어올리는 것이 역사라면, 둘째 그 역사적 파이프에 학생의 상상력의 파이프 하나를 추가로 연결하는 행위가 극화수업이라는 생각이다." (관람객이었던 배00 교사.)

미술사를 전공하는 교사의 말이라 시적이다. 극화수업의 매력과 필요성을 잘 지적하고 있다. 상상적 이해는 설명이나 책보다 이런 실체 활동을 통해서 달성되는 것이다. 특히 학습자에게 꼭 필요한 수업이라는 지적이 눈여겨 볼 대목이다.

V. 결　어

필자는 이 논고를 통해서 극화수업의 역사성과 교육적 함의를 생각하고, 필자가 관심을 가진 로마사의 중요한 대목인 카이사르의 암살을 다룬 셰익스피어의 대본을 일부 상연하고 그 효과를 참여자의 보고를 통해서 정리해 보았다. 극화수업이 하나의 수업방식이라기보다는 오히려 고전 교육의 하나로서 정상적으로 수행되어온 서양의 수업과정이었음을 알게 된 것은 하나의 소득이었고, 그것이

면면한 역사전통 속에 오늘에 이르게 된 것임을 알게 되었다. 특히 이런 발견으로 보면 추체험이나 감정이입이 중시되는 현재의 역사교육의 흐름에서 극화수업이 중요한 몫을 차지하는 것이 당연하다고 할 것이다. 특히 연극의 상연이 가지는 힘, 동일시 환영이 일으키는 작용은 역사수업의 중요한 방법상의 핵심을 이룬다고 할 것이다. 경험할 수 없는 과거의 일을 그런 작용을 통해서 이해하는 것이야말로 남의 문화와 과거의 문화를 이해하고 자신을 이해할 수 있는 터전이기에 그렇다.

막상 현장에서는 극화수업의 시행이 어렵다고 한다. 필자는 4시간 후 평가에 임해야 하는 교사를 대상으로 하였는데, 그런 불리한 여건은 교사들 스스로의 이해와 참여로 극복되었다. 현장에서 폭넓은 적용과 활용에 입각하여 학생들이 다름과 같음을 인식하는 것을 돕는 것은 우리 역사를 가르치는 업에 종사하는 사람들이 해야 할 중요한 몫이다. 현장에 필요한 대본이 개발되고, 또 스스로 학생들이 대본을 만들어서 역사적 상황을 이해하고 이를 적용해 보려는 공동의 노력을 통해서 한다면, 교육의 개별화에 따른 원자화라는 부작용을 막는 가장 분명한 균형추가 되어 온전한 인격을 기를 수 있을 것이다. 한편 보통선거라는 제도 하에서 유권자가 될 평범한 학생들이 올바른 상황판단을 할 수 있게 하는 것은 지난한 과제이다. 그러나 특히 건전한 민주정의 토대는 그런 교육의 바탕에서 형성되는 것이므로, 그리스인들이 했었던 극화수업을 통해서 같은 목적을 달성하는 것이야말로 역사의 지혜이다.

13

미국 브루클린 어린이 박물관의 운영

Ⅰ. 서 언

2006년 9월, 한국의 일간지[1]에는 세계 최초로 세워진 어린이 박물관인 부르클린 어린이박물관(Brooklyn Children's Museum) 관장의 방한 사실을 크게 보도하였다. 삼성 어린이박물관 측의 초청으로 이루어진 이번 방한은 한국에서도 어린이 박물관 교육의 중요성을 부각하고 나아가 방향을 정립하는 등, 크게 반향을 일으켰다. 필자도 이 방한과 관련하여, 차제에 박물관을 적극적으로 역사수업에 활용하는 방안을 모색해야 할 필요를 느끼게 되었다. 그러기 위해서는 우선 이 박물관에 관한 소개와 아울러 몇 가지의 분석을 통해서 우리의 박물관을 활용하는 방안을 배울 수 있을 것으로 생각되었다. 필자는 이곳을 방문한 적이 없어, 인터넷 상의 자료와 홈페이지의 분석으로 글을 엮어 한계가 있다.

Ⅱ. 역사와 이념

무료로 개방된 인터넷 사전인 위키피디아에는 다음과 같이 이 박물관을 소개하고 있다.

1) 필자는 다음의 사이트를 참조하였다.
http://news.media.daum.net/culture/art/200611/08/seoul/v14651261. html

박물관은 1899년 12월 16일 현재 프라우어 공원에 있는 애덤스 하우스(Adams House)에서 창설되었다. 1929년에는 부속 스미스 하우스를 열었고 이 개관식에는 루스벨트 대통령의 영부인 엘리노어 루스벨트 여사가 참석하였다. 1930년 노동 진보청(WPA)은 수백명의 노동자를 이 박물관에 파견하였는데, 이 박물관은 대공황기에 번영하였다. 1968년부터 1977년까지 박물관은 베드포드-링컨 지역박물관(Bedford-Lincoln Neighborhood Museum)으로 재배치되었다. 이 재배치는 1977년 5월 17일에 원래의 위치에서 현재의 구조로 개관함으로써 끝나게 되었다.

간단한 설명이지만, 미국의 역사와 특히 노동의 역사와 같이 발전한 이 박물관의 면모는 우리의 주목을 끈다. 특히 이 박물관이 흑인 빈민가의 학생을 대상으로 한 방과후 수업을 통해서 발전한 박물관으로서 특히 공교육과의 연관을 강조하고 있다는 면에서, 과도할 정도로 사교육에 의존하는 우리나라와는 큰 거리를 두고 있다. 한국의 일간 신문에서 박물관의 발전방향을 묻는 질문에 엔세키 관장은 다음과 같이 답변하고 있다.

정부와 민간의 지원을 바탕으로 지역사회와 공교육의 연계를 강화해야 한다. 취학 전 아동은 물론, 주말·방학 때도 교육을 제공할 수 있기 때문에 학교들과 긴밀한 제휴를 맺어야 한다. 또 박물관에 대한 열정과 어린이 교육에 관심이 많은 사람들이 박물관 운영에 자발적으로 참여할 수 있도록 자원봉사·인턴십 프로그램을 강화해야 한다. 이와 함께 어린이뿐 아니라 부모도 즐기고 배울 수 있는 프로그램을 마련, 부모가 박물관을 교육의 도구로 사용하고 스스로 박물관 스태프가 될 수 있는 분위기를 만드는 것이 중요하다.

필자는 박물관 홈페이지를 방문하여 이곳에서 운영되는 프로그램의 대강을 다음과 같이 찾아 볼 수 있었다. 이를 소개해 보면 다음과 같다.[2)]

---

2) http://en.wikipedia.org/wiki/Brooklyn_Children's_Museum. 여기에 나오는 전시제목이나 행위를 종합해 보면, 원래 뮤지엄의 기능을 잘 살리고 있다고 판단된다. 뮤지엄은 제우스와 기억을 의미하는 므네모쉬네이에의 딸 9명을 기념하는 장소이다. 이들을 무사이(Musai, 영어로는 Muse)라고 통칭하는데, 각각의 이름과 기능은 다름과 같다. 클리오는 서사시, 우라니아는 천문학, 칼리오페는 영웅시·애가, 멜포네메는 비극, 에우테르페는 피리, 에라토는 찬가·애가·춤, 테르프시코레는 합창 서정시, 탈리아는 희극, 폴리힘니아는 판토마임과 춤을 맡는다. 이를 보면 박물관에서는 모든 장르의 예술이 종합적으로 전개되는 곳임을 알 수 있고, 최근의 박물관이 이런 모습으로 변해가고 있다.

브루클린 박물관의 전시회

이동 전시회	패턴 마법	어린이로 하여금 패턴을 인식·확인·창조·비교하게 도와줌
	밤의 여행	잠에 관한 모든 것
	세계의 신발	신을 것을 통한 세계문화 탐방
	식물에 빠져보기	일상생활에서 식물의 역할에 관하여
영구 전시회	완전한 꼬마들	5세 미만의 어린이를 위한 전시회
	*함께 뉴욕시에서	뉴욕시의 경계표에 영예를 표시하기
	*중앙 전시실l	2만 7천 점에 달하는 방대한 문화재와 표본 수집물
	어린이 도서관과 교육센터	수천권의 도서 소장
	동물 전초기지	열대도마뱀과 버마산 비단뱀을 포함한 살아있는 동물을 마음에 상상하기
	에디슨 온실과 정원을 조사하기	식물 곤충을 상상해보고 어린이들로 하여금 기름과 환경에 관해서 탐구하도록 하기
	음악 혼합	외국의 악기를 알아보기
	방문 전시관	
	주무대	아이들이 자신의 쇼를 보여주기

필자는 이 표에서 역사에 관련된 것은 2가지 정도 찾아볼 수 있었다. 주로 어린이들의 취미와 다양성을 고려한 다양한 분야, 특히 우리가 자연사라고 부르는 전시물이 중요한 부분을 차지하고 있음을 알 수 있었다. 우선 이 박물관은 어린이들의 체험이나 활동을 중시하고 있음을 알 수 있다. 이동 전시회의 하나인 'Global Shoes'전에 관해서 엔세키 관장은 다음과 같이 인터뷰하였다.

> 지역 순회전시 중인 '세계의 신발전'도 다양한 문화를 체험하는 효과가 있다. 어떤 아이는 만지는 데 강하고 어떤 아이는 관찰력이 뛰어나는 등 차이가 있기 때문에 직접 두드리고 만지게 하거나 끊임없이 질문을 던져 사물의 여러 면을 볼 수 있는 기회를 마련하고 있다. 소장품을 학교에 빌려줘 아이들이 심도있게 배울 수 있도록 지원하기도 한다.

이 내용으로 보아 우리는 이 박물관이 어떤 교육철학을 배경으로 하고 있는지 짐작할 수 있다.

세계박물관 협회 뉴스레터에 어린이 박물관의 추세에 관한 논문의 요약이 실려있다[3]. 이 요약에서 필자는 이 박물관 초대 학예사가 앤 빌링스 갤럽(Anne Billings Gallop)으로 수장고를 열어서 어린이들이 표본들을 만질 수 있도록 하였음을 알 수 있다. 학예사로 하여금 이렇게 개방하게 한 것은 다름 아니라 이 박물관의 목표였음을 다음을 통해서 알 수 있다.

> "어린이들을 위한 매력적인 놀이터를 만들어서 그들의 기호를 세련되게 만들고 흥미를 드높이는 데 기여하는 영향력을 끼치는 것; 학생과 교사들에게 학교 공부와 관련하여 일상의 도움을 주는 매력적인 교육중심을 창출하는 것 그리고 여가 시간에 추구할 만한 새로운 생각의 주제를 제시하는 것(to form an attractive resort for children with influences tending to refine their tastes and elevate their interests; to create an attractive education center of daily assistance to pupils and teachers in connection with school work, and to offer new subjects of thought for pursuit in leisure hours)." (Gallup, 1907)

이 같은 목표의 뒤에는 당시를 풍미하던 교육사조, 특히 쟌 듀이의 사고방식이 큰 영향을 미쳤다. 뿐만 아니라 페스탈로치 등의 교육사상을 수용하기도 했는데, 어린이 박물관이 지향한 철학은 체험·경험 중심의 철학이었다. 말 그대로 '손을 대고 하는 철학'(On Hands Philosophy)이 이 박물관 운영의 중심사상인데, 이는 만질 수 있는 대상을 실험하고 관찰하고 만지고 검토하는 과정을 중시한다.

이렇게 본다면, 브루클린 박물관은 쟌 듀이 이래로 생활중심 교육과정을 그대로 이어오면서, 현재까지 지속되는 일관된 교육철학의 전통 하에서 운영되고 있는 셈이다. 이 점은 짧은 기간 동안 실험하듯이 교육 사조를 적용하고 폐기하는 데 아무런 거리낌이 없는 한국의 교육관련 당국과 일부 연구자·정책자들의 반성을 요하는 측면이다.

3) Elaine Heumann Gurian, "Thoughts from Civilizing the Museum", *ICOM NEWS*, 2006, no. 1, 8, 이 글은 원래 "The Molting of the Children's Museum", *Civilizing the Museum* (Routlege: New York, 2006)이다.

Ⅲ. 운영과 재정

엔세키 관장은 신문 인터뷰에서 다음과 같이 말한다.

> 뉴욕시와 기업 등으로부터 지원을 받아 입장료를 낮추고, 연 관람객 25만여명 중 40%는 지역사회의 다양한 프로그램과 연계해 무료로 입장하고 있다.

이 말에서 이 박물관은 기업체와 뉴욕 시로부터의 후원을 받아서, 또 지역과 연계한 프로그램을 저렴하게 또는 무료로 진행하고 있음을 알 수 있다. 이 국면에서 이런 것만으로 충분한 박물관 운영재원이 확보될 수 있을까 하는 의구심이 생긴다. 국내의 여러 사립 박물관 및 공립박물관이 충분한 재정을 확보하지 못하여 여러 가지 문제를 안고 있는 것이 사실이기 때문이다. 이 점과 관련하여 필자는 두 가지 사항을 발견하였다. 하나는 자체 수익사업이고 또 하나는 신탁사업을 통한 재정조달의 방법이다.

우선 어린이 상점에 관한 운영 프로그램을 볼 필요가 있다[4]. 이 상점은 키드샵(KidShop)이라고 하는데, 이 상점을 운영하게 된 이유는 다음과 같다. 최초의 어린이 박물관으로 출범하면서 "박물관 팀"(Museum Team)이라고 불리는 프로그램을 운영한다. 이것은 방과후, 주말, 휴교일과 여름 방학 동안 어린이들을 환영하는 1년 짜리 프로그램이다. 여기에 참석한 학생들은 대다수가 주변의 저소득 가정 출신이다. 박물관에서는 박물관 팀을 이수한 학생들 중 대학에 갈 계획이 없는 자들이 박물관 내에서 고용과 훈련의 기회를 가질 수 있음을 깨닫게 되었다. 이 생각이 결실을 맺게 되는 것이 바로 매장 키드샵이다. 이 매장을 통해서 장난감과 기념품을 제공한다는 사회적 목적의 업무를 해나간다. 이런 과정을 수행하는 데 비영리단체 네트워크인 시드코(Seedco) 등의 지원이 있었다. 이런 사업 운영에 필요한 경험을 가진 단체와 연계하고 재정 문제를 해결하고 나아가 증축하는 예산도 확보해 나가는 모습을 통해서 한국의 박물관도 이런 문제의 해결을

---

4) Ira Cutle, *The Double Bottom Line Lessons on Social Enterprise from Seedco's Nonprofit Venture Network 2001-2004*, Cornerstone Consulting Group, 2005. 1 이 보고서는 비영리 사업에 관한 사례를 분석하고 적절한 방향을 제시하고 있다. p. 20 f.

모색할 필요가 있고, 타산지석으로 삼을 만한 사례라고 할 수 있다. 이 매장에 관한, 경영진단 결과는 다음과 같다.

1. 모 조직은 안정성, 임원과 예산의 규모에서 부족한(critical) 수준의 능력을 가지고 있다.
2. 지도자, 위원회와 전체 조직은 필요한 임원·시간·재원을 사업계획 및 시장조사를 포함한 비영리 벤처에 투자할 강한 의무를 지니고 있다.
3. 위원회, 자문위원, 신임원 및 컨설턴트를 통해서 사업 전문가에게 접근할 수 있다.
4. 키드샵 벤처의 이익 전반에 관해: 벤처는 "복합형" 기술을 요하는 새로운 타입의 직업을 필요로 한다. 이 기술은 영리추구 피고용인을 비영리 세계로 이동하게 하는 것이다. 그리고 새로운 재능의 유입을 필요로 한다.
5. 키드샵에 대한 잠재적 도전들: 모 조직의 비영리추구가 불안정성, 지도자의 변화, 혹은 재정 위기를 겪게 되면, 이 벤처는 부정적으로 충격을 받을지도 모른다.

이 보고서를 통해서, 우리는 이 박물관이 재정위기를 타개하고, 비영리 단체로서 운영을 지속하기 위한 고민을 알 수 있다. 이 문제의 구조적인 타결을 위해서 고안된 것이 공공 신탁제도인데, 이 점과 관련하여 엔세키 관장의 기고문을 살펴보았다[5]. 이 기고문에서 공공신탁제의 난점을 박물관장의 입장에서 솔직하게 소개하고 있다.

> 지역사회 주민들은 좋은 이웃이면서 사회적 필요에 부응하여 교육과 경제 발전에 적극적으로 기여하는 박물관을 가치 있게 여긴다. 방문자들은 자신들을 환대하고 양질의 프로그램과 봉사를 제공하는 박물관을 신뢰하고 가치 있게 여긴다. 입법가들은 비영리 기관의 지위를 지닌 조직에 대해서 재정적인 책임을 보여주고 공공의 최고이익이 되게 자신의 자원을 사용하도록 엄격한 기준을 끊임없이 만든다. 그리고 마지막으로 자금제공자들은 박물관이 효율적인 관리체계를 갖추어서 성실하게 운영할 수 있고 윤리적인 결정을 내리며 자신의 공개된 사명에 부응하도록 자원을 사용할 것을 기대한다.(p. 1)

이처럼 박물관 운영자의 고민 특히 재정과 관련된 분야는 관리자가 특별히 해결해야 할 문제로 남을 수밖에 없다. 엔세키 관장의 요점은 결국 사회적 책임을 다함으로써 사회로부터 신뢰를 얻는 것이 중요하다는 것이다. 이를 위해서 여러 가지 과제를 수행하였는데, 앞에서 말한 박물관 팀 사업과는 별도로, 방과후 학생 지도에 진력하였던 것이 박물관 역사의 시발이었다. 엔세키 관장은 다음과 같이 그간의 사업을 요약한다.

---

5) Carol Enseki, "Public Trust and Accountability", *Newstandard,* 2006 Summer, American Association of Museum, p. 1-2, p. 8.

1899년 박물관이 문을 열었을 때, 브루클린에는 학교 다닐 나이에 있는 학생이 대략 30만이다. 박물관은 학교 다닐 기회가 없었던 9만의 지역 청년을 포함하여 모든 어린이들에게 봉사하는 데에 헌신하였다. 이들 중 많은 자들이 새로운 이민자들이었다. 그 상서로운 시작으로 인해 어떻게 해서 우리 박물관이 의미 있는 공공적 영향력을 가질 수 있으며, 지역사회에서 가치 있게 여겨지며, 다양하고도 변화하는 사회에 적절성을 갖는가에 관하여 계속 집중을 받게 되었다.(p. 2)

이처럼 지역의 문제를 파악하고 해결하려는 노력이 결국은 지역사회의 인정을 받게 된다.

엔세키 관장은 여기서 그치는 것이 아니라 뉴욕 시의 인구동태의 변화라는 맥락에서 박물관이 문화적인 적절성을 증진시키기 위해서 노력하고 있음을 밝히고 있다. 이런 노력이 결실을 맺어, 브루클린 어린이 박물관에 자금을 대는 것을 추천하면서 의원들이 이런 노력을 특별한 강점으로 보고 있다는 것이다. (p. 8) 이런 노력이 결국은 뉴욕 시의 재정지원이 없어져도 시설을 확장하고, 세계적인 영향을 끼치는 박물관으로 성장할 수 있던 동력이라고 보인다. 이런 모범적인 사례로 인해서 오늘날 미국의 박물관들은 공공의 신뢰를 바탕으로 발전하고 있다[6]. 필자는 한국의 경우 박물관 운영에서 '비영리모델'(Non profit Model)의 확립이 절실한 과제라고 판단한다.

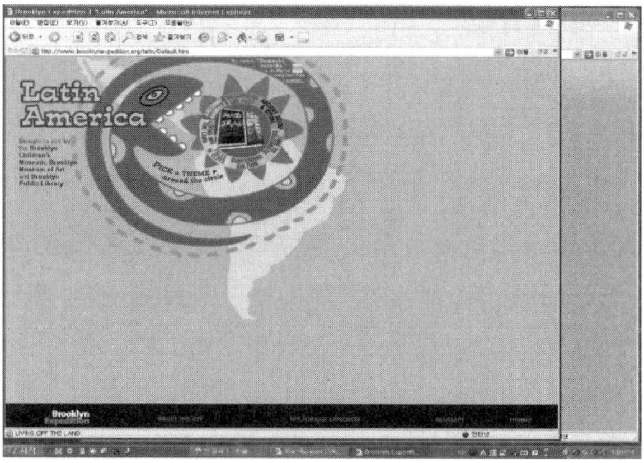

6) 2001년 미국의 박물관 협회 조사에 따르면, 미국인의 87%가 객관적인 정보의 믿을 만한 원천으로 가장 가치 있는 것을 박물관으로 선정하였다. 도서는 61%, 텔레비전은 49%, 신문 34%, 인터넷 23%였다. 같은 조사에서 응답자의 86%가 아동교육에서 1차적인 자원으로 간주하였다. 물론 학교는 98%로 1위에 올랐다. 박물관 다음이 도서관이다. Enseki, p. 2에서 재인용.

Ⅳ. 홈페이지 분석

필자는 이제 방향을 바꾸어서 역사교육을 어떤 식으로 하고 있는지 알고 싶어졌다. 그러나 홈페이지를 보았을 때 미국사나 문명사를 가르치는 것과 관련한 정보는 얻을 수 없었다. 다만 아메리카 인디언에 관한 자료가 있어 이를 분석할 수 있었다. 비록 단편적이지만, 어린이들을 위한 홈페이지를 제작할 참고될 수 있을 것이다.

1839년부터 미술가인 프레드릭 카터우스는 마야 폐허를 방문하여 최초의 세밀화를 그렸다. 카터우드의 작품은 모즐리로 하여금 카메라를 들고 이 장소들을 방문하게 하였다.

먼저 역사에 관해서는 다음과 같은 접근방법을 묘사하고 있다.

역사 : 그림과 글을 통해서, 학생들은 세계에 있는 여러 공동체에서 가족 같은 집단을 나타낸다.

프레데릭 카터우드는 멕시코의 욱스에 있는 총독관저의 그림을 그렸다.

이 진술에서 지평확대법을 적용하고 있음을 알 수 있다. 우리나라의 경우 대부분 국가와 민족을 강조하는 것이 일반적인 틀에 비해 이 진술은 학생의 입장을 철저하게 강조하고 있다.

다음은 라틴 아메리카를 학습하기 위한 홈페이지 내용이다.

여기에서 필자는 「과거를 발견하기」(Discovering the Past)라는 버튼을 클릭하였다. 그랬더니 다음과 같은 설명이 나온다.

과거를 발견하기: 옛 라틴 아메리카 문화를 배우는 것은 마치 퍼즐을 맞추는 것과 같다. 고고학자, 인류학자, 그리고 역사학자는 남아있는 조각들을 보고 그 문화들이 어떤 것을 닮았는가에 관한 그림을 만들려고 노력한다. 이상한 모양의 마스크나 한 신전의 폐허는 이해하기 어렵다. 여러분은 자세히 보고 상상력을 사용해야 한다. 어떤 조각들은 수백년 동안 연구되어 왔으며 —사람들은 여전히 그런 조각들과 관련하여 새로운 사실들을 발견하고 있다.

고고학자 : 과거 인간의 생활과 활동을 그들의 실질적인 물건을 찾고 봄으로써 과학적으로 연구한다.

인류학자 : 현재는 물론 과거로부터 인간의 상이한 집단이 가진 문화와 역사를 연구한다.

폐허: 부분적으로 또는 대부분 무너진 장소에서 남아있는 것.

온두라스 코판에 있는 마야 신전에서 모슬레이는 이와 같은 석상 여러개를 사진으로 찍었다.

이 같은 예비설명에서 학생들의 지적 수준을 고려한 친절한 설명은 물론이고, 탐구한다는 취지에 맞게 상상력을 발휘할 것을 요구한다. 우리의 학계가 지나친 속단으로 연구를 되돌이킬 수 없게 하는 경우도 있는데 비해서, 이 어린이 박물관이 오히려 풍부한 상상력을 자극하는 자료로서 인류의 문화 유산이 가진 교육적 가치를 잘 표현하고 있다.

이어서 「과거로 들어가는 문 열기」를 클릭하였다. 다음과 같은 설명이 나온다.

: 여러분은 여행하는 경우, 본 것을 어떻게 기억하고, 친구들과 나눕니까?

영국 고고학자 알프레드 P. 모즐리(Maudslay)는 1880년대에 중미의 마야 폐허를 탐험하였다. 라틴 아메리카 밖에서 마야 문명에 관해서 아는 사람은 드물었다. 마야 폐허에 관하여 널리 알려진 이미지는 단지 1839년에 방문한 미술가 프레드릭 카터우드의 그림뿐이었다. 모즐리는 가정에 있는 사람들과 폐허를 같이 공유하고 다른 사람들이 보았던 것보다 더 정확한 정보를 제공하기를 원하였다. 모즐리는 건물과 기념물 사진을 찍고, 기록하고, 물건을 수집하고, 큰 석상의 석고 틀을 만들었다. 그의 작업이 출간된 후 더 많은 사람들이 마야에 관심을 가지게 되었다.

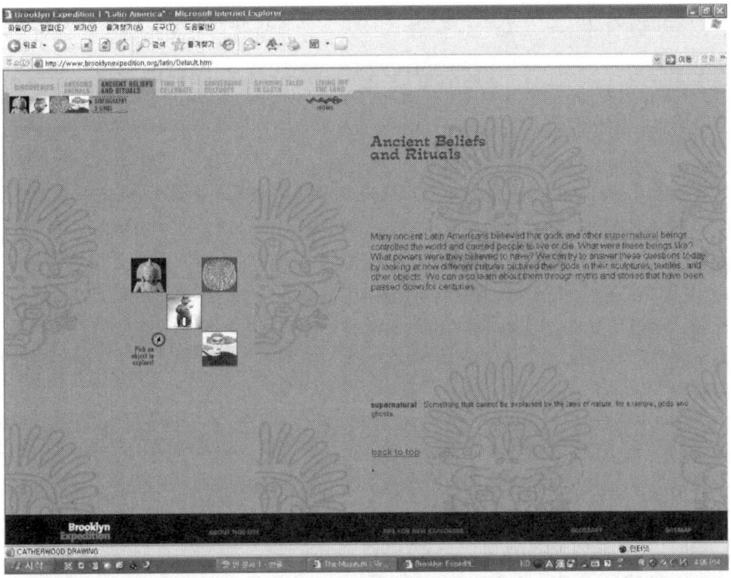

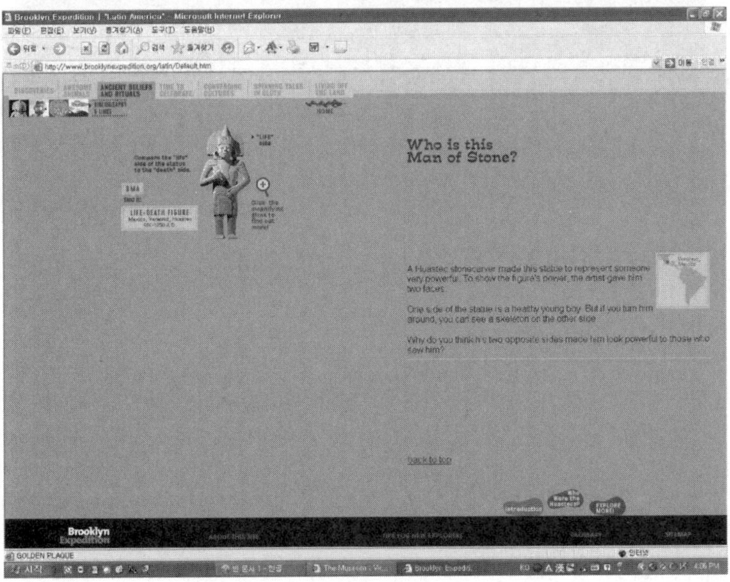

그가 남긴 사진을 기초로 다음과 같이 연속된 그림을 만들었다. 이 그림은 클릭하면 다음과 같이 확대된다. 이 그림 옆으로 모즐리가 남긴 사진을 설명과 같이 부착하였다.

다음으로 필자의 흥미를 끈 것은 아메리카 인디언의 종교와 관련된 것이었다. 「옛날의 믿음과 의식」을 클릭하였더니 다음과 같은 화면이 전개되었다.

설명을 살펴보았다.

많은 옛 라틴 아메리카 사람들은 신들과 기타 초자연적 존재가 세상을 통제하고 사람을 살거나 죽게 만든다고 믿었다. 이런 존재들은 어떻게 생겼을까? 그들은 어떤 힘을 가졌다고 믿었는가? 우리는 오늘 이 질문에 답해볼 수 있을 것이다. 문화가 다르면 그들의 조각, 직물 및 다른 물건 속에서 자신들이 믿는 신들을 어떻게 그리는지 살펴보자. 우리는 또한 수백 년 간 전해져온 신화와 이야기를 통해서 신들에 관해 배울 수도 있다.

초자연적: 자연의 법칙으로 설명할 수 없는 어떤 것. 예를 들어서, 신들과 유령들.

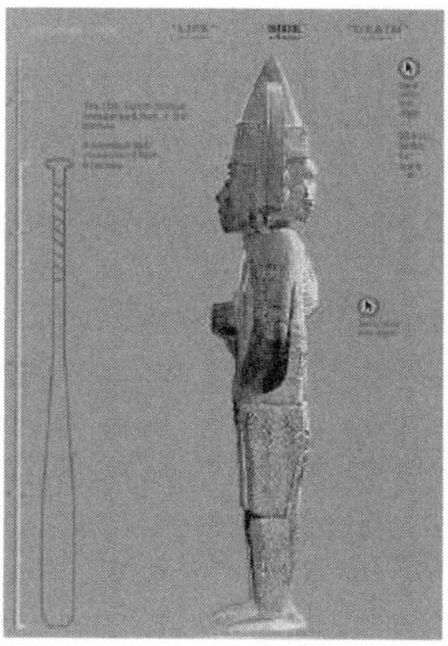

석상을 클릭해 보았더니 다음과 같은 질문이 나온다.

이 돌인간은 누구인가?

후아스텍 조각가는 이 석상을 만들어서 매우 강력한 사람을 표현하였다. 이 형상의 힘을 보여주기 위해서 조각가는 그것에 두개의 얼굴을 부여하였다.

석상의 한 면은 건강한 청년이다. 그러나 만약 여러분이 그들 돌려본다면 다른 면에서는 해골을 볼 것이다.

왜 그것의 상반되는 두 면이 그를 보는 사람에게 강력하게 보이도록 하였다고 생각하는가?

위의 지시대로 클릭해보면 순차적으로 다음의 그림을 볼 수 있다.

이 그림을 보면서 학생들은 어떤 생각을 할지 궁금하다. 그러나 더욱 중요한 것은 스스로 답을 찾도록 하는 내용의 선정과, 학생의 눈높이에 맞춘 크기 표시 등이라고 생각한다.

다음은 남미에서 벌어지는 축제일을 표로 만들어 제시하고 있다. 각국의 대표적인 축제일을 한눈에 알아볼 수 있어서 이 지역 여행시에 실제적인 도움이 될 뿐 아니라 남미의 문화를 이해하는 데에도 큰 역할이 기대된다.

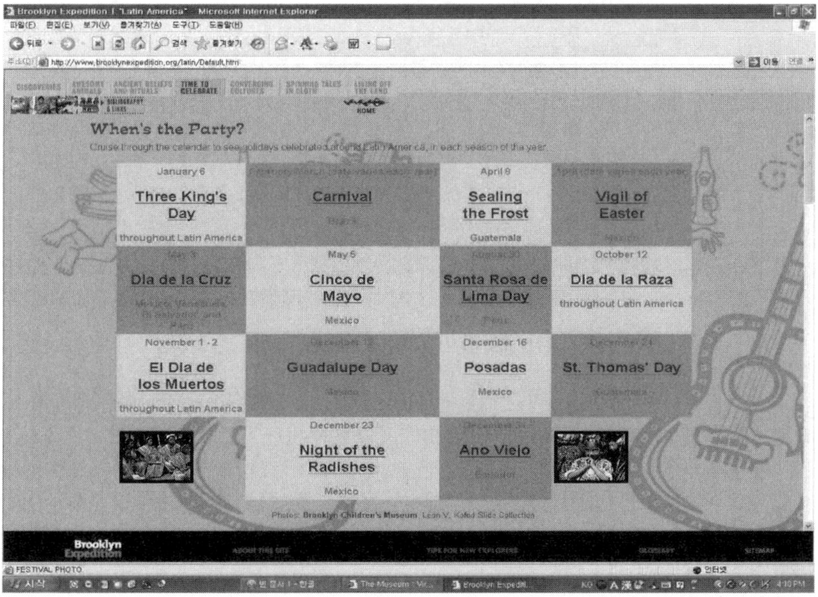

이밖에도 직물과 음식 등에 관한 소개도 매우 흥미로웠다. 구체적이면서도 간결하고 학생으로 하여금 상상력을 발휘하게 한 것이 이 사이트의 남다른 특징이기도 하다.

이 탐구 사이트에 관하여 이 박물관에서는 다음과 같은 협조가 있었음을 밝히고 있다.

소개:

브루클린 탐험 웹 사이트는 브루클린 어린이 박물관, 브루클린 미술관, 브루클린 공립도서관의 합작 프로젝트이다. 이 프로젝트는 교사·어린이 그리고 가족들으 위한 3가지 종류의 정보 세계를 한 곳에서 접근하는 새로운 방법을 제공함으로써 지역사회에 교육적인 봉사를 증진시키기 위해서 브루클린의 3개 기관의 자료를 함께 모은 것이다.

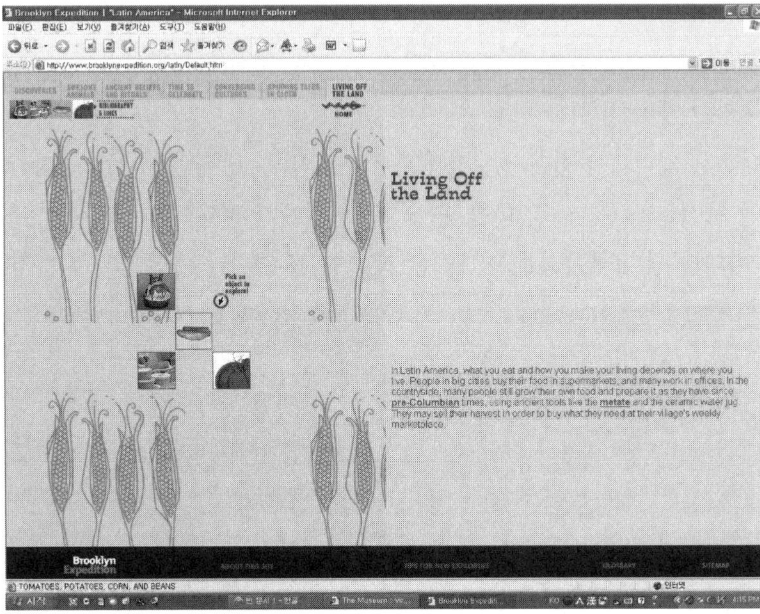

사이트 콘텐트:

이 사이트는 사용자들을 4개의 테마에 입문시킨다. …라틴 아메리카 테마는 콜럼버스 이전부터 현재에 이르기까지, 멕시코와 남미의 예술·문화·자연 세계를 집중하여 소개한다. 구조들이라는 테마는 동물의 뼈와 거주지, 건축, 미술 조형, 그리고 체제를 열거하는 정보 중에서 공유된 성격들을 탐구한다. 브루클린은 이 유니크한 지역사회의 역사와 문화를 기념한다. 아프리카는 2002년 가을에 출범하는데 아프리카 대륙의 다양한 문화에 사용자들이 접하도록 하기 위해서 미술품을 이용한다.

디자인:

캐터린 엥 디자인

기금:

브루클린 탐험은 벨 아트랜틱 재단과 예술 진흥 국민기부로부터의 후의에 넘친 기증으로부터 출범하였다.

박물관 및 도서관 봉사 기관은 혁신·리더십과 평생교육을 후원하는 연방 기관으로 브루클린 탐험을 지원한다.

직업 개발과 틴 웹 개발자 구성요소들은 인문학을 위한 국민기부에서 후원하였다.

기타 재정지원은 나탄 커밍스 재단에서 제공하였다.

이런 식으로 지역박물관과 연계하고, 나아가 기금을 적절하게 조달함으로써 웹

사이트 운영도 원활하게 해 나가는 현상을 확인할 수 있다. 이런 점에서 우리의 박물관들도, 이런 네트워크의 모범적인 사례를 연구하고 실천하는 것이 바람직하다.

V. 결　어

필자는 지금까지 한 박물관의 운영 사례를 문헌과 웹사이트를 통해서 살펴보았다. 박물관의 운영이 어떠해야 하는가에 관한 이야기들은 많이 있지만, 필자는 말 그대로 지역과 함께 숨쉬면서 세계적인 박물관으로 성장한 사례를 확인할 수 있었다. 이 성장의 비결은 지역의 문제를 해결하고자 한 작은 문제의식에서 비롯하였다. 거창하고 위압적인 시설을 통해서 식민지의 비참함과 제국의 위대함을 강조해 왔던 우리의 박물관의 과거를 돌이켜 본다면, 앞으로 우리의 박물관이 어떻게 변신하고 나아가 생존하는가에 관해서 이런 사례 연구를 통해서 연구할 필요가 있다. 하나의 교육 사조를 유지하고 사회적 신뢰를 받으려고 노력하였던 한 박물관의 사례를 통해서 우리는 잠재적인 교육의 중요성과 일관성 그리고 열정이야말로 박물관 경영의 가장 중요한 토대임을 다시 한번 확인한다. 실상이 어떠한지, 방문과 체험을 통해서 확인하는 연구는 다른 연구자들에게 기대하면서 글을 마친다.

14
역사교육과 논술지도
-담당교수의 강의 노하우-

서울에서 있었던 모임에서 강의에 관한 이야기가 나왔다. 한 중진 교수가 지방의 유명 공대에서 있었던 자신의 경험을 말하였다. 그 학교에서 그해에 들었던 강의 중 가장 인상깊은 강의로 자신의 '특강'이 선정되었다는 것이다. 다들 궁금해서 방법을 묻게 되었는데, 그 교수의 답변은 의외였다. 특강으로 2시간을 배정받아 강의하였는데, 특강 내내 공대생 앞에서 칠판에 한자로 판서하면서 수업하였다는 것이다. 그 교수의 판단으로는 멀티미디어에 찌들어 있는 학생들에게 자신의 수업이 신선하지 않았겠냐고 하는 이야기였다. 필자의 생각에 그 교수는 해당분야의 최고로 인정받고 있는 분이었고, 또 다른 한편으로 학생들의 수준도 그런 강의를 듣기에 충분하였을 것이다. 강의의 성패는 이처럼 상호간의 문제이지, 어느 하나만의 입장이 되어서는 소기의 성과를 거두기 어렵다는 생각이다. 최근 마치 멀티미디어를 쓰지 않으면 사회에서 낙후되고 교직에서 추방되어야 하는 분위기에서 나온 것을 생각하면, 역시 좋은 강의의 충분조건은 충분한 실력이라고 생각하지 않을 수 없다.

필자가 맡은 수업은 『서양사개론』으로서, 단순한 강의나 영상 등 수동적으로 이루어지는 수업을 전개하고 싶지 않았다. 그래서 착안한 것이 논술이다. 그러나 어떤 논술을 할 것인가? 교과서를 만들어보면 어떨까 하는 생각이 들게 되었는데, 마침 이를 가능하게 한 것은 이 책의 <부록>에 실은 서양사 준거안이었다. 비록 채택되지 않아서 실패한 준거안이지만 예비교사들에게는 좋은 지침을 줄 수 있다는 확신이 들었다. 본 수업은 학생들과 교수에게 많은 고통을 감내하도록 한다. 학생들을 거의 매시간 1,000자 분량의 논술을 해야 하며, 수업을 마칠 때에는 40,000자 정도 쓰는 것이 기본이다. 이런 수업이 힘든 이유는 다른 교수들의 수업에서 경험해 보지 않은 것이고, 또 중고등학교 시절에 충분한 글쓰기의 준비가 되지 않은 탓일 것이다. 수업 내내 멀티미디어는 사용하지 않는다. 사실 매시간 학생들 속에서 쓴 글에 대한 지도와 자료집을 회수하여 글을 읽는 것은 교수자인 필자에게도 고통의 시간이다. 문맥이 닿지 않는 글, 알아볼 수 없는 필체를 읽고 때로는 붉은 펜으로 고쳐야하는 수정작업이 필요하기도 하다.

이런 수업을 택하게 된 배경은 달라진 환경에 있다. 사회과 교사들에게 논술이 가르쳐야 할 과목이 되면서, 임용시험에서 논술을 부가한다는 발표가 나왔을 때에 일부 학과의 교수는 사색이 되었다. 준비되지 않은 학생들의 사정을 잘 알고 있고 또 일부학과에서는 논술의 개념도 없었기 때문이다. 모두 같은 것을 느끼고 대처해야 한다는 생각을 지니고 있었다. 그러나 한편 이를 크게 보면 대학생이 되어서 4년을 공부하고 나가서 글 하나 변변히 쓰지 못하는 실정을 보면, 우리가 기르는 학생들이 미래사회를 전망하고 대비하는 데 너무 뒤져있다는 생각을 하지 않을 수 없었다. 논술은 단순한 글짓기가 아니다. 현실을 인식하고 그에 대한 해결이나 대안을 자신의 경험과 학식에 근거해서 논구하는 것이다. 그러기에 국어나 작문 교사가 할 수 없는 영역이다. 이런 식의 글쓰기는, 현실을 보면, 일면 불가피한 생존의 수단이기도 하다. 왜냐하면 자신의 의견을 조리 있게, 설득력 있게, 공감 가게 쓸 줄 안다는 것은 새로운 시대의 자본이나 다름이 없는 것이기 때문이다. 우선 글쓰기가 되면, 사회가 필요로 하는 다양한 분야에서 기회가 있으며, 때로는 유명소설작가와 같이 거대기업이나 누릴 소득을 가지기도 하며, 작게는 현장에 가르치는 교사에게도 매우 필요한 자산이 된다. 특히 앞으로 교사들의 자율이나 재량이 강화되면, 교과서의 선정이나 채택의 문제에 머무는 것이 아니라 나아가 교과서를 제작하고 관련 부교재를 집필하는 데에까지 이를 것이다. 사실 그런 변화는 이미 교육계에서도 이루어지고 있어 세계사 교과서들 중 한권은 순전히 교사의 힘으로 만들어졌고, 대안교과서도 대형출판사와 제휴하여 출간되고 있는데, 이것만으로도 연간 매출액이 큰 규모에 이른다고 한다. 한 졸업생은 교사의 길을 택하지 않고 해외에서 견문을 쌓고 와서는 한 출판사에 취업하여, 담당 팀장으로 자신의 글쓰기를 바탕으로 교육보조자료를 제작하고 있는데,

자신이 받는 연봉은 친구인 교사들의 것을 훨씬 넘는다고 말했다. 논술이 중요해지고 또 중등학교에 학습되어야 하는 중요한 이유는 현대의 시대적 특성에서 기인하기도 한다. 인터넷이라는 무한한 공간과 그곳에 자기를 드러낼 수 있는 기회가 주어지면서 다양한 형태의 블로그와 댓글 등으로 자신을 표현하고 있는 것이 현재의 모습이다. 민중이 수동적인 존재가 아니라 적극적인 존재로 바뀐 것이다. 그런 움직임은 힘이 되어 우리 사회를 밀고나가면서 특정 권력이나 언론매체를 뒤처지게 하고 있다.

이런 필요성을 설득하고, 중요성을 강조하여도 그것이 수강자들의 동의를 얻기는 어렵다. 아닌게 아니라, 수업 첫시간 수업방법을 이야기했더니 다음 시간에 강의실의 1/3이 비어버린다. 그래도 믿고, 또는 다른 선택의 여지가 없어서 수강하는 학생들과 한 학기를 보냈다. 나를 신뢰하는 학생들만 남은 셈이다.

매시간 기존의 중등학교 교과서를 지참하고, 나아가서 본서의 부록을 참고하여 매 시간 자신의 수준에 맞은 교과서 내용을 만들도록 하였다. 그 내용은 A4용지의 한 면에 쓰도록 하였다. 10분정도 집필상 유의점을 설명하고, 30분 쓰고 10분 발표하고 10분 촌평하는 식으로 수업을 진행하였다. 특히 자신의 언어로 자신이 가르칠 학생을 대상으로 쓰라고 목적을 분명히 하였다. 촌평 시간에는 두 학생을 지정하여 촌평을 하도록 하였다. 때로는 좋았다는 말만 하여, 필자는 칭찬만 하는 것은 돕는 것이 아니라는 질책하기도 하였다. 확실히 앞에 나와서 발표하는 것이 긴장감을 주었다. 수업이 끝난 후 자료는 걷어서 빨간 펜으로 첨삭하였다. 첨삭 중에 심각하게 느낀 것은 특히 학생들이 취약한 것이 문단의 개념이 없다는 것이다. 문장을 쓰고 이것을 일정한 사상으로 하나로 묶는 작업이 의사전달에 중요한 데도 그런 훈련과 정보가 없었던 것에서 글쓰기의 기본 교육이 기초작업으로 준비되지 않았음을 알 수 있었다. 달리 생각하면 이런 단편적인 생각들은 인터넷에 단신으로 떠도는 글들의 영향이 큰 것을 보여준다. 이런 점을 강조하니 확실히 생각을 묶어서 표현하는 학생들이 늘어나게 되었다.

학기말이 되어 쓰는 과정을 마치면 본 수업의 경우 개인별로 38장의 초고가 마련되었다. 이번에는 학기말 과제로 수강자가 만든 세계사교과서(서양편)를 제작하여 오게 하였다. 이번에는 손으로 쓰지 않고, 자신의 초고를 다시 워드 프로세서로 정리하게 하였는데, 자신의 글에 대한 피드백을 위한 것이었다. 그리고 첨삭부분에 유의하여 같은 실수를 하지 않도록 하였다. 그리고 평소 눈여겨 보았던 사진 1장을 각 표제에 포함하여 만들게 하였다. 그 결과 학생 수만큼 다양한 교과서가 나왔다. 미래의 교사가 될 수강자들이 만들고 꾸민, 세계에서 가장 우리의 학생들에게 알맞은 교과서가 탄생한 것이다. 몇몇 학생들을 골라서 소개하는 시간을 가지게 하였더니 매우 기뻐하였다. 자신의 작품을 가진 기쁨을 표현하였던 것이다. 과제를 제출하는 학생 하나하나에게 물어보니 보람 있었다는 반응이다. 특히 타과에서 수강하러 온 어떤 학생은 다른 학생과 다른 툴을 사용하여 아름다운 장정의 교과서를 만들었다. 그리고는 자신에 대해서 자부심과 희열을 느끼는 것을 보여주었다. 사실 수강자들 중에는 수동적으로 대처하다가 자신의 게으름이 지적되면서 스스로를 돌아보게 되었다고 고백한 학생도 있었다. 자기주도적 능동학습의 계기가 마련되었다.

이 자리를 빌어 교수를 믿어주고 필요성을 감지하고 또 문제를 해결하기 위해서 성의를 다해서 수강해준 학생들 모두에게 고마움을 표하고 싶다. 이처럼 교육은 쌍방의 신뢰에 구축되어 있어야 한다.

교육학자들은 '바람직한 방향으로의 변화'를 도모하는 것이 교육이라고 말한다. 그런데 그런 변화를 알기 위해서 1시간이나 단기간의 변화만을 측정하여 교육의 성과를 논하는 것이 그들의 한계이다. 사실 그런 변화의 시간폭을 크게 하여 일평생 또는 적어도 1학기 단위로의 연구가 필요하다. 그런 것이 전제된다면 참으로 어떤 강의가 좋은 것이었고 필요하였는지 판단할 수 있을 것이다.

다음은 응모하였던 학생이 제출한 글로 학교에서 선정한 것이다. 공주대학교 교수학습지원센터의 승인을 얻어 게재한다[7].

---

7) 『다시 듣고 싶은 강의에세이-공모전 수상작 모음집』 공주대학교 교수학습지원센터, 2009.12. pp. 59-65.

역사를 보는 시각을 기르다

역사교육과 임 소 라
담당교수 : **김 창 성** (역사교육과)

강의를 듣는 동안은 해당 분야와 연관된 지식이 없는 자신을 탓하며 힘들어 하였지만 어쩌면 그것을 바탕으로 더 열심히 준비하였습니다. 궁극적으로는 그것들을 온전히 자신의 것으로 만들었기 때문에 강의를 통해 얻은 결과에 비하면 그 사이 느꼈던 크고 작은 어려움들은 매우 값진 것이었습니다.

첫 시간

2008년 2학기 전공 선택 과목으로 개설되었던 서양사개론은 대학교에 입학한 이후 전공 및 그 세부 분야인 서양사 학습에 관하여 갈피를 못 잡고 있던 저에게 큰 도움이 된 강의였습니다. 평소 강의 계획서를 제대로 살피지 않고 시간표의 구성을 중심으로 하여 신청하였기에 서양사개론이라는 강의는 농명의 서적처럼 서양사와 관련된 일련의 주제를 나열한 강의에 불과할 것이라고 생각하였습니다.

첫 강의에서 교수님은 서양사개론 강의안이라고 쓰인 교재를 나누어주셨는데 교재의 내부가 모두 단면으로 인쇄되어 있었습니다. 필기하는 부분인가보다 생각하고 있는 가운데 교재의 빈 부분은 학생들이 채우는 것이라는 교수님의 목소리가 들렸습니다. 이어 말씀하신 것은 앞으로의 강의진행방식이었는데 간단히 말하자면 '교과서의 집필진이 되어보는 것' 이었습니다. 서양사를 중점적으로 다루되 이것에 치우치는 것이 아니라 역사 전반을 아우를 수 있는 38개의 주제를 선정하여 교재에 교수님이 미리 제시해주신 주제의 의의, 핵심주제어 및 서술의 주안점에 유의하며 중등교육에서 사용될 텍스트를 작성하는 것이었습니다.

끝없는 공부가 필요하도록 준비하신 교재와 강의구성

언뜻 보면 그냥 이 책 저 책에서 베껴다가 작성하면 되겠구나 싶었지만 실상은 그렇지 못하였습니다. 교수님께서 제시해주신 서술의 주안점이 기존의 역사서술의 방향과 동일하지 않은, 그동안 주목받지 못하였기에 색다른 내용이었기 때문입니다. 학생 개개인의 선수학습정도에 따라 그 충격의 강도가 달랐을 것이며 전공과 관련된 학습이 전무했던 저에게는 큰 부담으로 다가왔습니다. 서술해야 하는 주제에 있어서 노예 경제, 아프리카 고대세계, 슬라브 민족의 이동과 크리스트교화, 사회주의 등 기존의 교과서에서 크게

공주대학교

다루지 않는 것들이 있었고 기존의 교과서에서 주된 내용으로 다루었던 주제들도 그 서술방향이 상이하였기 때문에 해당 주제와 관련되어 갖고 있던 선입견과 편견을 버리는 과정이 필요했습니다.

강의 오리엔테이션 후 첫 시간의 주제는 '시간과 인간' 이었습니다. 교수님께서는 이 주제가 각 교육과정 속에서 어떤 식으로 서술되었는지 그리고 역사학계 내 큰 흐름과 함께 살펴보면 어떠한 방식으로 개선이 가능한지 방향을 알려주셨고 옆 페이지에 한 번 써보라고 하셨는데 정말 막막했습니다. 각 주제에 대해 교재 내용과 관련해서 교수님의 설명을 듣고 교과서의 텍스트를 작성해보고 학생들의 발표를 듣는 순서로 강의가 진행되었습니다. 어떻게든 써보고 나서 '이 정도면 되겠지?' 라는 마음으로 다른 학생들의 발표를 들었는데 그 내용과 그것에 대한 교수님의 평가를 통해 본인이 작성한 텍스트가 얼마나 많은 오류를 범했는지 느꼈습니다. 일단 자신이 관련된 많은 지식을 아는 것도 중요하지만 그것을 교과서의 내용으로 환원하는 데에는 가르치는 사람이 배우는 사람의 입장에서 생각해보는 절차가 필요했습니다. 교사가 얼마나 많은 교과의 내용적 지식을 갖고 있는가 하는 문제도 물론 중요하지만 그것을 학생들에게 이해시키는 과정을 얼마나 더 수월하게 만드는가도 또 다른 중요한 능력이라는 생각을 하게 되었습니다. 가르치는 사람이 먼저 그 내용을 완벽하게 숙지하여야 했고 그것이 아주 새롭게 다가올 배우는 사람에게는 어떤 식으로 전달해야 하는지 고민해야 했으며, 그 결과는 아주 작은 부분에서부터 나타났습니다. 기존의 딱딱한 문어체 문장에서 벗어

임소라 _ 역사교육과

나 학생에게 직접 이야기 해주는 듯 부드러운 구어체로 서술하였습니다. 또한 각각의 사실관계 나열에만 그쳐 지루함을 유발하던 것에서 기존 해석의 정당성 여부와 새로운 해석의 가능성 혹은 오늘날의 모습과 연관시켜 생각해보는 과정 등을 포함하는 내용으로 변화시켰습니다.

학생 개개인을 향한 세심한 지도

수강하는 학생 수가 그리 많지 않았기 때문에 발표는 거의 매주 한 번씩 하는 식이었고 이에 따라 매주 긴장한 채로 열심히 준비해가야 했습니다. 학생들이 발표할 때에 교수님께서는 그 발표내용에 대해서 뿐만 아니라 발표 자세에 대해서도 고쳐야 할 점을 세세하게 지적해주셨습니다. 다른 학생의 발표에 대해 좋은 점과 나쁜 점을 말하는 비평을 하도록 하셨기 때문에 자신의 차례가 아니더라도 다른 학생의 발표를 귀 기울여 듣고 나름의 평가를 내려야 했습니다. 이는 강의의 모든 구성원들이 각자의 텍스트를 작성하고 그 텍스트 및 그것에 담긴 사관에 대한 비평에 비평을 거듭하는 과정이었습니다. 학생들 서로 자신의 서술과 발표방식의 잘못을 깨달았고 때로는 토론의 장으로 변하였습니다. 사범대 학생들이 준비해야 하는 임용시험과 관련하여서는 2차, 3차의 논술과 면접을 아우르는 강의방식이었습니다. 자신이 공부하거나 알고 있는 것을 다 쏟아내려는 것 보다는 제한된 시·공간적 상황에서

공주대학교

꼭 해야 할 말을 선정하는 것을 연습할 수 있었습니다. 그리고 교육과정 및 교사 등으로부터 행해지는 일련의 교육활동에서 선정한 내용이 학생들의 인지에 얼마나 중요한 영향을 끼치는지에 대해서도 생각해 볼 수 있었습니다.

배운 것을 학생 자신만의 것으로 만들 수 있게 해주신 평가와 과제

중간고사는 그 기간 동안 다루었던 주제 중에서 한 주제에 대해 기존 교과서 서술을 비판하고 교수님이 제시한 주제어를 중심으로 새로운 텍스트를 구성해보는 방식이었고 기말고사도 같았습니다. 교수님께서 선정하신 주제는 시험 당일까지 아무도 모르는 것이었고, 시험 후 훌륭한 답안을 작성한 학생들은 그것을 발표하게 하셨는데 기존의 강의들에서 시험결과를 아무도 모르게 했던 반면에 매우 신선하게 다가왔습니다. 시험에 응시한 모든 학생들에게 피드백의 역할을 하였고 채점의 기준과 결과에 대해서 교수님과 학생이 한 자리에서 동시에 확인하는 과정이었기 때문에 공정함을 느꼈습니다. 기말고사와 함께 모든 학생들이 마지막으로 제출해야 하는 과제는 그동안 작성했던 내용을 교과서 형태의 출력물로 제작하는 것이었습니다. 교수님께서는 내용마다 각각 하나씩의 시각자료를 삽입하도록 하셨고 한 장 이상을 넘기지 않도록 당부하셨습니다. 손으로 직접 썼던 것을 텍스트 파일로 만들면서 자신이 스스로 작성한 내용들을 보고 쑥스러움과 아쉬움을 느꼈지만 하나의 출력물로 완성시켰을 때에는 그 어느 과제를 끝냈을 때보다도 큰 뿌듯함을 느꼈습니다. 강의를 듣는 동안은 해당 분야와 연관된 지식이 없는 자신을 탓하며 힘들어 하였지만 어쩌면 그것을 바탕으로 더 열심히 준비하였습니다. 궁극적으로는 그것들을 온전히 자신의 것으로 만들었기 때문에 강의를 통해 얻은 결과에 비하면 그 사이 느꼈던 크고 작은 어려움들은 매우 값진 것이었습니다.

역사를 보는 자신만의 시각을 갖게 하다

교수님께서는 매시간 서술의 주안점 설명이나 발표에 대한 비평을 통해 어느 한편으로 치우친 역사서술이 아니라 정신과 물질 또는 긍정적 측면과 부정적 측면이라는 상반된 영역을 아우르는 다원적 관점, 세계사 서술에 있어 서양의 역할 설정에 대한 재고, 많은 것을 제시하기 보다는 중심 내용에 대한 구체적인 서술, 그동안 소외되어 왔던 주제나 지역에 대한 관심, 스스로의 힘과 글로 역사를 남기려는 시도, 역사적 개념에 있어 관념과 실재의 차이, 교과서가 지니는 특성에 대한 이해를 바탕으로 학습자 중심의 내용전개를 구성하려는 노력 등을 강조하셨습니다. 이는 강의가 끝난 이후에도 고스란히 학생들에게 남아 역사를 공부하고 또 그것을 가르치는 것에 대해 어떠한 자세로 임해야 하는지 끊임없이 고민할 수 있도록 하였습니다. 서양사개론이라는 강의명에 걸맞게 좁게는 서양사 크게는 고대부터 현대까지 이르는 역사의 전반적 흐름을 짚을 수 있었으며, 나아가 그 내용을 교과서 및 실제 수업이라는 교육현장에 어떤 식으로 적용할 수 있을지 고민해보고 새롭게 구성해볼 수 있었던 강의였습니다. 개인적으로는 서양사를 구체적으로 공부한 계기가 되었으며 이후 전공과 관련된 공부의 방향을 제시해 주는 강의였기에 교수님께 진심으로 감사드립니다. 올해에는 작년보다 더 많은 학생들이 수강하고 있다는 소식을 듣고 모든 학생들이 저와 같은 또는 저보다 더 큰 결실을 맺길 바라며 앞으로도 서양사개론이 더 많은 학생들에게 새로운 사고의 계기로 작용하길 바랍니다. 감사합니다.

임소라 _ 역사교육과

15
에필로그 : 서양사학습 길라잡이

학습의 방법은 사람마다 다르고, 그 성취도는 평가되기 어렵다. 그러므로 어떤 사람의 말은 참고가 될지언정, 자신에게 맞는 것이 아니라는 사실을 여러분은 알 필요가 있다. 학습하고 정리하고 이를 응용하고 문제를 해결하는 방식은 매우 고유한 것이며, 자신에게 맞는 스타일과 방법을 찾는 것이 자신의 분야에서 대성할 수 있는 길이다. 여기에 소개하는 길라잡이는 다만 참고로 할 뿐 그 방법이 여러분 학습의 미래를 보장한다고 보기는 어렵다. 필자의 경험을 참고하여 다음의 길라잡이를 제시한다.

Ⅰ. 무엇을 : 교재선택

전공을 위해서 어떤 교재를 선택하면 좋으냐는 질문을 많이 받는다. 특히 임용고사용 수험서의 선정에 관해서 질문을 받는다. 전자의 경우에는 전공시간에 담당교수나 강사가 제시해주는 참고문헌을 참고하는 것이 가장 이상적이다. 특히 가장 중요한 서적을 소개하는 경우는 대개 많은 시간을 할애하므로 여러분은 이 점에 유의하여 그 책을 선택하여 읽는 것이 좋다. 필자의 경험으로 가장 좋은 학습법은 미리 학기초에 보고서를 전부 써 놓는 것이다. 이렇게 하면 미리 중요한 논점을 파악하여 예습하는 효과가 생긴다. 뿐만 아니라 학기말에 이르면 자신의 생각에서 무엇이 잘못되었는지 알 수 있어서 자신이 가져왔던 오개념을 수정할 수 있을 뿐 아니라, 시험이 집중되는 기간에 시험에 집중할 수 있는 시간 관리를 잘 할 수 있게 된다. 후자와 관련해서 또는 일반적인 교양이나 개요를 알고자 할 때에는 다음의 두 책이 참고된다.

① 배영수 편, 『서양사강의』 한울 아카데미. 2007.

개정판 서문
초판 서문
제1장 고대 지중해 세계 | 김경현
제2장 기독교와 중세 유럽의 형성 | 이종경
제3장 봉건사회의 성립과 발전 | 이기영
제4장 봉건사회의 해체 | 김호연
제5장 초기 자본주의와 국가 | 이영석
제6장 근대정신과 문화의 대두 | 이혜령
제7장 프랑스 혁명 | 최갑수
제8장 산업혁명 | 차명수
제9장 자유주의와 민족주의 | 김기순
제10장 19세기의 노동운동과 사회주의 | 조용욱
제11장 제국주의와 제1차세계대전 | 조용욱
제12장 러시아 혁명 | 한정숙
제13장 파시즘 | 정현백
제14장 소련의 사회주의 실험 | 이채욱
제15장 현대 자본주의 | 배영수
용어 찾아보기
인명 찾아보기

이책의 장점은 각 시대 전공자가 자신의 연구분야에 나오는 연구동향을 소개하고 있어서 쟁점과 논쟁의 주제를 파악할 수 있다는 점이다. 그러기에 전공 강의 수준의 내용을 제시하고 있어서 깊이 있게 학습하는 데에 중요한 길잡이라고 할 수 있다. 문제점은 장점과 관련되는데, 전체적인 통일성이 없으며, 저자들 간의 합의는 시기 외에는 없는 듯하다. 어떤 부분은 지나치게 어렵고 현학적이며 압축적으로 기술되어 있다. 따라서 이 책은 전공수업을 다 마친 후에 정리하는 식으로 정독하면 큰 도움을 받을 것으로 보인다.

② 차하순 저, 『서양사총론』 탐구당, 2007.

머리말
일러두기
[서론] 1. 역사의 의미 2. 서양사의 의의
제1장 선사시대
제2장 고대 동방의 문명
제3장 고대 그리스 문명
제4장 로마와 지중해 세계
제5장 유럽 문화권의 형성
제6장 봉건사회의 전개
제7장 보편교회와 그리스도교 문화

제8장 르네상스와 종교개혁
제9장 절대군주제의 전개
제10장 혁명의 시대
제11장 자유주의와 내셔널리즘
제12장 19세기의 문화
제13장 산업주의와 제국주의
제14장 전쟁과 평화
제15장 변화하는 세계
제16장 현대세계의 문화
제17장 현대세계와 하나의 지구촌
유럽 주요 왕계보
찾아보기

이 책은 차하순 교수의 단독 저술이며, 읽기에 편하고, 특히 모든 도판이 컬러로 처리되어 있어서 풍부한 내용과 더불어 일관성이 있는 저술이다. 차하순 교수가 서양사상사 전공자인 관계로, 사상이나 문화에 대한 접근이 잘 되어 있다고 볼 수 있다. 가장 교과서에 근접한 체제라는 점에서 입문서로 추천할 만하며, 특히 시험문제를 낼 경우 많이 참고 된다. 그에 비해서 단점을 들자면, 논쟁사나 쟁점에 관한 소개가 미흡하다. 입문서로서 추천할 만하지만 전공을 심화하는 데에는 한계가 있다.

팁. 만화도 좋은 교재이다. 래리 고닉, 『세상에서 가장 재미있는 세계사』(*The Cartoon History of the Universe*)(이희재 역), 궁리, 2006, 전 5권도 내용이 풍부하며 수학자에서 역사학자로 변신하여 만든 노작이다.

Ⅱ. 어떻게 : 읽기 방법

이제 교재를 선택하였으면 어떻게 읽어나가서 자신의 것으로 만들 것인지 그 요령을 파악해 보자.

1. 본　문

우선 적어도 500페이지 또는 1000, 2000페이지에 달하는 전공서적 혹은 입문서를 보면 기겁할 것이다. 그러나 우선 알아야 할 것은 서양·미국 혹은 인도 필리핀의 교과서도 1000페이지에 달한다는 사실이다. 우리나라나 일본의 교과서만 200-300페이지 내외로 별로 내용도 없는 것과 대조된다. 또 기억해야 할 것은 역사서는 두툼할수록 흥미가 더해 간다는 사실이다. 6년간 가장 재미없던 교과서는 많은 내용을 제한된 분량에 집어넣어야 하는 탓에 생긴 것이다. 다른 교과와 달리 역사는 계기적으로 가르쳐야 하기에 내용을 생략하고 건너뛰면서 서술할 수 없다. 영국에서 패치 실라버스(Patch Syllabus)라고 해서 중요한 시대만 집중해서 가르치는 방식이 도입되었으나, 이제 이런 식의 교수방법을 고수하는 교사는 퇴출되기에 이르렀고, 최근에서는 발전선(line of development)라는 방식이 교수요목으로 채택되었다.

이런 본문을 어떻게 읽을까? 단어 하나 인명 하나 잘 알지도 익숙하지도 않은 것인데. 그러나 독자는 겁을 내지 말라. 언어는 습관과 훈련의 결과로 이루어지는 것이며 공부도 마찬가지다. 먼저 몰라도 좋으니 처음부터 끝까지 독서하는 자세가 필요하다. 모르는 단어는 어떻게 하나? 서양사의 개념도 없는데. 걱정하지 말라. 저자들은 읽으면서 알 수 있도록 용어에 관한 설명을 중간 중간에 달아 놓았다. 그래도 모르는 것은 어떻게 하는가? 그점도 염려하지 말라. 대충 그런 뜻이라고 생각하고 그냥 넘어가라. 중요한 것은 서문부터 저자의 맺음말까지 읽어나가는 것이다. 줄을 치거나 표시하지 말라. 눈으로도 읽고 소리 내어서도 읽고, 재미없어도 있어도 그대로 처음부터 끝까지 읽어라. 역사가 그런 것이 아닌가? 필자의 충고를 듣고 끝까지 읽은 사람은 두 가지가 생길 것이다. 하나는 다 읽었다는 보람, 다른 하나는 잘 모르겠지만 이런 것이 역사라는 느낌, 이 정도를 가지면 성공적인 독서를 한 것이다.

이제 용기를 내어 다시 책을 읽어본다. 이제는 익숙한 느낌이 들 것이다. 정독해야 한다. 모르는 것은 점검하고 사전으로 확인하고 (공부에는 국어사전이 꼭 필요하다. 우등생이 국어사전을 애용한다는 것은 비밀이다) 앞서의 방법대로 끝까지 정독한다. 공부는 엉덩이로 하는 것이다. 집착과 끈기를 기르자. 이를 위해서는 두꺼운 책을 아침부터 저녁까지 의자에 붙이고 읽는 게 제일 좋은 훈련법이다.

외우려고 하지 말라. 그냥 흐름을 이해하려고 노력하라. 큰 그림을 마음에 그리고 역사는 이렇게 흘러 이렇게 가는 것이구나, 아니면 저자는 이런 식으로 설명하고 있구나 정도만 알면 된다. 역사의 학습방법은 먼저 큰 흐름을 이해하고 여기에 세부적인 사실을 놓고 이 사실의 의미를 아는 것이다. 이런 식으로 해야 역사의식이 생긴다. 전체와 부분 두 가지의 관계를 아는 것이다. 역사는 전체부터 출발한다. 지평축소법이 역사학습의 방법이다(비밀!). 좋은 논문은 바늘귀로 코끼리가 지나가게 하는 것이다. 이러기 위해서는 코끼리를 작게 만들어야 한다. 그것이 전체를 파악하는 방법이다.

전공서적은 값도 비싸므로 자기 것으로 만들어야 한다. 3번쯤 읽는다고 억울해 하지 말라. 이제는 줄도 치고 낙서도 하고 의문점도 써 놓으면서 자신의 교재로 만들어라. 흥미를 느끼고 나아가 감동할 수 있고, 머리가 열린 느낌이 오면 전공의 입문에 성공한 것이다. 그물을 잘 만들자. 너무 성기면 남는 것이 없고, 너무 잘면 찢어진다.

팁. 멀티미디어는 학습효과 면에서 방해된다는 연구결과가 있다. 오히려 텍스트를 소리내어서 크게 읽으면 추체험이나 감정이입의 효과가 나타난다고 한다. 이러기 위해서 생각에 영상을 그려야 하는데, 강제로 영상을 집어넣으려고 하면 극단적인—몰입되거나 잠자는— 반응이 나타난다. 스스로 영상을 그리지 않으면 세뇌된 것이나 다름없다.

2. 각 주

전공서적을 보면 예외 없이 각주나 후주가 깔려 있다. 1단계에서는 볼 필요가 없다. 2단계에서는 하나하나 점검하면서 보도록 한다. 특히 논문의 주제를 잡고자 할 때는 각주가 연구의 보고이다. 왜냐하면 저자는 자신이 연구하고 싶으나 주제와 동떨어지는 경우 또는 시간이 없는 경우 독자들에게 유익한 정보를 제공하기 위해서 각주를 달기 때문이다. 흥미를 느끼면, 그 내용을 기록한 원문을 직접 찾아보라. 새로운 느낌을 가질 것이다.

3. 연　표

연표는 역사의 흐름을 개관하는 데 필요한 도구이다. 모든 역사책에 연표가 들어가 있는데, 연도와 사건은 가능하면 암기하도록 한다. 암기가 목적이 아니지만 사건의 선후관계를 아는 것이 역사의 이해에 중요한 역할을 한다는 점을 상기하면 가능하면 외우는 것이 좋다. 예를 들면, 페르시아 전쟁, 로마의 건국연도, 그라쿠스 형제의 개혁, 아우구스투스의 집권시기, 디오클레티아누스의 집권, 로마제국의 멸망 연도, 카롤루스 대제의 대관, 아메리카 대륙의 발견, 시민혁명의 시점, 철도의 건설, 세계대전 등등이다.

팁: 임용시험을 대비하기 위해서는 한국사 동양사 서양사의 연표를 같이 놓고 비교한다. 서양에서 어떤 사건이 났을 때 한국에서 중국에서 어떤 일이 났는지를 아는 것은 세계사를 입체적으로 파악하는 데 도움을 준다. 나름대로 노트를 만들어서 같이 비교해 보면 흥미도 있고, 기억에 유리하다. 모든 학습 시작에 연표를 먼저 보고 연도를 점검한 후에 시작하라.

4. 도표, 그래프

통계 자료를 읽는 훈련이 필요하다. 경기변동의 모습, 인구변화의 모습, 가격의 상승 등은 역사를 구체적으로 통계적으로 이해하는 데에 도움을 준다. 도표와 그래프를 보고서 밑에 있는 연도에 그래프와 수치를 연상하면서 상상해 본다. 아, 이 시점에 흑사병이 창궐했구나, 산업혁명으로 맬더스의 인구론의 B국면을 언제 벗어났는가? 이런 그래프와 도표를 보면서 추상적인 자료를 구체화 해서 상상하는 것이 필요하다. 역사학습은 상상하는 능력(imagination)에 달렸다. 어려운 통계라고 건너가지 말고, 도표를 보고 상상하자. 이제까지 나온 사회변화의 모델은 인구론과 시장론 밖에 없다. 일반적으로 도표를 제시하는 것을 싫어하지만, 이것을 제시한 것은 그만큼 중요하기 때문이다. 같이 토론하고 머리를 모아서 숙의하고 도표와 그래프의 의미를 알도록 하자. 특히 역사의 이해와 깊은 관련이 있는 것은 생장곡선(logistic curve, S curve)이다. 일반사회나 지리 과목에서 들은 경제와 사회와 자연지리에 대한 이해를 최대한 역사에 적용해 보자.

5. 만화, 사진, 지도

카툰이라고 하는 단일 그림은 만평의 자료로서 당시의 사건을 보았던 사람들의 일반적인 견해를 모사한다는 점에서 중요한 역사수업 자료이기도 하다. 그림을 보고 무엇을 의미하는지, 왜 그렸는지 충분히 이해할 필요가 있다. 그러기 위해서는 그림이 나온 정확한 정황을 이해해야 한다. 흔히 과장이 많고 정치적 의도가 숨겨져 있으므로 그대로 믿어서는 안된다.

사진도 마찬가지다. 사진을 찍어본 사람은 알겠지만, 얼마나 조작이 가능한지 알 것이다. 특히 작가가 중요한데, 구한말에 찍은 농민 사진을 보면 얼굴이 전부 다 검게 나왔다. 조선인은 황인이 아니라 흑인이라고 볼 수 있게 된 것이다.

옆의 삽화는 제국주의를 비꼬는 풍자화로 소개되어 있다. 그러나 저자는 식민주의를 풍자하기 위해서 제시한 것이다. 우리는 식민주의와 제국주의를 같은 것으로 생각하는 경향이 있지만, 두 가지는 엄연히 다른 것이므로, 학생들에게 제시할 경우 주의할 뿐 아니라. 학습할 경우에도 이런 류의 자료가 제시되면 저자가 누구인지 또 어떤 의도로 제시된 것인지 정확히 알고 학습하면 좋을 것이다.

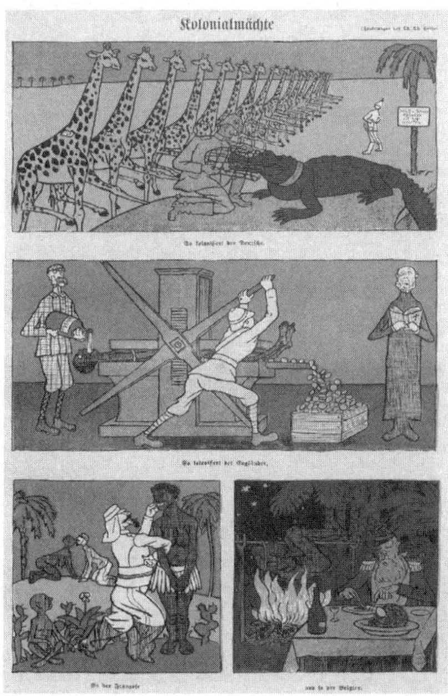

지도의 경우 중요한 지명은 한번쯤 백지도에 표기하는 식으로 공간적인 위치를 파악하고 있어야 한다. 예를 들어 로마나 아테네, 런던, 모스크바, 파리, 아헨 등등을 찍어 보고서, 그 지역이 가지는 특수성을 기억하면 역사의 입체적인 이해에 도움되며, 지리적 위치와 함께 사실을 같이 이해하면 기억력을 높일 수 있다. 아울러 국경과 나라의 모습도 같이 기억하면 좋은데, 이를테면 프랑스는 별모양으로 기억해 보자. 특히 전쟁과 관련해서는 영토의 변화, 침략의 경로, 지정학적 위치 등을 기억해 두자. 그러나 역사를 결정하는 것은 지리가 아니다.

6. 신문기사

인터넷을 검색하다가 혹은 신문을 보다가 학습과 관련된 내용이라고 생각되면 무조건 파일을 만들거나 신문을 오려서 혹은 복사해서 철해 놓자. 인쇄하기를 해서 PDF로 저장해 놓고 파일명을 원하는 대로 바꾸어 주면 좋다. 그래서 별도의 폴더나 스크랩을 해놓는 작업을 한다. 이것은 중요한데, 쟁점이 되거나 중요한 내용이면, 출제자가 출제를 미루거나 아니면 출제하는 동기를 제공한다. 필자는 다음의 자료를 보존하면서 많은 내용을 손질할 수 있었다. 모름지기 교사가 되려면 흘러가는 사건을 그냥 넘기지 말고 중요한 내용이라고 판단되면 저장해 놓고 자료로 관리하려는 노력이 필요하다. 위의 라오콘상 기사는 한 연구자가 의문을 제기한 후 반향은 크지 않았고 정설이 바뀌지도 않았지만 기억해 두면 요긴할 것이다.

"로마 라오콘상, 미켈란젤로가 만들었다"

dongA.com | 기사입력 2005-04-19 19:52 | 최종수정 2005-04-19 19:52

[동아일보]

바티칸 박물관에 전시된 고대 헬레니즘 조각의 걸작 라오콘 상(사진)이 사실은 미켈란젤로의 작품일 가능성이 높다는 주장이 나와 논란이 벌어지고 있다고 뉴욕타임스가 18일 전했다.

라오콘 상은 트로이의 사제 라오콘이 트로이 목마를 성안에 끌어들이는 것을 반대하자 아테네 여신이 물뱀을 보내 그와 두 자식을 죽이는 장면을 형상화한 것. 1506년 1월 14일 로마의 에스퀼린 언덕에서 발견된 라오콘 상은 그동안 그리스 로도스 섬의 거장인 아게산드로스, 아테노도로스, 폴리도로스가 1세기경 함께 만든 작품인 것으로 알려져 왔다.

논란이 시작된 것은 린 캐터슨(48·여) 박사가 6일 컬럼비아대 이탈리아학 강연에서 "사실은 미켈란젤로가 그리스 로마 예술에 관심이 많던 메디치가에서 돈을 받아내려고 라오콘 상을 조각해 에스퀼린 언덕에 옮겨 놓은 뒤 마치 고대 유물을 발견한 것처럼 자작한 것"이라고 주장하면서부터.

Ⅲ. 왜 : 효과와 쓰기

서양사를 공부하면서 이렇게 어려운 내용을 왜 배울까 하는 회의가 들었다면,

지극히 정상적이라는 사실을 알기 바란다. 적어도 이런 회의를 가지지 않는다면 한국인으로서 문제가 많다. 그러나 알아야 할 사실은 서양의 발전에 대한 이해 특히 근대화 과정에 대한 이해가 한국의 역사에 대한 이해에도 큰 도움이 되어왔고 또 그럴 것이라는 점이다. 왜냐하면, 역사의 연구는 기본적으로 비교에서 비롯하며, 그 비교는 우월한 것이든 열등한 것이든 자신을 알게 하는 기본적인 틀이다. 그래서 헤로도토스는 그리스인을 알기 위해서 이집트, 오리엔트 등 바르바로이를 먼저 소개한 것이다. 혼자만 있어서는 잘 생겼는지 알 수 없지 않은가? 그러므로 여러분은 국사를 이해한다는 심정으로 서양사를 학습하기를 바란다. 그러면 왜 교과서의 저자들이 혹은 연구자들이 그런 식으로 서술했는지 알 수 있을 것이다.

팁 : 국사의 방향을 잡는 데 중요한 책이 서의식, 『한국고대사의 이해와 국사교육』(혜안, 2010)이다. 한국사를 둘러싸고 왜 그렇게 복잡한 문제가 제기되고 있는지, 현재 한국사회의 역사논쟁은 왜 일어나는지, 그리고 우리가 서양을 어떻게 보아야 할지 역사교육에 관심 있는 학생들은 한 번 읽어 보기를 추천한다.

그리고 서양사를 공부하면서 비교의식이 생기면 이것은 바로 논술의 출발점이 된다. 문제점을 파악하고, 역사를 재료 삼아서 자신의 생각을 드러내고, 남을 설득하는 데에 역사는 필요한 것이다. 역사교사를 지망하는 여러분, 자신이 재미있지 않으면 남을 재미있게 지도할 수 없다. 먼저 재미를 느끼기 위해서 비교하는 것이 필요한데, 이를 위해서 어떻게 해야 할지 늘 노력하는 것이 필요하다. 자기 나름대로.

부록

세계사 준거안(서양편)*

1. 시간과 인간
2. 인류의 기원
3. 신석기 혁명
4. 메소포타미아 문명
5. 이집트 문명
6. 그리스 민주정
7. 헬레니즘
8. 로마제국
9. 노예 경제
10. 아프리카 고대세계
11. 크리스트교의 성립
12. 사산조 페르시아
13. 유럽세계의 형성
14. 슬라브 민족의 이동과 크리스트교화
15. 봉건제
16. 장원경제
17. 로마 가톨릭 교회
18. 중세문화
19. 비잔티움 제국
20. 상업과 도시의 발달
21. 근대 의식의 각성
22. 유럽세계의 확대
23. 아메리카 대륙의 문명
24. 절대주의
25. 자본주의의 발전과 산업혁명
26. 시민혁명과 시민사회
27. 자유주의와 민족주의
28. 사회주의
29. 제국주의
30. 세계대전
31. 러시아 혁명
32. 파시즘
33. 냉전 체제
34. 아프리카의 독립과 변화
35. 사회주의권의 붕괴
36. 20세기의 라틴 아메리카와 오세아니아
37. 대중사회
38. 현대 세계의 제문제와 21세기

---

* 이 자료 14와 19는 김병용 교수가, 21이하는 구학서 교수가 각각 개발한 것이며 나머지는 필자가 작성한 것으로, 각 저자들의 동의를 얻어서 게재한다.

1. 시간과 인간

(1) 주제의 의의 :

이 단원은 6차 교과서 이후에 등장한다. 종래의 세계사 교과서에는 역사의 이론이 없었고, 단순한 사실의 나열에만 그쳤다. 이 단원이 들어간 것은 특히 독일교과서의 영향이 큰 듯하다. 주로 일본의 교과서를 형식적으로 답습한 데에서 탈피한 점에서는 획기적인 단원이기도 하다. 그러나 6·7차 세계사 교과서에 나온 내용은 단순한 일반적인 시간의 의미를 다루고 있지, 역사적 카테고리나 문화 또는 사고방식으로 다루고 있지 않다. 물리의 시간과도 다르고, 지질이나 천체 물리학과도 다른 역사학 나름의 시간에 대한 인식을 깊이하고 그 위에 역사적 사실이라는 벽돌을 쌓아가는 것이 올바른 순서일 것이다. 그렇지 않으면, 역사는 그저 순서 없는 잡다한 지식에 불과하기 때문이다.

(2) 핵심주제어

구조, 시간, 시대, 순환사관, 직선사관, 나선사관, 포스트모던

(3) 서술의 주안점:

가. 물리적 시간의 의미는 길이에 비례하지만, 역사에서는 관심의 크기에 따라서 비례한다는 점을 제시할 필요가 있다. 관심이 많으면, 그 만큼 많은 서술을 하게 되고, 관심도가 덜 하면 짧아진다.

나. 천체물리학에서도 시간을 다룬다. 수천, 수억 광년을 다루는데, 실제로 이는 이미 과거의 사건이다. 그런 의미에서 천체물리학이나 지질학도 역사와 같이 과거를 다룬다고 볼 수 있다. 그러나 역사의 과거는 인간의 존재와 관련된다. 다시 말해 역사를 만든 인간을 떠나서는 시간의 의미는 달라진다.

다. 아론 구레비치에 따르면, 우리가 살고 있는 시대의 시간의 의미와 고대나 신화 속에서의 시간 관념은 다르다. 전자의 경우 일직선적인 시간의 틀 위에서 철저한 인과관계가 전개되는 관념의 공간으로 이해되지만, 후자에는 다면적이고 가역적이고 순환적인 시간의 인식이 지배적이다. 이런 두 시간관의 변화시점은 유럽의 중세말에 이루어졌으며, 이는 시계의 발명과 연관된다. 여기에는 노동의 통제라는 부르주아의 의식이 작용하였다.

라. 오늘날 역사를 지배하는 의식이 직선적인 시간관에서 나왔다면, 시간관의 변화는 다른 역사의식과 관련을 맺을 것이다. 이런 점을 염두에 두어야 오리엔탈리즘이나 서구중심 주의를 극복하고, 전체로서 이해하는 바탕을 마련할 수 있다. 아울러 시대구분의 한계를 인식하고 그 대안을 모색할 여지가 이런 시간관의 차이점을 인식하는 데에서 찾을

수 있다. 아울러 과학에서의 시간인식도 뉴튼적 모델에서 양자론적 전환을 하고 있고, 역사학의 시간관과 접점도 마련되고 있다.

마. 최근 포스트 모던의 경향에 따르면, 근대의 인과관계에 따른 시간관에 회의적인 시각이 나오고 있으며, 영상에서는 근대적 시간관을 무너뜨리고 신화적 내지는 4차원적 시간관의 사용을 볼 수 있다.

2. 인류의 기원

(1) 주제의 의의

역사는 인간의 과거를 탐구하는 학문이다. 그 인간이 어디에서 비롯하였는가를 조명하는 것은 역사만이 아니라 모든 학문의 기초가 되는 작업이다. 이 주제는 자연 속의 모든 생물과 마찬가지로, 인간도 자연과 같은 방식으로 변화되어 오늘에 이르렀다는 인식을 전제로 한다. 이 주제는 인간의 진화가 환경과의 부단한 상호작용의 결과를 보여준다는 점에서 세계사의 기본주제로서 설정하는 것이 마땅하다.

(2) 핵심주제어

오스트랄로피테쿠스, 호모에렉투스, 호모사피엔스, 불, 도구제작

(3) 서술의 주안점

가. 과거의 교과서에는 인간의 기원과 인간화의 과정을 진화론에 입각하여 진술하여 왔다. 그 결과 이 주제는 생물교과서의 내용보다 더 진화론적인 입장에서 서술되어, 마치 이의 없는 정설처럼 취급되어 왔다. 그러나 진화 과정을 설명하기 위해서는 소위 '잃어버린 고리'를 채워야 하는 등 미완성의 가설로 남아있다.

나. 특히, 기독교 문화의 본거지인 유럽에서 애초 이 가설이 받아들이지 않았다는 점, 최근 미국에서 제기되는 소위 창조론 내지는 지적 설계론을 주장하는 사람들은 이 가설을 인정하지 않는다. 뿐만 아니라 이 가설이 하나의 정설처럼 대두하는 데에는 식민주의와 제국주의의 요청이 있었다. 이 가설이 사회적 진화론처럼 일반화되어 세계사 이해에 큰 해악을 초래한 점도 같이 고민할 필요가 있다.

다. 오늘날 친숙해진 오스트랄로피테쿠스 같은 여러 고인류의 이름을 단선적으로 나열하여 오늘의 호모사피엔스사피엔스에 이르렀다는 도식은 오늘날에 거의 부인되고 있다. 오히려 인류는 단선의 발전이 아니라 여러 갈래로 발전되어 왔고, 상이한 계통을

가지는 다양한 인류가 존재하였음을 보여주고 있다. 이런 점을 구분하여 세심하게 서술하는 것이 필요하다.

라. 과학자들은 현대 인류가 다양성 없이 하나의 유전인자를 나누고 있어서, 오히려 급격한 환경변화나 전염병에 취약하다고 한다. 인류의 조상이라고 불리는 고인류들이 겪은 곤란한 사정과 환경은 어떤 것이 있는지, 또 이를 극복하기 위해서 어떤 아이디어를 고안하였는지를 구체적으로 제시해 주어야 한다. 특히, 석기 제작과정 같은 것은 체험학습으로 제공할 필요가 있다.

마. 게놈 프로젝트에 따르면 지구상에 존재하는 인류는 모두 한 조상의 후손으로 밝혀지고 있다. 이런 점을 강조할 필요가 있다. 오늘날 공공연히 벌어지는 인종차별과 성차별의 의식이 생물학적으로 전혀 근거 없는 설이라는 점을 강조하고, 나아가 인류가 번영하기 위해서는 그 뿌리 깊은 편견을 극복하고 인류의 문제를 해결하기 위해서 공동으로 노력해야 한다는 점을 서술해야 할 것이다.

3. 신석기 혁명

(1) 주제의 의의

오늘날 인류의 생활에 기초가 되는 식량과 도구와 관련해서 보면 그 토대가 이루어진 시대가 신석기 시대이다. 그런 기술을 통해서 자연을 지배하고, 사회를 조직하며, 나아가 문명에 이르는 과정을 살펴보는 것은 이성적인 존재로서의 인간이 어떻게 적응하고 발전하였는가를 보여주는 점에서 세계사 이해에 기본적이다.

(2) 핵심주제어

신석기, 농경, 가축사육, 토기제작, 촌락, 도시

(3) 서술의 주안점

가. 지금으로부터 1만2천년에서 1만년전 사이에 북반구에서 환경이 크게 변하였다. 유라시아와 북 아메리카의 기후가 좋아지고, 반면 북 아프리카와 중앙아시아 지역이 건조지대로 변화한다. 이런 변화에 수반하여 매머드 같은 포유류가 사라지고, 사슴류가 북쪽으로 이동하였으며, 인류도 환경이 좋은 지역으로 이주하였다.

나. 이 시기에 이루어진 기술적인 변화로 가장 특징적인 것은 석기 제작기술의 발전이다. 구석기 시대의 제작방법에 비해서 한층 세련된 방식으로 제작하는 것이 가능하였다.

이와 관련하여 농경이 이루어지고 가축사육이 발생하는 데 이런 변화를 두고 우리는 신석기 혁명이라고 한다.

다. 농경의 시작에 관해서 여러 논란이 있지만, 소위 비옥한 초생달지역에서 가장 먼저 시작되었을 가능성이 있다. 이 지역에서는 야생의 보리와 밀이 발견되기 때문이다. 농경을 착안한 사람은 여성이라고 하는 가설이 유력하다. 남자들이 수렵으로 나가 있는 동안 이 같은 야생의 식물을 발견하고 재배하게 되었으며, 남자들이 사냥한 양과 염소를 사육하였다는 것이다. 이런 변화는 기원전 8,000년경에 시작하여, 기원전 6,000년경에 이르면 오늘날의 농경·가축사육이 이루어지고 이때부터 각 지역으로 전파되었다.

라. 인간이 농경으로 인해서 정주하게 되면서, 구석기 시대보다 더 큰 단위의 공동체가 형성된다. 촌락이라고 부를 수 있는 이 단위는 대개 10에서 50개의 가족이 모였으며, 촌락의 인구는 50에서 300명 정도로 추정된다. 이런 정주단위는 전 시대에 비해서 식량공급이 비교적 충분히 이루어지면서 가능하였는데, 반면에 낮은 생산성으로 인해서 과잉인구의 문제나 전염병의 문제 등으로 인해서 불리한 점도 있었다. 이 시대의 기대수명은 25세 정도로 추정된다.

마. 농경의 도래와 더불어서 곡물을 불에 굽거나 끓이는 방식이 도입되면서 토기와 같은 용기가 만들어진다. 토기는 돌로 제작된 용기에 비해 깨지기 쉬우나 제작이 쉽고 가벼운 이점이 있었다. 이 토기 제작은 집을 만들던 재료인 흙벽돌을 만드는 기술에서 유래하였을 것으로 보이며, 토기 제작기술에서 다시 녹로가 발명되고 나아가 이것이 바퀴의 발명으로 이어진다. 아울러 구리가 발견되는 것도 기원전 6000년경이며, 이것이 널리 이용되는 것은 기원전 4000년대에 들어서이다.

바. 신석기 시대에 이미 도시 건설이 이루어졌음을 인식할 필요가 있다. 터키의 차탈휘윅은 기원전 7,000년대에 밀집한 주거지를 형성하고 있었고, 예리코는 기원전 7,000경에 거대 성벽을 지닌 도시였다. 이 도시의 기능은 주로 주변농촌의 중심지로서 상거래와 생산을 담당하는 것으로 추정된다. 이런 도시의 존재는 신석기 경제가 생각보다는 복잡한 측면이 있었음을 보여준다.

4. 메소포타미아 문명

(1) 주제의 의의

최초의 문명이 메소포타미아 지방, 지금의 서남아시아에서 일어났다는 점에 이의를 제기하는 연구자는 없다. 시기적으로나 문화의 내용에서 최초의 문명으로 평가받기에 부족함이 없다. 여기에서 학생들은 문명의 의미와 그 영향에 관해서 파악할 수 있어야 한다. 이 같은 비약의 원인은 무엇이며, 오늘날의 문명과 같고 다른 점이 무엇인지를 파악해 봄으로써 역사발전의 의미도 찾을 수 있다.

(2) 핵심주제어

농업, 신정정치, 점토판, 쐐기문자, 관개농업, 계약 사회

(3) 서술의 주안점

가. 문명의 시작이 청동기의 사용, 문자의 사용과 일치하는 것으로 인정되었다. 그리고 그런 기술적 발전이 도시를 형성하고 이를 통제하는 정치권력의 성장과 연관을 맺고 있다. 그러나 정작 메소포타미아 문명을 검토해 보면 이런 도식이 성립하지 않는다.

나. 우선, 최초의 문명이 나타난 지역이 가지는 지역적 특수성을 선행지식으로 제시할 필요가 있다. 메소포타미아라는 말은 두 강 사이의 지역이라는 그리스어에서 유래한 명칭이다. 소택지가 많고 강에 퇴적으로 만들어진 농경지가 전부이다. 이 지역을 문명화한 주요 동력이 바로 농업에서 비롯하였다. 특히, 점토판에 나타난 기록을 통해서 보면, 중세 서양보다도 높은 수준의 농업이 이루어진 점을 보여주고 있다. 그런 점에서 앞선 시기 신석기 혁명의 결실로서 이 지역의 문명화를 설명해야 할 것이다.

다. 이 지역에서 출토되는 석재나 금속은 이 지역에서 만들어진 것이 아니라 수입된 것이다. 이 사실은 이 지역의 농업이 교환의 기초가 되었고, 이를 기반으로 주변지역과 상호교류를 통해서 비약적인 성장을 이루었음을 보여주고 있다. 최근에는 인더스 문명이나 이집트 문명과의 상호관련성을 밝히려는 연구도 지속되고 있어, 문명 상호간의 관련성도 조만간 밝혀질 것으로 기대된다.

라. 점토판과 쐐기문자에 관해서 이루어진 지속적인 연구를 통해서, 이 지역의 생활과 역사가 밝혀지고 있다. 이런 내용을 소개하고 오늘날의 사회와 비교해보는 과제를 부과할 수 있을 것이다.

마. 메소포타미아 문명의 몰락에 관해서는 지정학적인 이유와 기후환경의 요인을 제시할 수 있다. 이 지역의 발전 동력이었던 관개농업이 환경에 부정적인 영향을 미침으로써 쇠퇴하게 되는 과정을 보여주는 것도 우리에게 중요한 교훈이 된다.

5. 이집트 문명

(1) 주제의 의의

미라와 피라미드로 대변되는 이집트 문명은 나일강의 선물이라는 말과 함께 독특한 문명을 이루었다. 샹폴리옹의 상형문자의 해독으로 인해서 이집트의 역사가 밝혀지고, 문명으로서의 가치와 영향을 보여주고 있다. 그럼에도 수많은 수수께끼와 미스터리가 우리에게 또 상상력을 부채질하고 있다. 이 주제에서는 환경과 인간의 노력, 그리고 종교와 정치지배의 역학관계를 찾아볼 수 있을 것이다.

(2) 핵심주제어

미라, 피라미드, 파라오, 나일강, 태양력

(3) 서술의 주안점

가. 이집트가 메소포타미아의 영향을 받았는지는 논쟁거리이다. 이집트 문명의 특수성은 나일 강의 주기적인 범람이라는 독특한 주기성과 깊은 관련을 맺고 있다. 메소포타미아 지역과 문화의 내용 및 정치구조 및 변천을 비교해 볼 수 있도록 한다.

나. 이집트의 거석문화에 대한 이해가 중요하다. 그 전에는 주로 왕권의 절대성이나 착취적 성격을 강조하였다. 그러나 공사자들은 일반인이었고 나아가 피라미드 건설은 일종의 공공사업으로 파악된다. 아울러 거석문화를 통해서 드러나는 건축술의 발전과정을 제시하여 문명이 이루어지는 과정을 이해하는 것이 바람직하다.

다. 미라로 대변되는 매장문화의 내용을 통해서 이집트인의 우주관이나 신관에 대한 이해를 드높일 수 있다. 특히 삽화나 도판을 통해서 이들의 이상향을 소개할 필요가 있다. 특히 이집트 미술에서 나타나는 특징을 소개하고, 이를 후대 서양이나 기타 지역의 미술과도 비교해 볼 수 있을 것이다. 일반적으로 신들의 다양성을 들어서 다신교로 파악하려는 경향이 있으나, 이집트에서 간행된 서적이나 전문적인 서적에는 기본적으로 '일신교'(monotheism)로 보고 있는 점을 반영하여 신중히 서술할 필요가 있다.

라. 이 지역도 나름의 역사적 굴곡을 겪었다. 특히, 이집트 전성기라고 할 람세스 2세 시기에는 히타이트 족과 충돌하여 위기를 겪기도 하였고, 아프리카의 부족이나 힉소스족에 의해서 지배민족이 교체되기도 하였다. 또 계획적으로 운영된 경제체제의 문제점도 같이 기술해 주는 것이 바람직하다.

마. 최근, 그리스문명에 대한 이집트의 영향을 강조하는 주장이 큰 반향을 일으키고 있다. 특히, 블랙 아테나로 대변되는 이 주장은 그간 그리스문명의 독자성을 강조해 온

서구학계의 입장에 대해 비판의 터전을 마련한다. 이점에서 서구 문명의 형성에 대한 오리엔트 문화의 영향을 구체적으로 제시하는 것이 좋을 듯하다.

바. 상형문자의 해독과정을 소개하고, 이를 다른 문자와 비교하여 봄으로써 다양한 표기방식의 존재를 파악하게 하는 것도 권장된다.

6. 그리스 민주정

(1) 주제의 의의

서양사의 시작은 그리스에서 전개된 폴리스라는 도시국가 제도에서 찾을 수 있다. 이 폴리스들은 여러 형태의 정치를 지니고 있었고, 발전의 방향이나 양상도 같은 것이 아니었다. 그러나 현재의 관점에서 가장 중요한 정치 모델인 민주정을 만들어 낸 창의성과 그 제도가 가지는 의미를 교과서를 통해서 교육하는 것은 가장 중요한 과제이다.

(2) 핵심주제어

아테네, 민주정, 민회, 아르콘, 델로스 동맹, 노예제, 페리클레스

(3) 서술의 주안점

가. 민주정의 원리는 오늘날 거의 모든 정체의 중핵을 이룬다. 그런 점에서 이 정치의 기원이 되는 그리스, 특히 아테네의 민주정치를 다루는 것은 그만큼 큰 교육적 의미를 지닌다. 그렇지만 19세기까지만 하더라도 민주정에 관해서는 지식인들이 혐오하는 정체였는데, 여기에는 플라톤 같은 철학자들의 영향이 매우 크다. 특히, 소크라테스의 처형을 가져온 체제라는 오명을 쓰고 있었기에 크게 환영받지 못하였다. 여기에서 현재의 관점에서 그 정체가 긴 역사과정을 통해 얻어진 것임을 설득력 있게 저술해야 할 것이다.

나. '그리스 민주정'이라는 제목은 오해를 자아낸다. 그리스라는 국가는 없었으며 그리스에 150여개의 국가가 있었고, 오히려 아테네가 거의 유일하게 민주정을 유지하였다. 아테네는 이런 정체를 꽃피우면서 고전문화의 황금기를 이루는데, 그 문화가 민주정을 통해서 형성되었음을 지적할 필요가 있다.

다. 민주정의 운영방식에 관해서는 상세한 소개가 필요하다. 직접민주정의 장점과 단점, 관리의 선출방식, 지역구의 개편과 관련한 체제의 개편 등을 가능하면 제시할 필요가 있다. 특히, 여성이나 이방인의 참여가 거부된 것을 두고 한계라고 말하지만, 당시 그리스인의 관념을 소개하면서, 그것이 그렇게 비합리적인 것이 아니라는 점을 인식시킬

필요가 있다. 아울러 여성의 지위가 그렇게 낮지 않았음도 부연하도록 한다.

라. 아테네 민주정은 일반인들이 정무에 참여함으로써 작동된다. 이를 위해서는 막대한 자금이 각종의 수당으로서 지불되어야 했으므로, 많은 자금이 필요하였는데 이는 바로 델로스 동맹의 기여금에서 유입되었다는 점을 지적할 필요가 있다. 아울러 거의 1주일에 1회가 열리는 민회에 참여하기 위해서는 수당제만이 아니라 노동을 대신한 노예가 필요하였다는 점도 강조할 필요가 있다.

마. 이 민주정의 문제점과 소멸의 사정도 소개하여, 스파르타와의 관련성이나 대비점도 인지할 수 있도록 배려할 필요가 있다.

7. 헬레니즘

(1) 주제의 의의

그리스 문화의 세계화라고 이해되는 이 현상은 동시에 시대구분의 의미로도 쓰이고 있다. 알렉산드로스의 동방원정 이후부터 악티움 해전까지의 시기를 지칭하기도 하고, 더 길게는 로마 제정시기도 문화적으로 이에 포괄되기도 한다. 영역을 넘어서 세계가 하나의 폴리스로 인식되는 변화는 현재의 세계와 비견된다.

(2) 핵심주제어

계승국가, 세계화, 개인주의, 실용과학, 알렉산드로스

(3) 서술의 주안점

가. 헬레니즘은 두 가지 의미로 해석된다. 흔히 그리스 문화의 세계화로 알렉산드로스의 원정 이후 나타난 현상으로 이해하기도 하며, 더 크게는 그리스 문화 자체를 의미하기도 한다. 교과서의 서술은 전자를 따르고 있는데, 특히 이 용어를 만들어 개념화한 사람은 드로이젠이다. 그는 종래 이 시기를 고전기 그리스 문화에 비해 낙후된 것으로 여기고 있었던 관념을 바꾸어서 진보적인 시대로 인식하였다. 진보의 요인은 세계화와 기독교의 도래로 보고 이를 실현한 사람을 알렉산드로스로 파악하였다.

나. 이 시기의 국제정치는 계승국간의 쟁탈전으로 특징지어진다. 4개의 세력간에 주도권 다툼으로 인해서 기원전 4세기 이후의 유럽은 마치 중국의 전국시대를 방불케 한다. 이런 각축의 양상을 조리 있게 설명할 필요가 있다. 물론 그리스인들도 이런 분열을 지양하고 그리스 세계의 대동단결을 이루어야 한다는 주장을 제시하였으나, 그런 이상에

도달하지는 못하였다. 스토아 사상, 회의주의, 에피쿠로스주의가 출현한 것도 이런 정치 정세와 관련이 있다고 하는 점을 제시할 것이 요청된다.

다. 이 시기에 주목한 현상은 문화나 사상의 융합현상이다. 제설혼합주의가 유행하고 나아가 고전기의 양식의 틀이 깨지고 한 건물에서도 상이한 양식이 혼재하는 모습을 보여주고 있다. 이점에서 고전기의 양식과 비교해보고, 그 차이점을 찾아서 이유를 밝혀보려는 장을 마련해 주는 것이 바람직하다. 흔히 그림 자료로 제시되는 라오콘 군상은 이 시기가 아니라 르네상스기의 작품으로 보는 견해도 있어 주의를 요한다.

라. 경제현상으로는 세계경제의 틀이 마련되어 불특정다수를 위해서 영리활동이 가능해지고 실용적 발명 및 과학기술도 발전하였다. 특히, 헤론의 기압이론이나 기타 자동기계 등의 발명은 놀라운 수준에 도달하였다. 아울러 그런 발전이 한계를 가지게 된 이유도 소개해 줄 필요가 있다.

마. 불교 미술을 통해서 인도의 간다라 지방에서 중국을 통해 한국과 일본으로 전해진 헬레니즘은 단순한 양식의 전파만이 아니라 신의 형상화라는 관념의 확산을 가져왔다. 고대에도 이런 문화교류가 있었음을 제시하는 것이 바람직하다.

8. 로마제국

(1) 주제의 의의

서양사상 가장 큰 영토를 거느린 국가는 로마이고, 이를 제국으로 표현한다. 로마제국은 지중해 세계의 통일이라는 역사적 과업을 달성했을 뿐 아니라, 로마법으로 대변되는 통치체제를 이루어서 근대 국가의 형성에 큰 영향을 주었다. 뿐만 아니라 기독교를 배태하여 중세에 큰 영향을 끼쳤으므로 사실상 서양사에서 가장 큰 영향을 미치고 있는 것이 로마 제국이라고 하겠다. 제국의 멸망 이후에도 유럽인은 공공연히 제국의 계승자로 자처하고 정통성을 이어가고자 하였다.

(2) 핵심주제어

공화정, 제정, 프린키파투스, 전제정, 만민법, 속주, 사회변화, 경제적 쇠퇴

(3) 서술의 주안점

가. 우선 제국이라는 용어에 관해서 주의를 요한다. 여러 체제와 국가가 로마라는 영역에서 같이 존재한다는 의미에서의 제국이지, 근대의 제국주의의 개념을 연장해서는 안

될 것이다. 로마의 역사는 크게 공화정기와 제정기로 나눈다. 이탈리아를 넘어서 지중해 제국이 된 것은 공화정 중기이다. 그러므로 제국이라는 현상은 이미 공화정기에 달성된 것이므로, 공화정 제국 같은 용어를 사용해 봄직도 하다.

나. 로마의 정복과정은 제국의 형성에서 중요한 국면이다. 이탈리아 반도를 통일한 이후, 동쪽의 그리스와 서쪽의 스페인에 이르기까지 그리고 남쪽의 카르타고를 정복하고 나아가 북쪽의 갈리아인을 제압하고 영국에까지 이르는 과정이 로마사에서 가장 조명을 많이 받는 부분이다. 이 과정을 소개하면서 로마의 정치체제가 가지는 장점과 군대의 특징·전술을 충분히 소개할 것이 요망된다.

다. 정복의 결과 로마 사회는 격변을 겪게 된다. 이를 혁명이라고 말하기도 하는데, 빈부간의 문제, 제대병사의 문제, 원로원의 한계 등을 구체적으로 제시하여 제국의 형성으로 초래된 부정적인 결과를 제시하는 것이 교육적으로 바람직하다.

라. 제정으로의 이행이라는 현상을 단순히 권력자의 등장으로 묘사할 것이 아니라 제국의 통치라는 필요성에서 설명하는 것이 요망된다. 특히, 속주라고 표현된 지방정부와 중앙의 관계를 제시하여 그것이 어떤 체제인지 분명히 기술할 필요가 있다. 이런 제국 체제에 관해서 피지배민들은 어떤 의식을 지니고 있었는지도 가능하면 제시해야 할 것이다.

마. 제국의 해체에 관해서는 논쟁이 많다. 일단은 훈족이나 게르만의 침입으로 멸망한 것만이 아니라 여러 내부적인 요인을 제시하는 것이 좋을 듯하다. 화폐연구를 통해서 나타난 경제의 이질화 현상, 지방의 탈중심화, 사회의 양극화, 로마 군대의 변화, 이행적 현상 등을 중심으로 다소 깊이 있는 소개가 필요하다.

9. 노예 경제

(1) 주제의 의의

노예제도는 서양사 및 세계사상에서 중요한 사회구성의 원리로 파악된다. 특히 서양사에서 중요한 이유는 그것이 정치와 문화 활동 등을 유지하는 데 필요한 잉여를 생산하였다는 점에 있다. 또 서양의 노예는 착취의 정도에서 보아 기존의 일반적인 채무노예에 비해서 더 열악한 동산노예로서의 성격을 가졌다는 점에서 특징을 가진다. 이런 노예는 여가의 제공이라는 긍정적인 측면과 아울러서 노동에 대한 천시의 경향을 조장하고 나아가 인력절감의 필요를 제거하였다는 점에서 고대 세계의 한계이기도 하였다.

(2) 핵심주제어

채무노예, 동산노예, 특유재산, 재식농업, 말하는 도구

(3) 서술의 주안점

가. 유럽의 고대를 노예제 사회라고 표현해 온 것에 관해서 좀 더 세밀한 서술이 필요하다. 왜냐하면, 숫자상으로 보면 중세에도 못지않은 노예가 존재하였고 공식적으로 17, 18세기나 되어서야 제도가 폐지되기 때문이다. 또 노예 경제라고 지시하는 것도 오해의 여지가 크다. 왜냐하면, 절대적인 생산의 개념으로 본다고 하면, 오히려 일반 농민의 생산량이 대다수를 차지하고 있기 때문이다. 그렇지만 노예는 고대 세계에서는 잉여와 여가를 노예소유주에게 가져다줌으로써 중요한 역할을 하였다.

나. 노예의 처지는 법적으로 동산으로 표현되고, 기능적으로는 도구로 표현되므로 인격성이 인정되지 않았다. 특히, 로마의 경우는 노예의 인신에 관해 노예주가 절대적인 권한을 인정받았다. 그러나 이것이 현실이라고 보기는 어렵다. 노예와 주인과의 인간적인 유대감이 고대문헌에 충분하게 소개되어 있고, 로마에서는 특유재산을 허용함으로써 자기해방의 길을 열어주기까지 하였다. 따라서 이런 점을 구체적으로 제시하여, 노예의 처지 변화를 서술하는 것이 바람직하다.

다. 노예의 공급은 주로 전쟁을 통해서 이루어지게 된다. 전쟁 포로가 노예의 신분으로 전락하였기에, 이들에 대한 가혹한 처우가 설명된다. 이들 노예는 가사에서부터 여러 용도로 사용되었으나, 가장 중요한 의미는 대농장에서 찾을 수 있다. 노예를 설명할 때, 이런 식으로 경제체제와 연관 속에서 설명하는 것을 권장한다.

라. 노예제가 생산양식으로서 퇴보를 보이는 것은 그 자체가 자연적으로 충원되기 어려운 구조, 공급에 따라서 요동치는 구입가격 및 전쟁의 중단 등 부정적인 요소가 있었던 것과 이를 대신할 콜로나투스 제도의 발전에서 설명할 필요가 있다.

마. 금년부터 유럽의 중등학교에서 노예제를 수업과정에 넣는다고 한다. 이를 통해서 반성의 계기로 삼자는 것이다. 우리로서는 노예에 대한 서구인의 관념과 폐지에 이르기까지의 논쟁 등도 소개하면 좋을 듯하고, 한국 사회에서의 노인(奴人)나 노비(奴婢)와 비교해 보는 것도 권장할 만하다.

10. 아프리카 고대세계

(1) 주제의 의의: 아프리카는 원시성의 대명사로 소개되어 있고, 이집트외에는 드러나는 것이 없다. 그러나 고대 세계의 아프리카는 적어도 선사 시대의 유럽에 비해 별로 차이가 없이 발전하였다. 인류의 고향이라는 평가를 주저하지 않으면서도, 원시성과 낙후성을 지적하는 것은 모순이며, 이 지역이 다른 지역과 부단한 관계를 가지고 나름대로 발전해 왔고 앞으로 발전할 가능성을 제시하는 데에 주제의 의의가 있다.

(2) 핵심주제어 : 철기, 누비아, 에티오피아, 카르타고, 기독교, 가나

(3) 서술의 주안점 :

가. 아프리카는 사막과 바다로 둘러싸여 있고, 조건이 좋은 항구가 없어서 사실상 외부 세계와 단절된 인상을 준다. 그러나 최근의 고인류 연구에 따르면, 산(San) 족이 현생 인류의 모든 형태를 간직하고 있으며 여기에서 현재 인류가 파생된 것에 동의하고 있다. 이는 일찍이 인구의 이동이 이루어졌음을 보여준다. 흔히 아프리카인들은 내지나 오지에 사는 것으로 인식되고 있으나, 이렇게 된 이유는 포르투갈 상인의 노예무역의 영향이다.

나. 철기가 아프리카에 도입된 것이 1434년 포르투갈인에 의해서라고 알려져 있으나, 이는 아프리카가 이미 기원전 3000년에 철을 다루었다는 사실을 지우고 말하는 것이다. 철제무기는 일찍 알려졌고, 주석을 가공하는 작업은 상부 나이지리아에서 2000년전에 이루어졌던 것으로 밝혀진다. 아울러 이들 장색들이 일종의 카스트를 이루어 존경받았다. 따라서 다른 고대 세계에 비해서 별로 뒤지지 않은 금속 기술을 가진 개척자였다.

다. 이집트 남부에는 누비아 왕국이 있었다. 이들은 단순히 이집트에 조공을 바치는 수준으로 알려져 있으나, 이들 지역에 대한 연구가 깊어지면서, 사실상 피라미드를 이집트보다 더 많이 가지고 있을 뿐 아니라, 기원전 750년경에는 이집트를 정복하여 한 왕조를 차지하였다. 뿐만 아니라 이집트의 양식이나 관념, 왕제 등에 깊은 영향을 미쳤으며, 특히 왕제는 가장 오래된 것으로 알려져 있다. 단순한 조공지역이 아니라, 이집트와 대등한 수준을 향유한 지역으로서 수정하여 서술할 필요가 충분하다.

라. 에티오피아는 아프리카인과 셈족의 혼혈로, 중계무역을 통해서 발전하였다. 기원전 1000년경에 공동체를 이루면서 거대신전을 남겼다. 기원전 5세기 경에는 예루살렘의 솔로몬 신전과 같은 규모의 신전을 짓기도 하였다. 아프리카 고대 세계는 로마와 밀접한 관련을 가진다. 현재의 리비아는 카르타고로서 로마와 라이벌이었고, 알제리에는 로마의 식민도시가 건설되었으며, 특히 여러 정책에서 로마는 아프리카를 중시하였고, 로마의 발전에도 이 지역은 중요하였다. 이런 점을 강조하여, 로마제국은 서구세계만 포함하는 것이 아니라는 점을 서술해야 한다. 기원후 4세기에는 기독교로 개종하였으며, 수도원제도를 처음으로 만들어 이집트와 서구세계에 전파하였다. 이런 문화적 기여를 강조할 필요가 있다.

마. 서부 아프리카 지역에서는 3-4세기 무렵에 가나 왕조가 성립하였는데, 이 국가는 사하라 횡단 무역을 통해 유럽과 이슬람 상인과 교역하면서 번영하였다. 이후 가나 왕국을 정복한 말리 왕조도 외국과 금·소금 등의 교역을 통해 번영하였다.

11. 크리스트교의 성립

(1) 주제의 의의

오늘날 20억의 신자를 거느린 크리스트교의 성립을 주제로 설정하는 것은 당연하다. 이를 이해하지 않고서는 오늘날 벌어지는 문명간의 충돌을 파악할 수 없다. 수많은 작품과 사상의 원천이 되고 있을 뿐 아니라, 헬레니즘의 세계관과 대비되는 사상과 관념으로 유럽 문화의 한 축을 형성하고 있다. 이 점에서 크리스트교에 대한 이해는 서양의 역사를 이해하는 데 필수적이다.

(2) 핵심주제어

유대교, 크리스트, 부활, 순교, 선교, 국교화, 콘스탄티누스

(3) 서술의 주안점

가. 예수는 역사적인 인물이다. 로마의 속주인 유대의 베들레헴에서 태어났다. 그리고 그 추종자들과 더불어서 전통적인 유대교를 대신하여 새로운 종교인 크리스트교를 창시하고 십자가형을 받아 죽는다. 그를 대신한 제자들의 헌신적인 노력으로 크리스트교는 세계적인 종교가 된다. 이 종교가 번성했던 이유를 교리나 사회적 측면을 들어 제시할 필요가 있다.

나. 로마 제국 내에서 이 종교는 농촌에서 도시로 하층민에게서 상층민으로 전파되어 나갔다. 이 종교가 급격한 전파의 흐름을 타게 된 이유를 로마인의 문화나 필요성이라는 관점에서 서술해 줄 필요가 있다. 아울러 크리스트교의 박해요인을 제국의 문제점 및 이질적 문화환경과 관련하여 서술하는 과정을 생략해서는 안 된다. 그러나 네로 황제와 연관된 로마시 화재와 관련해서는 신중한 서술이 필요하다.

다. 박해받던 종교에서 공인된 종교로 변하게 되었는데, 이렇게 된 요인을 정치상황을 들어 구체적으로 제시할 필요가 있다. 특히, 10%로 추정되는 크리스트교 신자가 로마시의 정책에 큰 영향을 주게 된 이유는 자선사업을 비롯한 공동체적인 기능을 다른 종교나 기존의 신앙보다 더 광범하게 행사할 수 있었던 데에서 찾을 수 있는데, 이런 점을 참고하여 기술하는 것이 권장된다.

라. 로마에 미친 영향은 부정적인 것과 긍정적인 면을 들 수 있다. 특히, 로마의 국교가 됨으로써 초래된 신전의 파괴, 지배체제의 도구화 등의 문제만 아니라 경제적 부담을 제국에 지움으로써 제국의 멸망을 촉진했다는 주장과, 노동의 천시를 제거한 점 및 로마의 상부구조를 보존한 점 등을 균형 있게 기술할 필요가 있다.

마. 문화적 영향은 차후 중세사회에서 큰 의의를 지닌다. 우선, 시간·역사관의 변화를 통해서 사물을 보는 방식을 변화시킨 점을 서술해 주는 것이 좋을 듯하고, 나아가 성서번역을 통해서 라틴어가 보편화되어 나간 점을 기술하는 것이야말로 크리스트교의 문화적 가치를 바르게 평가하는 작업이다.

12. 사산조 페르시아

(1) 주제의 의의

지리적으로 동·서양의 연결지점을 차지하고 있었던 사산조 페르시아는 교류사의 측면에서 매우 중요한 의의를 지니고 있다. 알렉산드로스의 원정으로 인해서 그리스 문화에 지배당하였던 이 지역은 나름의 문명을 이루고 나아가 사상과 종교 면에서도 다른 지역에 큰 영향을 주었다.

(2) 핵심주제어

배화교, 조로아스터, 마니교, 사산, 페르시아 문화

(3) 서술의 주안점

가. '사산(Sassan)'이라는 말은 이 왕조의 창시자인 아르다시르의 증조부의 이름에서 유래하였다. 연대기상으로는 파르티아를 무찌르고 창건된 226년에서 이슬람에 패배하는 651년까지 지속된 왕조이다. 방대한 영토를 거느렸는데, 이란, 이라크, 아프가니스탄, 아르메니아, 시리아, 터키 일부, 파키스탄, 중앙아시아, 아라비아를 장악하여 일반적으로 제국이라는 말을 사용한다. 사산조 페르시아라고 하면 왜소한 느낌을 주므로, 보다 적합한 용어인 '사산 제국'을 채택하는 것도 고려할 만하다. 아울러 아카메네스조 페르시아와의 연속성도 같이 언급하는 게 바람직하다.

나. 이 제국의 대표적인 종교는 배화교이다. 배화교는 국교의 지위를 가지게 되었다. 배화교의 죽음과 삶에 대한 생각은 독특한 면이 있다. 특히, 조장(鳥葬)을 통하여 이들의 생사관을 찾을 수 있으므로 이를 소개하고 문화의 상대성을 인식시키는 데 유용하다. 그러나 이 제국이 타문화에 대해서 배척한 것은 아니다. 때로는 비잔티움 제국에서 박해받은 그리스 철학자들을 수용하였고, 이단으로 몰린 크리스트교도들을 수용하기도 하였다. 기독교의 이단으로 중국에 선교된 네스토리우스교(경교)의 총본산도 이곳에 있었다. 이 제국의 지배자 중에는 크리스트교 신자가 되고자 한 사람들도 있었다. 후일 로마 제국에

널리 퍼진 마니교도 바로 이 지역에서 발원하였는데, 이는 유대교와 크리스트교 및 배화교의 제설을 혼합한 것으로 헬레니즘 문화의 성격을 지니기도 한다.

다. 조각과 공예는 비단길을 통해서 사방에 널리 전해졌으며, 비잔티움과 이슬람의 공예에도 큰 영향을 미쳤다. 특히, 이들이 지닌 활은 매우 강력하여 로마인의 갑옷을 관통하였다고 한다. 이처럼 구체적인 유물의 비교를 통해서 이들의 우수한 문화적 업적을 비교해 주는 서술이 필요하다. 이들의 문화는 로마를 비롯한 여러 지역에 영향을 미쳤고, 특히 이슬람 문화는 이 사산조의 문화가 무슬림을 통해서 계승된 것이다.

라. 사산 제국은 비잔티움 제국과의 계속된 전쟁으로 피폐해지고, 이 틈을 노려 이슬람에게 정복된다. 비잔티움은 결과적으로 페르시아의 힘을 약화시킴으로써 이슬람의 성장을 돕고, 나아가 자신이 약화되는 결과를 맞이하게 되었다는 지정학적 사정을 기술하는 것이 바람직하다.

13. 유럽세계의 형성

(1) 주제의 의의

이 주제는 최근 새삼스럽게 주목받기 시작하였다. 유럽의 통합이 현실화되고 유럽연합의 구성원이 유럽 내의 어느 곳에서도 자유롭게 생업을 영위할 수 있게 되면서, '유럽'의 정체성 문제가 학자들의 주목을 받고 나아가 중요한 주제로 등장하게 된다. 사실 이 개념은 중세 유럽의 소산이다. 그전에는 신화 속에 나오는 이름뿐이었지, 그것을 지리적·문화적 개념으로 규정하게 된 것은 중세 이후이다.

(2) 핵심주제어

훈족, 게르만족, 클로비스, 카를루스 마그누스, 라틴어, 가톨릭, 아리우스파, 프랑크 족

(3) 서술의 주안점

가. 게르만 족의 이동으로 서로마가 멸망하고, 이들의 배후에는 훈족의 침입이 있었다는 사실은 기존에 잘 소개되어 있다. 그렇지만 아시아계인 훈족에 관해서는 게르만에 비해 폄하되어 있다. 특히, 이들의 후예가 유럽에 정착하여 오늘까지 이어지고 있다는 점에서 게르만과 같은 비중으로 서술하는 것이 바람직하다. 또 프랑크나 앵글로색슨을 중심으로 기술하다 보니, 다른 부족에 관한 서술이 지나치게 소략하다. 아울러 이런 서술에서는 외부에서 들어온 민족에 의해서 역사가 이루어지고, 그것이 정통성을 가진다는 것을

전제로 하고 있어, 원주민에 대한 관심도 적절하게 표현하는 것이 타당하다고 생각된다.

나. 유럽이 하나의 세계로 형성되었다는 말은 그것을 뒷받침할 보편적인 현상에서 찾아야할 것이다. 민족이나 인종의 다양성, 문화 수준의 차이, 언어의 다양성을 극복하고 하나로 통일된 것은 라틴어와 교회제도 및 봉건적인 정치의 특성에 찾을 수 있다. 이런 제도의 정착과 발전을 유럽의 형성이라는 주제와 연관하여 설명할 필요가 있다.

다. 유럽인의 지리의식을 소개할 필요가 있다. 아시아・아프리카・유럽으로 이루어진 3구분법에 따른 의식을 공유하고 있었는데, 이런 공간적인 의식을 제시할 필요가 있다. 유럽의 개념은 확산되어 오늘날 서유럽만이 아니라, 동유럽이나 러시아도 유럽의 일원으로 보는 것이 유럽학계의 입장인데, 우리가 이를 어떻게 수용할 것인지도 문제점이다.

라. 유럽의 1단계 완성은 카를루스 마그누스의 대관식이 열린 해인 800년으로 인정되고 있다. 이 유럽은 문화적으로 보면 일종의 융합이다. 정복자인 게르만과 원주민인 로마인의 융합이기도 하고, 종교적으로는 이교문화와 기독교의 융합이기도 하다. 부활한 로마제국의 이미지를 담으려고 했으나, 사실상 별도의 세계가 만들어진 것이라고 표현할 수 있다. 그러나 이는 토대가 약한 종합이어서 곧 분할되는 과정을 겪게 되는데, 그 한계를 제시할 필요가 있다. 아울러 카를루스 마그누스의 귀속 문제도 같이 소개해 주면 흥미로운 주제가 될 것이다.

14. 슬라브 민족의 이동과 크리스트교화

(1) 주제의 의의

오늘날 유럽 세계를 지배하는 대표적인 민족은 게르만 민족과 슬라브 민족으로 볼 수 있다. 게르만 민족이 유럽을 형성시킨 대표적인 민족으로 세계사에 서술되고 있는 반면, 슬라브 민족에 대한 설명이 빠져있다. 그러나 중세의 슬라브 민족에 대한 역사적 이해 없이는 오늘날의 세계사를 다 이해할 수는 없다. 그러므로 20세기에 일어난 양차 세계 대전을 역사적으로 이해하고, 고대 로마 세계가 오늘날까지 지속되고 있는 3개의 새로운 문화권(로마 가톨릭, 동방정교, 이슬람)으로 쪼개진 사실을 이해하기 위하여 중세 슬라브족에 대한 이해는 필수적이다.

(2) 핵심주제어

슬라브, 동방정교, 가톨릭, 키예프

(3) 서술의 주안점

가. 슬라브 민족은 5세기 중엽부터 이동을 시작하였으며, 서쪽으로 이주한 폴란드, 체코, 슬로바키아인들은 서유럽 크리스트교 문화를 수용하였으며, 동쪽(러시아, 우크라이나)과 남쪽(슬로베니아, 크로아티아, 세르비아)으로 이주한 민족들은 크로아티아만 제외하고 모두 동방 정교문화를 받아들였다. 고대 로마 세계는 로마 가톨릭, 동방정교, 이슬람의 세계로 3분화 되어 계승·발전되어 간 것으로 볼 수 있다. 특히, 발칸지역의 남슬라브 민족이 고대 로마세계로 이주한 것을 설명해야 한다.

나. 중부유럽으로 이주한 슬라브 민족의 정착화 과정에서 동프랑크 혹은 독일왕국과의 관계를 설명해야 한다. 10세기 오토 왕조의 동방 정주운동의 일환으로 서슬라브족은 로마 가톨릭을 받아들였다. 이는 세계사에서 종교적 동질성보다도 민족적 이질성이 더 강하게 작용하였던 역사적 사실로 소개될 수 있다.

다. 남슬라브 민족의 6세기 고대 로마 제국령으로의 이주와 관련하여, 로마 제국과 게르만 민족 그리고 남슬라브 민족의 관계를 조명할 수 있으며, 이 지역이 9세기를 전후한 시기 크리스트교를 수용하는 과정에서 동방정교와 로마 가톨릭의 각축전이 일어났던 곳임을 상기시킨다. 아울러 남슬라브 민족의 동방정교화는 성경의 슬라브어 번역을 가능하게 하였고, 이를 통해 슬라브어 대중교육이 이룩될 수 있었다. 남슬라브 민족과는 달리 크로아티아는 어떻게 로마 가톨릭을 수용하였는지를 설명한다. 이는 발칸 분쟁을 문화적으로 이해하는 데 중요하다.

라. 동 슬라브 민족도 6세기에 동부 유럽에서 더 동쪽으로 이주하여 키예프에 나라를 건설하였다. 키예프는 10세기에 이르러 볼가강에서 도나우강, 흑해에서 발틱해에 이르는 대국가를 건설하고 동방정교를 비잔티움으로부터 수용하였다. 키예프의 크리스트교화가 갖는 역사적 의미는 오늘날 러시아 문화와 동방정교 문화권을 이해하는 데 중요하다.

15. 봉건제

(1) 주제의 의의

서양사에서 가장 특징적인 부분이 있다고 하면 봉건제를 경험한 것이라고 하겠다. 봉건제는 중세 1000년간 삶의 원리이자 국가 조직의 원리로서 기능하였다. 그런 의미에서 현대와는 구별되는 독자적인 생활을 영위하였던 시대의 특징으로서 봉건제를 언급해야 한다. 흔히, 봉건제는 중세 사회와 더불어 종언을 고한 것으로 인식되지만, 현재 서양인의 관념이나 습관을 지배하고 있기에 서양문명을 이해하는 데 봉건제의 중요성은 강조된다.

(2) 핵심주제어

종사제, 주종제, 은대지제, 봉토, 위계, 신서

(3) 서술의 주안점

가. 봉건제를 번역한 원어는 '퓨덜리즘', '페오달리테', '렌스베젠' 등이다. 이 말은 서양사의 고유한 용어로 인식되지만, 번역어인 '봉건(封建)'은 중국에서 주대부터 사용된 말이다. 두 단어의 비슷한 양상에 주목하여 번역어를 선정하였지만, 결과적으로는 번역어로 인해서 서양의 역사를 왜곡되게 이해하는 대표적 사례가 되고 있다. 그러나 이 용어가 교과서에 정착된 지 오래되었으므로, 다른 용어를 만들기보다 양자의 의미 차이를 강조하여 서술하는 것이 바람직하다.

나. 봉건제는 포괄적이고 종합적인 제도이다. 이 제도의 중핵을 주종제와 은대지・봉토제로 파악하는 것이 일반이다. 전자를 게르만적인 기원에서, 후자를 로마적 기원에서 나온 것으로 이해하여 봉건제야말로 두 문화의 결합의 결과이며, 이는 서양 역사에 고유한 현상으로 파악한다. 그러므로 다른 나라나 문화권에서 전개된 비슷한 현상이 주목되더라도 이는 결코 서양의 봉건제가 아니라는 점을 분명히 서술할 필요가 있다. 이처럼 봉건제의 보편성보다는 특수성을 강조하는 것은 서양사를 보편사로 보고 그것을 적용하여 비서구세계의 역사를 재구성하려는 시도를 지양하고자 하는 시대적 요구가 있어서이다.

다. 봉건제가 성립한 배경을 상세히 소개할 필요가 있다. 로마 제국의 멸망에 따르는 사회・체제의 혼란에서 이를 극복하기 위한 대안이 필요하였던 점, 마르크 블로크가 강조하였듯이 특수한 가족제도로 인해서 개인에 대한 효율적인 보호가 어려웠던 점이 설명되어야 할 것이다.

라. 이 제도는 10세기말부터 시작하여 13세기경에 최고점에 달한다. 이 현상을 혹자는 '봉건혁명'이라 명명하는데, 사회가 더욱 봉건적이 되었다는 의미에서이다. 이 제도가 공고해지는 과정을 기술하고 왕과 제후 및 귀족의 관계 변화를 서술해야 사회변화를 역동적으로 이해할 수 있다.

마. 봉건제가 유럽인의 의식에 어떤 영향을 주고 있는지 구체적 예를 들어 제시하는 것도 바람직하다.

16. 장원경제

(1) 주제의 의의

장원제는 9-10세기를 걸쳐서 발전하였다. 중세사회가 주종제를 이루는 기사들에 의해서 주도되었고, 이 기사들은 생산 활동에서 벗어난 존재였다. 따라서 이들을 부양한 제도가 필요하였는데, 이 부양제도가 바로 장원제도라고 할 수 있다. 이런 면에서 중세사회의 기반은 장원이고, 이 장원이 어떻게 유지되는가에 따라서 중세사회의 안정성이 달려있다고 볼 수 있다. 장원경제의 변화가 바로 사회변화로 이어진다는 점에서 충분히 학습될 필요가 있다.

(2) 핵심주제어

영주, 예농, 이포제, 삼포제, 시비법, 윤작

(3) 서술의 주안점

가. 장원은 농민과 영주의 관계 속에서 존립하는 농경지라고 할 수 있다. 장원의 구조로 소개되어 있는 그림은 이상형이다. 이곳은 생활에 필요한 물자만이 아니라, 정신적인 필요까지도 자체적으로 조달할 수 있는 독특한 삶의 공간이다.

나. 영주의 입장은 장원의 토지에 대한 지배자로서의 위상을 가지고 있다. 자기 토지에 대해서는 지주로서 모든 이익을 누리고, 기사의 급료로 받은 봉토에 대해서는 용익권자로서의 위치를 가지고 있는데, 이런 점을 분명하게 구별하여 기술하고 두 가지를 겸비한 자로서 영주의 위치를 서술할 필요가 있다. 농민의 입장에서는 영주와의 관계에서 자유인, 반자유인, 노예의 위상을 지니고 있었다. 이들 각각도 상이한 조건이 부과된 토지를 경작하고 있었다. 그러나 농민은 하나의 과세단위로 표현되고 있다는 점을 강조할 필요가 있다.

다. 농민의 부담에 관해서는 구체적인 자료를 근거로 하여, 주로 노동으로 지불되는 지대와 현물지대를 부담하고 기타 운송부역 및 여러 공과금이 부여되어 있음을 보여줄 필요가 있다. 이들에게 부과되는 총량을 노동으로 환산하여 고대의 노예나 근대의 노동자와 비교하는 방법도 권고된다.

라. 농민은 흔히 수동적인 존재로 묘사된다. 그러나 농업에서 일어난 기술의 변화는 대부분 농민의 자발적인 창의의 결과라는 데 이의가 없다. 삼포제, 축력의 이용, 시비법의 개량 등으로 인해서 초래된 변화가 봉건사회 자체를 변화시키는 원동력으로 작동하였다는 점을 서술해야 한다. 이런 서술은 중세 사회가 발전이 없는 사회라는 점을 지양하고 역동성을 강조하려는 필요를 반영한다. 오히려 저급한 생산력을 극복하여 나가는 과정을 소개하는 것도 바람직하다.

마. 장원제의 변화를 초래한 원인으로는 내부적인 요인으로 농민의 반란과 외부적으

로는 도시와 상업의 발달을 든다. 농민이 반란을 일으키면서 초래된 변화를 설명하는 것이 바람직하다. 귀족은 이런 요구에 어떻게 반응하였는지, 여러 시도를 설명해 주고 궁극적으로 농민의 해방에 이르게 되는 과정을 상세히 설명할 필요가 있다.

17. 로마 가톨릭 교회

(1) 주제의 의의

중세는 신앙의 시대이다. 크리스트교가 삶의 모든 면을 지배하였기에 그 중심점이 되는 로마교회의 중요성은 간과할 수 없다. 특히, 서로마제국의 영역에서는 제국정부가 무너지고 난 후, 교회는 지역에 사는 사람들의 구심점이었다. 이런 지지를 등에 업고 로마교회가 정치 세력들과 대등한 관계에서 길항작용을 보인 것은 서구문명에만 있는 특징으로 볼 수 있다. 아울러 근대 이전 교회 조직은 진정한 국가로서 인정되고 있었다.

(2) 핵심주제어

가톨릭, 정교, 라틴어, 서임권투쟁, 성상파괴, 이단, 십자군

(3) 서술의 주안점

가. 서유럽을 대표하는 로마 교회는 가톨릭교회라고 지칭하는데, 이는 보편이라는 뜻이다. 반면 동로마 제국에는 '오토독스', 즉 정통이라는 뜻을 가진 동로마 교회가 자리 잡고 있다. 이런 분열은 분명 크리스트교 세계의 문제점이기도 하나, 크게 보면 문화권의 차이로 인식될 수도 있다. 이는 같은 종교라도 받아들이는 풍토에 따라서 전개되는 양상이 다름을 보여준다.

나. 동서 교회의 분립에서 나타난 성상파괴령은 동로마 제국 황제의 개혁에 따른 부산물로 여겨지고 있으나, 이도 또한 문화의 차이를 노정하는 사건이기도 하였다. 이 파괴령은 결국 동서로마의 분립의 계기가 되었을 뿐 아니라 서로마교회가 동로마의 보호에서 벗어나서 게르만 수장들과 결탁하는 계기가 되었다. 당시 게르만 사회에 퍼져있던 아리우스파 크리스트교 신앙 대신에 클로비스가 로마 가톨릭으로 개종한 것은 추후 정치와 크리스트교의 긴밀한 연관의 계기가 되었다. 이후 샤를마뉴의 대관식의 원인도 교회의 입장에서 서술할 필요가 있다.

다. 서임권 투쟁은 교회가 정치로부터 독립하고자 하는 의도를 보인 사건이다. 교황 그레고리우스 7세와 황제 하인리히 4세의 예를 대표적인 것으로 드는데, 서임권이 성직

자들에 있다는 주장만 내세워서 세속제후의 주장은 소개하지 않아서 왜 논쟁이 되었는지 알 수 없게 되었다. 양측의 논거를 가능하면 소개하여, 일방에 흐르지 않도록 할 필요가 있다.

라. 가톨릭교회가 서구 중세 사회의 정신적 보루로서 기능하면서, 서구 사회에 끼친 영향은 보편적이었다. 이런 문화적 영향을 구체적으로 조명할 필요가 있다.

마. 이단문제, 십자군 문제, 성직자의 타락 등 여러 문제에 직면한 가톨릭교회는 이들에 대처할 적극적인 대안을 마련하지 못한 한계를 제시할 필요가 있다.

18. 중세문화

(1) 주제의 의의

행동이나 사고방식 그리고 그것의 외적인 표현에서 나름대로의 독자성을 가졌던 시대가 유럽의 중세이기도 하다. 오늘의 관점에서 보면 특이하고 이해할 수 없는 것처럼 보이는 여러 유물을 통해서 중세인의 세계관을 들여다보고 그들의 생각을 이해하는 것은 우리와 다른 문화를 이해하는 데 좋은 경험을 제공할 것이다.

(2) 핵심주제어

종합문화, 로마네스크, 고딕, 축제, 흑사병, 마리아 숭배, 르네상스

(3) 서술의 주안점

가. 중세 시대는 근대를 위해서 존재한 것이 아니고, 나름대로의 가치와 기준을 가진 독자적인 문명이라고 보는 입장이 우세하다. 이런 점에서 중세문화의 가치를 드러내는 방향으로 서술되는 것이 필요하다. 특히, 중세에는 로마가 남긴 양식과 크리스트교의 신앙, 그리고 게르만의 문화가 융합되어 독특한 문화를 풍부하게 만들어 내었다. 이런 융합의 성격을 잘 기술할 필요가 있다.

나. 로마네스크와 고딕으로 대변되는 교회당 건축은 시대의 변화를 잘 보여준다. 우선, 크리스트교의 필요에 의해서 예배당 건물이 필요하였던 사정, 또 수도원과 예배당을 순례하는 관습의 존재 등을 통해서 이런 예배당이 단순한 신앙의 표현만이 아니라 여러 복합적 기능을 수행하였음을 보여줄 필요가 있다. 로마네스크와 고딕 양식의 차이점을 대체로 잘 비교하고 있으나, 그런 차이가 가지는 사회적인 의미를 기술하는 것이 바람직하다. 아울러 직업적인 장인이 유럽을 돌아다니면서 작품을 만들었다는 점을 들어 문화의

보편적 현상이 나타난 이유도 제시할 필요가 있다.

다. 중세기의 전형적인 문화는 축제이다. 카니발, 계절축제, 성극 등 중세인 나름의 집단적인 축전이 전개되었다. 이런 축제를 통해서 나타난 인간관계의 모습과 이들의 심적 태도 등을 소개할 필요가 있다.

라. 흑사병의 위기는 중세인의 정신적 방황을 가져왔다. 죽음의 춤, 채찍질 고행단 등의 모습을 설명하고 이런 반응이 나타나게 된 이유를 시대상황과 연관하여 서술할 필요가 있다. 아울러 성모 마리아나 크리스트의 상을 통해서 나타난 이미지의 변화 등을 서술해 주는 것도 필요하다. 무서운 심판자의 이미지에서 자애로운 이미지로 바뀌는 과정을 통해서 세속의 요구에 종교가 어떻게 반응하였는가를 보여줄 필요가 있다.

마. 르네상스 시대의 문화가 중세의 연속선상에서 나온 것으로 이해하는 것이 미술사가들의 일관된 인식이다. 르네상스의 근대성을 지나치게 강조하는 것은 지양되어야 한다. 특히, 개인주의를 중세에는 인정하지 않은 것도 편견이다. 중세인도 나름대로 자신의 이미지를 가지고 있었다는 점을 참고하여, 갑자기 비약적으로 근대가 도래하였다는 식으로 서술하지 않는 것이 바람직하다.

19. 비잔티움 제국

(1) 주제의 의의

과연 로마제국은 476년 오도아케르에 의해서 멸망했는가? 그렇다고 알고 있지만, 그런 관점에서는 동로마제국을 설명할 수 없다. 1453년 오스만투르크에 의해서 멸망할 때까지 존재하였던 동로마는 로마가 아닌가? 로마의 정통성은 카롤링 왕조가 아니라 동로마로 계승되었다고 주장하는 사람들도 있다. 그리고 '비잔티온'이라는 도시명을 국가명으로 부과함으로써, '로마'라는 국호가 있는데도 우리는 '비잔티움'이라고 제국 명칭을 불러왔다. 이 또한 서양 내에서 나타난 타자화의 하나다. 올바른 자리매김이 우리에 의해서 이루어져야 할 것이다.

(2) 핵심주제어

유스티니아누스, 테마(군관구) 제도, 비잔티움 양식, 그리스 화염, 로마법대전

(3) 서술의 주안점

가. 동로마제국이 비잔틴 제국이라고 불리게 된 과정과 이유에 관한 설명이 필요하다.

동로마제국이 당시 세계에서 가장 부유한 지역이었고, 그에 비해 서유럽은 경제적으로 낙후하여 비교할 수 없을 정도였다. 이런 점을 염두에 두고 소피아성당이라든지, 이스탄불의 로마 성곽을 소개할 필요가 있다.

나. 동로마제국이 서로마와 달리 게르만의 침입을 막아낸 첫 번째 이유는 효율적인 방어체제 덕분이다. 이를 가능하게 한 것은 국가 재정의 건실함이고, 이는 다시 농업이나 농민에 대한 정책에서 가능하였다. 이런 점을 서술하여 서로마제국과 다른 점을 비교할 수 있도록 배려하는 것이 바람직하다.

다. 동로마제국의 종교정책은 가톨릭과 단성론의 주장이 맞서는 가운데 혼란을 겪게 되었다. 특히, 유스티니아누스의 정책의 공과를 평가할 필요가 있다. 동로마제국의 종교 갈등은 종교의 문제가 얼마나 중요한지를 보여주는 사례가 된다.

라. 동로마제국의 세계사적 의의는 동쪽에서 다가오는 비서구문화의 파도를 막아준 방파제의 역할을 했다는 점에서 찾을 수 있다. 만약 그런 역할이 없었다면, 서양의 존립은 가능하지 않았을지도 모른다.

마. 동로마제국이 이슬람의 파고를 막아낸 데에는 여러 가지 과학기술의 몫도 크다. 특히 3중 성벽과 '그리스 화염'이라고 불리는 비밀무기의 역할도 소개할 필요가 있다. 이런 난공불락의 성벽이 무너지게 된 것은 투르크 군이 화포를 사용하게 됨으로써 가능하였다. 과학기술이 역사에 미친 영향도 같이 기술해 줄 것을 권장한다.

바. 특히, 이콘화라고 불리는 성상의 제작에서 엿볼 수 있는 관념을 소개하고 이것이 서구와 어떻게 다른지 비교해 주는 것도 좋은 주제이며, 모자이크와 돔으로 꾸며진 비잔티움 양식과 정교회당의 형태도 소개할 필요가 있다.

20. 상업과 도시의 발달

(1) 주제의 의의

상업의 발달은 평화와 안전을 전제로 한다. 상업이 발달함으로써 유럽 사회는 변화가 일어나게 되었고, 이 변화는 크게 보아 유럽의 힘이 된다. 이 상업을 위해서는 제조하는 곳이 있어야 하고, 일정한 거점도 있어야 한다. 상인과 제조업자를 중심으로 형성된 도시는 장원과 더불어 중세 유럽의 특징적인 모습으로 자리 잡게 되었고, 이 도시에 기반한 의식과 제도가 결국은 시민의 윤리로 고착되면서, 서양근대의 모습을 형성하게 된다.

(2) 핵심주제어

화폐, 도시, 시민, 제조업자, 상인, 이행논쟁, 무역, 향신료

(3) 서술의 주안점

가. 중세기에 들어 쇠퇴한 상업이 부흥하게 된 동기와 상업을 통해 발전한 지역을 구체적으로 제시하여 주도록 한다. 상업이 주는 이점과, 이런 이점을 영주들이 어떻게 활용하려고 하였는지 소개하고, 이런 계기가 농민에 대한 예속정책에도 영향을 미치게 됨을 기술하는 것이 바람직하다.

나. 아울러 중세의 화폐 제도와 종류 그리고 유통 문제를 서술하는 것도 요망된다. 특히, 화폐가 노동을 대신하게 되는 과정, 국왕이 화폐의 질을 낮추어 재정적 목표를 달성하려고 하였던 사연 등도 소개해 줄 필요가 있다.

다. 도시의 기원은 다양한데 이런 다양성에도 불구하고 공통으로 가지는 특징으로 자유・자치・자율을 들 수 있는데, 이런 특징이 어떻게 나타나는지 구체적인 특허장을 자료로 제시하여 줄 필요가 있다. 도시의 발달은 같은 시기 중국이나 아랍권에 비교해서 공통점과 차이점을 드러내 줄 필요가 있다. 아울러 세계적 시각에서 후추를 비롯한 향신료의 유통경로를 소개하고 이것이 가지는 의의를 제시하는 것이 바람직하다.

라. 도시에 모인 성내인들의 구성성분은 상인과 제조업자이다. 이들이 초기에는 비교적 동질적인 위치를 가졌으나, 이들이 점차 분화되어 나가는 모습에 주목할 필요가 있다. 상류층으로 상승하여 귀족화 하는 과정, 몰락하여 노동자로 전락하는 과정 등을 기술하여, 사회분화의 양상을 설명해야 할 것이다. 이런 사회 갈등을 어떻게 극복하고자 했는지, 도시가 발달하였던 지역의 사례를 들어서 제시하면 흥미로운 주제가 될 것이다.

마. 상인・도시민의 의식을 영주와 비교하는 것도 필요하다. 특권에 기반한 영주들의 사고방식을 거부함으로써 시민의식이 형성되는 과정도 기술이 필요한 부분이다.

바. 이행논쟁을 쉽게 풀이하여 제시함으로써 학생들의 토론 수업에 활용할 자료를 제시하는 것도 바람직하다.

21. 근대 의식의 각성

(1) 주제의 의의

14-16세기 동안 서유럽은 물질적 차원에서뿐만 아니라 정신적 차원에서도 커다란 변화를 경험하였다. 격변의 시기 동안 서유럽에서 형성된 인간중심의 합리적 세계관은 근대의식의 성장을 대변하는 것으로 이해되지만, 다른 한편 중세의 영향력 또한 여전히 굳건히 자리 잡고 있었다. 지역 및 시기에 따라 서로 다른 양상을 드러내는 본고의 주제를 다양한 관점에서 다루며 시대의 변화상에 대하여 균형 잡힌 이해를 얻어낸다.

(2) 핵심주제어

르네상스, 개인의식의 각성, 마르틴 루터, 종교개혁, 뉴턴, 과학 혁명, 이성

(3) 서술의 주안점

가. 중세시대의 전통과 권위와 신앙은 별다른 검증 없이 오랜 세월동안 계승되었다. 이탈리아의 몇몇 도시국가에서 비롯된 르네상스는 사회를 변화시킬 수 있는 직접적 추진력은 아니지만, 중세와의 결별을 확인시킨 문화운동이었다고 볼 수 있다. 알프스 이북 지역에서의 르네상스는 해당 지역의 사회적·경제적 역량과 관련하여 기독교 인문주의 운동의 양상을 띠며 전개되었음을 검토할 수 있을 것이다.

나. 교회가 사회의 중핵 역할을 담당하였던 중세가 저물면서 개인의 의지로 자신의 삶을 계획하고 실천하는 것이 당연한 것으로 간주되는 근대사회가 시작될 수 있었다. 공동체가 해체된 것은 아니었지만 중세처럼 개인들의 전 생애에 직접 간섭할 수는 없게 되었던 것이다. 개인이 집단의 굴레로부터 벗어나 자신의 삶을 추구하는 것이 가능한 사회가 시작되고 있었음을 강조할 수 있다.

다. 보편이라는 의미를 담고 있는 가톨릭과 공동체적 속성이 강한 중세사회는 친근성을 지니고 있다. 하지만 루터는 모든 개인이 신을 직접 만날 수 있다는 만인사제론을 내세우며 종교개혁의 물꼬를 텄다. 루터를 파문하며 사태를 수습하려던 가톨릭교회의 노력이란, 이미 대세의 흐름이 개인중심으로 흘러가고 있었으므로, 단지 제방을 쌓아 최악의 파국을 막아보려는 시도였음을 지적할 수 있다.

라. 자료를 수집한 뒤 실험을 통하여 가설을 입증시키는 과학적 논리는 종교의 신앙교리를 결정적으로 동요시켰다. 과학적 증거는 지구가 우주의 중심이기는커녕 주변에 불과함을 입증하고 있었다. 결국, 뉴턴의 만유인력 이론으로 상징되는 과학적 법칙은 기독교 토대인 성경의 권위에 결정적 흠집을 낼 수 있는 위험한 주장으로 판단되었다. 이후 모든 종류의 전통과 권위에 대한 맹신을 비판하며 인간의 이성이 신의 자리를 대신할 수 있다는 믿음이 나타나기 시작하였음을 지적할 수 있다.

22. 유럽세계의 확대

(1) 주제의 의의

신항로 개척 이후 5대양 6대륙의 지구 전역은 점차 하나의 세계로 다가서게 됨을 다룬다. 특히, 상대적으로 고립되었던 아메리카 대륙이 서유럽 근대 민족국가들의 영향권

안으로 편입되면서 서유럽이 근대세계의 선도 역할을 담당하였음도 빠뜨릴 수 없는 부분이다. 서유럽 중심 근대사회 형성의 토대가 호기심, 모험심, 개척정신 등 진취적이고 적극적인 삶의 자세로부터 비롯된 것에도 주목할 수 있다.

(2) 핵심주제어

이베리아 반도국, 항해왕자, 인도로 가는 길, 바스코 다가마, 아메리카 대륙, 콜럼버스, 아메리카 토착 문명, 경제적 종속, 가격혁명

(3) 서술의 주안점

가. 이베리아 반도국들은 지리적 위치 때문에 향신료 중심의 동방 원거리 무역에서 이탈리아 도시국가들이 누렸던 혜택을 옳게 받지 못하였다. 이러한 어려움을 극복하기 위하여 이베리아 국가들은 아프리카 대륙을 남쪽으로 돌아 향신료의 나라 인도로 가는 길을 개척하고자 많은 노력을 하였다. 이러한 노력의 선두에는 포르투갈의 항해왕자 엔리께와 탐험가 바스코 다 가마가 있었음을 서술한다.

나. 콜럼버스가 아메리카대륙에 도착한 이후, 많은 탐험가들이 그의 뒤를 이어 이 대륙이 인도의 서부지역이 아니라는 사실을 밝혀냈다. '아메리카대륙'으로 불린 이 대륙은 비록 당장에 이익이 되는 향신료는 없었으나 광대한 토지와 풍부한 자원 등을 지녀, 서유럽 사람들에게 기회의 땅으로 보이게 되었다는 점을 서술한다.

다. 아메리카대륙의 토착인들은 오랜 동안 고유한 세계를 형성하고 안정된 삶을 살아왔다. 그러나 아메리카 토착문명들은 유럽인들의 살상 무기, 질병 때문에 쉽게 파괴되었다. 게다가 정복자 유럽인들은 이 지역의 경제를 서유럽의 시장경제에 종속되는 구조로 만들었기 때문에, 오늘날에도 이 지역 많은 국가들이 정치적 독립국임에도 불구하고 경제적으로 예속 상태에서 벗어나지 못하고 있음을 지적할 필요가 있다.

라. 아메리카 토착문명을 파괴한 서유럽인들은 이들로부터 많은 양의 금·은을 유럽으로 빼어 돌렸다. 대규모로 반입된 금과 은은 서유럽의 경제체제를 동요시켰다. 물가의 급격한 인상은 토지, 즉 농업에 토대를 둔 봉건세력들에게 커다란 타격을 준 반면, 상인 및 제조업자들에게 많은 이익을 보장하여 이들이 새로운 유럽 사회 내에서 강력한 영향력을 행사하게 되었다는 사실에 주목한다.

23. 아메리카 대륙의 문명

(1) 주제의 의의

아메리카 대륙의 마야문명, 아스텍문명, 잉카문명은 아시아·유럽과 떨어져 고립적으로 발전하였다. 이 때문에 아메리카의 역사를 다룰 때 문명과 관련된 역사는 배제한 채 백인 중심으로만 다루는 경향이 있다. 그러나 과거의 역사가 현재의 세계 문화와 직접 관련이 없다고 해서 그 의미가 축소되는 것은 아니다. 아메리카의 역사를 다룰 때 인디언 문화의 독자성, 백인들의 정복 활동과 인디언에 대한 경제적 착취 등을 객관적이고 균형 있는 시각으로 다룰 필요가 있다.

(2) 핵심주제어

마야문명, 아스텍문명, 잉카문명, 코르테스, 피사로, 엔코미엔다 제도

(3) 서술의 주안점

가. 마야문명은 현재의 멕시코 남부, 과테말라, 온두라스 지역에 걸쳐 번영하였다. 이 문명은 수많은 부족의 집합으로써 도시 국가 형태를 이루고 있었지만, 천문, 역법, 수학, 미술 공예 등이 과학적이고 정교하였다. 일종의 상형문자인 신성문자를 사용하여 그들만의 독특한 문화를 이룩하였다. 대신전(피라미드)을 건축하였고, 0과 20진법을 사용하였다. 이에 덧붙여 아메리카 문명을 이룩한 인종과 이후에 발전한 아스텍 문명과의 관련성을 서술할 필요가 있다.

나. 1519년 에스파냐의 정복 활동 시기에 중앙아메리카를 지배한 것은 아스텍 족이었다. 이들은 계획도시인 테노치티틀란을 중심으로 거주하면서 그림 문자와 달력을 사용하였고, 피라미드형 신전을 만들어 태양을 숭배하는 등의 아스텍문명을 이룩하였다.

다. 12세기말 안데스 고원에서는 쿠스코를 수도로 한 잉카문명이 번영하였다. 지배자는 관료와 군대를 거느리고 통치 권력을 행사하였다. 잉카족은 16세기 초에 지금의 에콰도르 북쪽 국경에서 아르헨티나 중서부와 칠레 중부의 마울레 강 유역에 이르는 광대한 지역을 통치하였다. 사방으로 뻗은 도로망은 중앙 권력의 지방 통제의 기초가 되었다. 그러나 광대한 지역과 수많은 민족, 종교의 강요, 통일된 문자 체계의 미비 등으로 제국의 유지에 어려움을 겪었다. 이들은 관개 시설을 만들고 골짜기에 계단식 밭을 개간하여 나무나 돌로 된 농기구를 이용하여 옥수수와 감자, 토마토 등을 재배하였다.

라. 에스파냐의 코르테스와 피사로는 소수의 병력으로 아스텍문명과 잉카문명을 각각 파괴하고 광대한 식민지를 건설하였다. 백인 정복자들은 엔코미엔다 제도를 이용하여 인

디언들을 가혹하게 착취하였다. 백인들은 막대한 금과 은을 채굴하고 사탕수수와 담배를 재배하면서 토착문화를 파괴하였다. 그리고 백인들은 가혹한 노동, 질병 등으로 급격히 그 수가 감소된 인디언을 대신할 노동력을 아프리카에서 공급 받으면서 흑인 노예, 혼혈 등 여러 문제를 낳았다.

24. 절대주의

(1) 주제의 의의

유럽의 16-18세기는 서양근대사의 변화 과정에서 절대주의 시대로 정의된다. 절대주의 시대는 중세 봉건세력과 경제력을 바탕으로 새로이 성장하는 상인세력 간의 불안한 균형위에서 지속될 수 있었던 시대로서, 그리고 절대왕정 국왕의 강력한 왕권 행사는 적대적인 사회 세력 사이의 대립과 균형의 추를 조정함으로써 가능하였음을 인식할 수 있을 것이다. 절대주의 시대는 중세 봉건사회가 해체되고 근대 시민사회가 정착되는 이행 시기로서 의미를 부여받을 수 있다.

(2) 핵심주제어

관료제, 상비군, 중상주의, 왕권신수설, 루이 14세, 엘리자베스 여왕, 신분제 사회

(3) 서술의 주안점

가. 절대왕정의 국왕은 관료제와 상비군을 이용하며 절대적 권력을 행사하였다. 왕명은 국법과 마찬가지로 이의 없이 시행되어야 하였으며 왕명에 대한 저항은 중죄인 반역으로 간주될 수 있었다. 두려움의 대상인 절대 국왕은 자신을 국가와 동일시하며 태양으로서 추앙받을 정도였다.

나. 그러나 국왕의 명령을 즉각적으로 집행하는 관리와 상비군을 유지하는 데 많은 비용이 들었다. 하지만 이 시기 유럽 경제의 규모가 크게 확대되었기 때문에, 국왕의 권력 유지 비용은 일부 특권 상인들이 부담할 수 있었다. 이리하여 권력과 경제와의 유착관계가 정착되었으며 절대주의 국가들이 실물 경제에 직접 간섭하는 중상주의 정책을 추진하였던 배경을 이해할 수 있도록 서술한다.

다. 정치권력과 경제세력간의 관계를 기초로 절대주의 시대 모든 역사진행을 설명할 수 있는 것은 아니다. 제도화된 기독교가 서구 역사 진행에 언제나 중요한 역할을 담당하였음을 먼저 지적해 둘 필요가 있다. 같은 맥락에서 절대왕정은 종교의 힘을 빌려 절대왕

권을 강화하고 유지시키려고 노력했으며, 교회 역시 왕권에 의지하며 영향력을 강화시키려고 노력하였음을 이해시킬 필요가 있다. 이데올로기로서 왕권신수설의 등장과 정착 그리고 확산 또한 소홀하게 다루어지지 않도록 유의하여야 한다.

라. 서유럽과 동유럽 절대왕정의 다른 점은 분명하게 설명되어야 한다. 서유럽 절대왕정의 특징들의 유사성과 동유럽 절대왕정의 다양한 모습들은 선발국과 후발국의 차별성으로 비치지 않도록 조심해야 한다. 특히, 다양한 절대왕정의 양상을 강조하느라 본질적 공통점을 잊지 않도록 주의해야 한다.

마. 절대주의가 남긴 유산으로 문명화라는 현상이 있다. 이는 궁중문화가 일반에 확대되는 것으로 내적으로는 통치계급의 단합과 하층계급에 대한 지배를 공고히 하려는 시도와 깊은 관련이 있다. 청교도주의는 이런 추세에 대한 반발의 방식이라고 할 수 있다.

25. 자본주의의 발전과 산업혁명

(1) 주제의 의의

이윤추구를 지고의 목표로 삼는 자본주의는 16세기 이후 점진적으로 전 세계적인 체제로 확산되었고 산업혁명의 전파도 그러했다. 결국 지구 전역이 자본주의와 산업화의 영향 아래 놓이게 되었다. 그러므로 자본주의와 산업화라는 주제는 출현과 발전, 정착 그리고 확산 나아가 영향까지도 충실하게 검토되어야 할 것이다. 또 근대 서구 역사의 변화과정을 올바로 이해하기 위하여 자본주의와 산업화의 관계는 정확하게 파악되어야 한다. 이 관계는 오늘날에도 변함없이 많은 국가들의 정세와 세계인들의 삶에 결정적 영향을 미치고 있음을 인식할 수 있어야 한다.

(2) 핵심주제어

자본, 이윤추구, 인클로저, 매뉴팩처, 선대제, 공장제, 도시화, 민주주의

(3) 서술의 주안점

가. 신항로 개척이후 유럽 경제의 규모가 크게 확대되면서 경제의 중요성은 전례 없이 커졌고 그에 따라 상인계급의 성장도 눈부셨다. 이러한 양상에 따라 예컨대 인클로저 운동의 확산으로 인해, 전통적 농촌사회는 뒷전에 밀려나고 상업 곧 도시 중심의 시민사회가 역사의 전면에 들어나게 되었음을 강조한다. 이윤추구를 목표로 삼는 상업 활동이란 중세와 달리 범죄 행위가 아니라, 오히려 신의 축복을 확인받을 수 있는 당당한 행위로

바뀌었다는 점을 충분히 지적할 수 있다.

나. 더 많은 이윤추구가 서구 사회의 지고의 목표가 되면서 생산방식의 변화도 나타났다. 선대제도나 매뉴팩처 방식에 의한 생산량의 증가도 대단하였으나 공장제 생산방식에는 비할 바 아니었다. 그러나 초기 자본주의에서 선대제나 공장제는 자본의 축적에서 다 같이 중요한 역할을 하였다고 평가된다. 자본가들은 이윤을 증대시키기 위하여 대규모 자본을 공장 설비에 투자하였다. 자본주의의 세례를 받고, 힘을 키운 기업인들의 머리 속에서 인간다운 삶이란 최우선의 고려대상이 아니었다.

다. 대도시, 특히 수도는 국가의 모든 역량을 알아볼 수 있는 곳이 되었다. 농촌지역 인구의 이탈과 도시로의 유입은 엄청난 사회문제의 원천이었다. 주거, 직장, 교육, 위생, 치안 등의 사안들은 당국이 쉽게 해결할 수 있는 익숙한 문제들이 아니었다. 권력과 부가 집중된 대도시가 발전의 상징인 동시에 해결하기 힘든 사회문제를 발생시키는 원천임을 지적할 수 있을 것이다.

라. 자본주의의 고도화와 산업화의 지속적 성과를 유지하기 위하여 사람의 능력 개발이 절대적으로 요구된다. 이는 국민 모두에게 더 나은 교육기회를 국가가 제공해야 함을 의미하였다. 그러나 교육을 통하여 의식을 갖추게 된 국민들이 자기 목소리를 내려고 하였기 때문에 선진 자본, 산업 국가는 어쩔 수 없이 국민들에 대한 정치적 배려를 해야만 하였다. 근대 민주주의를 향한 첫걸음이 놓인 것이다.

26. 시민혁명과 시민사회

(1) 주제의 의의

근대사회가 확립됨에 따라 절대주의 체제는 종식될 것이었다. 이러한 역사변화를 자본주의 확산 및 시민사회의 정착과 관련지어 인식하는 일은 중요하다. 자유와 평등이 포함된 인권 이념은 시민혁명을 불러일으킨 중요한 수단으로 이용되었고 이로부터 시민사회는 발전할 수 있었다. 모든 인간에게 희망을 꿈꾸게 만든 시민혁명이었으나 여전히 대다수 민중들은 시민사회로부터 소외될 처지에 놓여 있었음을 지적해 둘 필요가 있다.

(2) 핵심주제어

젠트리, 청교도, 영국혁명, 독립선언문, 미국독립, 인권선언, 제3신분, 프랑스 혁명, 나폴레옹

(3) 서술의 주안점

가. 근대 시민사회로의 길은 영국에서 시작되었다. 에스파냐 제국을 대서양에서 몰아낸 뒤 영국의 경제는 세계의 해상무역을 주도하였고 자본주의를 발전시킬 수 있었음을 서술한다. 젠트리 계층의 성장과 뒤이은 청교도 혁명, 그리고 명예혁명이 영국에서의 입헌 의회민주주의 체제를 확립시키는 정치적 계기가 되었음을 강조한다.

나. 미국은 구체제의 모순이 유럽만큼 심각하지 않았기 때문에, 사회내부에서 시민혁명이라는 격렬한 투쟁의 소재가 미미하였다. 이 때문에 미국의 독립 문제를 놓고 식민지 사회 내에서조차 독립을 추구하려는 세력과 영국에 충성하려는 세력간 첨예한 갈등이 있었다는 사실을 인식시킬 필요가 있다. 분열되었던 미국 식민지 사회가 힘을 모아 영국에 반기를 든 사실이 영국 본토의 경제적 착취와 직접적 관계가 있으며, 미국 독립의 성취가 절대왕정의 대표였던 프랑스의 지원을 받았다는 사실도 지나칠 수 없다. 무엇보다도 독립선언문에서 제시한 이상적 국가 형태 및 사회체제가 실현되었다는 사실은 강조되어야 할 것이다.

다. 부르봉 왕조가 절대주의를 대표한다는 사실은 18세기 말 프랑스에서 구체제의 폐해들이 대단히 심각하였음을 반증한다. 신분사회의 낡아빠진 구조물이 정치·경제·사회·문화 등 모든 분야에서 여전히 확고하게 자리 잡고 있었기 때문에, 미국독립을 알고 있던 제3신분들의 의식 각성 또한 분명할 수 있었다. 그 결과 프랑스 시민들은 인권선언 선포 이후 영국과 달리 왕정을 폐지하고 공화정을 수립하며 낡은 체제를 철저하게 파괴시켰다는 사실을 이끌어 낼 수 있을 것이다.

라. 그러나 시민혁명 이후 현실에서 나타난 체제들이 기대와 달리 복고적 형태를 지녔다는 점은 나폴레옹의 예를 통하여 확인할 수 있다. 이는 시민혁명의 한계에 대한 보수세력의 성공적 반격을 의미한다고 볼 수 있다.

27. 자유주의와 민족주의

(1) 주제의 의의

자본주의와 산업화가 시민사회의 구조적·물질적 토대를 마련했다면 자유주의는 이념적 정초를 제공하였다고 볼 수 있다. 19세기 서구의 자유주의는 표면상 모든 인간의 자유와 평등을 내세우며 라틴 아메리카 지역으로까지 번져나가 식민 상태를 종식시키는 강력한 무기로 작동한 바 있다. 하지만 당시 자유주의는 부르주와 시민계급에 특히 유리하였음을 유념해야 한다. 그럼에도 자유주의 이념 아래 영국은 선거권 확대 운동을 통하여 보다 많은 대중이 정치적 발언권을 얻었고 이탈리아와 독일은 민족의 자유라는 기치 아래 대망의 통일된 민족국가를 수립할 수 있었다.

(2) 핵심주제어

빈체제, 라틴 아메리카 독립, 차티스트 운동, 이탈리아, 비스마르크, 독일의 통일, 링컨, 남북 전쟁

(3) 서술의 주안점

가. 빈회의는 자유주의의 억압과 급진적 보수주의의 양태인 반동복고를 목표로 삼았다. 합스부르크 왕실의 이해관계를 고려하면서 빈회의를 주도한 보수 세력의 노력은 그러나 시대착오적인 결과를 산출하였고, 그 소산의 생명력은 분명 지속될 수 없었음을 강조한다.

나. 라틴 아메리카의 토착 문명들을 파괴한 뒤 포르투갈과 에스파냐 사람들은 이 지역에 플랜테이션 농업구조를 확립시켰다. 이로 인하여 식민지의 경제는 서구의 경제구조에 깊이 종속되었다. 원주민들과 유럽인들과의 혼혈도 식민 지배를 지속시키는 데 일정부분 기여하였음을 잊지 말아야 한다. 그러나 동경의 대상인 본국과 식민지의 억압적 현실 사이의 괴리가 자유주의 이념 하에 독립운동을 자극하는 촉매제였음을 강조한다.

다. 점진적 선거권의 확대를 이끌어 낸 영국의 자유주의 운동은 유혈 사태 없이 국민의 통합을 이끌어내는 데 크게 기여하였고, 내부의 통합을 토대로 영국의 세계지배는 지속될 수 있었음에 주목한다.

라. 이탈리아, 독일 두 나라는 지난 시절 역사의 분열상을 극복한 뒤 19세기 후반에야 겨우 민족통일 국가를 수립하였다. 자유주의 이념의 힘을 빌리기보다 군사력을 동원하여 주변국의 간섭을 물리치고 달성한 통일이었기에 신생 국가에 대한 자부심과 자기 민족에 대한 자긍심은 과다하게 결합되었다. 이 힘을 바탕으로 두 나라는 놀라운 산업화의 성과를 거두었으나 주변국과의 마찰은 피할 수 없게 되었음을 강조한다. 뿐만 아니라 민족문제와 관련해서 민족주의와 자유주의 노선은 갈등을 야기하여 이후 정치적인 문제가 된다.

마. 남북전쟁은 링컨의 노예해방 선언이 관건이 된 내전이라기보다 향후 미국이 나아갈 방향에 관한 갈등, 즉 연방체제의 유지 여부나 보호관세를 시행할 것인지의 여부 등의 결과로 파악해야 할 것이다.

28. 사회주의

(1) 주제의 의의

국가이념으로서 사회주의는 오늘날 분명 힘을 잃은 체제이다. 하지만 신자유주의 체제의 문제점들이 계속 드러나고 있는 현실에서 대안으로서 사회주의는 여전히 영향력을 지닐 수밖에 없다. 극단적 자본주의의 행태가 횡횡하여 그에 따른 문제들도 분출되던 19세기 서구에서 사회주의에 대한 관심 고조는 자연스런 현상으로 보인다. 마르크스는 공상적 사회주의 이론들을 보완하여 사회주의 혁명들이 실제로 발생하는 데 크게 기여하였다. 그러나 실현된 사회주의 국가들 역시 많은 문제를 노출하였다. 그런즉 인류의 꿈을 실현하려는 사회주의 체제는 유토피아였다고 판단할 수 있다.

(2) 핵심주제어

공상적 사회주의, 칼 마르크스, 자본론, 계급투쟁, 과학적 사회주의, 사회 민주주의, 수정자본주의

(3) 서술의 주안점

가. 현실에서의 삶이 고달프고 밝은 전망이 보이지 않았을 경우 공상은 훌륭한 도피처가 된다. 공상적 사회주의는 이러한 배경에서 실제로 일찍부터 존재하였다. 사람들의 의식이 더욱 각성된 근대 이후, 그리고 자본주의 체제의 억압성이 분명하게 노출된 19세기초 공상적 사회주의는 현실의 대안으로서 영향력을 키웠다고 볼 수 있다.

나. 마르크스는 계급투쟁을 통하여 자본주의를 소멸시키고 공산주의 사회의 수립을 꿈꾸었다. 그가 자본론을 쓴 까닭은 당시 자본주의에 대한 정확한 이해가 공산주의로 나아가는 첩경이라고 생각하였기 때문이었다. 19세기 서구 자본주의가 발생시킨 제반 문제점들을 해결하려는 당대의 노력으로서 마르크스는 중요한 의미를 지닌다고 볼 수 있다.

다. 자본주의가 사회주의 진영으로부터 공격을 받자, 대응의 전략으로써 자본주의 원리는 일부 수정되었다. 자본주의가 금과옥조로 내세우던 시장의 자유라는 원리는 공익을 위한 간섭의 수용이라는 변신을 꾀하였다. 같은 맥락에서 비판의 대상이 변신하자 과학적 사회주의도 일부 강령을 수정하지 않을 수 없게 되었다. 현실에서 적용 가능한 사회주의로서 사회민주주의는 평가받을 수 있다.

29. 제국주의

(1) 주제의 의의

19세기에 서구주도로 나타난 제국주의는 과거의 정복 식민지배의 양상과 달리, 고도화된 자본주의 단계 즉, 독점 자본주의 체제 및 잉여자본의 축적과 깊은 관련이 있으며 나아가 생물학적 진화론이 사회진화론으로 변용된 것과도 무관치 않다. 원료와 시장의 확보라는 경제적 필요에 더하여 다른 민족에 대한 인종적 우월감을 확인하기 위하여 선진 산업 국가들은 식민지 쟁탈에 열중하며 아시아, 아프리카의 일부 지역을 희생양으로 삼았다. 이들 국가들에게서 약육강식은 자연 법칙일 뿐만이 아니라 인간 세계에서도 불변의 진리였던 점을 확인할 수 있을 것이다.

(2) 핵심주제어

정복, 독점자본주의, 잉여자본의 수출, 인종주의, 사회진화론, 식민지 쟁탈, 아시아, 아프리카 분할, 사회진화론

(3) 서술의 주안점

가. 제국주의 국가들의 선후의 서열과 산업화의 선후관계는 어렵지 않게 관련지을 수 있다. 하지만 네덜란드와 벨기에의 경우 특이하게도 금융자본이 투자된 지역과 관련을 맺고 있음을 확인할 수 있다.

나. 영웅적 탐험가들의 진취적 정신, 적극적 행동, 그리고 기독교 선교사들의 이교도를 개종시키려는 종교적 열정도 사회진화론과 관련지어 서술할 필요가 있다. 유색 인종에 대한 백인의 인종적 편견 또한 분명하게 인식시킬 필요가 있다.

다. 제국주의 국가들 사이의 경쟁과 충돌이 어느 지역에서 나타났는지, 그리고 그 결과는 어떠하였는지 뿐만이 아니라 가장 큰 피해를 입은 측은 어느 편이었는지도 충분히 다루는 것이 바람직하다.

라. 근대 이후 서구인들이 강조하는 과학적 · 논리적 · 합리적 사고와 그에 토대를 둔 행동의 전통이 지난 세기에 결국 어떤 재난을 초래하였는지도 분명하게 인식해야 한다. 이는 어느 사회에서도 주류를 형성하는 집단들이 자주 범하는 오류들과 유사하기 때문이다. 잘못에 대한 올바른 인식과 대책이 준비되지 않는다면 누군가는 반복하여 커다란 희생을 치러야할 수밖에 없음을 인식시킬 수 있을 것이다.

마. 영국은 1870년대부터 제국주의를 본격화하였는데, 자치화 정책을 기본으로 하고 있으며, 독일은 1890년이후 빌헬름 1세의 친정체제 이후 신항로정책, 동방정책으로 구체

화되었고, 이는 내정을 통합하여 국가적 위신을 높이는 것이 주 목표였다. 프랑스의 경우는 아프리카의 경우 아시밀라숑 정책으로 직접통치에 기반한 문화적 침투가 그 특징이다. 러시아는 논란의 여지는 있으나 대륙형의 형태로 제국주의를 전개하였다.

30. 세계대전

(1) 주제의 의의

19세기 말 이래 서구 제국주의 열강들 사이의 패권 투쟁은 전쟁을 초래하였다. 개별 국가 사이의 힘겨루기에서 한걸음 더 나아가 이해가 상충하는 민족국가 집단간의 대결은 더 길고, 더 참혹한 전쟁으로 이어져 전대미문의 전쟁 피해를 초래하였다. 무엇을 위한 전쟁이었고, 누구에게 영광과 이익이 돌아가는 전쟁인지를 생각해 보면 승전국이나 패전국을 불문하고 가장 큰 고통을 겪어야 하였던 사람들은 두 진영의 일반 국민들이었음을 알 수 있다. 게다가 전쟁을 기회로 삼아 미국이 세계의 패권을 장악하였음을 주목할 수 있을 것이다.

(2) 핵심주제어

범게르만주의, 범슬라브주의, 삼국동맹, 삼국협상, 발칸반도, 총력전, 베르사유 조약, 국제연맹

(3) 서술의 주안점

가. 독일의 비스마르크는 숙적 프랑스를 견제하기 위하여 이탈리아와 오스트리아와 함께 삼국동맹을 결성하였다. 크게 보아 이 동맹은 게르만 민족의 영광을 떨치기 위한 것으로 볼 수 있다. 베를린 - 비잔티움 - 바그다드를 연결하는 3B 정책의 추진은 당시 세계질서를 책임 맡고 있던 영국에 대한 도전으로 파악될 수 있다.

나. 영국과 프랑스는 갑자기 산업화에 성공하며 강한 군사력을 과시하고 있던 독일을 주목하고 있었다. 러시아 또한 슬라브 민족의 발전에 게르만 민족이 장애요인이라고 생각하였다. 한편으로는 두려움 때문에, 다른 한편으로는 기존 유럽의 질서를 무시하려는 삼국동맹에 맞서 삼국협상이 체결되었다. 평화를 위한 노력 대신에 삼국동맹 진영과 삼국협상세력 사이의 긴장과 적개심이 깊어지면서 대규모 전쟁의 발발을 누구나 예상할 수 있었다.

다. 제1차 세계대전은 민족 갈등의 화약고 발칸반도에서 시작되었다. 발칸지역에서는

오랜 동안 범슬라브주의와 범게르만주의 사이의 날카로운 긴장이 감돌고 있었다. 어떤 종류이든지 방아쇠를 당길 계기만 주어진다면 적대감에 휩싸인 두 진영은 곧바로 전면 전쟁을 벌일 준비가 되어 있었다.

라. 한편으로는 산업화와 과학기술의 발달을 바탕으로, 다른 한편으로는 민족적 우월감에 토대를 둔 제1차 세계대전은, 평화추구 대신 호전성을 드러낸 일반 국민들에게 지울 수 없는 깊은 상흔을 남겼다. 뼈아픈 고통을 겪은 후 전쟁에 대한 진지한 성찰이 요구되었으나 적개심을 되새길 베르사유 조약이 체결되었고 국제연맹 또한 제 역할을 수행하지 못하였음을 지적할 수 있다.

31. 러시아 혁명

(1) 주제의 의의

19세기 중엽 러시아는 로마노프 왕조의 전제적 통치가 지속되어 봉건적 잔재가 여전하였다. 하지만 시대의 요구에 강요당하여 로마노프 왕조는 위로부터의 산업화·근대화를 추진하게 되었다. 그러나 전제군주의 피상적인 개혁 시도는 오히려 러시아가 안고 있는 총체적인 문제를 분명하게 드러낼 뿐이었다. 이에 대하여 볼셰비키 세력은 전제왕정의 폐지와 사회주의 정권의 수립이라는 혁명공약을 내걸고 레닌을 중심으로 러시아에 사회주의 정권을 수립하였다. 역사상 최초의 사회주의 국가의 탄생은 지구 전역으로부터 큰 기대를 받았으나 기대를 충족시킬 역량은 미흡하였음을 주목할 필요가 있다.

(2) 핵심주제어

로마노프 왕조, 뒤쳐진 산업화, 볼셰비키, 레닌, 반혁명전쟁, 신경제 정책(NEP)

(3) 서술의 주안점

가. 러시아 전제군주의 지배는 서유럽과 비교할 때 더 오랜 기간 존속하였다. 이는 지리적 요인뿐만 아니라 근대 시민사회로 나아가는 역사적 경험이 러시아에 부재하였기 때문이었다. 19세기에도 러시아를 지탱하였던 것은 농촌과 농업이었지, 도시와 상업은 아니었다. 이로부터 러시아 근대화의 후진성을 설명할 수 있다.

나. 러시아의 고유한 역사 경험과 여건을 고려할 때 사회주의 정권을 러시아에 수립하는 것이 가능한지를 놓고 사회주의 세력 내부에서 이념 갈등이 나타났다. 혁명에 소극적 세력과 적극적 혁명주의자들 사이의 충돌은 적극적 행동을 주장한 볼셰비키의 승리로 끝났다.

다. 볼셰비키의 지도자는 레닌이었다. 러시아의 실정에 맞는 사회주의 정권을 수립한 레닌은 경제 영역에서도 유연한 정책을 펼쳤다. 레닌이 사회주의 계획경제를 원칙으로 삼았음에도 소비에트 정권의 안정을 위하여 시장경제를 용인하는 듯한 신경제 정책(NEP)을 강력하게 추진하여 단기간에 경제적 성과를 이룩하였음을 지적할 수 있을 것이다.

라. 인류 역사상 최초의 사회주의 국가를 수립한 소비에트 러시아는 출범 초기 자본주의 국가들로부터 집단적인 간섭을 당하여 반혁명 전쟁을 치러야만 하였다. 체제를 힘겹게 지켜낸 소비에트 정권은 그러나 자본주의 시장경제 체제가 1930년대 극심한 위기를 맞게 되자 자본주의 체제의 유일한 대안으로서 높이 평가받은 적이 있었음을 기억할 필요가 있다. 경제개발 5개년 계획으로 상징되는 소비에트 러시아의 계획경제는 그러나 적극성과 창의성 부족의 문제점을 노출할 수밖에 없다는 점을 주목할 필요가 있다.

32. 파시즘

(1) 주제의 의의

제1차 세계 대전과 그 후유증인 경제 공황을 겪은 서유럽 대중들은 비효율과 무능만을 보였던, 기존 의회 민주주의 체제의 많은 문제점들을 인식하게 되었다. 그리하여 미숙한 주권의식을 가지고 처음으로 정치적 결정권을 행사하게 된 대중들은 새로운 체제를 기대하였고 이들에게 대안을 제시한 것은 소비에트와 파시즘 체제였다. 20세기 전반의 세계 역사는 대중이 선택한 체제가 재난을 초래하였음을 보여준다. 20세기의 주인이 된 대중은 올바른 권리행사를 배워야 할 뿐만 아니라 책임 또한 막중함을 올바로 인식해야 할 것이다.

(2) 핵심주제어

파시즘의 의미, 베르사유 체제, 나치스, 히틀러, 무솔리니, 프랑코

(3) 서술의 주안점

가. 4년간의 총력전을 치른 서유럽 대중들의 삶은 매우 피폐하였다. 게다가 전후 유럽 질서를 확정지은 베르사유 체제는 총체적 안정을 이끌어내지도 못하였다. 특히, 패전국 독일에서 정치·경제·사회적 불안은 가장 심각하였다. 승전국들이 패전 독일에게 가혹한 책임을 물었기에 제국 소멸 이후 독일에 수립된 무력한 바이마르 공화국은 승전국들의 요구를 거부하지 못하였고, 그 결과 독일 국민들로부터 거의 신뢰를 얻지 못하였음을

서술할 필요가 있다.

나. 종전 이후 이탈리아의 경우도 독일과 크게 다르지 않았다. 19세기 후반에 가서야 겨우 수립된 통일 민족국가는 안정된 토대를 확립하지 못한 상태에서 참혹한 전쟁과 경제적 어려움을 겪으며 총체적 난국에 빠졌다. 이를 벗어나기 위한 이탈리아 대중들의 선택이 새로운 국가운영 체제인 파시스트 체제로 쏠렸음을 주목한다.

다. 무솔리니와 프랑코 그리고 히틀러로 상징되는 파시즘 체제가 권력의 독점이라는 점에서 공산당의 일당독재와 다를 바 없음을 주목해야 한다. 권력행사의 정도와 영향력에서 공산정권이나 파시스트 정당들은 크게 다르지 않았다. 소홀하게 다루지 말아야 할 바는 이러한 체제들이 자본주의 체제가 초래한 문제들로부터 출현하였다는 사실이다. 그러므로 기존 자본주의 체제 하에서 고통을 받았던 대중들이 자본주의의 바람직한 변화에 따라 삶의 질을 높일 수 있다면, 파시즘 체제의 존립 기반이 동요될 수 있다는 점을 인식시키는 것이 바람직할 것이다.

라. 나치즘 대두의 원인과 관련한 해석은 다양한데, 이를 독일사의 전통에서 삭제하려는 관학파의 경향과 아울러 독일의 정치문화의 산물이라는 연속적인 측면을 보려는 사회학적 견해가 대두되고 있다. 이 문제는 과거사 청산의 과제와 부단한 관계를 가진다.

33. 냉전 체제

(1) 주제의 의의

파시즘과 나치즘의 득세 이후 유럽에는 긴장이 고조되어 제2차 세계대전이 발발하였다. 제1차 대전과 달리 이번에는 군국주의 일본까지 추축국 진영에 가담하여 명실상부한 세계대전이 되었다. 제2차 세계대전은 인류가 지금껏 겪은 어느 전쟁보다 더 참혹한 결과를 낳았다. 전후 세계질서를 정립시키기 위한 국제조직으로서 국제연합이 과거 국제연맹 조직을 보완하며 탄생하였다. 그러나 국제연합 체제 하에서 자본주의 체제와 공산주의 체제는 서로 날카로운 대립 구도를 만들었다. 적대적 이념을 내세우며 동서진영으로 나뉜 두 대립 체제는 겉으로는 상대 진영의 파멸을 체제의 목표로 내세웠지만, 실제로는 이러한 대립을 자신들의 체제를 공고하게 유지시키는 기회로 삼았음을 지적할 수 있다.

(2) 핵심주제어

국제연합, 동서진영의 대립, 한국전쟁, 쿠바사태, 반둥회의, 제3세계의 출현

(3) 서술의 주안점

가. 국제연합의 수립은 전후 강대국으로 떠오른 소련의 동의가 있어 가능하였다. 서방 자본주의 진영의 대표는 미국이었고 동방 사회주의 진영의 대표는 스탈린이 이끄는 소련이었다. 소규모의 국제분쟁이 발생할 때마다 미국과 소련은 심각하게 대립하는 것으로 보였다. 그러나 이러한 동서진영 대립의 가장 큰 수혜자는 바로 미국과 소련 양국이었음을 인식할 필요가 있다. 적대 진영의 침략을 대비한다는 명목 아래 두 강대국은 양대 진영에 포섭된 국가들을 통제하고 자신들의 이익을 위하여 동원할 수 있었음을 인식시킨다.

나. 1950년 한반도에서 일어난 전쟁은 냉전체제의 갈등 폭발로 이해할 수 있다. 이념으로 갈라진 한반도는 남과 북에서 각각 자본주의 및 사회주의 체제를 수립함으로써 타협한 것으로 정리할 수 있다. 그러나 전쟁의 주된 피해는 한반도가 입었음을 기억할 필요가 있다. 쿠바사태의 경우는 직접적 무력 충돌로까지는 진전되지 않았음을 주목할 필요가 있다.

다. 냉전체제는 1945년 이후 한동안 국제질서의 현상유지라는 효력을 충분히 발휘하였던 것이 사실이다. 그러나 냉전체제 아래에서 소외되었던 아시아・아프리카・중동의 여러 나라들은 국제무대에서 더 이상 들러리가 아님을 입증할 필요를 깨달았다. 이들은 국제연합을 배제한 채 자신들을 위한 별도의 국제조직을 만들기에 이르렀다. 새로운 국제질서를 수립하려고 힘쓴 이들의 노력은 제3세계의 출현으로 결실을 보았다. 서구 백인들이 주도하였던 세계질서에서 지구 모든 지역 주민들의 주장이 고려되는 새로운 세계질서를 정립하려는 노력으로써 제3세계의 출현을 바라볼 필요가 있다.

34. 아프리카의 독립과 변화

(1) 주제의 의의

제2차 세계대전의 결과, 제국주의가 종식되면서 서유럽의 식민지들이 속속 독립하였다. 특히, 제국주의의 가장 큰 희생자였던 아프리카에서는 1960년대까지 탈식민지화가 급속히 진행되었다. 그러나 아프리카 신생국들 대부분은 빈곤 문제로 어려움을 겪고 있고, 정치적으로도 좌파 혹은 우파의 독재자들이 집권하면서 매우 불안정한 정치 상황을 보여주었다.

(2) 핵심주제어

신생 아프리카, 내전, 아파르트헤이트

(3) 서술의 주안점

가. 아프리카의 대부분의 땅을 차지하였던 국가는 영국과 프랑스였다. 프랑스의 경우 북아프리카의 튀니지, 알제리, 모로코 등을 통치하였는데, 프랑스가 철수하는 과정에 많은 문제점이 나타났다. 영국의 경우 가나를 시작으로 1965년까지 아프리카 식민지를 해체하였다. 이탈리아는 리비아와 소말리아를, 벨기에는 콩고를, 포르투갈은 앙골라를 독립시켰다.

나. 2차 세계대전 이후 독립한 아프리카 식민독립국들은 많은 잠재력에도 불구하고 '문제 지역'으로 변모하였다. 1945년 이후 아프리카의 역사는 폭력이 난무하는 내란의 역사였다. 인종주의, 종족 문제, 빈곤과 기아, 인구 과잉 등이 복합적으로 작용하여 나타났다. 이와 같은 상황이 발생한 근본적인 이유를 유럽 국가의 아프리카 분할 및 통치 방식과 연계시켜 서술하는 것이 아프리카의 상황을 이해하는 데 도움이 될 것이다.

다. 남아프리카 연방은 1994년 모든 인종이 참여하는 선거에서 만델라가 남아프리카 최초로 흑인으로 대통령으로 선출되었다. 이 과정까지 남아프리카연방의 흑인들은 제도화된 '분리주의(아파르트헤이트)'속에서 큰 고통을 겪었다. 이 문제를 해결하기 위해 '진실과 화해위원회'가 조직되어 과거사 청산을 위해 노력하였고, 그 결과 사회 통합의 성공적인 사례로 기록되고 있다. 남아프리카 이외에도 정치적으로 안정을 이룬 나라는 많다. 북아프리카에서는 모로코·튀니지·이집트, 서아프리카에서는 세네갈·카메룬·가봉, 동쪽에서는 케냐·탄자니아, 남아프리카에서는 보츠와나와 스와질란드가 독립을 쟁취한 이래 심각한 폭력 사태가 나타나지 않았다. 그리고 가나와 우간다도 군사 독재가 한동안 지속되었지만 이제는 성공적으로 안정되어 가고 있다.

35. 사회주의권의 붕괴

(1) 주제의 의의

소비에트 러시아는 20세기 중반까지도 개발이 뒤쳐진 세계 여러 지역에서 이상국가로 비쳤고, 이들 지역의 사회주의 세력들은 무력혁명을 통하여 사회주의 체제를 수립할 수 있었다. 그러나 어느 곳에서든지 사회주의 정권 수립의 결정적 요인은 경제발전을 이룩한 것도, 민족과 국가의 위신을 높인 것도 아니라 대중의 마음을 얻은 것이었다. 그러나 20세기 중후반 이후 사회주의 국가들은 국가운영의 비효율성 때문에 공통적인 경제위기를 경험하였다. 책임 모면에 급급한 공산당은 인민들에 대한 억압과 감시를 강화하며 오직 체제 유지에 주력하였다. 게다가 사회주의 체제통합에 유용한 역할을 수행하였던 자본주의 체제와의 대립이 완화되면서 사회주의 체제는 외적인 공격에 의한 것이라기보다 내적인 문제가 곪아 터져 무너지게 되었다고 볼 수 있다.

(2) 핵심주제어

사회주의 체제의 비효율성, 동방정책, 독일의 통일, 고르바초프, 페레스트로이카, 글라스노스트

(3) 서술의 주안점

가. 1990년 서독의 동독 흡수 통일은 사회주의 진영 붕괴의 신호탄이었다. 이후 급작스럽게 동구권 국가들의 연쇄반응적인 사회주의 체제 포기가 이어졌다. 이러한 현상이 발생하게 된 원인은 서독의 동방정책이 성과를 거둔 것으로도 볼 수 있지만, 그보다 소비에트 러시아가 사회주의 진영을 존속시키려는 의지를 포기하였기 때문인 것으로 보아야 할 것이다.

나. 러시아 공산당 서기장 고르바초프의 개혁・개방 정책 추진은 본질적으로는 사회주의 체제를 포기하려는 의지가 아니라, 이러한 정책을 통하여 숨이 끊어져 가던 사회주의 체제에 생명력을 소생시키려는 것으로 보아야 한다. 그가 미국과 군비축소에 합의한 것은 인민들의 삶의 질을 조금이라도 개선시키려는 기회를 얻을 수 있다고 판단하였기 때문이었다. 이제 인민의 생명을 당장 위협하는 적이 사라진 마당에 해결되어야 할 최우선 과제는 일상적인 삶의 문제일 수밖에 없었다. 하지만 인민들의 일상적 삶의 문제는 사회주의 체제가 안고 있는 비효율성 때문에 해결하기 어려웠음을 지적하는 것이 바람직하다.

다. 사회주의 체제가 원죄로 안고 있는 비효율성의 문제는 아마 자본주의 체제의 탁월한 효율성 때문에 더욱 극명하게 문제로 비칠 수 있다. 자본주의가 표방하는 무한 경쟁 속에서 살아남기 위하여 사람들은 더욱 극단적으로 자신과 주위환경을 몰아가는 수밖에 없게 된다. 하지만 결과와 효율만을 중시하는 이러한 현상은 삶 자체의 의미가 무엇인지 또는 환경을 보존하는 것이 얼마나 중요한지를 돌아볼 겨를이 없게 만든다는 점도 지적될 필요가 있다.

36. 20세기의 라틴 아메리카와 오세아니아

(1) 주제의 의의

7차 교육 과정의 세계사 교과서에서 라틴 아메리카와 오세아니아의 역사를 거의 다루지

않았다. 우리 교민들은 20세기 초부터 멕시코와 쿠바에 가서 거주하였고, 칠레는 2003년 우리와 자유 무역 협정을 체결하여 우리나라의 라틴 아메리카 진출의 교두보 역할을 하고 있다. 오스트레일리아와 뉴질랜드는 6·25전쟁 때 우리를 도와준 우방국이었고, 우리 교민들이 많이 거주하고 있는 국가들이다. 세계사의 균형적 이해를 위해 서술할 필요가 있는 지역들이다.

(2) 핵심주제어

라틴아메리카, 쿠바 혁명, 자유 무역 협정, 빈부 격차, 오스트레일리아

(3) 서술의 주안점

가. 라틴아메리카는 유럽과 유사한 종교와 언어를 갖고 있지만, 대중의 빈곤 문제, 문맹률, 경제적 후진성, 정치적 불안정 등은 동남아시아, 아프리카와 비슷하다. 그리고 미국의 지원을 받고 있는 부유층과 빈곤한 대중의 갈등이 매우 크다. 또한 로마 가톨릭이 라틴 아메리카에 가장 영향력을 끼친 종교이다.

나. 제2차 세계대전 이후 대부분의 라틴 아메리카에서는 빈곤하고 교육을 받지 않은 대중이 소요를 일으키는 경우가 많았다. 특히, 쿠바의 카스트로는 1959년 혁명을 일으켜 정권을 잡고 공산화를 추진하였다. 이후 쿠바는 소련의 무기 지원을 받으면서 라틴 아메리카의 공산주의의 교두보 역할을 하게 되었다.

다. 20세기 중반에 라틴 아메리카 국가는 외국 자본의 투자를 유치하여 산업화를 이루고 수출 증대와 해외시장의 다변화를 통해 경제가 성장하였다. 광물·설탕·과일·커피와 같은 전통 물품과 공업 제품을 외국에 수출하였다. 그러나 1970년대와 1980년대의 세계적인 경기 후퇴로 인해 외국 부채가 증가하고 수출은 감소하여 경제적으로 큰 타격을 입었다. 이와 같은 상황이 발생한 원인을 라틴 아메리카의 경제구조와 관련하여 서술할 필요가 있다.

라. 2003년 한국은 칠레와 자유무역협정(FTA)을 맺었다. 이 협정은 한국이 외국과 맺은 최초의 자유무역협정으로서 의미가 있을 뿐 아니라, 이를 계기로 우리나라 기업들은 중남미 지역으로 활발하게 진출하게 되었다.

마. 오스트레일리아는 1901년 영국의 연방으로 출발하였다. 현재 이 국가에서 일어나고 있는 인종의 다양성으로 인한 문제, 영국·미국·일본·동남아시아 여러 국가들과의 관계 변화 등을 살펴볼 필요가 있다.

37. 대중사회

(1) 주제의 의의

대중의 시대라고 불리는 20세기 전반 인류는 두 번에 걸쳐 대규모 전쟁의 참화를 겪었다. 그런즉 이 시대, 즉 대중의 시대에 대한 평가는 호의적이기 어렵다. 오늘날 우리들에게 대중은 주로 쉽게 세뇌당하고 천박하며 거칠다는 피동적・부정적 인상만으로 각인되고 있는 까닭과 지난 세기의 역사적 경험과 무관하지 않을 것이다. 그러나 대중을 미숙한 마구잡이 무리로 간주하는, 세련된 전문가들의 공통된 평가 또한 대중에 부정적 인상을 각인시키는 데 기여하였음은 분명하다. 지난 세기 볼만한 성과를 이룬 바는 없고 난제만 양산한 것으로 평가되는 대중이지만, 오늘날 이들을 긍정적으로 평가해 보려는 시도가 지닌 의미는 중대하다.

(2) 핵심주제어

대중, 대중의 시대, 대중사회, 영화, 스포츠, 대중문화

(3) 서술의 주안점

가. 지난 20세기 인류는 과거 인류가 겪지 못하였던 많은 새로운 경험을 하였다. 20세기 전반기에는 대규모 전쟁으로 인한 고통스럽고 쓰린 경험을 하였다면, 후반기에는 산업화 이후 또는 포스트모더니즘을 중심으로 새로운 사회로 나아가기 위한 익숙하지 않은 경험을 하게 되었다. 그러나 새로운 시대의 주체로서 적극적으로 행동할 것이 요구되었던 대중들의 실천과 각성은 미흡하였음을 서술할 수 있다.

나. 대중에 대한 명확한 개념 정립은 아직 합의되지 못하였지만, 비판적 지식인들 덕택으로 대중에 대한 인상은 부정적으로 정착되었다. 여기서 우리가 고려해 볼만한 역사 용어 하나가 있다. 즉, '지리상 발견'으로 불리던 말이 서구 중심적 사유로 비판받아 오늘날 좀더 중립적 용어, 즉 '유럽세계의 확대'로 바뀌었고 한 걸음 더 나아가 낯 선 세계들의 만남으로까지 바뀌었다는 사실이다. 이로부터 누구의 시각으로 역사 용어를 선택할 수 있을 것인지의 문제를 제기할 수 있다.

다. 20세기 이후 대중들의 주인의식은 문화영역에서 그나마 가장 분명하게 드러나고 인정받았다고 볼 수 있다. 19세기 이후에도 상대적으로 수준 낮은 가치체계로 분류되었던 대중문화는 오늘날 사회 전 영역의 주류로 승격되어, 19세기 주로 특권 계층들만이 즐기던 영역조차 스스로 대중문화에 접근하려는 노력을 숨기지 않는 양상을 보이고 있음을 서술할 수 있을 것이다. 연극을 대신한 영화나 고전음악을 대신한 대중가요나 스포츠 산업분야 등을 예로 들 수 있을 것이다.

38. 현대 세계의 제문제와 21세기

(1) 주제의 의의

교통·과학·기술의 발달과 더불어 정보의 국경 없는 유통은 지구를 과거 어느 때보다 좁게 만들어 하나의 지구촌 형성을 도왔다. 이제 특정 지역의 문제는 해당 지역 문제로서만 남겨지기 점차 어렵게 되고 있는 중이다. 그러나 지구촌 지역주민들 사이의 상호관계가 더욱 긴밀해지고 강자와 약자 사이의 직접적 만남이 빈번해지면서 이러한 과정에서 강자는 약자의 몫을 손쉽게 빼앗게 되어 빈부의 격차가 심화되는 현상이 나타났다. 지구촌 강자들은 지역 사이의 여하한 규제도 없애는 방향으로 세계를 이끌어 나가며 외진 지역의 귀중한 자원조차 자신들이 남용하기에 불편함이 없는 체제를 확립시키려고 노력 중이다. 그 결과 오늘날 지구 자체의 정화기능은 크게 약해져 다음 세기에 환경재앙이 예상되고 있다. 반세기 이상 인류는 과거 경험 덕택에 전쟁을 통한 재앙을 겪지 않았다. 그러나 인류가 겪어야 할 재앙의 종류가 전쟁만 있는 것은 아님을 기억할 필요가 있다.

(2) 핵심주제어

정보화 시대, 환경보존, 생명윤리, 양성평등, 빈부격차 심화

(3) 서술의 주안점

가. 마젤란은 지구 일주에 3년 이상의 시간을 보냈다. 19세기 말에는 80일 정도면 세계를 돌았다. 그러나 오늘날 지구 일주를 위하여 빠른 항공기를 이용하면 몇 시간이면 족할 것이다. 지구는 좁아졌고 물자와 사람과 정보의 이동은 장애물을 거두며 더욱 자유로워지고 있는 중이다. 하나의 지구촌이라는 사실을 강조하는 것이 바람직하다.

나. 지구 전역이 하나의 권역으로 묶이게 되면서 익숙한, 그러나 정도가 심해진 문제들이 표면화되었다. 가장 두드러진 문제는 강자와 약자의 우열이 분명하게 드러난 점이다. 좁아진 지구촌에서 군사력·경제력뿐만이 아니라 문화의 수준차이가 확연해지며 강자는 손쉽게 약자를 많은 분야에서 유린할 수 있게 되었다. 빈부격차의 심화는 이러한 시각에서 바라볼 수도 있을 것이다.

다. 인류는 문명 초기에 자연을 외경의 대상으로 바라보았다. 과학 기술의 발전 이후 인류는 자연을 이용의 대상으로 삼았다. 그 결과 가해자 인류는 남용된 지구를 회복불능의 중환자로 만들고 있는 중이다. 지구가 우리 모두가 함께 살아갈 수밖에 없는, 유일무이한 생존 공간이므로 인류 모두는 힘을 모아 지구를 사경을 헤매도록 만드는 모든 폭력적

남용들에 대하여 강력한 제제를 시행하여야 할 것이다. 지구를 치유 가능한 환자로 만드는 노력은 지금 당장 매진해야 할 화급한 과제임을 강조한다.

라. 양성평등과 생명윤리의 문제가 주목받게 된 것은 반세기 이상 대규모 전쟁이 발생하지 않은 것과 관련지을 수 있다. 지난 세기 참상을 겪은 대중들은 또 다른 전쟁을 원치 않았고, 그 결과 과학기술의 발전은 전쟁 이외의 분야에서 많은 진보를 성취하였다. 양성평등의 문제와 생명 윤리의 문제는 과학기술의 긍정적, 부정적 차원을 함께 돌아볼 것을 요구한다.

마. 911테러, 인도대학살 등 종교문제로 인한 세계정세 불안의 측면도 주목해야 한다.

참고문헌

〈논 저〉

Perry Anderson, *Passages from Antiquity to Feudalism*, 유재건 · 한정숙 역, 『고대에서 봉건제로의 이행』, 1990.

B. Asmuth, *Einführung in die Dramenanalyse*, 송전 역, 『드라마분석론』 송전 역, 서문당, 2000.

H. E. Barns, *A History of History Writing*, Dover Publication, 1937, 허승일 · 안희돈 역, 『서양사학사』 한울아카데미, 1994.

Harmut Beister, "Pragmatische Geschichtsschreibung und zeitlich Dimension," Charlotte Schubert et al. (ed.), *Rom und griechische Osten*, Franz Steiner Verlag, 1995.

K. Bergmann (hrsg), *Geschichtsdidaktik: Theorie für die Praxis*, Düsseldorf, 1978.

Marc Bloch, *Apologie pour l'Histoire, ou Metier d'Historien*, 『역사를 위한 변명』 고봉만 역, 한길사, 2000.

Fernand Braudel, *A History of Civilizations*, tr. by Richard Mayne, Penguin Books, 1993.

Ernst Breisach, *Historiography: Ancient, Medieval & Modern*, University of Chicago Press, 1983.

Jacob Burckhard, 『세계역사의 관찰』 안인희 역, 휴머니스트, 2008.

Jacob Burckhardt, *The Greek and Greek Civilization*, Trans. by Sheila Stern, St. Martin Press, New York, 1997.

W. H. Burston, *Chrestomatia: The Collected works of Jeremy Bentham*, (Martin John Smith & W. H. Burston edit.) Oxford, 1993, ; *James Mill on Philosophy and Education*, London, Athlone Press, 1973; *Principles of History Teaching*, Methuen Educational Ltd, 1972; Studies in the Nature and Teaching of history, (edit by W. H. Burston) Routledge & K. Paul, Humanities P., 1967, ; *Handbook for History Teachers* (General editors, W. H. Burston and C. W. Green), Methuen. 1962, ; *Social Studies and the History Teacher*, Historical Association, 1954.

J. B. Bury, *The Ancient Greek Historians*, New York, Dover Publication, 1908.

John Cahffer et al, *History and the History Teacher*, London, 1975.

Rondo Cameron, *A Concise Economic History of the World*, 2nd. ed., Oxford University Press, 1993.

Alberto Carlo Carpiceci, *Art and History of Egypt-5000 years of Civilization*, Casa Editrice Bonechi, 1999.

Abbas Chalby, *Egypt*, Bonechi, 1981.

K. Clark, *The Critical Historian*, 1967.

R. G. Collingwood, *The Idea of History*, O. U. P., 1946, 김봉호 역, 『서양사학사』 탐구신서, 115.

Ira Cutle, *The Double Bottom Line Lessons on Social Enterprise from Seedco's Nonprofit Venture Network 2001-2004*, Cornerstone Consulting Group, 2005. 1.

R. Krathwohl David et al., *Taxonomy of Educational Objectives: the Classification of Educational Goals, II: Affective Domain*, McKay co. inc., 1964.

Carol Enseki, "Public Trust and Accountability," *Newstandard*, 2006 Summer, American Association of Museum.

L. Febvre, "Vers une autre histoire" 김응종 역, 「다른 역사를 위하여」 『아날학파의 역사세계』 아르케, 2001.

G. C. Field, "Some Problems in the Philosophy of History," *Proceedings of the British*

Academy, annual philosophical lecture, 1938, O. U. P.
M. I. Finley, *Ancient History: Evidence and Models*, London, 1985 ; *Economy and Society in Ancient Greece*, 1983; *Democracy Ancient and Modern*, 2nd. ed. Hogarth Press, 1985.
Josep Fontana, *Europa ante el espejo,* 김원중 역, 『거울에 비친 유럽』 새물결, 1999.
W. G. Forrest, *The Emergence of Greek Democracy, 800-400 B.C.*, 『그리스 민주정의 탄생과 발전』 김봉철 역, 한울, 2001.
John Lewis Gaddis, *The Landscape of History*, 『역사의 풍경』 강규형 역, 에코리브르, 2004,
Hans-Georg Gadamer, *Hermeneutik I: Wahrheit und Methode, Grundzüge einer philosophischen Hermeneutik*, 5. Auflage, 1986.
P. Gardiner, *The Nature of Historical Explanation*, O. U. P., 1952.
G, Glotz, *La cité grecque*, Paris, 1953.
Aaron J. Gurevich, *Categories of Medievla Culture*, tr. by Campbell, Routledge & Kegan Paul, 1985.
Edith Hamilton, *The Greek Way*, W. W. Norton & Company, 1930, 1958. 이지은 역, 『고대그리스인의 생각과 힘』 까치, 2009; *The Roman Way*, W. W. Norton & Company, 1932, 1960, 정기문 역, 『고대 로마인의 생각과 힘』 까치, 2009.
Elaine Heumann Gurian, "Thoughts from Civilizing the Museum," *ICOM NEWS*, 2006, no. 1 ("The Molting of the Children's Museum", *Civilizing the Museum*, Routlege, New York, 2006).
Oscar A. Haac, *Les Principes Inspirateurs de Michelet: Sensibilité et Philosophie de l'Histoire*, Yale University Press, 1951.
G. W. F. Hegel, *Die Vernunft in der Geschichte*, herausgeben von J. Hoffmeister, 5te Auflage, Verlag von Felix Meiner, Hamburg, 1955
G. W. F. Hegel, *Philosophie der Geschichte*, Philipp Reclam jun. Stuttgart, 1961, 김종호 역, 『역사철학강의』 삼성출판사, 1983.
Otto Hinze, "Über individualistische und kollektivistische Geschichtsauffassung,"(1897) *Gesammelte Abhandlungen, Band II, Soziologie und Geschichte*, Göttingen, 1964.
John M. Hobson, 『서구문명은 동양에서 시작되었다』 정경옥 역, 에코 리브르, 2005.
Georg Horn of Leiden, *Arca Noae: Sive Historia Imperiorum et Regnorum a Condito Orbe ad Nostra Tempora*, 1666.,
A. H. M. Jones, *Athenian Democracy*, Oxford, 1957.
M. W. Keatinge and N. L. Frazer, *History of England*, A. & C. Black, 1911
H. D. F. Kitto, *The Greeks*, 김진경 역, 『그리스 문화사』 탐구당, 2004
James T. Kloppenberg, *Uncertain Victory : Social Democracy and progressivism in European and Americam Thought, 1870-1920*, Oxford U. P. 1986.
G. Wilson Knight, "Ch. 1. On Imaginative Interpretation," *The Imperial Theme, Further interpretation of Shakespeare's Tragedies including the Roman plays*, London, Methuen, 1979 (rep. of 1965).
Jürgen Kocka, "Sozialgeschichte- Strukturgeschichte- Historische Sozialwissenschaft/ Vorüberlegungen zu ihrer Didaktik", Klaus Bergmann/Jörn Rüsen (Hrsg.), *Geschichtsdidaktik: Theorie für die Praxis*, Pädagogischer Verlag Schwann Düsseldorf, 1978.
M. B. Sakelariou, *The Polis-state: Definition and Origin*, Athens, 1989.
M. Mandelbaum, *The Anatomy of Historical Knowledge*, Johns Hopkins University Press, 1977.
Karl Marx, *Grundrisee-Foundations of the Critique of the Political Economy*, translated with a Foreword by Martin Nicolaus, Vintage Books, New York, 1973. 김호균 역, 『정치경제학비판요강』 3권, 그린비, 2007; *Zur Kritik der politischen Ökonomie*, 김호균 역, 『정치경

제학 비판을 위하여』 중원문화, 1988.
McCullagh, "Historical Generalization," *Justifying Historical Descriptions*, Cambridge Univ. Press, 1984.
Jule Michelet, *Le Peuple*, 전기호 역, 『민중』 율성사, 1979.
A. D. Momigliano, *Studies on Modern Scholarship*, ed. by Bowsock and Cornell, University of California Press, 1994.
Claude Nicolet, "Polybe et la ≪constitution≫ de Rome: Aristocratie et Démocratie," *Demokratia et Aristokratia* (Publications de la Sorbonne, Serie Histoire Ancienne et Médiévale, 10, 1983); "Polybe et les institutions romaines," *Entretiens sur l'Antiquité classique*, Fondation Hardt, 1974.
David F. Noble, *America by Design-Science, Technology, and the Rise of Corpoprte Capitalism-*, Oxford University Press, 1977.
Nowell-Smith, "Are Historical Events Unique?" *Proceedings of the Aristotelian Society*, January 14, 1957.
M. Oakeshott, *Experience and its Modes*, C. U. P., 1933; *Irish Historical Studies*, Bowes & Bowes, 1958
Pedech, *La méthode historique de Polybe*, Paris, 1964
K. R. Popper, *The Open Society and its Enemies*, Routledge and Kegan Paul, 4th ed. vol. ii. 이명현 역, 『열린 사회와 그 적들』 2, 민음사, 1997.
Schmidt, *History and Structure: an Essay on Hegelian-Marxist and Structuralist Theory of History* (tr. by Jeffrey Herf) MIT Press, 1981.
Adam Smith, *An Inquiry into the Nature and Causes of the Wealth of Nations*, new ed., London, vol. 1.(1965, Random House)
Marvin Spevack ed., *Julius Caesar*, Cambridge University Press, 1988.
Trygve R. Tholfsen, *Historical Thinking*, New York, Harper and Row, 1967.
Brian Tierny et al., *Western Europe in the Middle Ages, 300-1475*, 이연규 역, 『서양중세사』 집문당, 1986.
Walbank, *A Historical Commentary on Polybius*, vol. 1, Oxford, 1957.
Immanuel Wallerstein, *Historical Capitalism*, Verso, 1983.
W. H. Walsh, *Philosophy of History-An Introduction-*, Revised Edition, Harper Torchbook, 1967.
Max Weber, "Die sozialen Gründe des Untergangs der antiken Kultur,"(1896) *Gesammelte Aufsätz für Sozial- und Wirtschaftsgeschichte*, 1928; "Agrarverhältnisse im Altertum," *Handwörterbuch der Staatswissenschaften*, Erster Bd. Dritte Auflage, 1909.
Z. Yavetz, *Plebs and Princeps*, Oxford, Clarendon Press, 1969.
Yun Lee Too, "Legal Instruction in Classical Athens", Idem (ed), *Education in Greek and Roman Antiquity*, Brill, 2001.
강성길, 「티베리우스 그락쿠스 농지법의 수혜대상」 『경북사학』 12, 1989.
강철구, 「한국에서 서양사를 어떻게 보아야 하나-유럽중심주의의 극복을 위한 제언-」 『서양사론』 92, 한국서양사학회, 2007.
강철구 외, 『서양사학과 유럽중심주의』(이민호 교수추모논집), 용의숲, 2011.
김경현, 「서기전 2세기 로마의 인구문제와 군사위기」 『단국대논문집』 21, 1987: 「서기전 2세기 로마의 정치와 스토아사상-티베리우스 그라쿠스의 개혁의 이념적 배경과 관련하여」 『서양사론』 27, 1986; 「서기전 2세기 전반의 이탈리아의 농업구조의 변화-티베리우스 그락쿠스의 토지개혁의 사회·경제적 배경-」 『사학지』 20, 1986; 「전 129년: Gracchani에 의한 Equites 정책의 맹아기? (상)(하)」 『사총』 27, 1983; 28, 1984.
김덕수, 「서양고대사학계의 '이단자' 마틴 버넬의 블랙 아테나」 『서양사연구』 34, 한국서양사 연구회,

2006;「폼페이우스 마그누스-떠 오르는 태양, 지는 태양-」『인물로 보는 서양고대사』 길, 2006.
김봉석, 「생활세계론에 기반한 초등역사교육의 이론과 실제」(공주대학교 대학원 박사학위 논문, 2011).
김유리, 「고등학교 세계사교과서의 시대구분 문제-아시아사의 경우를 중심으로」『제 39회 전국역사학대회발표요지』 1996.
김응종, 「미슐레·프랑스혁명·민족주의」『충남사학』 7, 1995; 「미슐레와 민중」『유럽사의 구조와 전환』(우경 이민호 교수 정년기념논총) 1993;「서구 중심주의 역사학에 대한 비판과 반비판」『프랑스사연구』 16;「실증사학과 실증주의 사학-19세기말 프랑스의 역사학을 중심으로」『호서사학』 19 · 20, 1992.
김응종,『서양의 역사에는 초야권이 없다』 푸른역사, 2005.
김진경,『고대그리스의 영광과 몰락』, 안티쿠스, 2009.
김진경,『그리스비극과 민주정치』 일조각, 1991.
김창성,「로마 공화정기 이탈리아 동맹국의 사회구조와 토지보유 관계-통일의 사회·경제적 지평-」『역사학보』 165, 2000;「맥락적 접근을 활용한 로마 제국주의의 이해 -로마 공화정 중기를 중심으로-」『역사교육』 101, 2007.
김창성,『세계사 산책:서양고대』, 솔, 2003.
김한종, 「역사적 개념의 학습방법과 정의의 활용」『역사교육』41, 1987; 「역사학습에서 상상적 이해의 방안」『역사교육의 이론과 방법』, 삼지원, 1997.
김한종,『역사교육의 원리』 책과함께, 2007.
김현석,「포스트모더니즘은 역사학의 종말인가」『역사비평』 46, 역사문제연구소, 1999.
나종일 편,『봉건제』 까치, 1988.
문기상, 「'람프레히트 방법논쟁'과 '문화사'」『역사학보』 1991, (上) 129, pp. 127-158, (下) 130, pp. 155-190.
민석홍 외,『고등학교 세계사』, 교학사, 1988.
민석홍,『서양사개론』 삼영사, 1984.
박범성, 「연극적 방법을 활용한 역사 수업 연구」(공주대 교육대학원 석사학위논문, 2008).
배영수 편,『서양사강의』 한울, 2000.
양병우, 「베버의 이상형 역사인식」『현대역사이론의 조명』, 한국정신문화연구원, 1984.
양병우,『역사논초』 사회와 사상 12, 지식산업사 1987.
양병우,『역사의 방법』 대우학술총서·인문사회과학 36, 민음사, 1989.
양호환 외,『역사교육의 이론과 방법』, 삼지원, 1997.
양호환, 「역사학습의 인식론적 모색」『역사교육』 75, 2000.
역사교육연구회·역사교육학회·웅진사학회,『세계사교과서 어떻게 쓸 것인가?』(2004. 10. 23)
오홍식,「그리스인의 역사서술」『서양고대사강의』 한울, 1996;「로마의 티케(τύχε, 運)에 대한 폴리비오스의 견해」『서양사론』 60, 1999.
유윤종, 「마틴 버낼/오홍식 역,『블랙 아테나』(소나무, 2006)」『서양사론』 90, 2006.
윤세병, 「중국에서의 양무운동 연구와 역사교과서 서술」『역사와 역사교육』 13, 2006.
윤세철, 「세계사와 아시아사」『역사교육』 32, 1982.
이능식,『근대사관연구』 동지사, 1948.
이민호,『역사주의-랑케에서 마이네케-』 대우학술총서·인문사회과학 26, 민음사, 1988.
이상신, 「역사연구에서의 인과적 사고와 설명」『서양사론』 84, 2005.
이상현,『신이상주의 역사이론』 박문각, 1992.
이영호 역,『현상학의 이념』 삼성판 세계 사상전집, 21, pp. 329-413.
이영효, 「탐구식 역사교수모형의 재인식」『역사교육의 이론과 방법』 삼지원, 1997.
이원순 · 이정인,『역사교육』 정음문화사, 1985.
이종흡,「비코의 "scienza nuova"에 있어서 역사지역의 실천적 의미」『사총』 30, 1986.
임희완,『20세기의 역사철학자들』 건국대학교 출판부, 2003.

임희완, 『역사학의 이해(증보판)』 건국대학교 출판부, 2000.
전국역사교사모임, 『자료와 함께 하는 역사탐구 심마니 한국사』 I, II, 역사넷, 2002.
정기문, 「디오클레티아누스 대제의 경제정책」 (1999, 서울대박사논문).
정선영, 「역사교육 이론의 변천: 성과와 과제」 『한국의 역사교육 50년을 성찰한다』 (역사교육연구회 50주년 기념 학술대회, 2005. 10. 14) ; 「역사교육에서 시대구분의 의미와 과제」 『제39회전국역사학대회발표요지』 1996; 「역사교육에서의 일반화 문제 연구」 『역사교육』 35.
조의설, 『희랍사학사』 장왕사, 1965.
최상훈, 「역사적 사고력의 학습 및 평가방안」(2000, 서울대 대학원 교육학 박사학위 논문).
최자영 「고전기 아테네 여성(Athenaia)의 시민권과 사회적 지위」 『서양사론』 90, 2006; 「서평:천병희 역, 아리스토텔레스 정치학」 『서양사론』 104, 2010; 「투키디데스와 폴리비오스의 역사관」 『서양고전학연구』 9, 1995
최자영, 『고대그리스법제사』 대우학술총서 588, 아카넷, 2007.
크리스토프 샤를 외, 『대학의 역사』 김정인 역, 한길 크세주 7, 1999
허승일, 「보론:현대의 역사인식과 역사서술」, 허승일 외 역, 『서양사학사』(); 「티베리우스 그라쿠스의 농지개혁에 끼친 스토아 경제 사상」 『역사교육』 86, 2003; 「폴리비우스의 혼합정체론과 티베리우스 그라쿠스의 개혁」 『증보로마공화정연구』 서울대출판부, 1995; 허승일, 「폴리비우스의 혼합정체론과 티베리우스 그라쿠스의 개혁」 『증보 로마 공화정 연구』; 「헬레니즘 시대의 스토아사상과 현실정치」 『서양고전학연구』 31, 2008.
허승일, 『다시, 역사란 무엇인가?』 서울대출판부, 2010.
허승일, 『로마사입문-공화정편-』 서울대출판부, 1993.
허승일, 『증보로마공화정연구』 서울대출판부, 1995.

〈인터넷〉

http://100.naver.com/100.nhn?docid=102163
http://en.wikipedia.org/wiki/Brooklyn_Children's_Museum.
http://news.media.daum.net/culture/art/200611/08/seoul/v14651261.html
http://www.britannica.com/bcom/eb/article/9 /0,5716, 115379+2+108652,00.html?query=cellarius
http://blog.naver.com/y5304923?Redirect=Log&logNo=80148396567

찾 아 보 기

ㄱ

ㄴ

ㅈ

ㅎ

역사의 실천을 위한 지평

-역사교육 에세이-

2012년 2월 일 인쇄

2012년 2월 일 발행

저 자 : 김 창 성

발행인 : 서 만 철

발행처 : 공주대학교 출판부

충남 공주시 공주대학로 56

☎ (041) 850-8752

인 쇄 : 정우커뮤니케이션즈

☎ (042) 636-1630

ISBN 978-89-87018-52-2 93900

정가 15,000

등록번호 제5 호